한국연구재단 학술명저번역총서 서양편 796

기업이론

Thorstein Veblen 지음
정헌주 옮김

박영사

[일러두기]

- 이 책은 Thorstein Veblen, *THE THEORY OF BUSINESS ENTERPRISE*, CHARLES SCRIBNER'S SONS(1904)를 완역한 것이다.
- 원문에 있는 인명, 지명 등 각종 고유명사는 외래어 한글 표준 표기법을 준용하였다(단 관행적으로 사용하고 있는 외래어는 그대로 사용하였다).
- 원문에 있는 인명, 지명, 사건 등에 대해 옮긴이가 첨가한 주석은 주로 위키백과, 다음백과, 네이버지식백과, 철학사전, 인명사전 등을 참조하여 정리한 것임을 밝혀둔다.
- 본문에 있는 대괄호[ ]는 독자들의 이해를 위해 옮긴이가 첨가한 것이며, 소괄호( )는 원문에 있는 내용이다.

서 문

　여기서 기업의 성격과 그 원인, 효용, 미래의 동향에 관해 탐구하는 내용은 동일한 일반적 범위의 사실들(facts)에 대한 여타의 논의들과는 출발점에서 그 성격이 다르다. 어떤 논의에서 익숙하지 않은 결론이 나온다면 이는 사실들이나 이론의 항목들 또는 사용되는 논증의 방법이 특이해서가 아니라 관점의 선택 때문이다. 관점은 기업가의 사업 방침에 의해, 즉 현재의 사업 방향을 제약하는 목표, 동기, 수단에 의해 결정된다. 즉 관점의 선택은 현재의 경제 상황에 의해 결정되는데, 그 상황은 명백히 주로 기업 상황(business situation)이다.

　기업(business enterprise) 및 기업 원리(business principles)의 영향과 결과에 대해 광범위하고 세밀하게 탐구하면 유익하고 흥미로운 결과를 얻게 된다. 그러한 탐구를 하면 현재 통용되고 있는 일단의 경제 학설 체계를 개선(현대화)할 수 있게 된다. 그러나 이러한 현대적 요소가 경제적 이익에 대해 미치는 영향과는 별개로 그것이 문화 발달에 어떤 영향을 미치는지에 대해 주의 깊게 탐구하면 분명 훨씬 더 흥미로운 결과가 나올 것이다. 그런데 기업이 문화에 미치는 영향에 대해서는 경제학 전문가보다 사회학자가 다루는 것이 더 적절하다. 그래서 지금 이하의 장들에서 탐구하는 내용에 잘못이 있다면 그것은 경제적 논의의 정당한 경계에 다가가지 못해서가 아니라 그러한 경계를 이탈하는 데 연유한다. 이하의 장들에서 다루고 있는 일반적인 문화 양상들은 실제로는 경제 상황과 긴밀하게 연관되어 있다. 그리하여 나로서는 이러한 문화 양상에 대한 논의를 완전히 배제하고 넘어갈 수가 없었다. 때문에 설사 내가 그러한 일탈을 범하더라도 [독자들이] 정상 참작해줄 것이라고 믿는다.

　이 책에 포함된 여러 장들 가운데서 제5장 '대부 신용'에 관한 장은 『시카고대학 출판부 10주년 기념 논문집』 제4권에 수록된 단편 논문을 크게 변경하지 않고 실은 것이다.

목 차

서 론

01

서 론

현대 문명의 물질적 근간은 산업체계(industrial system)이다. 여기에 활력을 불어넣어주는 추진력은 기업(business enterprise)[1]이다. 현대의 기독교국가(Christendom)는 우리가 알고 있는 다른 어떤 문화 단계와 달리 경제조직(economic organization)을 외관에 두르고 있다. 현대의 경제조직은 '자본주의체계(Capitalistic System)' 또는 '현대 산업체계(Modern Industrial System)'이다. 이 체계의 독특한 특징이자 그 체계가 현대문화를 지배하는 두 원동력은 기계과정(machine process)과 '이윤을 위한 투자'이다.

현대 산업의 범위(scope)와 방법(method)은 기계에 의해 결정된다. 그러나 이것은 모든 산업에 적용되지는 않으며, 특히 산출량의 크기로 평가되는 산업이나 투입된 총 노동량에 의해 평가되는 대부분의 산업

---

1 business는 사전적으로 사업, 거래, 매매, 영업 등 다양한 의미로 사용되고 있다. 하지만 각 용어들이 가진 공통점은 영리활동이다. 따라서 여기서는 문맥에 따라 다양한 용어를 사용하고 있으며 때로는 사전적 의미를 넘어 저자의 의도에 비추어 기업, 사업, 영리활동 등 여러 가지 용어로 사용하고 있음을 밝혀둔다. - 옮긴이

에는 적용되지 않을 수도 있다. 그러나 현대 산업사회는 기계 장치와 기계과정의 도움 없이는 전진할 수 없을 만큼 그 둘은 보편화되어 있다. 기계제 산업(machine industry)—산업체계 가운데서 기계과정이 가장 탁월한 산업 부문—은 다른 산업을 지배하는 위치에 있으며, 나머지 산업의 생산 속도를 조절한다. 이런 점에서 현재는 '기계과정의 시대'이다. 현재의 산업상황은 기계과정이 모든 산업을 지배하고 있다는 점에서 그 밖의 모든 종류의 산업상황과는 구별된다.

동일한 의미에서 현재는 '기업 시대(the age of business enterprise)'라 할 수 있다. 모든 산업활동은 거의 대다수가 '이윤을 위한 투자' 규칙에 기초하여 조직, 운영되고 있다. 그런데 이러한 기업 원리의 범위에 직접 포함되지는 않으나 중대한 영향을 미치는 중요한 항목들이 다수 존재한다. 예를 들어 가정주부의 가사노동 그리고 농장의 일이나 일부 수공업의 상당 부분은 기업으로 분류되지 않는다. 그러나 산업을 주도하고 광범위하게 강압적인 지도권을 행사하는 산업 세계 내의 각종 요소들은 '이윤을 위한 투자'를 통해 작동하며, 기업의 원리와 기업의 요구에 좌우된다. 기업가—특히 폭넓고 위압적인 판단력을 가진 기업가—가 산업 통제권을 행사하게 되는 것은 투자 및 시장 메커니즘을 통해서 공장 설비와 과정을 통제하고, 이러한 설비와 과정이 [생산]속도를 설정하고 운동 방향을 결정하기 때문이다. 물론 기업가는 자신이 직접 관장하지 않는 영역에 대해서는 통제력이 느슨하고 불확실할 수밖에 없다.

그러나 기업가는 그러한 영역의 방향을 결정하는 유일한 경제적 요인이기 때문에 장기적으로 그의 판단력은 자신의 통제권 밖에 있는 영역에 대해서도 상당한 결정권을 행사하게 된다. 또한 기업가는 다른 사람들의 행동에 대해서도 통제력이 엄격하지 않은데 그들은 기업가가 행사하는 강제력을 받아들일 만큼 삶의 상황이 절박한 경우가 아니면 굳이 그의 통제를 받을 필요가 없기 때문이다. 그러나 현대의 인간이 가진 능력과 마찬가지로, 거대 기업가는 사회생활의 유지에 필요한 필수적인 요소들을 통제한다. 그리하여 문명세계에서는 인류의 관심이 기업가와 그의 운명에 영속적으로 집중된다.

목하 진행되고 있는 그리고 곧 다가올 미래로 향하고 있는 문명생활의 경로를 이론적으로 연구하는 데는 어떤 요인도 기업인과 그의 업무만큼이나 중요한 요인은 없다.[2]

물론 이러한 연구는 현대 사회의 경제생활을 파악하는 데 탁월한 효과를 가진다. 이론가가 현대의 경제현상을 구체적으로 설명할 때는 기업가의 관점에서 접근해야 한다. 왜냐하면 그러한 현상들의 진로는 기업가의 관점에 따라 결정되기 때문이다. 현대의 경제상황에 관한 이론은 기본적으로 기업활동에 관한 이론이어야 하며, 거기에는 기업활동의 동기, 목표, 방법, 효과 등이 포함되어야 한다.

---

2 중립적인 관찰자는 다음 같이 인식한다. "상업(Handels: '비즈니스(business)'와 동의어) 현상에는 결정적이고 보편적인 사상이 포함되어 있고, 그것은 역사적으로 가장 강력한 사실이며, 좋든 싫든 매순간 그것에 만족하도록 강요하고 있다." 상업은 연속적으로 그리고 지속적으로 발전을 거듭하면서 선도적 산업이 되었다. 다른 산업이 상업을 억제하여 자신에게 '봉사하게' 하려는 것은 헛된 시도이다. — K. Th. Reinhold, *Arbeit und Werkseug*, pp. ix, x.

02

기업론

제2장

기계과정

　'기계과정(machine precess)'은, 현대의 생활과 현대 기업에 미치는 영향의 범위에서 보면, 인간 노동을 매개하는 기계 장치들의 단순한 총합보다는 더 포괄적이면서 한편으로는 그보다 덜 외부적인 것을 의미한다. 기계과정은 이러한 의미를 가지는 동시에 그 이상의 의미를 가진다. 토목 기사, 기계공학자, 항해사, 채광기술자, 화공학자, 광물학자, 전기 기술자 등이 수행하는 일은 현대 기계과정의 범위에 포함된다. 또한 기계과정의 장치들을 고안하는 발명가의 일과 그 발명품을 실행에 옮기고 그것들의 작동을 감시하는 기계공의 일 역시 현대 기계과정의 범위에 포함된다. 기계과정의 범위는 기계의 범위보다 훨씬 넓다.[1] 기계 장치로 분류되지 않는 많은 요소들도 기계과정 속에 편입되어 기계적 방법을 도입한 산업 분야들에서 필수불가결한 요인이 되었다. 예컨대 야금 과정을 수행할 때도 기계 장치를 이용하여 광물들을 처리할 때와 동일한 확실성과 계산 가능한 효과를 확보하기 위해 여러 광물들

---

[1] Cooke Taylor, *Modern Factory System*, pp. 74. 77 참조.

의 화학적 성질을 이용하고 있다. 기계과정은 앞뒤의 장치와 원료가 서로 긴밀하게 상호작용을 하는 연쇄(sequence)를 이루고 있다. 때문에 그 과정을 단순히 장치가 원료에 작용을 가하는 것이라고 말해서는 안 된다. 그 과정은 단순히 장치가 원료를 재가공하는 것에 그치는 것이 아니라 장치의 도움을 받아 원료를 재가공한다. 석유, 기름, 설탕 등의 정제 과정이나 화학공업 실험실의 작업 그리고 바람, 물, 전기 등을 이용하는 경우도 마찬가지이다.

능숙한 육체노동, 경험에 의한 규칙, 우연적인 계절변동 등에 의하던 것이 체계적인 에너지 사용의 지식에 기초한 합리적인 절차로 대체되면 복잡한 기계 장치가 존재하지 않더라도 기계제 산업이 출현하게 된다. 기계제 산업은 사용되고 있는 장치의 복잡성과 관련된 것이 아니라 그 과정의 성격과 관련된다. 현대 특유의 방법에 의해 수행되고 또 시장에 적절하게 접촉하고 있는 화학공업, 농업, 축산업도 현대의 기계제 산업에 포함된다.[2]

일련의 장치들을 사용하여 수행되는 기계과정들은 다른 방식으로 수행되고 있는 여타의 과정들로부터 독립적이지 않다. 각 과정은 유사한 기계적 성질을 가진 다른 많은 과정들의 적절한 작동에 의존하고 또

---

2 낙농업, 가축 사육, 곡물 품종 개량 등 자연의 우연성에 큰 영향을 받는 일 조차도 경험에 의거한 규칙에 따르던 것에서 명확하고 합리적인 방법으로 대체되고 있다. 이를테면, 낙농업자는 원료를 기계적으로 관리하여 원료를 완제품으로 변화시키는 생물학적 과정의 속도와 종류를 스스로 선택하여 결정한다. 가축 사육자의 목표는 유전 법칙의 세부적인 사항들을 자기 분야에 맞게 적용하여 정밀한 기술적 사육 방법을 이용하여 자유자재로 명확하게 환원하고, 그런 다음 그 기술적 사육 과정을 (기계적 정확성과 신속성을 최대한 확보하여) 다양한 종의 가축을 생산하는 데 적용하고, 나아가 들판과 목초지의 원료를 일정한 구체적인 종류와 등급의 완제품으로 변환하는 것이다. 작목 품종을 개량하는 사람의 목표도 그와 동일하다. 문명국의 농업실험 부서 및 기관들은 생물학적 요인들을 효과적이고 기술적으로 통제하는 실험실이며, 농업생산 과정에서 유해하고 무익한 우연적인 요소들을 제거하여 그 과정을 계산가능하고 신속하게 그리고 낭비를 하지 않고서 수행한다.

그러한 작동을 전제로 한다. 기계제 산업 내에 있는 과정들은 그 어느 것도 독자적으로 작동하지 않는다. 각 과정은 끊임없는 연쇄를 이루고 있으며, 그 연쇄 속에서 어떤 것은 다른 과정을 뒤따르고 어떤 것은 앞서나가며, 서로 조화를 이루고, 그러한 연쇄의 요구에 따라 각자 작동을 맞추어 나가야 한다. 여러 산업들이 서로 협력하여 작동하는 과정은 각각의 세부과정이 각자 특이한 방식으로 별개로 작동하는 복수의 기계장치로가 아니라 세부 과정들이 서로 연결되어 작동하는 하나의 기계과정으로 이해해야 한다. 포괄적인 산업과정(industrial process)은 물질과학과 관련된 모든 지식 분야를 그 영역 안으로 끌어들여 이용하고, 전체 과정을 섬세하고 균형 잡힌 여러 하위과정들(sub-processes)로 이루어진 복합체를 형성한다.[3]

산업과정은 두 가지 뚜렷한 일반적 특징을 가진다. i) 산업 내의 여러 하위과정들 또는 여러 분야들은 산업과정의 연쇄 속에서 서로 상호작용을 하며 틈새를 지속적으로 조정하여 유지해 나간다. ii) 시간과 순서 그리고 성과에 영향을 미치는 여러 요인들을 적절하게 적용 또는 배제하고, 사용되고 있는 장치와 원료의 다양한 물리적 특성들의 중요도(무게, 부피, 밀도, 경도(硬度), 장력(張力), 탄력성, 온도, 화학 반응, 방사선 민감도 등)와 관련하여 요구되는 정밀성 및 정확성의 요건을 지속적으로 확보해나간다. 이와 같이 기계적 정확성을 확보하고 특정 용도에 맞는 요건을 적용하게 되면 점차 균일성이 강화되고, 사용하는 원료의 등급과 성질이 규격화되며, 그 결과 측정 도구와 단위들이 철저하게 표준화된다. 물리적 측정을 표준화(standardization)하는 것은 기계 체제(machine's regime)의 본질적 요소이다.[4]

현대 산업사회는 도량형을 법률적으로 규정함으로써 유례없는 균일성과 정확한 등가성을 확보했다. 이러한 종류의 균일성과 정확한 등가

---

3 Sombart, *Moderne Kapitalismus*, vol. II, ch. III 참조.
4 Twelfth Census (U. S.): "Manufactures," pt. I, p. xxxvi.

성을 확보하려는 움직임은 기계제 산업이 균일화의 필요성을 촉구하지 않더라도 상업의 필요에 의해 얼마든지 일어날 수 있었다. 그러나 산업 분야에서 추진된 표준화 움직임은 상업적 요구에 의한 표준화 움직임을 능가했으며, 그러한 움직임은 기계제 산업 모든 영역의 구석까지 침투해 들어갔다. 산업과정에서 기계적 요구는 기계과정을 작동하는 수단과 그 생산물을 전면적으로 표준화한 데 비해, 상업적 요구는 상품의 도량형 및 화폐 단위의 균일화를 촉구하는 데 그쳐서 제품의 표준화를 달성하지는 못했다.

사용되는 도구와 다양한 구조적 재료들은 당연히 표준 크기, 표준 형태, 표준 치수로 이루어져 있다. 전문적인 감독관이나 노동자는 길이가 몇 분의 1 인치 또는 몇 분의 1 밀리미터밖에 안 되는 재료 또 중량이 몇 분의 1 파운드 또는 몇 분의 1 그램밖에 안 되는 재료만 주어져도 그 재료로 제품을 만드는 사용법은 물론이고 그 이외의 나머지 사항에 대해서도 곧바로 확신을 가지고 추론을 해낸다. 예전에는 장인이 숙달된 솜씨를 발휘하여 각 부분과 각 과정을 조정하고 조절했는데, 지금은 기계에 의한 표준화를 통해 조정하고 조절하는 것으로 바뀌었다. 그리하여 현대 산업은 현대적 방법을 도입하여 생산의 신속성과 능률이 대폭 신장되었고, 또한 노동력을 대폭 절약하게 되었다.

도구와 기계 장치 및 운동 그리고 구조적 재료 등은 관습에 의해 규정된 일정한 치수와 규격이 미리 정해져 있다. 현대 산업에서는 표준화되지 않은 재료나 장치는 사용하지도 않고 또 사용할 수도 없다. 완전하게 표준화되지 않으면 많은 양의 장인의 숙련, 깊은 통찰력, 개인의 노고가 필요하므로 생산 과정에서 경제적 용도로 사용할 수가 없다. 산업과정에서 불규칙성—측정 가능한 사실들에 대한 표준 척도로부터의 일탈—이 개입되면 어떤 경우든 결함이 발생한다. 불규칙성이 도입되면 지연(delay)을 초래하여 산업과정을 잘 조정하여 확보한 유용성이 손상된다. 어느 한 지점에서 지체가 발생하면 산업과정 전체가 극심한 영향을 받는다. 생산자가 규칙을 따르지 않고 산업적 용도를 위한 생산물에 불규칙성을 들여놓으면 벌칙을 가하고 지정된 표준화를 준수하도록 촉구한다.

산업에 사용되는 원재료와 원동력 또한 균일한 종류, 양식, 등급, 규격으로 통일되고 있다.5 생산면에서나 사용면에서나 얼핏 보면 표준화에 적합하지 않을 것 같은 각종 원동력—수력, 증기, 전기, 인간 노동—조차도 균일한 측정 척도로 통일되고 있다. 이 중에서 인간 노동은 쉽게 표준화하기 어려움에도 불구하고 시간, 속도, 강도를 기준으로 매매되고, 양도, 사용되고 있으며, 이러한 기준들을 더욱 정확하게 측정하고 더욱 광범위하게 균일화하기 위한 노력이 지속되고 있다.

완제품의 경우에도 사정은 마찬가지이다. 현대 소비자들은 대부분 치수, 중량, 등급 등이 규격화되어 있는 상품으로 욕구를 채우고 있다. 현대 소비자(세칭 세속적 소비자)는 자기 집, 자기 탁자, 자신의 몸을 중량과 치수가 표준화된 물품을 구입하고 있으며, 자신이 사용하는 필수품과 소비품목은 거의 대부분 표준적인 치수로 표기하여 등급을 매기고 있다. 문명사회에서는 대다수 사람들에게 개별 소비자로서의 개성을 산업의 포괄적인 기계과정이 소비재에 부과한 균일한 등급에 맞추도록 요구하고 있다. 그리하여 요즘 사람들은 현대 생활은 '향토색'이 점점 퇴색하고 있다고 말한다. 아직까지 향토색이 남아있는 곳에서도 이제는 표준화된 측량 단위로 표현하는 경향이 있다.

소비재에 대한 기계적 표준화에 따라 다음 같은 결과가 나타난다. 한편으로, 재화의 수요는 일정한 등급의 재료들의 형태와 속성을 거의 변화시키지 않은 채로 처리하는 명확하게 설정된 생산라인에 의해 결정된다. 이처럼 생산과정에서 명확하게 설정된 방법과 척도를 사용함

---

5 그 예로 목재, 석탄, 종이, 양털과 면화, 곡식, 가죽, 주택 덮개용 가축 등이 있다. 이 외에도 많은 것들이 품질과 용적, 중량과 효율성과 관련하여 명확한 등급을 매겨서 거래하고 처리하도록 요구받고 있다.

으로써 생산물을 최초의 원료 단계에서 완제품을 완성하는 사이에 개입하는 '완숙 단계' 시간이 단축되며, 또한 원료 형태이든 완제품 형태이든 공급되는 일상적인 필수품의 재고량이 감축된다.6

표준화는 재화의 공급 과정의 거의 모든 면에서 절약을 가져다주며, 이에 따라 일상적인 욕구를 충족시켜 주는 기업 활동이 거의 모든 면에서 확실하고 신속하게 이루어지게 된다. 이외에도, 재화의 표준화는 이전의 기계 표준화가 현재처럼 산업과정의 상호의존을 정교하고 엄격하게 한 것보다 훨씬 명확하게 한다. 또한 시간, 장소, 형태, 양과 관련해서 허용되는 범위의 차이가 줄어든다. 표준화된 산업의 요구에 부응하기 위해 재료는 특정 표준 원천에서 일정한 공급 비율로 조달해야 한다. 그리하여 개별 산업은 공급품을 제공해주는 초기 단계의 가공 과정에 있는 비교적 소수의 특정 산업 시설에 긴밀하게 의존한다. 또한 개별 산업은 전문화되고 표준화된 제품을 판매하기 위해 명확하게 전문화되고 표준화된 다른 종류의 산업 시설은 물론7 특정 운송수단에도 엄격하게 의존한다.8

기계제 생산은 재화는 물론이고 서비스까지도 표준화한다. 이를테면, 현대 통신수단과 이를 조직하는 체계 또한 기계과정의 성격을 가지고 있으며, 모든 문명인의 삶은 이러한 서비스 및 상호교류의 기계과정에 긴밀하게 연관되어 있다. 어떤 식으로든 현대 통신체계를 효과적으로 사용하거나 그것에서 파생된 모든 것들(도로, 철로, 증기선로, 전화, 전신, 우편 서비스 등)을 사용하게끔 이러한 문명화된 상호교류수단을 활용하여 실현하는 과정(process)의 필요와 요구에 맞추도록 사람들의 욕구와

---

6 그것은 밀과 밀가루의 경우에 잘 적용된다. 그러나 생산자, 중개상, 소매상, 소비자들 사이에서 전달되는 여타 상품들의 경우에도 동일하게 적용된다.
7 이러한 현상은 철제 및 철강 제품 등 다양한 분야들 간의 상호의존에서 잘 나타난다.
8 예를 들어, 원유 생산 및 정제가 송유관 및 그 운영자에 의존하고 또한 목초지의 농부가 철도 선로에 의존하는 것에서도 이와 같은 경우를 엿볼 수 있다.

행동을 강요하고 있다. 서비스가 표준화되면, 그에 따라 그 이용법 또한 표준화되기 마련이다. 시간, 장소, 상황 등과 관련된 일정표가 모든 사항을 규정하고 있다. 이러한 상호교류 체계를 충분히 유리하게 이용하려면, 일상생활의 일정표를 그 과정의 요구에 맞게 엄격하게 고려하여 배열해야 하며, 그렇게 해야 인간의 욕구가 충족된다. 그렇게 되려면 일상생활의 계획과 기획을 그 상호교류 체계가 부과하는 표준 단위들에 기초하여 이해하고 실행해야 한다.

마을 주민과 도시 주민에게는 적어도 소비재 분배와 관련해서는 많은 점에서 동일한 원칙이 적용된다. 일상생활을 유쾌하게 해주는 주요한 요소인 오락과 유희마저도 다소 일률적인 과정으로 조직되어 있다. 따라서 이것이 제공하는 혜택을 받고자 하는 사람들은 자신들의 욕구 일정과 시간과 노력의 사전 계획을 일률적인 과정에 맞추지 않으면 안 된다. 그러한 오락과 유희에 참여하는 횟수, 지속 시간, 강도, 등급, 순서는 참여자들이 자신들의 뜻대로 판단할 수 있는 사항이 아니다. 산업과정은 현대 문화 속에 살고 있는 사람들의 일상생활 일정표를 짜서 그들에게 그 일정표를 확인하고, 정밀하게 양적으로 측정한 규칙에 순응하도록 강요한다. 일상생활 하나하나가 날이 갈수록 더욱 표준화되고 기계에 의해 정밀하게 조정되고 있다. 이렇게 해야 인간의 욕구들을 표준화하는 모든 과정들이 쉬지 않고 원활하게 작동하게 된다.

일상생활에서 기계적 규칙성이 강화됨에 따라, 어느 한 지점에서 산업과정에 심대한 영향을 미치는 사건이 발생하면 개인 생활의 거의 모든 영역이 일률적으로 영향을 받게 된다.9

---

9 이와 관련하여 한편에서는, 현대 산업과정에 전혀 익숙하지 않은 사람들은 자신들의 생활양식을 이러한 필수품을 공급하는 방법의 요건에 맞출 수가 없다. 그리하여 그들은 강제로 침투한 기계제 산업으로부터 혜택을 받기는 커녕 오히려 큰 불편을 겪게 된다. 예컨대 현재 서구의 산업문화와 밀접하게 접촉하도록 강요받고 있는 외진 곳의 많은 야만민족들이 그런 상황에 처해 있다. 다른 한편, 기계제 산업이 아주 잘 작동하고 그것에 대해 매우 적절한

위에서 지적한 바와 같이, 개별 산업 단위—특정 산업 '시설'—는 (가까이 있든 멀리 떨어져 있든) 다른 곳에서 진행되고 있는 다른 산업과정들과 긴밀한 상호의존 관계에 있다. 또한 각 단위는 다른 산업과정에서 원료, 도구 등 공급품을 수취하거나 자체의 생산물과 폐기물을 그곳으로 건네주기도 하며, 운송과 같은 부수적인 작업도 다른 산업과정에 의존한다. 현대의 대다수 학자들은 이 같은 개별 분야 산업들 간의 연계에 주목해 왔는데, 그들은 이를 통상적으로 분업(the division of labor)이라는 이름으로 논의하고 있다. 산업에서 사용되는 수단과 방법 및 생산물이 전반적으로 표준화됨에 따라 산업의 연결 범위가 크게 넓어지고 있으며, 그와 동시에 생산물도 재화이든 서비스이든 시간, 분량, 성질 등과 관련하여 더욱 밀접하게 일치하도록 요구받고 있다.[10]

이와 같이 현대의 산업체계는 여러 과정들이 전체적으로 연결되어 있으며 그 안에서 기계과정은 포괄적이며 균형을 이루고 있다. 산업과정 전체가 효율적으로 작동하기 위해서는 다양한 구성 요소들로 이루어진 하위과정들이 조화롭게 조정되어야 한다. 이러한 전체 산업과정의 틈새를 조정하는 과정에서 조금이라도 부조화가 일어나면 산업과정은 정상적으로 작동하지 못하게 된다. 마찬가지로, 개별 과정 또는 개별 공장은 그 자체의 일과 나머지 과정 및 공장의 일을 적절하게 조정해야만 훌륭하게 작동할 수가 있다. 산업사회가 발달할수록 틈새 조정

훈련을 받는 현대 사회에서도 기계제 산업 체계가 제공하는 요구와 기회에 민첩하게 반응하지 못하는 경우도 있다. 생활습관이나 자신의 이상과 열망을 기계과정의 필요에 아직 충분하게 적응하지 못하고, 또한 적절한 훈련을 받지 않은 사람은 본능적으로 그러한 기계과정에 따르려 하지 않는다. 제대로 된 훈련을 받고 엄격하게 단련된 산업도시의 사람조차도 전통을 완강하게 고집하는 경우가 있다.

10 어느 한 과정은 때때로 다른 과정의 작동에 매우 엄밀하게 의존한다. 이를테면, 철광을 전문으로 취급하는 산업은 광석 및 여타 원료를 추출하고, 처리하는 다양한 산업과 연계되어 있다. 상호관계가 덜 엄밀하거나 매우 미미한 경우도 있다. 목재 펄프 산업을 매개로 하는 신문지제조업과 목재업의 관계가 그런 경우이다. 현대 신문지의 주요 구성요소는 목재 펄프이다.

의 필요가 한층 더 포괄적이고 긴요해진다. 특정 산업은 기계과정의 성질을 충분히 가질수록 그리고 해당 산업이 그보다 더 발달된 산업들이나 덜 발달된 다른 산업들과의 상호관계가 더욱 포괄적이고 밀접해질수록, 다른 조건들이 같다면, 다른 산업들과 적절한 상호관계를 유지할 필요성이 더욱 긴요해진다. 반면에 특정 분야의 산업에서 장애가 발생하면 그로 인한 손실은 더욱 커지게 된다. 한편, 장애가 발생했을 때 민첩하게 적응하고 유연하게 재조정하면 이득은 더욱 커지고, 특정 분야 산업에서 혼란이 일어날 기회 또한 많아진다. 산업과정들 사이의 이러한 기계적 연계는 관련 산업들 간 연대를 촉진하며, 간접적으로는 산업 전체의 연대를 촉진한다.

어느 한 지점에서 혼란이 일어나면, 혼란이 일어난 특정 분야의 산업이 체계 전체의 기능을 방해하여 연쇄 사슬 앞뒤에 위치해 있는 인접 산업 분야 또는 연관 산업 분야가 곧바로 영향을 받는다. 나아가 연쇄 사슬에서 멀리 떨어져 있는 산업 분야로 그 영향이 파급되어 결국에는 사회 전체에 장애를 초래한다. 처음에는 어느 하나의 공장 또는 생산라인에서 혼란이 일어나지만 그 혼란이 그 하나의 공장 또는 생산라인에 국한되는 경우는 드물고, 대개는 다른 공장 또는 다른 생산라인으로 점점 확산된다. 결국 어느 한 분야에서 혼란이 발생하면 산업과정 전체에 어느 정도 장애가 일어난다. 이와 같이 체계 전체가 부조화 상태가 되면 복잡하게 얽힌 산업구조 내의 한두 군데서 장애가 발생할 때보다 훨씬 큰 낭비를 초래한다.

기계과정으로 운영되는 포괄적인 산업의 균형을 유지하는 것은 나태, 낭비, 곤경을 피하고 생산 메커니즘을 효율적으로 작동하는 데 중대하고 긴급한 사항이다. 다양한 산업 시설과 과정들을 다른 모든 시설 및 과정들과 적절하게 서로 연계하여 운영하고 또 체계의 틈새를 조정, 감독하는 일은 통상적으로 특정 생산과정의 운영과 관련된 세부적인 일에는 물론이고 사회 전체의 복지에도 지대한 영향을 미치는 일로 간주된다. 이와 같이 틈새를 조정하고 나아가 다양한 산업과정들을 직접 감독하는 일은 기계제 산업이 도래하고 기계제 산업이 포괄적이고 일관되게 진전될 때 긴요해진다.

여러 산업단위들 간의 작업 관계의 균형 유지, 회복, 조정 및 재조정은 기업 활동을 통해서 이루어지며, 산업 단위의 용무를 조절할 때도 동일한 기반에서 그리고 동일한 방법을 통해서 실행한다. 독립적인 산업회사가 다른 산업회사들과 관계할 때는 물론이고 그 회사의 종업원과 관계할 때도 항상 금전적(pecuniary) 기준에 근거한다. 기업가가 산업과정에 착수할 때도 금전적 기준을 결정적 요인으로 고려한다. 산업과정 전반의 틈새와 불일치를 조정할 때도 여러 산업들을 조직할 때도 금전적 거래와 책임을 기초로 한다. 그러므로 산업을 잘 조정하여 운영하느냐 저해하느냐는 기업가의 손에 달려 있다. 산업체계가 더욱 광범위해지고 긴밀하게 연결되어 있을수록 그리고 더욱 섬세하게 균형을 이루고, 또 구성단위들이 커질수록 기업활동은 해당 분야에 더욱 심대하고 광범위하게 영향을 미친다.

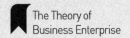

The Theory of
Business Enterprise

03

영리기업

제3장

영리기업

　기업활동의 동기는 금전적 이득에 있으며, 그 방법은 본질적으로 구매와 판매이다. 기업활동의 목적과 통상적인 결과는 재화의 축적(accumulation)이다.[1] 자산의 증가를 목표로 하지 않는 사람은 기업활동에 착수하지 않을 뿐만 아니라 기업활동에 착수할 독립적인 기반을 갖추지 않고 있다.

　기업활동의 이러한 동기와 방법이 상업적 기업 고유의 영역—상업과

1　부를 축적하기 위해 노력하는 궁극적 근거에 대해서는 『유한계급론』(*The Theory of the Leisure Class*, ch. II)에서 상세하게 논의하고 있다. 기업가가 수행하는 업무의 경제적 의미에 대해서는 미국경제학회 제13회 연례회의 「회의록」(the *Proceedings* of the thirteenth annual meeting of the American Economic Association)에 실린 "산업적 직업과 금전적 직업"("Industrial and Pecuniary Employments")에 나타나 있다. 다음 글들도 참조하라. Marshall, *Principle. of Economics* (3d ed.), bk. I. ch. III., bk. IV. ch. XII., bk. V. ch. IV., bk. VII. ch. VII. and VIII.; Bagehot, *Economic Studies*, 특히 pp. 53 et seq.; Walker, *Wages Question*, ch. XIV.. 보다 자세한 내용은 다음 저작들을 보라. Sombart, *Moderne Kapitaismus*, vol. I. ch. I., VIII., XIV., XV.; Marx, *Kapital*, bk. L ch. IV.; Schmoller, *Grundriss*, bk. II. ch. VII.

금융업—에 어떤 영향을 미치는지는 (엄밀한 의미에서 이들 사업 분야가 산업적 기업의 방침에 영향을 주는 경우가 아니면) 당면 연구의 관심사가 아니다. 상업적 기업이든 산업적 기업이든 세부적인 기업 방침까지 일일이 논의할 필요는 없다. 우리가 탐구하고자 하는 바는 위에서 기술한 바와 같이 기계과정과 공존하면서 대규모 기계제 산업을 기반으로 하는 현대 특유의 기업이다. 우리의 목표는 기업 방법과 기업 원리가 어떻게 기계제 산업과 결부되어 현대의 문화 상태에 영향을 주는지를 충분히 보여주는 기업이론을 제시하는 것이다. 그러므로 지면을 절약하고 독자들의 지루함을 덜어주기 위해, 주요한 특징도 현대 상황 특유의 성질도 가지지 않은 기업 활동에 대해서는 (당면 목적과 관련하여 충분히 알려져 있으므로) 논의에서 제외하기로 한다.

기계제 산업 체제가 도입되기 전인 현대 초기에는 대규모 기업은 통상적으로 상업적 기업의 형태—일부는 판매업이나 은행업의 형태—를 취하고 있었다. 해운업은 현대의 기계제 산업에 비견되는 대규모 기계설비와 기계과정에 투자하고 운영하는 유일한 대규모 사업체였다.[2] 한때 통상적으로 상품 거래와 연계되어 있던 해운업조차도 초기에는 우연한 특성에 많은 영향을 받고 있어서 바람과 기후에 따라 수확에 큰 영향을 받는 농업 같은 산업과 유사한 특성을 지녔다. 당시 해운업 종사자들의 운명은 오늘날에 비하면 매우 불안정했고, 그들이 모험적 사업[해운업]에서 거둔 성과는 운송 또는 해외무역에 종사하는 현대의 대규모 기업에 비하면 선견지명 있는 예측과 일상적인 금전적 전략에 크게 영향을 받지 않았다. 이러한 상황에서 기업가는 자신의 목표에 맞추어 기

---

2 주식회사의 조직 및 운영 방법—비인격적 자본주의 방법—의 기원과 초기의 형태에 대해서는 현대 초기의 해운회사로 거슬러 올라가 찾는 것이 유용하다. 이와 관련해서는 다음을 참고하라. K. Lehmann, *Die geschichtliclle Entwickelung des Aktienrechts bis zum Code de Commerce*. 다음 글에도 동일한 견해가 나타나 있다. Ehrenberg, *Zeitalter der Fugger*, see vol. IL pp. 325 이하 참조.

업 방침을 설정하기보다는 계절의 변동 또는 수요-공급의 변동에 따른 경기변동에 맞출 수밖에 없었다. 대기업가의 경우에는 구매자 및 판매자로서는 예전보다 사정이 더 나아졌으나 금융전략가로서는 예전만큼 기능을 발휘하지 못하고 있다.

기계제 시대(the machine age)가 도래한 이래로 상황이 변모했다. 산업의 방법(methods of industry)은 변화했지만 기업의 방법(methods of business)은 근본적으로 변화하지 않았다. 왜냐하면, 기업의 방법은 과거와 마찬가지로 소유권(ownership)에 제약을 받기 때문이다. 그러나 이제 기업가는 상인처럼 생산자와 소비자가 거래하는 재화에 투자하지 않고 산업과정(processes of industry)에 투자한다. 또한 기업가는 앞날이 불확실한 계절의 변동이나 신의 행동에 의지하지 않고 대신에 자신의 통제 하에 있는 산업과정들의 상호작용에 따른 경기변동에 주의를 기울인다.

기계과정이 아직 발달하지 못하고, 분산되어 있고, 비교적 고립되어 있으며, 또 산업적으로 서로 독립적인 상태에 있게 된 것 그리고 기계과정이 비교적 좁은 시장에서 소규모로 수행된 것은, 기계과정의 운영이 오랫동안 여러 측면에서 (18세기 영국 국내 산업을 제약했던 것과 유사한) 외부 환경의 제약을 받았기 때문이다. 초기 세대의 경제학자들3이 산업 운영에서 기업가의 역할에 관한 이론을 제시했을 때는 기계 시대가 막 태동할 즈음이었다. 당시에는 대체로 기업가가 산업시설을 소유했으며, 자기 기업이 관여하는 금전적 거래는 물론 기계과정까지도 통상적으로 직접 관리하고 감독했다. 또한 비교적 거의 예외 없이, 오로

---

3 초기 세대 경제학자란 현대 경제학의 이버지 애덤 스미스(Adam Smith: 1723~1790), 데이비드 리카도(David Ricardo: 1772~1823), 맬서스(Thomas Robert Malthus; 1766~1834) 등 고전파 경제학자를 지칭하는 것으로 이 시기(18세기에서 19세기 초)에는 아직 기계제 산업이 대규모로 발전되지 않았으며, 특히 미국은 남북전쟁 이전이어서 남부를 비롯해 중서부는 농업이 여전히 중심 산업이었다. – 옮긴이

지 생산의 효율성을 기업의 성공을 가늠하는 가장 중요한 요소로 간주했다.[4] 자본주의 이전의 기업의 또 하나의 특징은 수공업이든 상업이든 통상적으로 투자를 통한 이윤 획득보다는 가계 소득 신장을 위해 기업을 운영했다는 점이다.[5]

기계제 산업의 기반이 확고해지고, 또 산업과정과 시장이 점점 현대적 형태로 연결됨에 따라 그에 비례하여 기업들 사이의 관계는 더욱 다양해지고 범위가 넓어졌으며, 그와 동시에 치밀한 시장조작에 재빠르게 대응해 갔다. 산업의 효율성과는 별개로 기업들 간의 관계를 통해 이득 또는 손실을 보는 기회가 많아지고 확대함에 따라 기업은 금전적 측면에 지속적으로 관심을 기울일 필요가 있게 되었다. 또한 그러한 상황이 기업 정신(a spirit of business enterprise)을 불러일으키자 기업들은 체계적인 투자를 통해 이득을 획득하게 되었다. 현대의 산업체계가 충분히 긴밀하게 조직되고 포괄적인 형태로 발달함에 따라 기업가는 전통적인 방식으로 산업과정을 감독하고 규제하는 것—과거에는 기업가의 생계가 이러한 감독 및 규제와 결부되었다—에서 벗어나 수익이 낮은 모험적 사업에서 수익이 높은 사업에 민첩하게 투자를 하며[6] 또 치밀한

---

4 Cantillon, *Essai sur le Commerce*, 1. partie, ch. III., VI., IX., XIV., XV.; *Wealth of Nations*, bk. I.; Bücher, *Enstebung der Volkswirtschaft* (3d ed.), ch. IV. V.; Sombart, Kapitalillmus, Vol. l bk. L 참고

5 Sombart, vol. I. ch. IV.−VIII.; Ashley, *Economic History and Theory*, bk. II. ch. VI., 특히 pp. 389~397.

6 다음을 참조하라. Marshall, *Principles of Economics*, on the "Law of Substitution," e.g. bk. VI. ch. I. 대체의 법칙'(the law of substitution)[*]은 투자를 자유롭게 선택하는 것을 의미하는데, 이 법칙은 특정 투자자가 해당 산업시설 또는 심지어 특정 산업 분야에만 영구적으로 관여하지 않는 경우에만, 즉 투자자가 투자 대상을 이 부문에서 저 부분으로의 자유로운 이동가능성이 클 때 적용된다. 그러므로 기업 상황이 근대적 형태에 근접했을 때만 대체의 법칙이 경제이론에서 중요한 의미를 가진다. 중세 시대나 근대 시대 초기의 기업에 관한 이론에서는 대체의 법칙을 정식화할 필요가 없었다.
* '대체의 법칙'이란 대체성을 가진 둘 이상의 재화가 존재할 때, 이들 재화의 가격은 서로 영향을 미치며 결정된다는 법칙을 말하는 것으로 주로 부

계획을 세워 투자를 하며 다른 기업가들과 제휴를 맺어 경기변동을 전략적으로 통제하는 방법을 이용하게 되었다.

위에서 보여준 바와 같이, 현대 산업체계는 단일하고 포괄적이며 균형 있는 기계과정의 특성을 함유하고 있는 여러 과정들의 연결체(concatenation)이다. 그런데 어느 한 곳에서 균형이 무너져 혼란이 일어나면 각 하위과정들의 소유자들 사이에 이익(또는 불이익)이 각각 다르게 나타난다. 또한 연쇄 사슬 전체의 균형은 대단히 민감하여 혼란이 일어나면 멀리까지 전달되기 때문에, 그 연결체에서 멀리 떨어져 있는 많은 구성원들까지도 어떤 경우에는 이득을 보고 어떤 경우에는 손실을 보는 일이 자주 발생한다. 혼란은 누적되는 성질도 가지고 있어서 초기에 혼란에 빠진 연결체 내의 구성원들과 직접 접촉하지 않는 산업 분야들 가운데서도 어떤 산업은 심각한 손실을 입기도 하고 어떤 산업은 급속하게 발전하기도 한다. 이를테면, 산업공황이 일어날 때가 그런 경우이다. 이때는 처음에는 혼란이 경미하지만 시간이 지나면 점차 전체로 확산된다. 한편, 특정 산업에서 갑자기 유리한 조건이 나타나는 경우에도 마찬가지 현상이 나타난다. 예를 들어, 군수품 수요의 급격한 증가하여 특정 산업의 제품에 대한 수요가 크게 증가하면 해당 산업은 크게 번영하고 이어서 그 산업과 연결되어 있는 인접 산업들도 영향을 받아 산업 전체로 그 물결이 전파된다.

이미 살펴본 바와 같이, 산업이 균형을 유지하고 여러 산업과정들이 서로의 필요에 맞게 조정되면 현대 사회는 어떤 사회이든 광범위하고 중대한 영향을 받는다. 기업이 전체 산업체계의 구성원들에게 혼란을 전달하는 통로는 그 체계 내의 여러 구성원들 간의 기업 관계(business relation)이다. 현대 소유제 상황에서는 오직 기업 관계만이 산업 영역

동산 거래와 관련하여 사용되나 여기서는 기계과정이 발달하면서 투자자가 한 산업에만 영구적으로 투자하지 않고 수익에 따라 다른 산업으로 투자를 이동한다는 것을 말한다. — 옮긴이

의 혼란을 (유리하게든 불리하게든) 전달한다. 불황 또는 번영은 기업 관계를 통해서 체계 전체로 전파된다. 간단히 표현하면, 그것은 기본적으로 기업 상황이다. 혼란에 의해 기계과정의 성격과 규모가 변화하는 것은 부차적인 현상이다. 기업을 위해 산업을 운영하지 산업을 위해 기업을 운영하지 않는다. 산업의 진보와 활동은 시장의 전망, 즉 예상 수익의 기회에 의해 제약을 받는다.

이 모든 것을 일일이 열거하면 지루하게 느껴지는 것은 당연하다.7 그러나 기업이론에서 그것이 갖는 중요성을 감안하면, 기업과 산업 간의 이러한 연계에 주의를 기울일 필요가 있다. 산업의 조정은 금전적 거래를 매개로 하여 이루어지고, 이러한 금전적 거래는 기업가의 손에 의해 이루어진다. 기업가는 (좁은 의미로 표현하면) 산업의 목적이 아니라 기업의 목적을 위해서 금전적 거래를 수행한다.

전체 산업체계를 형성하고 있는 다양한 과정들이 원활하고 중단 없이 상호작용을 할 때 사회 전체의 경제적 복지가 크게 향상된다. 그러나 산업이 지속적으로 균형을 유지하더라도 재량권을 자유자재로 행사하는 기업가의 금전적 이익이 반드시 가장 잘 보장되는 것은 아니다. 이해관계가 다방면으로 광범위하게 걸쳐 있는 거대 기업가의 경우에 특히 그러하다. 거대 기업가의 금전적 활동 범위는 매우 넓어서 그의 운명은 많은 경우 산업체계 내의 특정 하위과정들의 원활한 작동에만 영구적으로 결부되지 않는다. 산업체계 전체를 대규모로 결합하거나 틈새를 조정하지 않으면 그의 운명은 체계의 각 부분에 영향을 미치는 경기변동에 달려 있다. 거대 기업가는 산업체계 전체와 연계되어 있어서 전체 산업체계가 원활하게 작동하더라도 모두가 균일하게 이익을 얻는 것은 아니다. 전체 체계의 혼란이 호황을 야기하든 불황을 야기하든 그들은 이익을 얻는다. 예컨대, 투기업자가 곡물 선물시장에서 시세

---

7 다음을 보라. Sombart, *Kapitalismus*, vol. I. ch. VIII.

가 오를 때든 내릴 때든 사들이는 경우를 보면 알 수 있다.

　기업가가 격차 이익을 노리고 산업 체계의 틈새를 조정하거나 혼란을 일으키는 경우가 있는데 이때 자신의 행동이 체계 전체의 이익을 향상시키느냐 저해하느냐는 그에게 중요한 문제가 아니다. 그의 목표는 자신의 금전적 이득에 있고, 산업체계의 혼란은 그러한 목표를 위한 수단이다. 다만 하나의 산업시설이나 상업시설에 영구적으로 투자하는 종전의 방법으로 이득을 추구하는 경우에는 그렇지 않다(이러한 경우는 우리의 당면 문제와 관계가 없으므로 여기서는 더 이상 논의하지 않는다).[8] 여기서 우리의 당면 문제는 산업 체계의 틈새를 조정할 때 기업가가 어떤 역할을 하는가이다. 그의 활동이 이러한 영역에만 국한된다면, 그는 자신의 활동이 체계 전체에 유리한 영향을 주는지 불리한 영향을 주는지는 관심을 가지지 않는다. 그가 얻는 이득(또는 손실)은 혼란의 정도와 관련되지 사회 전체의 복지와는 아무런 관련이 없다.

　이와 같이 금전적 거래를 통해 산업을 운영하면 재량권을 자유자재로 행사하는 사람들[여기서는 거대 기업가를 지칭함―옮긴이]의 이익과 사회의 이익 간의 괴리가 더욱 심해진다. 이러한 괴리는 기계제 산업이 충분히 발전하여 산업과정이 긴밀하고 광범하게 연결되고 그와 동시에 체계들 간의 관계를 전략적으로 관리하는 일을 전담하는 금전 관련 전문가계급이 생겨난 이래로 더욱 두드러지고 심화되었다. 일반적으로 이러한 부류의 기업가는 봉사를 하겠다는 이념의 전략적 목적을 가지지 않는 한 체계 전체의 혼란이 크게 일어나든 자주 일어나든 관심이 없다. 왜냐하면, 그들의 이득은 경기가 변동할 때 나오기 때문이다. 이러한 명제에는 약간의 단서가 요구되므로 이 점에 대해서는 곧바로 언급해 둘 필요가 있다.

---

8 현대 기업의 조건들이 충분히 발달한 상황에서도 특정 기업을 영구적으로 보유하는 것은 주로 수동적인 주식 소유자이다. 규모가 큰 분야의 능동적 기업가는 특정 산업 분야에만 한정하지 않는다.

거대 기업가에게는 거래 활동으로 인해 산업체계 내에 발생하는 혼란이 체계 전체에 유리한지 불리한지는 (그가 궁극적인 전략적 목표를 가진 경우를 제외하면) 기업 운영에서 중요한 문제가 아니다. 그러나 현대의 산업계 우두머리(Captains of Industry)는 대다수가 그 같은 궁극적인 목표를 가지고 있으며, 기묘하게도 그들에게는 그것이 가장 큰 목표이다. 그들의 직함에 '산업계 우두머리'라는 호칭을 붙이게 된 것은 기업 전략의 범위가 광범위하기 때문이다. 이러한 광범위한 기업 전략은 지배력과 통찰력을 가지고 문명화된 인류의 운명을 좌우하는 거대 기업가의 탁월한 성질이다. 따라서 위에서 언급한 대략적인 진술에는 적절한 단서를 붙여야 한다. 산업계 우두머리의 전략은 대개 산업체계의 주요 부분에 대한 통제권의 확보를 목표로 한다. 그러한 통제권을 확보하면, 그는 자신이 통제권을 행사하는 산업 시설을 원활하고 효율적으로 작동할 수 있는 조건을 만들고 유지하여, 투자자로서 계속해서 많은 이익을 얻게 된다. 다른 조건들이 같다면, 자신의 통제 하에 있는 산업시설의 효율성이 높아지고 지속될수록 그 산업 시설에서 더 많은 이익이 영속적으로 나오기 때문이다.

예를 들어, 기업가가 철도 및 '산업' 자산을 대규모로 거래하는 경우 대부분 그 자산의 영구적인 소유를 목적으로 한다. 그러나 이러한 목적으로 운영할 때는 대개 가격 상승을 노리고 물품을 매입하거나 간접적인 이익을 취하기 위해 일시적으로 자산을 장악하려고 노력한다. 즉 기업가는 전략적 목적으로 거래를 한다. 기업가는 특정 산업설비—전략적으로 중요한 철도선로나 제철소 등—에 대한 통제권을 확보하여 미래의 예상 수익을 획득하기 위한 발판으로 삼고자 한다. 이럴 경우에는 산업시설의 효율성을 영구적으로 유지하는 것보다는 당장의 시장 상황, 다른 기대 경영자의 견해, 투자자의 일시적인 신념 등에 영향을 미치는 데 주력한다.[9] 그리하여 기업가는 특정 산업시설에 일시적으로만 관심을 가지는데, 거기에 지속적으로 관심을 기울이는 것은 허구이다.

기업은 이러한 틈새 혼란을 필요로 하며, 기업가는 평소에 이러한 혼란에 따라 산업과정을 어떤 지점에서 전복 또는 봉쇄할지를 결정한다. 기업가의 전략은 대개 다른 기업의 이해관계와는 상반되며, 그의 목표는 대체로 일정한 금전적 강제에 의해 성취된다. 비록 전부는 아니더라도 절반 이상의 거래활동이 그러하다. 일반적으로, 어느 특정 기업가가 산업 설비 또는 산업 공정을 결합하여 통제할 경우 이전의 여러 소유자나 경영자들은 각자의 해당 설비나 공정을 개별적으로 운영하기가 어려워진다.10 그럴 경우 대체로 경쟁 기업가들 사이에 투쟁이 벌어지고, 그 투쟁의 결과는 많은 경우 어느 한 쪽이 막대한 금전적 손실을 입든가 아니면 어느 한 쪽이 금전적 손실을 더 오래 견뎌내느냐에 달려있다. 그러한 금전적 손실은 대개 해당 산업 공장 운영에 차질을 초래하고 나아가 산업체계 전체에 다소 광범위하게 피해를 끼친다.

현대의 거대 기업가들이 산업적 생활양식의 배열에 영향을 줄 때는 전략적 성질을 띠게 된다. 그들은 기업거래를 위한 만반의 준비를 갖추는데, 기업계에서는 이러한 기업거래를 도박에서 사용하는 속어를 빌려와 '한판'(deals)이라고 부른다. 그 '한판'에서는 대립하는 당사자들 사이에 항상 강제가 개입되는 것은 아니다. 어떤 사람이 '한판'에 '참여하

---

9 다음 보고서의 증언을 참고하라. J. B. Dill, *Report of the Industrial Com-mission*, vol I. pp. 1078, 1080~1085; "Digest of Evidence," p. 77. 또한 주식투기와 회사경영에 관한 여러 목격자들의 증언을 참조하고, 특히 해당 위원회가 발간한 다음의 특별 보고서도 참조하라. "Securities of Industrial Combinations and Railroads," vol. XIII, pp. 920~933.

10 현대의 대규모 산업합동 성립의 역사는 대규모 거래를 할 때 경쟁 기업들이 따르지 않으면 안 되는 장애를 발명하고 조직하는 것이 얼마나 중요하고 불가피한 요인인지를 보여준다. 예컨대 미국절강회사(United States Steel Corporation)의 설립을 위한 예비 작업, 특히 카네기회사(Carnegie Company)의 활동이 이러한 작업이 중요성을 보여주는 대표적인 사례이다. 다음 글을 참조하라. E. S. Meade, *Trust Finance*, pp. 204~217; *Report of the Industrial Commission*, vol. XIII., "Renew of Evidence," pp. v-vii, 이 글에는 이 주제와 관련된 증언들이 포함되어 있다. 새로운 조정(합동)을 야기하는 압력은 대체로 '과당경쟁(excessive competition)'이라 불린다.

고자 하는' 의사를 밝히기도 전에 먼저 그를 '궁지에 몰아넣을' 필요는 없다. 각자 다른 사업에 관심을 가진 여러 명의 당사자들이 모여 신속하게 하나의 우호적인 협정을 맺게 되면 각자가 얻는 이익이 종종 커지기도 한다. 그러나 '거래'에 참여하는 당사자들이 각자 유리하다고 판단했을 때부터 최종적으로 협정이 성립되기까지는 어느 정도 시간이 경과한다. 그 동안에 각 기업가들은 양측 또는 모든 당사자들이 '협정을 수용하게끔' 갖가지 책략을 구사한다.

그 같은 재편성(reorganization)을 추진하는 경영자는 유리한 위치에서 가능한 한 최대의 이익을 확보하기 위해 경쟁상대를 '파멸시키기도' 하고 때로는 경쟁상대 기업이 파산 상태에 있다거나 '경영상태가 부실하다는' 의혹을 씌우기도 한다. 실제로 이런 일을 비일비재하게 일어난다. 또한 기업계의 여론에 일시적으로 영향을 주기 위해 자기 회사의 수익을 '과도하게 부풀리는' 경우도 있다. 이처럼 경쟁기업을 일시적으로 교란시키거나 자기 회사의 산업 역량 및 수익능력을 일시적으로 과도하게 부풀리는 노력들이 전체 산업 체계에 유해한 영향을 미치는 경우는 허다하다. 그러한 노력은 그 영향을 받는 전체 산업과정의 유용성을 일시적으로 총체적으로 저하하고, 또한 관련 산업에 종사하는 사람들의 생활상태와 마음의 평온을 더욱 불안정하게 한다.

만약 사람들이 인쇄물이나 입소문을 통해 유포되고 있는 이러한 주제와 관련된 정보의 상당한 내용을 믿는다면, 단순히 일상적인 업무에만 종사하지 않는 기업가들은 이러한 종류의 책략을 통해서 경쟁상대를 불리하게 하는 새로운 기회를 발견하는 일에 주력한다. 이러한 현상은 철도 종사자 또는 '공업주'라 불리는 유가증권을 취급하는 기업가들에서 두드러지게 나타난다. 전체 산업과정을 볼 때, 현대 산업의 어떤 주요 부문도 이러한 성격의 혼란에서 벗어난 시기가 없다고 말해도 무방하다. 이러한 만성적인 혼란은 기업 방법으로 산업을 운영할 때 흔히 일어나는 현상이며, 현재 상황에서는 피할 수가 없다. 기계제 산업이

고도로 발전함에 따라 경영권을 가진 기업가는 여러 가지 목적들을 수행해야 하고 또 현재 상황의 성질상 산업에 혼란을 일으킬 수밖에 없다. 그러나 만성적인 혼란은 지극히 당연한 현상이며 또한 중단된 적이 거의 없을 정도로 일상화되어 이제 그것을 정상적인 상태로 인식하여 더 이상 특별한 주목을 받지 못하고 있다.

경제학자들이 기업가와 산업체계의 관계에 진지하게 주목한 이래로, 기업에 관한 현재의 논의에서는 주로 포괄적인 산업과정의 조직자로서 기업가가 행하는 업무가 주요한 관심사로 떠오르고 있다. 특히 19세기 후반 몇 십 년 동안 대규모 산업합병을 추진하는 자극이 탄력을 받으면서 이에 대해 많은 관심이 집중되었다. 이러한 재편성 작업은 유용성을 증대하고 생산의 절약을 실현하는 긍정적 효과를 거두었다는 점이 주요한 특징으로 지적되고 있다. 이러한 긍정적인 효과는 실제로 명백할 뿐만 아니라 이론적으로도 분명하게 해명되어 그 내용이 잘 알려져 있다. 따라서 여기서 굳이 상세하게 설명하지 않아도 무방할 만큼 그것은 이제 하나의 상식이 되었다. 그런데 이 문제와 관련하여 이론가들의 주의를 끌지 못하고 별로 매력적이지도 않은 몇 가지 양상들이 있다. 이러한 양상에 대해서는 지금까지 별로 주목을 받지 않아서 잘 알려져 있지 않기에 보다 세밀하게 살펴볼 필요가 있다.

산업 합병을 추진하는 조건을 형성하고 산업과정들을 긴밀하면서도 광범위하게 조직하는 방향을 결정하는 상황이 곧 다가올 것이며 이렇게 되면 생산의 절약이 실현될 것이다. 이러한 상황은 기계적 성질을 띠고 있으며, 그것은 포괄적인 기계과정의 사실이다. 이와 같이 산업합병에 우호적인 조건들은 기업가들이 만들어내는 것이 아니라 '산업기술의 상태'에 의해 만들어지는 것이다. 그것은 기업의 업무에 종사하는 사람들의 성과가 아니라 산업적 직업에 종사하는 사람들의 성과이다. 발명가, 기술자, 전문가 그리고 현대 기계제 공업과 관련된 지적 노동을 수행하는 어떤 명칭의 계급이든 산업합병에 따른 절약과 이점을 실현하고 이를 증명함으로써 금전적 업무 종사자를 위한 길을 열어주어야 한다.

기업가는 새로운 산업합동을 통해 생산의 절약을 실현하고 또한 산업의 효율성을 증진하는 기회를 가지는 것에만 만족하지 않는다. 이러한 기반 위에서 산업합병을 형성하는 데 유리한 조건들은 기업가가 기업을 확실하게 재편성하기 전에 그에게 선명하게 나타나야 한다. 그러나 이러한 조건들이 존재하는 것만으로 기업가들을 움직이게 하지 않는다. 기업가를 움직이게 하는 것은 금전적 동기(pecuniary motives)이다. 이것이야말로 기업가와 그가 몸담고 있는 기업에게 금전적 이득을 가져다주는 유인이다. 기업가는 산업적 이익을 위해 산업합동을 성취하려고 노력하는 것이 아니다. 기업가의 목표는 그러한 산업합동을 결성하여 거대 기업을 통제하고 나아가 그 소유권을 장악하여 가능한 한 최대의 이득을 취하는 것이다. 기업가가 추구하는 궁극적인 목표는 소유권을 확대하는 것이지 산업의 유용성을 증대하는 것이 아니다. 그의 목표는 그 자신에게 가장 유리한 조건에서 가장 많은 이익을 가져다주는 산업합동을 결성하는 것이다.

그러나 최초에는 어떤 기업가가 산업합병 계획에 관심을 가지고 있는 다른 기업가들과 또는 자신의 이윤을 위해 동일한 또는 경쟁적인 산업 요소들을 같은 방식으로 합병을 하려는 야심을 가진 기업가들과 거래를 할 때는 그가 유리한 조건에서 이윤을 획득할 수 있는 경우는 명백히 흔하지 않다. 산업합병을 추진하는 기업가들의 이해관계가 모두 동일한 기초 위에서 그리고 동일한 경영체제를 가진 산업합동으로 귀결되는 경우는 매우 드물다. 그 결과는 절충된 형태로 그리고 오래 지연되어 이루어진다. 또한 일부 기업가들은 더 많은 이윤이 나올 때까지 또는 합병을 추진하는 자들 사이에 있는 모든 장애물을 제거하여 자신들의 이익에 부합할 때까지 산업합병을 지연함으로써 이익을 챙기는 경우도 심심찮게 나타난다.11 이렇게 하여 산업합동이 성립되면 참여하는 많은 기업가들은 독립적인 지위와 직업을 상실하게 된다. 추진하고 있는 산업합병의 규모가 커서 거기에 관여하는 많은 기업들의 의견일치 또는 동의가 요구될 경우, 특히 어느 기업도 금전적 세력이나 전략적 위치 면에서 결정적인 우위에 있지 않을 경우에는 여러 기업의 의견일치에 도달하는 데 필요한 그리고 각 기업들이 준수해야 하는 연대와 중앙 통제의 정도를 결정하는 데 필요한 협상과 전략을 수립하기까지는 오랜 시간이 소요된다.

지난 수년 동안에 성립된 대규모 기업합동과 산업결합은 대부분 오랫동안 지속된 투쟁의 소산이다. 이 점에 대해서는 굳이 실례를 들지 않아도 될 만큼 잘 알려져 있다. 그 과정에서 산업적 목적은 기업의 목적에 비해 진지하게 고려되지 않았다. 또한 기업가들은 각자 자신에게 보다 유리한 조건을 조성하려고 기업합동을 지연시키는 데 수년에 걸쳐 탁월한 총명함과 끈기를 발휘했다. 이후에 성립된 기업합동들도 마찬가지이다. 이후에는 산업과정들의 결합이 비록 실행되지는 않았지만 당시의 기계적 상황을 감안하면 실현가능하고 바람직한 것으로 알려졌다. 이 경우에 발생한 곤란은 소유권, 즉 기업 이익과 관련된 것이지 기계적 실현가능성과 관련된 것이 아니다.

위에서 말한 대로 이러한 협상들은 그리고 기업합병으로 귀착되는 전략은 대부분 산업의 혼란을 유발하는 성질을 가진다. 그리하여 기업합동을 추진하는 관계자들은 여러 공장들과 공정들을 합병하거나 결합, 연결할 경우 명백히 생산적으로 이익이 된다는 것이 입증될 때까지 이와 같은 합병이나 결합, 연결을 상당 기간 동안 지연시킨다. 그동안에 당사자들은 서로 상반되는 목적을 가지고 협상에 임하고, 또한 경쟁 상대를 가능한 불리하게 만들려고 노력한다. 그 결과 그러한 전략이 진행되는 동안 산업설비의 만성적인 혼란, 중복, 성장 지연이 초래되고,

---

11 그 예로 미국철강회사 또는 조선회사(Shipbuilding Company) 성립에 대한 설명을 참고하라.

그리하여 협상이 마무리될 무렵에는 잘못된 조정으로 인해 값비싼 대가를 치르게 된다.[12]

이때 결정적인 사항은 실용성, 즉 산업적 유용성이 아니라 기업의 편의성과 기업의 압력이다. 때문에 산업 우두머리는 이러한 산업합병에 관여하는 기업을 정상적으로 운영하는 데 있어 새롭고 보다 효율적인 조직을 때로는 찬성하고 때로는 반대하기도 한다. 즉 그는 산업 조직의 향상을 추진하는 동시에 방해한다.[13] 일반적으로 자원 및 기계장

---

[12] 철도회사들 사이의 운임 경쟁과 트랙 및 터미널의 중복 설치에 따른 비효율성을 보라. 또한 철제 및 철강산업에서의 동일한 중복 시설을 보라. 예컨대 시카고의 철도 터미널 시스템은 비효율성을 단적으로 보여주는 교훈적인 사례이다.

[13] 기업합동에 대해 산업계 우두머리의 공격적인 활동과 방해 활동이 눈부시게 활약한 예는 미국 철도산업의 역사 및 현재 상황에서 잘 드러난다. 철도 분야에서 실행한 기계 작업의 포괄적인 통일 또는 통합은 그 규모면에서 볼 때 지금까지 실행되거나 시도된 합동에 필적할 뿐만 아니라 때로는 그것을 능가하여 지금은 물론 과거에도 그러한 통일 또는 통합이 바람직하고 실행가능했음을 명백하게 보여주고 있다. 철도분야의 기계적 업무에 종사하는 수백 명의 사람들이 각자의 능력을 발휘하여 업무를 보다 포괄적이고 보다 밀접하게 연계시켜 업무를 효율화하고 서비스를 향상시킴으로써 실현가능한 계획을 능숙하게 수행하고 있다고 말해도 무방하다. 또한 관련 기업가들의 상반된 이해관계조차도 확실히 이러한 긴밀하고 포괄적인 실현가능한 연계가 실행되는 것을 가로막지 못한다. 현재의 기계적 상황과는 관계없이 기업의 필요성 때문에 철도합병이 지금까지 지연된 기간이 적어도 평균 20년에 달한 것 또한 분명하다. 이 나라[미국]에서 철도를 운영하기 시작한 이래로 합병을 꺼려왔는데, 그러는 사이에 지배적 위치에 있는 기업가들은 철도산업이 제공한 절약과 서비스 효율화를 완만하게 진척시켜 나갔다. 그 결과 그들은 최근에 이르러 기계적 유용성에서 대단한 성과를 거두었다. 그것은 기억에서조차 사라지고 있는 아득히 먼 과거부터 누적된 성과를 능가했다. 그러나 그러한 성과는 그들의 최상의 능력을 감안하면 오늘날 그들에게 주어진 기회를 절반조차도 활용하지 못했다. 다음 글을 참조하라. *Report of the Industrial Commission*, vol. XIX., "Transportation," 특히 pp. 304~348. 철도 합병 사업은 여타의 경쟁 사업(특히 산업체계의 틈새 조정과 관련된 사업)과 마찬가지로 일종의 게임의 성질을 띠고 있다. 이 게임에서 경기자들이 추구하는 목표는 금전적 이득이며, 성과물의 산업적 유용성은 부차적인 목표일 따름이다. 이 점은 여론이 인정하고 있으며, 그중 많은 부분은 대중

치의 경제적 효용성을 높이기 위한 산업합병과 각종 협정은 오랜 시간이 지난 후에 착수하는 것이 좋다고 할 수 있다.

현재의 경제학이론에서는 기업가를 '전문 경영인(entrepreneur)' 또는 '사업자(undertaker)'라고 부르고, 그가 하는 일은 생산의 절약과 유용성 증대를 위해 산업과정을 조정하는 것이라고 주장한다. 이러한 견해의 건전성 여부에 대해 문제 삼을 필요는 없다. 이러한 견해는 엄청난 정서적 가치를 가지고 있으며, 여러 방면에서 유용하다. 거기에는 사실(facts)에 근거한 약간의 진실이 포함되어 있다. 다른 사람들과 마찬가지로 기업가를 행동하게 하는 것은 유용성의 이상 그리고 동료들의 생활방식을 편리하게 하고 싶어 하는 열망이다. 기업가는 다른 사람들과 마찬가지로 '제작능력의 본능(the instinct of workmanship)'을 가지고 있다. 그런데 거대 기업가들은 그런 이상과 열망을 가지고 있으면 확실히 다른 사람들보다 덜 신속하게 움직인다. 다른 사람들이 사업에 성공하지 못하는 것은 바로 그러한 이상과 열망에 얽매여 있기 때문이다. 더구나 그러한 종류의 동기들은 기업의 효율성을 저해한다.

그래서 기업가들이 그러한 동기들에 의지하면 부당하고 유약하다고 비난을 받는다. 그럼에도 사람들은 서로를 위해 또는 사회의 이익을 위

선동가들도 강조하고 있다. 대중선동가들은 경쟁 기업들 간의 게임이 경쟁자들을 하나의 경영자 아래 두는 확고한 기업합동으로 종결될 경우 그러한 기업합동에 의해 생겨난 독점 기업과 전체 사회 사이에는 필연적으로 갈등을 낳는다고 주장한다.

예를 들어, 위스콘신 북부, 미시건, 미네소타에 소재하는 철광석 광상은 산업적으로 보면, 처음부터 하나의 집단기업으로 운영되어 왔다는 것은 잘 알려진 사실이다. 이 나라[미국]의 모든 광상과 제철 산업은 사실상 하나의 집단기업으로 운영되고 있는 것은 기업적 이유에서이지 다른 이유는 없다. 이 분야에서 기업합동의 성립에 따라 여러 업무들이 연계되어 엄청난 생산의 절약을 가져온 것은 분명한 사실이다. 거꾸로 말하면 기업합동이 이루어지지 않았다면 연간 수백만 달러의 낭비가 발생했을 수도 있다. 그렇게 하여 절약을 하거나 낭비를 하면 그것은 모두 기업합동을 추진한 또는 그렇게 하지 않은 기업 경영자의 책임이다. 다른 많은 산업분야와 산업집단들의 경우도 역시 마찬가지이다.

해 거래를 할 때는 그 근저에 공평함, 공정 거래, 장인의 성실 등의 감정이 흐른다. 이러한 성향 때문에 다른 사람들의 희생을 바탕으로 부당하게 이득을 얻거나 일정한 정도의 등가성을 결여한 상태에서 이득을 획득하면 그것이 어떤 형태이든 비난을 한다. 또한 기업가를 움직이게 하는 것은 일상적 업무와 관련된 생산과정을 향상시키려는 야망이다. 이러한 정서적 요인들은 사람마다 정도가 크게 달라서 그것이 전체에 미치는 영향은 측정할 수 없지만, 기업활동을 하는 데는 일종의 제약으로 작용한다.

여러 유명 기업가들의 활동 내력을 보면 이러한 종류의 건전한 제약이 존재하고 있음을 알 수 있다. 이러한 종류의 제약에 지나치게 민감하게 반응하게 되면 사업을 자주 철회하게 된다. 특히 부정직한 사업이나 사회에 매우 유해한 사업의 경우 사업을 철회하는 경우가 빈번하다.14 대규모 기업 거래를 유심히 살펴보면, 그러한 활동 기반, 즉 생산적이지만 한편으로는 비기업적인 기반이 발견된다. 이처럼 인간적이고 유약한 기업 전략가는 비정한 기업 전략이 강조하는 최후의 양보를 강요하지 않고서도 산업체계 내에 있는 경쟁상대나 이웃과 합의에 도달

---

14 이와 관련한 실례들은 쉽게 찾아볼 수 있다. 많은 기업가들은 위스키 증류나 가정용 유해 의약품 판매보다는 보다 정직한 사업을 선호한다. 그들은 법률 테두리 안에서 유해한 혼합물을 사용하는 것조차도 꺼린다. 그들은 같은 가격이면 재생 양털보다는 순모를 사용한다. 철도회사 직원들은 금전적 이득이 생기지 않는데도 탈선이나 사상자 발생을 미연에 방지하기 위해 대개 안전한 노선을 선택한다. 그뿐 아니라 그들은 특히 자신의 기량이 향상하는 데 자부심을 느끼고 또한 철도 서비스나 제분소 생산물을 회사가 요구하는 만큼으로 그리고 최상의 금전적 결과를 낳을 만큼으로 효율화하는 데 수고를 아끼지 않고 있는 모습도 보게 될 것이다. 번창하는 산업계 우두머리는 자신에게 돌아오는 금전적 이익이 불확실하더라도 산업의 효율성을 향상하기 위해 상도(常道)를 벗어나는 경우도 있다. 이런 일은 자주 나타나지는 않지만 그렇다고 완전히 예외적인 것은 아니다. 그러한 일탈이 아주 큰 일탈은 아니다. 그러나 그러한 일탈이 오래 지속되면 종국에는 기업에 유해한 결과를 초래한다. 그렇게 되면 그 기업은 기업경영의 범주를 벗어나 자선사업의 범주에 속하게 된다.

할 수 있다. 그리하여 순전히 기업 원리에 따를 때보다 어쩌면 더 신속하게 결정을 내리고 대규모 기업합동을 더 원활하게 운영할 수 있다.15

그런데 기업 활동을 제약하는 이러한 정서는 현재의 기업 윤리가 부여하는 평등성과 공정거래에 기초한다. 그러한 정서는 기업 원리 범위 내에서 작동하지 그것을 위반하여 작동하지는 않는다. 그것은 금전적 이익에 대한 관습적인 제약으로서 작동하지 그러한 금전적 이익을 폐기하기 위해 작동하는 것이 아니다. 이러한 기업 윤리의 규약은 결국 '매수인책임원칙'16이라는 격언을 완화한 것이다. 이 격언은 주로 사람들 사이의 거래를 중시하고, 사회 전체의 궁극적 이익과 관련된 절제와 신중함에 대해서는 비교적 간접적으로만 건성으로 가르친다. 사회에 제공되는 서비스와 특정 상거래에서 나오는 이득 간의 균형을 유지하기 위해 이러한 도덕적 요구가 부각되는 경우에는 대체로 금전적 기준에 기초하여 균형을 유지하고자 하는 경향이 있다. 그러나 그러한 금전적 기준은 사회의 유용성을 제공하기에는 매우 부적절한 수단이다.

산업 체계의 조직에 대해 기업가가 책임져야 하는 업무는 중요하고 그 항목 또한 많다. 그러나 생산과정과 관련한 기업가의 업무는 주로 허용된 범위 안에서 수행된다는 점에 유의할 필요가 있다. 산업을 발전시키는 일은 기업가에게는 부차적인 관심사이며 따라서 그 일에 대해서는 대체로 소극적이다. 그는 기계과정을 완성하는 데도 그리고 현재의 수단을 새롭고 더 넓은 용도로 활용하는 데도 기업가로서의 역량을 적극적으로 활용하지 않는다. 그런 일은 기계과정을 손수 고안하고 감독하는 사람들이 하는 것으로 여긴다. 산업에 종사하는 사람들은 기업가가 기회를 찾아서 필요한 업무를 조정하고, 산업을 발전시키는 계획

---

15 수석 우두머리는 반드시 이러한 비영리적 도덕관을 가지는 것은 아니다.
16 매수인책임원칙(Caveat emptor)은 라틴어로 "매수인은 조심하라"는 뜻으로 상법에서 명백한 보증인이 없는 경우 매수인이 위험 부담을 안고 매수한다는 원칙을 말한다. 초기 관습법의 원칙으로서 공개시장 또는 친밀한 이웃 간의 매매에서 널리 적용된다. ─옮긴이

을 실행하는 지시를 내리기 전에 먼저 새롭고 보다 효율적인 방법과 연계를 위한 기계적 가능성을 만들어내야 한다. 특정 산업 합동을 처음 착수했을 때부터 실제로 완성될 때까지의 기간은 기업가가 산업의 발전을 지연시키는 기간이다. 이에 반해, 비교적 경미하고 드물기는 하지만, 통제권을 가진 기업가가 새로운 영역으로 산업의 진전을 추진하고 아울러 기계를 이용하는 사람들로 하여금 기계과정의 새로운 영역에서 실험과 탐구를 자극하는 경우에는 그 시간이 상쇄된다.

여기서 유의해 두어야 할 점은, 통제권을 가진 기업가가 주도하여 대규모 기업합동을 추진하는 경우에는 그 기업가가 통제권을 가지고 있는 한에서는 그의 조언과 동의 없이는 산업의 상호연계가 불가능하다는 것이다. 산업체계는 기업 원리에 기초하여 조직되며 금전적 목적을 위해 운영된다. 그 중심에 기업가가 있다. 그는 결정권을 자유자재로 행사한다. 그래서 그가 어떤 선택을 하느냐에 따라 이쪽으로 향하기도 하고 저쪽으로 향하기도 한다. 산업이 전진하는 것도 지체하는 것도 모두 그의 판단에 달려있다.

산업합동이 생산비 절감을 수반한다는 점에 대해서 반드시 지적해 두어야 하는 특징적인 양상이 하나 있다. 그것은 현대의 기업이론에도 다소 중요하다. 산업합동에 의해 절감되는 것은 사실 생산비가 아니라 주로 경상비와 제품 및 서비스 마케팅 비용이다. 새롭고 한층 확대된 기업합동에 의해 설비가 개선되고 효율성이 향상되면 무엇보다도 업무비와 영업비가 영향을 받는다. 기업경영의 간소화와 통합은 산업 자체의 방법과 목표에는 대체로 간접적으로만 영향을 미친다. 그러한 간소화와 통합은 금전적 과정에는 직접적으로 영향을 미치지만 기계과정에 미치는 영향은 간접적이고 그 정도도 불확실하다. 또한 그러한 간소화와 통합은 금전적 동기 및 기업 경영의 존재로 인해 부분적으로 낭비를 중화하는 성질이 있다. 왜냐하면 기계과정을 효과적으로 수행하는데 필요 이상으로 많은 사람들이 개입하거나 거래를 하게 되면 기업을 경영할 때 낭비가 발생하기 때문이다.

　서로 연관된 여러 산업과정을 따로따로 관리하게 되면 하나의 기업 경영으로 운영할 때보다 생산물 단위당 처리하는 '업무'의 양이 훨씬 많아진다. 산업과정의 소유권과 생산물의 소유권이 각기 다를 경우 다른 소유권 영역들의 경계에 접촉할 때마다 또는 그 경계를 넘어갈 때마다 금전적 결정권을 행사해야 한다. 기업거래는 소유권과 그 변동에 영향을 받는다. 소유권의 범위가 클수록 재화와 서비스 생산물을 처리하는 업무의 양이 많아지고, 또한 업무를 처리하는 속도가 점점 느려지며, 업무의 유연성과 정확도가 전반적으로 낮아진다. 이러한 현상은 계약과 협약을 체결할 때 금전과 관련된 발의와 결정권을 행사해야 하는 경우에 주로 나타나고 회계, 정보 및 오보의 수집 및 응용과 관련된 일상 업무에서도 나타난다.

　앞의 장에서 산업과정, 제품, 서비스, 소비자의 표준화에 대해 언급한 바 있는데 이러한 표준화는 기업가로 하여금 대규모 재편성을 매우 용이하게 한다. 특히 이러한 표준화는 회계장부, 송장, 약정서 등의 양식을 균일화하고 나아가 언제든지 기업의 금전적 상황을 충분히 개관할 수 있는 분류체계를 갖춘 대규모 중앙회계시스템을 구축하여 기업가의 목표 달성을 용이하게 한다.

　경제체계 안에는 곳곳에 기업이 엄청나게 많이 존재하고 있기 때문에 기업합동을 실행하게 되면 엄청나게 많은, 아마도 현재의 발전단계에서는 최대의 절약의 기회가 생겨난다. 기업합동을 추진하는 기업이 가장 유리한 기회를 찾으려면 독립회사들 사이의 불필요한 기업거래와 산업적으로 무익한 거래를 제거해야 한다. 그래서 현대의 거대 산업 우두머리들이 제공하는 어쩌면 최대의 봉사, 또는 가장 안전하고 가장 확실한 봉사는 업무의 간소화라고 해도 조금도 지나친 말이 아니다. 그리하여 하나의 계급으로서 기업가는 업무에서 철저하게 배제되고, 사적 기업을 위한 기회가 완전히 말소된다.

서로 연관된 산업 단위들을 각기 별도로 관리하는 경우에는 여러 가지 목적을 가진다. 기업결합은 산업체계 사이의 틈새로부터 금전적 요소를 최대한 제거하여 체계 내의 부적합한 성질을 바로잡는다. 이처럼 산업체계 전체의 틈새를 조정하면 경쟁 기업가들의 결정권에서 벗어나게 되고, 이전에 하던 금전 관리 업무는 대부분 불필요하게 된다. 그 결과 업무가 간소화되고, 경쟁적으로 산업을 관리할 때 주로 나타나는 체계 간의 상호 방해를 피할 수 있게 된다. 금전 관리 업무의 양이 많아질수록 사회 전체에 대한 유용성은 감소한다. 산업계 우두머리의 영웅적인 역할은 기업을 과중한 경영 부담에서 벗어나게 하는 구세주의 역할이다. 그리하여 한 명의 기업 우두머리가 다수의 기업가들을 몰아내게 된다.17

위에서 개략적으로 기술한 기업이론은 산업체계의 틈새 조정을 전담하는 기업에도 적용된다. 틈새 조정을 유지하고 혼란하게 하는 일은 재화의 생산고를 수익의 직접적인 원천으로 기대하는 것이 아니라 균형을 혼란시켜 가치 변동을 유발하고 떠 일부 기업에 유리한 기업 상황을 조성하기 위한 것이다. 이러한 기업은 고유한 의미의 상업적 기업과 엄격한 의미의 산업적 기업 중간에 위치한다. 이러한 기업은 산업체계 내의 여러 과정들이 연결되어 있어서 기업의 경기가 변동할 때 이를 이용하여 수익을 획득하는 것을 노린다.

상업적 기업도 역시 산업체계 전체의 상황에서 발생하는 경기변동에 어느 정도 영향을 받는다. 그러나 그 영향은 산업과정의 기계적 필요에서 비롯된 것이 아니다. 고유한 의미의 상업적 기업의 경기변동은 상업

---

17 다음 보고서에 실린 증언을 보라. *Report of the Industrial Commission*, vol. I., 게이츠(J. W. Gates)의 증언, pp. 1029~1039; 다드(S. Dodd)의 증언, pp. 1049~1050; 로저스(N. B. Rogers)의 증언, p. 1008; vol. XIII., 슈와브(C. M. Schwab)의 증언, pp. 451, 459; 버틀러(H. B. Butler)의 증언, p. 490; 홉킨스(L. B. Hopkins)의 증언, pp. 340, 347; 화이트(A. S. White)의 증언, pp. 254, 266.

적 활동에 종사하는 기업가들에 의해서가 아니라 대개는 우연히 발생한다. 상업적 기업은 그 자체 힘으로 산업의 경로를 좌우하지 않는다.

반면에 위에서 언급한 대규모 기업은 산업 조직의 변화를 주도하고, 그 자체 힘으로 가치 기준을 변경시켜서 이득을 추구한다. 가치의 기준이 변화하면 당연히 재화의 생산고와 사회의 물질적 복지도 영향을 받는다. 그러나 그 영향은 이윤 추구 과정에서 우연히 발생할 따름이다.

그러나 기업가는 산업의 경로를 원대하고 광범하게 인도하는 한편 세부적으로도 산업의 경로를 지속적으로 철저하게 인도한다. 기업가는 수익을 위해 재화와 서비스를 생산하고, 수익의 전망에 따라 재화의 생산고를 조절한다. 보통의 경우 통상적인 기업의 수익은 이러한 재화와 서비스의 생산고에서 생겨난다. 산업에 종사하는 기업가는 생산물 판매를 통해서 수익을 '실현한다(realizes)'는 말은 판매가능한 재화를 화폐 가치로 전환하는 것을 의미한다. 판매는 전체 과정의 최종 단계이며, 기업가는 판매를 위해 노력한다.[18] 기업가는 생산물을 처분하여 자신이 보유하고 있는 소비재를 화폐 가치로 전환해야 거기서 나온 수익으로 현대의 생활을 안전하고 명확하게 유지할 수가 있다.

기업가는 회계장부에 기록을 할 때는 가격을 기준으로 하고, 생산고를 계산할 때도 동일한 기준에 기초한다. 기업가가 생산을 중시하는 이유는 생산물의 판매가능성과 화폐 가치로의 전환가능성 때문이지 인류에게 필요한 유용성 때문이 아니다. 생산물을 판매가능하게 하려면 그것은 어떤 목적을 위해서든 최소한의 유용성을 가지고 있어야 한다. 그러나 최상의 유용성이 화폐를 기준으로 기업가에게 최대의 수익을 가져다주지는 않는다. 또한 생산물은 어떤 경우든지 인위적인 유용성 외에 다른 유용성을 가시고 있을 필요는 없다. 한편, 어떤 재화가 시장에 과잉공급되면 기업가는 손해를 입지만 그렇다고 소비자 대중이 반드시

---

18 다음을 참조하라. Marx, *Kapital*, bk. I. pt. II

직접 손해를 보는 것은 아니다. 한편, 다수의 광고기업들처럼 해당 산업의 목적에는 매우 유용하지만 사회에는 그 유용성이 불투명한 특정 계열의 산업도 있다. 특허 약품 및 기타 전매 상품의 광고와 판매를 통해 번창하고 있는 많은 유명 기업들을 그 실례로 들 수 있다.

수공업이 산업체계의 원칙이던 예전에는 생산자와 고객이 개인적으로 친밀하고 지속적으로 접촉했다. 이러한 상황에서는 개인을 존중하느냐 경시하느냐가 재화와 서비스의 공급을 좌우하는 중요한 역할을 했다. 개인적 접촉에서는 다음 두 가지 점이 중요한 요인이었다. (1) 생산자는 제작능력에 대한 평판을 중시했다. 그러한 평판이 얼마나 수익을 가져다주는지는 별개의 문제이다. (2) 거래를 할 때는 [당사자들 사이에] 어느 정도 노여움과 반감이 가끔씩 발생하여 자신이 얻게 될 수익과 무관하게 분쟁이나 차별대우가 발생하기도 한다. 그와 동시에 생산자와 소비자 간의 거래에서 나타나는 세부적인 특성으로 인해 현재의 대규모 거래에서는 더 이상 용인하지 않는 약간의 부정행위와 행상을 허용되었다. 생산자와 소비자 간의 개인적 관계가 밀접한 경우에는 이처럼 상반되는 두 현상이 나타나는데 그중에서 대체로 전자가 중요한 의미를 가진다. 수공업 및 근린산업 체계 하에서는 "정직이 최선의 방책이다"라는 격언이 전반적으로 승인되고 타당한 것이 되었다. 이 격언은 기계제 체제 이전부터 그리고 근대적 기업 이전 시대부터 전해 내려왔다.

산업을 대규모로 운영하고 있는 현대 상황에서는 산업적 기업의 결정권을 가진 수뇌부는 자신이 통제하고 있는 생산과정이 재화와 서비스를 공급하는 소비자 대중과는 개인적으로 간접적으로만 접촉한다. 그리하여 예전에는 사람들이 거래를 할 때는 개인적 접촉이 완충 역할을 했는데 이제는 그런 효과가 거의 사라진다. 그 결과 모든 거래가 비인격적인 성질을 띠게 된다. 우리는 무차별적 소비자 집단으로만 알고 있는 사람들의 필수품을 더 편안하게 양심적으로 또 비열한 감정을 가지 않고서 이용하게 된다. (현대 상황에서 빈번히 나타나듯이) 소비자 대중이 주로 하위계층에 속한 경우에는 특히 그러하다. 때문에 이들의 개인적 접촉 및 교류를 발견하기가 힘들 뿐만 아니라 한편으로는 불가능하다. 당사자들 사이의 관계가 소원하고 비인격적인 경우에는 (사람들이 동일한 사회적 수준의 궁핍한 이웃과 거래를 할 때처럼) 법률이 정해놓은 최소한도의 형식적인 평등 이상을 요구하지 않는다. 이러한 상황에서는 위에서 인용한 격언이 공리로서의 설득력을 상당 부분 상실하게 된다. 기업은 인간적인 친절이나 노여움 또는 성실 같은 정서적 요인을 배제할 때 수익과 손실을 적절하고 현명하게 계산하여 경영을 지속할 수가 있다.

생산자와 상인들은 대규모든 소규모든 자신들이 제공하는 상품과 서비스의 가격을 결정할 때 따르는 원칙이 있는데 그것은 철도 분야에서 통용되고 있는 이른바 '운임부담능력' 원칙[19]이다. 이 원칙은 철도 요금을 결정할 때 적용되는데, 특정 기업이 특정 물품 또는 특정 부류의 서비스 공급을 엄격하게 독점하고 있는 경우에는 이러한 원칙을 절대적으로 따른다. 그러나 독점이 엄격하지 않고 경쟁상대가 있는 경우에는 요금을 결정하는 주요한 요인은 경쟁(competition)이다. 따라서 해당 기업이 독점 성격을 거의 또는 전혀 가지지 않은 경우에는 경쟁이 매우 중대한 요인이 된다. 그런데 현대의 산업 중에서 독점 요소를 전혀 가지지 않고서 성공한 경우가 약간이라도 있는지는 상당히 의심스럽다.[20]

---

19 '운임부담능력원칙'*에 대해서는 다음 글에서 매우 자세하게 논의되고 있다. R. T. Ely, *Monopolies and Trusts*, ch. III., "The Law of Monopoly Price." 이 원칙이 실제로 작동한 실례에 대해서는 다음 보고서에 실린 증언을 참고하라. C. M. Schwab, *Report of the Industrial Commission*, vol. XIII. pp. 453~455.

* 운임부담능력원칙(charging what the traffic bear) 운임은 운송용역의 가치와 수요자의 운임부담능력에 의해 결정된다는 원칙으로서 운송되는 상품에 대한 운임 부담할 수 있는 능력을 말하며, 주로 항만에서 수출품을 인도할 때 적용된다. —옮긴이

설령 그런 기업이 있다 하더라도 그 수는 많지 않고 규모도 크지가 않다. 사업을 지속하기를 바라는 기업들은 모두 가능하면 독점의 확립을 목표로 한다. 그러한 독점적 지위는 법률적으로 공인을 받고 성립되는 경우도 있고, 입지 또는 천연자원에 대한 통제권을 장악하여 성립되는 경우도 있다. 또한 관습이나 신망(영업권)과 같은 비가시적인 특성에 의해 성립되는 경우도 있다. 이 중에서 후자 부류의 독점은 통상적으로 독점체로 분류되지 않는다. 그러나 그러한 독점에 의해 얻는 이익은 그 성격 면에서나 정도 면에서 입지나 자원을 통제하여 얻은 격차 이익과 다를 바가 없다. 대규모 기업이 조직적인 광고를 할 때 추구하는 목표는 그러한 관습과 신망에 기초한 독점을 확립하는 것이다. 이러한 형태의 독점은 때때로 막대한 가치를 가지며 종종 영업권, 상표, 브랜드 등의 이름으로 매각되기도 한다. 이러한 관습, 신망, 선입견에 의해 성립된 독점체가 수백만 달러를 호가하여 매각된 실례들도 있다.[21]

[기업이] 지속적으로 광고를 하는 중요한 목표는 대중의 확신을 얻어 차별적인 독점을 구축하는 것이다. 그리하여 광고주가 특정 제품에 대한 확신을 대중에게 얼마나 심어주느냐에 비례하여 그의 노력의 성패가 좌우된다.[22] 이러한 대중의 확신을 체계적으로 조작하는 비용은 그

---

20 여기서는 '독점'을 위에서 인용한 일리(Ely)의 저서에서처럼 공급의 배타적 통제라는 엄격한 의미로 사용하지 않고 통상적인 느슨한 의미로 사용하고 있다. 이러한 느슨한 의미의 용법은 일리가 엄격한 의미의 '독점'은 현실에서는 실제로 발생하지 않는다고 주장한 이래로 널리 승인되고 있다. 다음 글을 참조하라. Jenks, *The Trust Problem*, ch. IV.

21 예를 들어, 아이보리비누 회사의 영업권의 가치.

22 다음 글을 참조하라. W. D. Scott, *The Theory of Advertising*; J. L. Mahin, *The Commercial Value of Advertising*, pp. 4~6, 12~13, 15; E. Fogg-Meade, "The Place of Advertising in Modern Business," *Journal of Political Economy*, March 1901; Sombart, vol. II. ch. XX.—XXI.; G. Tarde, *Psychologie Economique*, vol. I. pp. 187–190. 광고 문안을 작성하거나 디자인(활판 인쇄, 전시, 삽화)을 하는 작업은 고유한 직업이 되었다. 그 결과 광고 문구를 작성하는 숙련 작가의 수입은 유명 대중소설 작가의 수입에 비해 손색이 없다.

광고심리학의 원리는 다음과 같이 정식화할 수 있다. 사실에 입각한 어떤 선언이 형식을 갖추고 또 사람들의 취향과 표현에 익숙한 것이라면 그 선언은 진정한 것으로 받아들여질 것이며, 또한 그것이 이미 승인된 견해와 충돌하지 않는다면 어떤 일이 일어나더라도 상당한 반응을 불러올 것이다. 어떤 의견을 수용하는 것은 거의 전적으로 수동적인 태도로 간주된다. 추측은 이미 승인된 의견에 부합한다. 어떤 선언을 입증하는 데 부담이 크다면 사람들은 그 선언에 대해 부정적인 태도를 보이게 된다. 특정 논점에 대한 의견을 적절하게 정식화하는 것은 그 의견에 대한 지지자를 확보하는 중요한 요인이다. 또한 그러한 진술을 반복해서 제시하는 것도 그에 대한 확신을 심어주는 중요한 역할을 한다. 이와 같은 정식이 참인지 아닌지는 부차적인 문제이다. 그러나 그러한 진술이 이미 알려진 사실로부터 멀리 그리고 명확하게 이탈하게 되면 설득력이 약화된다. 광고주의 목표는 사람들의 관심을 사로잡고 그런 다음 광고 문구의 이미지를 사람들의 관습과 사고 속에 주입시키는 것이다. 그러한 방법이 효과적으로 실행되면 이미 확립된 확신을 되돌리는 것이 대단히 어렵다. 이미 승인된 견해가 얼마나 완고한지는 유명 가정용 치료제의 약효와 관련된 무수하고 다양한 증거들에서 입증되고 있다. 이 치료제의 광고 문구는 겉보기에는 번지르르하지만 실제로 그 약효는 별로 유용하지 않다.

좀바르트(Sombart)[*] 같은 예리한 관찰자라면 다음 같은 의견을 제시할 수 있다. "어떤 기업도 사기술에 의존해서는 성공할 수가 없다."(*Kapitalismus*, vol. II. p. 376). 좀바르트는 부활론자 엘리야(Elijah)[*]의 모험에 대해서도 잘 알지 못하고, 미국 특허제약회사에 대해서도 능통하지 못하다. 좀바르트의 견해는 자신만큼 폭넓은 사고와 통찰력을 가진 관찰자 워드(L. F. Ward)의 견해와 대비된다.

"정신의 법칙은 사회 안에서는 경쟁의 보조수단으로서 작동하며, 개인의 이익을 위해 작동하면 본질적으로 비도덕적인 것이 된다. 그것은 기본적으로 기만의 원리에 입각한다. 그것은 인간이 동물세계를 종속시킬 때 적용하던 방법을 다른 인간으로 확장한다. 매복, 함정 등이 그러한 방법이다. 그것의 지배 원리는 교활함이다. 그것의 목표는 사람들을 속여서 유혹하고 그런 다음 함정에 빠뜨려서 포획하는 것이다. 하등동물의 교활함은 보다 세련된 형태로 계승된다. 그러한 교활함은 기업에서는 기민함, 전략, 외교술 등의 이름으로 더욱 중요해지고 있다. 그러나 그것들은 모든 점에서 통상적인 교활함과 조금도 다르지 않다. 다만 희생자를 속이는 수완의 징도에서 차이가 있을 뿐이다. 이렇게 하여 사회생활은 완전히 기만으로 둘러싸이게 된다." "The Psychologic Basis of Social Economics," *Ann. of Am. Acad.*, vol. III. pp. 83~84[476~476].

* 좀바르트(Werner Sombart: 1863~1941)는 독일의 경제학자이자 사회학자로 초기에는 열렬한 마르크스주의자로서 자본주의의 기원이 금융주의에

금전적 가치와 크기를 포함하여 의약계 권위자들 사이에서 약효가 매우 의심스럽다고 알려진 유명 가정용 치료약 소유자가 수년 동안에 매년 수백만 달러의 광고비를 지출했다는 진술에서 입증되고 있다. 이는 전혀 특이한 사례가 아니다.

　일각에서는 현재 진행되고 있는 광고는 소비자 대중에게 욕구를 충족시켜 주고 그들의 구매력을 최대로 이용하는 방법과 수단에 관한 귀중한 정보와 지침을 제공해준다고 말하기도 하는데,23 이 말에는 분명 나름대로 약간의 진실과 근거가 있다. 이 말이 맞는다면 광고는 사회에 기여하는 것이 된다. 그러나 여기에는 한 가지 중요한 유보조건이 있는데, 광고는 경쟁적이라는 것이다. 대부분의 광고의 목표는 동일한 계층의 평소의 구매 경로를 다른 경로로 바꾸어놓는다.24 모든 분야에서 광고는 상거래를 경쟁적으로 혼란시키려고 노력하는데 그런 만큼 사회에 직접 기여하는 바는 줄어든다. 그렇지만 대부분의 현대 산업 분야에서 그러한 광고는 없어서는 안될 정도로 불가결하다. 그러나 광고가 필요한 것은 사회의 욕구를 충족해 주기 때문도 아니고 해당 회사의 총 이익이 늘어나기 때문도 아니다. 광고를 하지 않으면 광고하는 회사보다 거래를 할 때 수익이 줄어들기 때문이다. 즉 회사마다 광고를 할 수밖에 없는 주된 이유는 다른 회사들이 광고를 하고 있기 때문이다. 경쟁

서 비롯한다는 막스 베버에 대항하여 『사회주의와 사회운동』(1896), 『근대자본주의』(1902), 『고도자본주의』(1925) 등 많은 저작을 남겼다. 이후 나치즘의 등장하면서 민족주의 입장으로 선회하여 강력한 반(反)마르크스주의적 입장을 취했다. ─옮긴이

* 엘리야(Elijah)는 구약성서 열왕기상에 나오는 야훼의 예언자로 모세, 사무엘 등과 함께 기원전 9세기에 활동한 위대한 히브리 예언자로 꼽힌다. ─옮긴이

23 Fogg-Meade, "Place of Advertising in Modern Business," pp. 218, 224~236.

24 광고 그리고 재화 판매를 위한 그 이외의 유사 수단은 상품을 '대체 가치(substitution value)'로 변화하는 것이 목적이다. 그것의 목적은 생산물의 효용성을 증진하는 것이 아니다.

이 없는 유리한 상태에서 광고에 투입되는 총 경비는 현재의 상황에서 실제로 반드시 지출해야 하는 경비에 비하면 분명 엄청나게 적은 액수이다.25

모든 광고가 완전히 또는 적어도 항상 명백하게 경쟁적인 것은 아니다. 어떤 기업이 확고하게 독점적 지위를 유지하고 있으면 그에 비례하여 그 기업의 광고는 경쟁적 판매보다는 자체 생산물의 사용가치의 증대를 위한 홍보에 주력하게 된다. 그렇게 해서 사용가치가 증가하면 고객 입장에서는 소비의 재분배가 발생하게 된다.26 그래서 이 경우에도 경쟁판매의 요소는 사라지지 않으며, 다만 동일한 부류의 상품의 상이한 브랜드들끼리 경쟁하는 것이 아니라 상이한 부류의 상품들끼리 경쟁하는 양상이 나타난다.

여기서 현대의 경쟁 기업의 광고와 그 필요성에 주목하는 이유는 현대 체계에서 광고는 '생산비'에 직결되기 때문이다. 현대 체계에서 생산과정은 기업가의 통제 하에 있으며 기업의 목적을 위해 운영된다. 경쟁적 광고는 산업의 총 생산비에서 빼놓을 수 없는 항목이다. 경쟁적 광고는 생산물의 유용성을 증가시키지 않는다. 생산물의 유용성이 증가한다면 그것은 우연적이거나 의도하지 않은 결과이다. 경쟁적 광고의 목표는 생산물 판매에 있으며, 이러한 목표를 달성하는 데는 경쟁적 광고가 유용하다. 경쟁적 광고는 판매가능성을 높이기 때문에 판매자에게는 유용하지만 최종 구매자에게는 아무런 유용성이 없다. 시장 판매를 위해 재화를 생산하는 기업의 경비에는 항상 광고비가 포함된다. 따라서 "현대의 기업체계에서 상품의 '생산비'는 판매가능성을 높이기 위한 경비이지 재화의 효용성을 높여주기 위한 경비가 아니다"라고 진술

---

25 다음을 참조하라. Jenks, *The Trust Problem*, pp. 21~28; *Report of the Industrial Commission*, vol. XIX. pp. 611~812.

26 대체재 및 보완재의 가치에 관해서는 다음 글을 참조하라. Böhm-Bawerk, *Positive Theory of Capital*, bk. III, ch. v., VII~IX.

하는 것이 올바르다.

물론 광고가 비용이 가장 많이 들고 가장 명백한 항목인 것은 사실이지만, 광고 외에도 경쟁적 판매 경비에 포함되는 많은 항목들이 있다. 도매점이든 소매점이든 상인과 그 직원이 하는 일이나 어느 하나의 상점에만 배타적으로 거래를 하지 않는 판매원이 하는 일은 대부분 동일한 항목에 속한다. 물론 재화의 분배비 중에서 경쟁적 판매 항목이 정확히 얼마나 들어가는지는 명확하게 알 수는 없다. 그 양은 대개는 완제품 형태로 시장에서 판매되는 소비재의 경우에 가장 많지만, 어떤 경우든 어느 정도의 양은 존재한다. 현대의 산업과정에 의해 대규모로 재화를 생산하는 경우는 아직도 수공업과 가내공업 같은 구식의 방법으로 개별적으로 재화를 생산하는 경우보다 더 많은 양의 경쟁적 판매비용이 요구된다. 물론 이러한 구분이 엄격하고 고정된 것은 아니다. 일부 극단적인 경우에는 재화가 소비자에게 도달할 때까지 소요되는 경쟁적 판매비용이 총 비용의 90%가 넘기도 한다. 다른 계열의 기업의 경우, 즉 주로 필수품 생산에 종사하는 기업의 경우에는 경쟁적 판매비용이 총비용의 10%를 넘지 않는다. 소비자에게 인도되는 완제품 가격의 평균을 추정하는 것은 위험한 일이다.[27]

이러한 경쟁적 판매 및 구매 업무에서는 이득이 발생하지만 그런 업무와 그것의 사회에의 기여 사이에는 확실히 아무런 결정적인 관계가 없다. 알려지지도 않고 결정되지도 않은 두 개의 양을 비교하는 것은 비록 위험한 일이긴 하나 기업 입장에서 보면 경쟁적 판매에서 나오는 이득이 투기적 거래나 산업계 우두머리들의 금융 조작에서 나오는 이득보다 어쩌면 더 안정적일 수 있다. 그 반대의 경우는 일어나지 않는

---

27 경쟁적 판매비가 시장에 출하되는 제품의 최종 비용의 많은 부분을 차지하는 경우는 해당 계열의 사업에 종사하는 회사들의 자본화 금액 중에서 영업권의 비율이 과도하게 많은 경우이다. 아메리카치클회사(American Chicle Company)가 그런 경우이다.

다고 말해도 무방하다. 대규모 금융거래에서 나오는 이득과 사회에 대한 그것의 기여 사이의 관계는 더욱 벌어지고 있다. 산업과정의 재편성 및 결합 과정에서 거대 기업가가 기여하는 바가 별로 중요하지 않다는 것은 아니다. 그러나 일반 명제로 보면, 후자 부류의 거래에서 기업가가 얻는 이득은 사회에 아무런 보탬이 되지 않는다.28

판매원, 구매원, 회계원 등 일상적으로 경쟁적 판매에 종사하는 사람들에게 지불되는 임금과 자기 주도로 사업을 수행하는 기업가의 수입 사이에는 동일한 점이 많이 있다. 고용주가 그들에게 임금을 지급하는 것은 그들의 업무가 사회에 생산적인 이익을 가져다주기 때문이 아니라 고용주 자신에게 수입을 안겨다주기 때문이다. 그러한 업무의 목표는 판매를 통해 이윤을 획득하는 것이다. 그러므로 임금은 이러한 업무가 판매고 증대를 기준으로 얼마나 효율적이냐에 어느 정도 비례한다.

기업 경영 하에서 산업과정에 종사하는 노동자들의 일과 급료의 경우도 마찬가지이다. 또한 그것은 시장 판매를 위해 생산을 하는 현대의 모든 산업에도 어느 정도 적용되고, 현대적 경영 방법을 충실히 이행하는 산업 부문에도 확실하게 적용된다. 이러한 산업들은 시장과 긴밀한 관계를 맺고, 시종일관 판매가능성을 고려하여 사업을 수행한다. 또한 이러한 산업들은 많은 경우 노동력을 고용하여 운영하고, 임금 지급은 생산물의 판매가능성에 기초하여 경쟁적으로 조정된다. 이러한 산업들이 생산한 생산물의 소박한 유용성이 판매가능성의 주요한 요인, 어쩌면 최대의 요인이라 할 수도 있다. 그러나 통제권을 가진 기업가의 목적은 판매를 통해 이윤을 획득하는 것이다. 임금을 지불하는 것은 그러한 목적을 위한 수단이지 생산된 재화의 최종 소비자의 생활을 윤택하

---

28 다음을 참고하라. Ed. Hahn, *Die Wirtschaft der Welt am Ausgang des XIX. Jahrhunderts.* "이전 세기[18세기]에는 주로 생산량 증가를 통해서 이윤이 나왔다면 오늘날 우리의 경제상황에서는 생산량 증가에 의해 나오는 이윤은 미미할 정도로 크게 줄어들었다."

게 하기 위한 수단이 아니다.29

위에서 말한 내용의 결과는 다음과 같다. 즉 기업의 목표와 방법이 근대 산업을 지배하는 경우 (금전적 이득이 아닌 다른 목적을 위한) 노동의 유용성과 보수 간의 관계는 간접적이고 불확실하다. 따라서 그 둘 사이의 관계를 확립하려는 어떤 시도도 소용이 없다. 이러한 사실은 어떤 분야에 종사하든 기업가들의 일과 수익에도 분명하고 확실하게 나타난다. 그것은 기업경영 하에서 필연적으로 나타나는 결과이다.

사회 전체에 대체로 무익하거나 유해한 사업이라도 생활 전체에 실제로 기여하는 사업과 마찬가지로 기업가와 고용된 노동자 모두에게 이득이 되는 경우도 있다. 이러한 사실은 특히 어떤 기업이 대담하게 비약적으로 발전하는 경우에 적용된다. 소득 획득을 목적으로 하는 비생산적 사업은 그 결과가 생활 전체에 유해한 영향을 주지 않더라도 사회에 아무런 실질적 이익을 가져다주지 않는다는 점에서 무익한 것으로 보인다. 그러나 사실은 그렇지가 않다. 이러한 비생산적 직업에서 나오는 이득이 실질적인 성격을 갖고 있는 한, 그것은 여러 사회계급들이 종사하고 있는 다른 직업들의 총 생산고에서 나온 것이다. 기업의 총 이윤은 그것이 어떤 성격을 띠고 있든 재화와 서비스의 총 생산고에서 나온다. 물론 생산고에 아무런 실질적인 기여를 하지 않는 사람들이 획득하는 이윤은 실질적인 기여를 하는 다른 모든 사람들의 소득에서 나온 것이다.

---

29 그러므로 임금은 생산물의 판매가능성에 경쟁적으로 비례한다는 이론을 실제로 설정하는 것도 가능하다. 그러나 가업체제 하의 산업 분야에서는 임금은 생산물을 판매하는 고용주가 아닌 사람들이 그 생산물에 대해 가지는 효용성에 비례한다고 말하는 것은 적절한 근거가 없다. 아주 많은 생산 분야에서 생산하는 생산물의 판매가능성은 주로 그 재화의 낭비에 의존한다는 견해를 취하게 되면(*Theory of the Leisure Class*, ch. V. 참조), 노동의 유용성과 노동에 대해 지불되는 임금 사이의 간극이 더욱 벌어진다. 그렇게 되면 노동과 급여의 등가에 관한 문제는 이론적 고찰에서 완전히 벗어나게 된다. 다음 글을 참고하라. Clark, *The Distribution of Wealth*, 특히 VII, XXII.

위에서 언급한 기생적 산업 분야 기업의 성장에는 한계가 있다. 대부분의 광고와 경쟁적 판매를 위해 노력하는 다른 많은 다수의 산업들 등과 같은 기생적 산업들의 불균형성장은 군비 지출 및 낭비성 과시적 소비를 위한 재화를 생산하는 여타 산업들과 함께 사회의 효과적인 활력을 저하하고, 사회의 진보 기회를 잠식하며, 심지어 사회의 생명력을 위험에 빠뜨린다. 이러한 점에서 생활환경이 부과하는 한계는 결국 일종의 도태 성질을 띠게 된다.

생산적 산업에 비해 기생적이고 낭비적인 산업이 지속적으로 비대해지면 결국 쇠퇴할 수밖에 없다. 그러나 현대의 기계제 산업은 생산적 효율성이 고도화되어 있어서 낭비적 업무와 낭비적 지출을 감당할 수 있는 상당한 여지를 가지고 있다. 전체 생활물자에 대한 수요는 현대적인 방법에 의한 가능한 재화의 생산고에 훨씬 미치지 못하여 여분의 기생적인 소득을 위한 여지가 풍부하게 남아있다. 산업적 소모에 의한 이와 같은 쇠퇴에 대한 실례들은 경제생활의 초기 단계 역사에서 발견되는 것이어서 이 점과 관련하여 현대의 산업사회가 취할 수 있는 방법에 대해 아무런 교훈도 명확하게 제시하지 않는다.

기업 방법으로 산업을 경영하는 현대의 상황에서는 성질상 많은 노력이 잘못된 방향으로 나아가고 또한 많은 재화와 서비스의 낭비를 피할 수가 없다. 마찬가지로 이러한 경제생활 방식의 목표와 이상이 이러한 부수적인 낭비를 강력하게 상쇄하는 것 또한 피할 수 없는 성질이다. 예를 들면, 이러한 금전적 목표와 이상은 사람들을 쉬지 않고 열심히 일하게 하는 데 상당한 효과를 발휘한다. 그리하여 기업체제는 이러한 근거만으로도 기업경영에 의한 어떤 낭비도 상쇄할 수가 있다. 그러므로 현대의 기업체제가 사회의 생계에 필요한 수단을 감축시킨다고 볼만한 확고한 근거가 없다. 현대의 기업체제는 생산적 업무에 종사하는 사람들의 긴장을 증대시킴으로써 낭비를 상쇄한다.

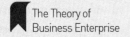

04

기업 원리

제4장

기업 원리

제2장에서 설명한 바와 같이 현대의 기업활동의 물리적 기초는 기계 과정이다. 기계과정은 본질적으로 근대적 사실(a modern fact)이다. 즉 기계과정은 성장의 초기 단계에 있다는 점에서, 특히 산업체계 조직의 광범한 발전과 맥을 같이한다는 점에서 최근의 사실이다. 한편, 기업의 정신적 기초는 소유권 제도에 의해 부여된다. '기업 원리'는 소유권 제 도 하에서 필연적으로 나타나는 결과이다. 기업 원리는 재산 원리 (principles of property), 즉 금전적 원리(pecuniary principles)이다. 물론 이 원리는 기계세 시대에 완전하게 발달하지만 그 기원은 기계제 산업 이전으로 거슬러 올라간다. 기계과정이 산업의 발전과 범위를 설정하 고 나아가 기계과정의 규율이 산업 기술에 적합한 사고습관을 주입하 듯이 소유권의 요구가 기업의 성장과 목표를 설정하여 소유권 및 그 관리에 관한 규율이 기업활동에 적합한 견해와 원리(사유습관)를 주입 한다.

기계과정의 규율은 양적 정확성에 기초한 행동과 지식의 표준화를 강요하고, 나아가 물질적 인과관계에 의해 사실을 이해하고 설명하는 습관을 기른다. 기계과정의 규율은 사실, 사물, 관계는 물론이고 개인적 능력까지도 그 효력에 기초하여 평가하도록 한다. 그것의 형이상학은 물질주의이며, 그것의 관점은 인과 연쇄에 기초한다.1 그러한 사유습관은 산업의 효율성과 연결된다. 따라서 현대 상황에서는 산업의 효율성을 높이는 데는 그러한 사유습관의 보편화가 불가결하다. 기계제 산업의 위업을 성취한 사회에서는 이러한 사고 습관이 기계과정의 원인이자 결과로서 광범하게 확산되고 있다.

서구 문화의 초기 단계 그리고 비서구 사회는 이와 성질이 다소 다른 별도의 표준화 규범들 그리고 사실들을 평가하는 그 외의 지표들이 널리 유포되어 있었다. 이러한 종래의 표준화 중 다수는 비록 각기 그 활력과 쇠퇴 정도가 약간씩 다르긴 하나 현재에도 서구 문화를 특징짓는 현재의 지식 및 행동 체계 속에 그대로 통용되고 있다. 이러한 종래의 사고 규범들은 아득하게 먼 비교적 원시적인 과거의 문화단계의 규율에서 비롯되어 전해 내려왔다. 그중 다수는 비록 상당 부분 구속력을 상실했음에도 불구하고 여전히 사람들의 정서에 강한 영향을 미치고 있다. 그러나 그 사고 규범들은 공리로서의 성격을 상실하여 더 이상 예전만큼 사람들의 신념을 제약하지는 않는다. 그 사고 규범들은 과거 시대에는 상식으로 통용되었으나 현대에는 더 이상 상식으로서 정당성을 가지지 않는다.

이러한 종래의 규범들은 인습적인 기반, 종국적으로는 정서적 기반에 근거하고 있다는 점에서 기계가 부여한 근대적 규범과는 다르다. 그것들은 가상적인 성질을 지닌다. 예를 들자면, (원시적) 혈연관계, 씨족 유대, 부계 혈통, 레위기의 정화,2 신의 인도, 충절, 민족성 등이 그러

---

1 제9장을 보라.
2 레위기의 정화는 구약 성경 중의 한 부분으로 모세오경의 3번째 책인 레위기는 기독교의 중심 교의인 구원을 위한 속죄와 관련된 의례, 특히 희생제의를 중심 주제로 다루고 있다. ─옮긴이

한 원리들이다. 그 시대에는 그리고 그것들의 발달을 촉진하는 환경에서는 이러한 원리들 모두 또는 일부가 인간 행동을 좌우하고 사건의 경로를 결정하는 유력한 요인이었다. 그 시대에는 이러한 제도적 규범들이 각자의 특수한 범위에 속하는 사실들을 입증하는 결정적 기준으로 기능했으며, 각 규범들은 그 전성기에 이르면서 범위가 매우 넓어졌다. 세월이 흘러 상황이 변화함에 따라 생활의 사실들도 점차 예전의 원리들의 구속에서 벗어났다. 이제 그러한 규범들이 문명생활을 지배하는 영역은 점차 줄어들고 또 급격하게 변모하고 있다.

재산 소유권은 먼 옛날부터 전해 내려온 제도적 사유습관의 하나이다. 재산 소유권은 일반적인 동일한 관행과 관습에 기초하고 있다. 재산과 소유자 간의 구속적 관계는 그 성질상 인습적이고 가상적이다. 그런데 위에서 언급한 그 밖의 인습적 규범들이 영향력을 상실하고 새로운 규범이 출현하자 과거로부터 물려받은 제도들은 아무런 사과의 말도 없이 감상적 추억의 배후 속으로 사라져가고 있다.

순수한 의미의 소유권 제도는 분명 예전의 제도이다. 그러나 그것은 혈연관계, 국가, 불멸의 신에 비하면 새로운 제도이며, 그것이 완전하게 발달하게 된 것은 비교적 최근의 일이다. 서구 역사에서 소유권은 비교적 최근에 와서야 비(非)금전적 성격의 모든 제약에서 벗어났으며, 또한 개인의 책임 또는 계급의 특권과는 무관한 온전한 비인격적인 성질을 띠게 되었다.[3] 그런데 계약의 자유와 불가침성은 최근까지도 하나의 규칙으로서 확고하게 자리를 잡지 못했다. 실제로 아직까지도 그것은 아무런 조건 없이 승인되지는 않고 있으며, 모든 항목들로 확대되지도 않았다.

특정 종류의 양도나 특정 종류의 계약에는 여전히 방해 요소가 존재하고 특정 종류의 특권층, 특히 특정 신성한 단체가 보유하고 있는 재

---

3 다음을 참고하라. E. Jenks, *Law and Politics in the Middle Ages*, ch. VI, VI.

산에 대해서는 여러 가지 면제조항이 있다. 이러한 점은 특히 후진민족에서 두드러지게 나타난다. 그러나 어떤 경우라도 '현금거래관계(cash nexus)'는 갖가지 이질적인 요소들이 혼합된 상태에서 벗어나지 않는다. 그렇다고 소유권이 모든 곳에 존재하고 또 모든 것을 지배하는 것은 아니다. 그러나 그것은 다른 어떤 단일의 행동기준 이상으로 그리고 과거의 소유권보다 훨씬 자유롭고 광범하게 침투하여 문명민족의 일상생활을 좌우하고 있다. 평소에 금전적 기반에 입각하여 처리하는 각종 관계 및 의무의 범위와 정도가 과거에 비해 훨씬 넓어졌으며, 또한 과거와는 달리 금전적 해법이 최종 해결방법이 되고 있다. 금전적 규범은 혈연관계, 시민권, 교회 등 구제도의 영역 속으로 침투하여 금전적 상환의 의미가 예전에 이러한 관계와 의무들이 기초하고 있던 관념—사유 습관—의 범위에서 완전히 벗어남에 따라 이러한 제도들이 부과한 의무들이 이제는 화폐를 기준으로 평가되고 수행되고 있다.

여기는 소유권의 기원과 원시적 양상을 탐구하는 자리가 아닐뿐더러 서구문화 초기 단계의 재산 개념에 대해 연구하는 자리도 아니다. 그러나 현재 제기되고 있는 문제—금전적 사안에 대한 인간의 사고방식을 안내하고 또한 그것에 대한 분별력의 적정한 한도를 대략적으로 결정하는 원리들—와 관련하여 제시되고 있는 견해들, 즉 소유권의 적정한 한도와 권리 및 책임에 대한 상식적인 견해는 과거 세대의 전통과 경험과 사고의 결과이다. 그러므로 이러한 전통적인 견해들의 성격과 최근의 과거에 그러한 견해들을 배태한 환경이 현대의 생활에서 어떤 역할을 수행했는지를 이해하려면 이에 대해 다소 주의 깊게 살펴볼 필요가 있다.[4] 특정 시대 또는 특정 문화지역에서 제시되고 있는 사유재산 이론은 소유

---

4 "사람들은 한 시대의 과학이 다음 시대에는 상식이 된다고 말한다. 또한 한 시대의 형평성 관념이 다음 시대에는 법률이 된다고 말하는 것도 동일한 이치이다. 실정법이 질서의 기초라고 한다면, 이상적인 권리는 진보를 추진하는 적극적인 요인이 된다." H. S. Foxwell, Introduction to Menger's *Right to the Whole Produce of Labor*, p. XI. 이 글 문장 전체를 참고하라.

권 문제에 대한 당시 사람들의 습관적인 태도가 어떠한지를 보여준다. 왜냐하면, 어떤 이론이 널리 유포되어 있고 또 무비판적으로 수용되고 있다면 그 이론이 다루고 있는 문제에 관한 상식적인 의견들을 적절하게 정식화할 수 있어야 하기 때문이다. 그렇게 하지 않으면 그 이론은 일반적으로 수용할 수가 없다. 그러한 상식적 견해는 그 사회에서 오래동안 지속된 경험의 결과이다.

현대의 사유재산 이론의 기원은 로크(Locke)[5] 또는 당면의 목적과 관련해서는 로크의 견해와 유사한 몇 가지 원천으로 거슬러 올라간다. 다른 제도적 문제들은 물론이고 이 문제에 대해서도 로크는 근대 문화를 옹호하는 유능한 대변자임이 여러 세월에 걸쳐 입증되었다. 로크 이전에는 이 문제를 이론적 측면에서 어떻게 접근했는지 그리고 로크는 어떤 식으로 그리고 어떤 선택 및 소화 과정에 의해 자신의 견해를 이끌어냈는지에 대해 상세하게 검토하는 것은 이 책의 논지와는 너무 멀리 벗어난다. 그의 이론은 이후의 소수의 회의론자들을 제외하면 거의 두 세기 동안 사유재산 제도에 대해 언급한 사람들 거의 모두가 사실상 하나의 상식으로 받아들일 정도로 우리에게 아주 친숙한 이론이 되었다.[6]

---

5 다음에 실린 글을 보라. *Civil Government*, ch. V.
6 재산권을 포함한 자연권의 발달에 관한 잘 알려진 많은 역사 자료들 외에도 참고할 만한 가치가 있는 많은 저술들이 근래에 쏟아져 나오고 있다. 그 예로 다음 같은 저작들이 있다. 다음 저작들은 여러 장에 걸쳐 이 주제를 다루고 있다. Jellinek, *Declaration of the Rights of Man and of the Citizen*; Ritchie, *Natural Rights*; Bonar, *Philosophy and Political Economy*; Hoffding, *History of Modern Philosophy*, vol. I; Albee, *History of English Utilitarianism*. 다음 저작은 최근에 출간된 것이다. Scherger, *Evolution of Modern Liberty*. 이들을 비롯한 다른 여러 저자들은 자연권과 자연법을 주로 소유권이 아닌 다른 권리와 관련시켜 다루고 있다. 이에 반해 법률학자들은 이 주제를 사실상의 관점에서가 아니라 법률상의 관점에서 다루고 있다. 또한 이 개념의 기원과 발달보다는 그 학설의 계보에 주목하는 저작들도 제법 있다. 근대적 소유권 개념의 발생에 대해 설명하려고 노력한 것으로는 다음 글을 보라. Jenks, *Law and Politics in the Middle Ages*, 다

근대 유럽의 상식적 이론에서는 소유권을 하나의 '자연권(Natural Right)'이라고 주장한다. 어떤 사람이 손수 만들어낸 것, 즉 "그 자신의 노동이 투입된 것"은 어떤 것이라도 그 자신의 재산으로 간주한다. 자신이 만든 것을 자기 뜻대로 사용하는 것은 그의 권리이다. 그는 자기 자신의 행동에 대해 행사할 수 있는 재량권을 자기 노동의 대상으로 이전해 놓았다. 그가 만들어낸 것은 당연히 그의 소유이다. "처음에는 노동이 재산권(a right of property)을 부여했다"는 학설에서는 개인의 능력—물질적인 것을 인간 용도로 전환하는 제작자의 기능적 능력—을 소유권의 결정적인 공리적 근거로 받아들인다. 그 이론은 (그 궁극적 원천을 신—즉 '조물주'의 창의적 능력—으로 거슬러 올라가 찾는 경우를 제외하면) 제작자의 창의적 능력의 기원을 그 배후로까지 침투해서 찾지 않는다.

자연권에 대한 초기의 대변자들은 소유권을 주장하든 그 외의 자연권을 주장하든 통상적으로 결국에는 창조주의 재량권과 제작자의 능력에 의지하였다. 그러나 자연권을 신의 선택과 창조적 업적에 기대어 설명하게 되면 로크조차도 다소 피상적인 느낌을 준다. 그리하여 그 후로 그러한 설명은 자연권 학설의 역사에서 중단되었다. 반면에 소유권은 생산적 노동과 소유자의 자의적인 선택에 기초하는 자연권이라고 주장하는 학설이 점차 비판을 극복하고 공리로서 확고하게 자리 잡게 된다. 18세기를 거치는 동안 창조주는 소유권 이론에서 배제되었다.

현대의 사고방식에서 이해하고 있는 이러한 소유권의 궁극적 근거가 중세시대에 동일한 부류의 권리들이 평소에 의지하고 있는 근거와 어떻게 다른지에 대해서도 살펴볼 필요가 있다. [중세시대에는] 통상적으로 관습적인 권위를 권리와 권력과 특권을 배태하는 최상의 근거라고 여겼다. 상위자로부터 확실하게 권한이 이양되어야 권리를 주장할 수 있다고 생각했다 또한 어떤 권리라도 권한 이양이나 건설적 행동에 근

음 글도 보라. Cunningham, *Western Civilization in its Economic Aspects*.

거하지 않으면 모두 불안정한 것으로 간주했다. 소유권이든 그 밖의 어떤 권리든 권한을 이양해준 상위자는 관습에 의해 그의 용맹성을 보장함으로써 권력을 유지했다. 일정한 권리와 권능을 위탁받은 하위자는 관습과 관행에 의해 승인받은 봉사와 충성에 의해 자기 손에 들어온 권리를 유지했다. 그 둘의 관계는 본질적으로 사적 관계이자 신분 관계, 권위와 복종의 관계였다.

세습된 신분이 소유권의 근거를 부여한 것이지 그 역이 아니다. 최후의 수단으로 권한 이양은 평민에게 위탁된 모든 권리와 권력을 수용하게끔 [평민에서 시작하여] 처음에는 바로 위의 상위자로, 그 다음에는 가장 높은 위치의 세속 주권자로, 최종적으로 신으로까지 올라가는 연쇄로 이루어져 있다. 그러나 세속 주권자의 경우에도 신성한 주권자의 경우에도 그들이 권력과 권리를 위탁 또는 이양할 수 있는 능력은 제작자의 능력이나 창의적 능력에 근거한다고 생각하지 않았다. 신을 인간의 권리와 의무의 원천이자 조정자라고 생각하게 된 것은 최고 권력자로서의 직분 때문도 아니고 창조주로서의 직분 때문도 아니었다.

문화가 변화하면서 중세적 성격의 이념과 상황이 점차 근대적 양상을 띠기 시작함에 따라 이와 관련한 모든 문제들에 대한 논의는 세속적 사안들에 대한 신의 창조적 관계에 대해 점점 더 자주 언급하고 있다. 그러나 당면의 목적에서는 근대시대가 충분히 무르익기 전까지는 인간의 권리에 대한 신의 창조적 관계가 신의 지고성을 대체하지는 않는다. 중세적 관념에 따르면, 신의 종신적 지위는 용맹성에 의해 보장되었으며, 인간은 신분이 높건 낮건 신에 복종함으로써 신이 부여한 권리와 권력을 유지했다. 이러한 질서에서 소유권은 일종의 책무였다. 그 책무는 직접적으로는 세속 군주의 결정권에, 간접적으로는 신성한 대군주의 결정권에 속했다. 인간의 특정 질서나 제도에 대해서는 그 권능이나 정당성과 관련하여 답변을 요구하는 질문이 제기되었는데 그것은 "하느님이 무엇을 했는가"가 아니라 "하느님이 어떤 것을 제정했는가"

였다.

이러한 중세시대의 관념들은 르네상스시대에 이탈리아에서 처음으로 무너지기 시작했고, 시간이 지나면서 차츰 근대적 관념에 자리를 내주었다. 그러나 근대적 자연권 개념에 입각한 일련의 관념들이 처음으로 모습을 드러내고 완전하게 표현된 곳은 영국이었다. 고전적 자연권 학설과는 대조되는 근대적 자연권 학설의 경우도 마찬가지였다. 즉 근대 특유의 성질을 가진 자연권 학설은 영국에서 비롯되었다. 특히 선천적 소유권(natural ownership)의 경우가 그러하다. 하나의 사유습관으로 간주되는 이러한 영국식 소유권의 물질적, 역사적 기초는 중세시대와 달리 신분 제도나 용맹성에 의해서가 아니라 수공업이나 상업 같은 근대적인 경제적 요인에 의해 부여된다. 영국에서는 유럽 대륙과는 대조적으로 근대시대를 거치면서 영국 일상생활의 근원적인 요인이 군주, 군인, 성직자의 직업에서 상인과 자유로운 장인의 직업으로 신속하게 대체되었다. 이처럼 일상생활에서 지배적인 관심이 변화함에 따라 일상생활의 습관이 부과한 규율도 그에 상응하여 변화했다. 이러한 변화는 인간생활의 의미에 관한 일련의 새로운 관념과 인간 제도의 새로운 궁극적인 기반이 발달하는 경우에 나타난다. 새로운 사유습관이 낡은 사유습관을 대체하면 권리와 진리에 관해서도 새로운 원리가 낡은 원리를 대체하게 된다.

정치이론에서 상반되는 궁극적 개념들 간의 투쟁인 이러한 대체 과정은 1688년 혁명기7에 절정에 달했다. 원리들 간의 전투라고 할 수 있는 그러한 전환은 존 로크와 로버트 필머 경(Sir Robert Filmer)8 사이

---

7 1688혁명: 영국의 명예혁명을 말한다. 이 혁명으로 의회가 국왕을 추방하고 이듬해 권리장전을 제정하여 입헌군주제가 수립되었다. - **옮긴이**

8 로버트 필머(Sir Robert Filmer: 1588~1653) 영국의 정치인이자 사상가. 왕권신수설의 대표적 논자로서 사회계약설에 반대하며 『가부장론』(*Patriarcha*, 1680》 등 왕권을 옹호하는 많은 저서를 남겼다. 찰스 1세로부터 기사 작위를 받았고, 청교도혁명 때에 국왕파로 활약했다. 그의 저서는 왕정시대에는 높이

의 논쟁에서 중대한 국면을 맞이한다. 필머는 중세식의 권력이양 원리의 사실상 마지막 대변자였다. 로크는 자연권, 그중에서도 재산권의 기원을 창조주의 능숙한 제작능력으로 거슬러 올라가 찾고 있는데, 이는 [중세시대에서 근대시대로의] 이행 시점에서는 근대적 견해가 이미 대체된 권력이양 원리를 중시하는 동시에 그것을 배제하고 있음을 보여주고 있다.

근대시대 후기에 와서는 소유권에 부여된 범위가 대폭 확대되었는데 이는 상업거래의 필요에 의한 결과, 즉 '화폐경제' 하에서 매매가 확산된 결과이다. 이러한 필요성이 강요하는 그리고 매매를 할 때 어디서나 항상 반복해서 의지하는 수단이 부여한 사유습관은 소유권은 당연히 그리고 정상적인 경우에는 소유물을 자유롭고 제약 없이 사용하고 재량껏 처분할 수 있는 절대적 소유권이어야 한다고 결정한다. 사회는 이러한 완전한 재량권에 대해 일정한 제한을 요구한다. 그러나 그러한 제한은 소유자의 재량권의 '고유한' 범위를 훼손하므로 예외적인 경우에만 실행된다.

한편, 이러한 소유권의 형이상학적 근거—즉 소유자에게 그러한 재량권을 부여하는 궁극적인 사실—는 제작자로서 소유자가 가지고 있는 가상적 창조 능력이다. 그는 자신의 두뇌와 손의 동작을 어떤 유용한 대상—우선은 그 자신이 개인적 용도로 사용하면 유용하고 나아가서는 다른 사람에게 양도하면 유용한 대상—속에 구현한다. 그리하여 제작자의 능력과 재능과 솜씨가 궁극적인 경제적 요인으로 간주되었다. 제작자는, 비록 산업과정에서 더 이상 핵심적인 행위자도 아니고 또한 유일한, 심지어 주요한 능률적인 요인으로 간주하지 않는 현재 세대의 눈으로 보면 이러한 견해에 동의하지 않겠지만, 수공업 체제에 익숙한 세대의 상식에서는 그러한 것들을 명백히 궁극적인 요인으로 간주한다.

평가받았으나 존 로크의 『통치론』(*Two Treatises of Government*. 1690)에 의해 명성이 무너졌다. ─**옮긴이**

로크 시대9에 들어서면서 자기 자신의 동작의 주인이자 자신이 노력을 투입할 대상에 대한 결정권을 가진 자유로운 제작자가 일상적인 사실이 되었다. 그리하여 영국사회의 일상생활에서는 수공업 성질을 가진 자유노동을 모든 인간경제의 근본적인 요인으로 간주하고 또한 산업과 부를 획득하는 투쟁에서 가상적인 근원적 사실로 무비판적으로 받아들이게 되었다. 이러한 사유습관이 정착됨에 따라 그러한 가정의 진실 여부에 대해 아무도 의문을 제기하지 않았다.

이로써 자유노동은 부의 근원적인 원천이자 소유의 기초라는 사실이 자연질서의 근본 원리가 되었다. 역사적 사실에서 보면, 그러한 견해는 확실히 근대 산업 또는 근대 소유권의 계보와는 아무런 관계가 없다. 그러나 로크와 그 세대가 명확하고 의문의 여지가 없다고 주장하는 가정은 사실과는 넓은 간극이 있음을 명료하게 입증하고 있을 따름이다. 그러한 가정은 당시에 영국의 상식이 좇아가던 추세를 매우 명확하게 보여주고 있다. [그 당시 영국은] 생산적 노동에 기초한 '선천적' 재산권 학설을 사실과 무관하게 무비판적으로 수용하고 있었다. 이 점에서는 영국식 사고 또는 영국식 상식이 [대륙에 비해] 주도적인 위치에 있었다. 그리하여 영국 사회의 경제조직 형태가 대륙 민족들 사이로 확산되고 선진 대륙의 민족들은 영국이 가는 길을 따라갔다.

그 같은 관념은 수공업 및 소상인 체제에서 비롯되었으며, 수공업 시대부터 또는 그 시대를 경과하면서 현재까지 전해 내려왔다.10 그 같

---

9 로크(1632~1704) 시대는 산업혁명(18세기)이 일어나기 전으로 수공업시대를 말함. – 옮긴이

10 이와 같은 정서가 발달하려면 노예제나 기계제 체제가 사회의 사유습관에 확고한 편향성을 부여할 만큼 충분한 힘을 가지지 않아야 한다. 또한 그와 동시에 사회의 각 구성원이나 소집단이 평소에 자신의 판단에 따라 그리고 자신의 목적을 위해 자신의 일을 수행하고 있어야 한다. 그러한 상황은 특수한 의미로 해석되는 수공업을 수반할 수도 있고 그렇지 않을 수도 있다. 낮은 문화단계의 많은 사람들 사이에서는 이와 동일한 의미를 가진 가정이 어느 정도 널리 유포되어 있다(하지만 그 가정은 확실하지도 않고 명확하지도

은 관념은 수공업 체제에 적용되는 것으로 수공업 이외의 상황에서는 일상생활과 완전한 조화를 이루지 못한다. 소매상 체계는 수공업 체계와 연계된 부속물이었다. 직업이 고도로 분화되고 매매 활동이 널리 보급되면서 상업적 양상과 상업적 사유습관이 나타났다. 이러한 상황에 이르면서 선천적 소유권은 재산을 자유롭고 용이하게 처분할 수 있게 해주었다. 이 같이 자연권이 발달하게 된 것은 18세기의 천부적 자유 (Natural Liberty) 체제에서 절정에 달한 개인적 권리가 보편적으로 발달한 데 따른 것이었다.

영국의 경제발전이 자연권의 보편적 발달에 얼마나 주요하고 근본적인 요인으로 작동했는지는 여기서 다룰 성질의 문제가 아니다. 당면 주제와 직접 관련된 주요한 결과는 산업혁명 시대에 이르면서 제작 기술 및 가격 면에서 경제생활이 일관되게 높은 수준의 표준화에 도달했다는 사실이다. 이러한 사실은 아담 스미스와 그 시대 학자들의 저작들에서 증명되고 있다. 18세기에 이루어진 표준화는 이후 시대에 이르러 지배적인 경제제도로 자리매김한다.11 개략적으로 말하면, 표준화는 근대 재산제도와 현재 널리 보급되어 있는 기업의 역사적 선행 형태이자 정신적 기초이다.12

않다). 따라서 그 학설은 '자연적(natural)'이라는 말이 진화(evolutionary)의 의미를 가진 것으로 받아들일 때도 '자연권'이라는 표현을 사용할 수 있다고 주장한다.

11 대체적으로, 18세기에 보급되어 18세기 경제상황과 조화를 이루게 된 행동과 지식과 이상의 표준화는 결과적으로 물질적 원인 및 결과로서가 아니라 제작자의 능률 측면으로 환원할 수 있다. 이와 같이 제작자로서 개인의 능률을 궁극적인 기준으로 보는 경향은 당시의 과학에서도 나타나고 있다. 또한 그러한 경향은 당시 과학적 사고의 대부분을 점하고 있던 이른바 '자연법칙'의 속성으로 간주되던 준개인적 속성에서도 나타나고 나아가 낭만주의문학과 정치철학에서도 모습을 드러내고 있다.

12 16세기가 끝날 무렵에도 영국에서는 이자를 위한 대부 및 여타 금전적 성격의 계약들과 관련한 법률과 관행이 유럽대륙에 비해 발전이 뒤처졌으며, 그와 관련하여 충분하고 자유로운 재량권을 허용하지 않았다. 그러나 그 이후로 영국은 이러한 '기업 원리'를 수용하고 응용하는 면에서 유럽대륙을 능가

현대의 사유재산제도 및 현대의 기업 원리의 기원을 이러한 식으로 묘사하면 그것들을 하나의 사유습관으로 간주하지 않고 실질적인 성질을 가진 것으로 보려는 사람들, 즉 아직도 18세기의 소박한 생각을 가지고 자연권 학설을 고수하고 있는 사람들 눈에는 의심스럽게 보일 수도 있다. 그러나 그 어떤 것을 '천부적 자유' 체계 속에서 정점에 달한 문화운동의 궁극적인 기반으로 받아들이더라도, (천부적 자유가 경제문제에 영향을 미치는 한) 15세기에서 18세기까지 서유럽—주로 영국—의 공업 및 상업의 경험은 이러한 문화운동의 성과와 분명 상당한 관련이 있다고 볼 수 있다. 우리가 이러한 재산과 관련된 자유롭고 최종적인 권리와 의무를, 즉 현재의 기업과 산업을 좌우하는 특수한 원리들을 오늘날의 법과 형평성과 상식 속에 편입시킨 것은 바로 전 과거의 경제 발전 단계에서 이루어진 성과이다. 모든 금전적 사안에 대해 완전한 재량권을 자유롭게 행사하게 된 것은 18세기에 이루어진 성과 덕분이다. 그리하여 안전하고 편리하게 신용 거래를 할 수 있게 되었으며, 그 결과 경쟁적 기업질서가 확립되었다.13

완전한 계약의 자유와 불가침성에 근거한 이러한 현대의 금전적 결정권은 화폐가치를 중심에 두고 작동한다. 따라서 모든 금전적 계약은 화폐가치 단위는 불변이라는 가정에 기초한다. 계약의 불가침성도 이러한 가정에 입각하고 있다. 모든 기업거래에서는 이러한 가정에 이의를 제기하지 않고 그것을 출발점으로 삼는다. 계약을 체결하고 이행할 때는 화폐가치의 불변성이 법률과 관행의 기본 원칙이다.14 계약을 할 때도 자본화할 때도 역시 화폐가치를 기준으로 한다. 산업을 관장하는 기업가의 계획도 화폐단위를 모든 거래의 안정성의 기초로 삼는다. 기

했고, 그때부터 그 방면에서 주도적인 위치에 올랐다. 다음 글을 참고하라. Ashley, *Economic History*, vol. II. ch. VI.

13 다음 글을 참고하라. Sombart, *Kapitalismus*, vol. II. ch. II.

14 화폐단위의 안정성 가정에 관해서는 다음을 참조하라. W. W. Carlile, *The Evolution of Modern Money*, pt. II. ch. IV.

업가들은 화폐단위의 가치를 변경하거나 안정성을 해치는 어떤 시도도 용납하지 않는다는 것은 누구나 알고 있는 사실이다. 이는 화폐단위의 불변성 가정이 기업거래에서 얼마나 본질적인 원리인지를 보여준다.15

법률이 관습을 굳게 지켜주고 있는 경우에는 물가 변동을 화폐단위 가치의 변동에 의한 것으로 간주하지 않고 판매되고 있는 상품 가격의 변동에 의한 것으로 본다. 왜냐하면 화폐는 가치의 기준이기 때문이다. 물론 가격의 변동은 매매되고 있는 물품 가치의 변화 또는 화폐용 금속 가치의 변화 때문일 수도 있다는 견해에 대해서는 모든 경제학자들이 인정하고 있으므로 이에 대해 의문을 제기할 의도는 없다. 가치비율의 각 구성요소들의 변동을 그런 식으로 구별하는 것이 어떤 의미—그 의미가 항상 명확한 것은 아니다—를 가지고 있더라도 그것은 그러한 논지에 영향을 주지 않는다. 예컨대 생계비나 노동을 기준으로 측정하면

---

15 경제학자들은 평소에 화폐를 두고 교환수단 또는 재화 유통을 위한 '거대한 바퀴'라고 말한다. 이와 동일한 맥락에서, 그들은 모든 매매의 목표는 소비재이지 화폐가치가 아니므로 기업거래는 소비에 부합하는 재화를 획득하는 수단이라고 말한다. 약간 심오한 철학적 의미로 말하면, 화폐가치는 기업 활동의 결정적인 기준이 아닐뿐더러 기업가는 화폐를 매개로 하여 소비재에 대한 소비자의 갈망을 충족하려 한다고 표현할 수도 있다. 경제생활 과정을 하나의 전체로 보고 또한 그 과정을 합리화된 행동과 연관시켜 인류 전체에 필요한 재화와 서비스를 제공하는 집합적인 노력으로 간주하게 되면, 화폐단위의 기능—화폐거래, 교환, 신용 그리고 기업의 현상을 구성하는 그 밖의 모든 것들—은 소비자에게 소비재 분배를 용이하게 하는 보조 수단으로 평가하는 것이 타당하다고 할 수 있다. 왜냐하면, 모든 거래의 목적은 재화를 소비하는 것이기 때문이다. 그 같은 견해는 18세기 합리주의 철학자들의 표준적 사고에 따른 것이다. 또한 아직까지도 시종일관 18세기의 관점을 고수하고 있는 경제학자들도 실제로는 이러한 견해를 옹호하고 있다. 여기서는 이와 같은 주장에 대해 옹호할 필요도 없고 논박할 필요도 없다. 왜냐하면 그러한 견해는 근대적 기업의 사징에 심각한 영향을 미치지 않기 때문이다. 기업거래의 범위 안에서는 이러한 이면의 목표가 적어도 반드시 일상적인 거래를 안내하는 동기인 것은 아니다. 기업거래에서는 그 문제를 그렇게 이해하지 않는다. 그것은 협상 서류의 표면에 확실하게 나타나지 않기 때문이다. 화폐단위가 기업가의 지배적인 사유습관 속으로 들어갈 때도 그런 식으로 들어가지 않는다.

화폐가치가 전 역사과정을 통해 무질서하게 변동해왔음을 쉽게 알 수 있다. 그것은 반복되는 통계적 증거가 입증하고 있다.

그러나 19세기를 거치면서 화폐단위의 안정성 가정은 (비록 사실과 어긋나는 경우가 종종 있었음에도 불구하고) 기업의 일상적인 업무에서 하나의 공리로 확립되었다.16

기업의 최대 관심사는 손익 문제에 있다. 손익은 회계 상의 문제이며, 회계는 화폐단위를 기준으로 계산되지 생계비나 재화의 편의성을 기준으로 계산하지 않는다. 또한 공업 또는 상업 시설의 기계적 효율성을 기준으로 계산하지도 않는다. 기업의 목적상 그리고 평소에 기업가가 사물을 보는 방식에서 모든 거래의 최종 기준은 화폐가치의 결과이다. 모든 기업의 기준선은 화폐가치에 기초한 자본화의 기준선이다. 일상적인 기업활동에서 이러한 기준선의 변화는 기준선 자체의 변화로 간주하지 않고 반드시 다른 요인들의 변화로 평가한다. 기업가는 여러 가지 사안을 소유권과 관련하여 판단하며, 소유권은 화폐를 기준으로 고려된다.17

투자는 이윤을 목적으로 하며, 산업 설비와 과정의 자본화는 수익 능력에 기초한다. 기업계에서 일반적으로 통용되고 있는 사물의 질서

---

16 요즘 근래에는 안목이 넓은 일부 기업가들은 실제로 가치 단위의 변동을 염두에 두고 거래를 한다. 현재처럼 가치 단위가 상승적으로 무질서하게 변동하면 당연히 미래에 어떤 결과가 나타날지 예견할 수가 없다. 이러한 무질서한 변동은 주로 신용관계의 광범위한 보급 탓이다. 신용의 사용이 대폭 증가한 것은 사실이지만 기업의 신용관계가 광범하게 발전한 것은 얼마 전 과거에서 실현된 것이 아니라 명백히 미래에나 있을 법한 일이다. 현재 통용되고 있는 화폐단위 안정성에 대한 가정의 기원은 수공업과 초기 행상 시대에 보급된 '화폐경제' 체제로 거슬러 올라간다. 또한 그러한 가정은 주로 과거의 초보 단계의 경제생활의 잔존물로서 '신용경제'가 발달한 상태에서도 존속하고 있다.

17 화폐단위를 재산의 가치와 표준을 측정하는 불변의 척도로 간주하는 관습은 아주 먼 과거부터 있어 왔다. 다음을 참조하라. Carlile, *Evolution of Modern Money*, pt. II. ch. I; Ridgeway, *Origin of Metallic Currency and Weight Standards*, ch. I, II. 오늘날 그러한 불변성이 갖고 있는 중요성에 대해서는 다음 장에서 논의할 것이다.

에서는 이윤을 기업 활동의 본질로 간주한다. 그리하여 기업거래를 할 때는 단순히 기업거래 범위 밖에서 소유물을 평가할 때 많이 통용되는 재산의 금전적 안정성을 중시하는 가정 대신에, 투자한 재산은 안정적이고 정확한 비율로 증가해야 한다는 가정을 당연한 것으로 간주한다. 기계제 산업이 출현하기 이전에는 어떤 경제체제에서도 투자를 통한 이윤 획득을 정상적인 또는 정당한 수익의 원천으로 여기지 않았다. 중세시대의 농업장원제에서는 (소유자 수중에 있는 재산이 증가한다는 역사적 사실에도 불구하고) 대소유주는 수중에 있는 재산을 계속 사용하면 증가한다고 생각하지 않았다. 특히 당시 사람들은 재산을 그런 식으로 사용하면 시간당 일정하게 '규칙적인' 비율로 증가한다는 것을 알지 못했다. 또한 그 시절에는 그 이외의 거래활동, 심지어 모험적 상업의 경우에도 역시 그러했다.

당시에는 투자를 통해 얻은 이득은 일정한 비율로 환산되는 것이 아니라 그때마다 우연히 생기는 것으로 생각했다. 이러한 사실은 이자를 징수하거나 지불하는 것을 완강하게 저항한 데서 또는 이자 지불을 미연에 방지하거나 회피하는 위해 교묘한 궤변을 늘어놓는 것에서 잘 나타난다. 이자 지불은 수공업 시대에 이르러 상업적 관계가 다소 안정된 이후에야 비로소 점차 완전한 정당성을 가지게 되었다. 그러나 그 당시에도 상업적 거래가 아닌 기업활동에서 취득한 이득을 투자에 의한 이윤으로 간주하지 않고 생산적 노동에 의해 증가한 것으로 간주했다.18 고유한 상업적 거래의 영역과는 구별되는 산업적 거래에서는 비교적

---

18 예를 들어 다음을 참조하라. Mun, *England's Treasure*, ch. II; Ashley, *Economic History and Theory*, bk. II. ch. VI. pp. 391~397. 이러한 수공업적 가정은 고전파 경제학자들에서도 나타난다. 이들은 이윤을 생산성에 기초하여 설명하든가 아니면 다소 정교한 의미의 제작능력에 기초하여 설명해야 하는 도덕적 필요성을 느끼고 있다. '감독 임금(Wages of Superintendence)' 학설의 논의가 그러한 경우를 설명하는 데 도움이 된다. 이 점에 대해서는 다음 글에 잘 나타나 있다. Davidson, "Earnings of Management" in *Palgrave's Dictionary of Political Economy*.

규모가 큰 고용주가 노동력을 고용하여 상업적 기반에서 운영하는 경우에만 이윤을 정규적이고 통상적으로 획득하게 된다.

이처럼 규칙적으로 증가한 이윤은 당연히 화폐 단위를 기준으로 계산된다. 대부분의 기업가들은 기업의 '통상' 이윤율을 당연한 것으로 여긴다. 그들은 그것을 하나의 상식으로 간주하며, 따라서 그들에게 그것은 정상적인 현상이다.19 수익은 그들이 온 힘을 기울여 노력하는 목적이기 때문에 그들에게는 당연한 것이다. 반면에 투자한 금액이 손실 하거나 감소하는 것은 기업의 정상적인 경로가 아니며 따라서 특별한 설명을 요하는 불행한 사태로 간주된다. 현대의 견해에서 이윤을 정상적인 것 또는 당연한 성질로 간주하는 것은 '통상 이윤'을 재화의 생산비에 포함시키는 고전파 경제학자들의 견해에서도 나타난다.

'통상 이윤'의 정확한 의미에 대해 장시간 논의를 할 필요는 없다. 그것은 순 평균 이윤 뿐 아니라 그 이외의 것도 의미한다. 이 용어는 기업계에서 충분히 통용되고 있기 때문에 기업가들은 그것에 대해 굳이 정의를 내리지 않아도 그 용어를 사용할 수가 있고 또한 확실하고 안정된 개념으로 수용하여 그 용어에 기초하여 기업의 제반 업무를 수행할 수가 있다. 여기서 흥미로운 점은 일상적인 일에도 그 용어를 사용하고 있다는 사실이다.

어떤 시대든 어떤 장소든 어느 정도 엄밀하게 규정된 공인된 통상 이윤율이 존재한다. 그것은 모든 합법적이고 정상적인 기업 활동을 하는 경우에는 당연히 발생하는 것으로 간주된다. 따라서 이윤율에 대한 정의가 구체적이고 객관적인 기준 면에서 아무리 정확하지 않더라도, 관련자들은 그것은 성질상 실질적이며 일관적이라고 생각하고 있기 때문에 평소에 특정 기업의 재산을 자본화할 때는 통상 이윤율에 기초한다. 특정 사업이나 시설을 자본화할 때는 개별 사례가 가진 특수한 장

---

19 물론 '통상' 이윤율은 장소마다 다르고 기업의 종류에 따라서도 다르다.

점과 결함을 모두 충분히 파악한 다음 현재의 통상 이윤율을 보장하는 수익 능력을 고려해야 한다.[20]

　기업계에서는 통상 이윤 및 가격 현상에 관한 일련의 사유습관에서 발로한 상식적 견해에 입각하여, 관례화된 자본화 금액으로부터 공인된 또는 합리적인 이윤율이 나오는 시기를 보통의 시기 또는 정상적인 시기라고 말한다. 이에 반해 수익률이 올라가면 호황기 또는 활황기라고 지칭하고, 이윤율이 내려가면 고난기 또는 침체기라고 지칭한다. 이것은 요즘 모든 기업계에서 사용하는 '호황기'와 '침체기'와 의미가 같다.

　지난 몇십 년 사이에 산업의 규모는 점점 커지고 기업조직은 점차 광범위해졌다. 이러한 상황에서 이윤을 추구할 때 기업자본이 안고 있는 문제는 산업시설의 규모나 산업장비 비용보다는 갈수록 수익 능력에 기초한 자본화 금액이 되고 있다. 예전의 '자연'경제와 '화폐'경제 시절에는 투자를 하면 이윤이나 수익이 산발적으로 발생하여 그 정당성이 의심을 받았다. 이에 반해 19세기에 이르면서 그렇게 하여 획득한 이윤과 수익은 경제체계에서 중심적이고 지배적인 지위를 점하게 되었다. 그것은 자본화와 신용의 확대 그리고 노동력 고용의 생산성과 정당성이 수익률을 제고하는 최종 시금석이자 실질적인 기반으로 간주되고 있다. 그와 동시에 한편으로 '통상 이윤율'은 더욱 파악하기 어려운 개념이 되었다.

　경쟁에 의해 균일한 이윤율이 결정되는 현상은 뒷전으로 밀려났고 실제로 그 자체의 성질을 상실했다. 왜냐하면, 과거에는 대규모 산업이 안정적이고 지속적인 균형을 이루며 경쟁을 했는데 이제는 거대 기업가들이 각종 전략을 구사하여 간헐적으로 그리고 필사적으로 경쟁하기 시작했기 때문이다. 기업계의 관심은 재화 축적 및 자본화보다는 이윤

---

20 이러한 진술은 지난 10년 동안의 상황보다는 19세기 1~3분기 영국의 경제
　상황과 19세기 3분기 미국의 경제상황에 더 잘 어울린다. 이후 단계에서 기
　업이 발달하는 데 필요한 조건에 대해서는 잠시 후에 논의할 것이다.

그리고 이윤을 창출하는 사람의 재산의 변동에 집중되고 있다. 그리하여 기업의 운영과 목표를 좌우하는 궁극적인 요인은 보유 자산의 총액이나 기록된 생산고라기보다는 특정 기업 활동이 향후에 이윤을 창출하는 능력이 되고 있다.

그러나 이러한 최근의 발전이 산업적 기업의 모든 해당 분야에서 이루어지는 것은 아니다. 그러한 발전은 최근의 과거에 성취되지도 않았을 뿐 아니라 현재에도 성장 초기 단계에 있다. 따라서 그러한 발전을 배태한 최근 과거의 상황을 살펴봐야만 비로소 작금의 발전을 이해할 수가 있다. 그러므로 19세기 초의 경쟁적 기업체제의 양상을 19세기 말의 양상으로 변모시킨 신용 수단을 고찰하기에 앞서 경쟁질서가 심하게 혼란해져 단속적인 성격을 띠기 전에 경쟁적 방법으로 거래를 하던 구식의 기업 거래로 거슬러 올라가 고찰할 필요가 있다.

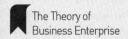
The Theory of
Business Enterprise

05

대부 신용의
용도

.

제5장

대부 신용의
용도

　신용은 산업 활동에 종사하는 기업의 정규 경로에서 두 가지 주요한 용도로 사용된다. (a) 외상 장부, 어음, 수표 등 재화를 구매 또는 판매할 때 지불을 연기하는 용도와 (b) 대부 또는 부채. 어음, 주식, 이자 낳는 유가증권, 예금, 콜론1 등과 관련된 용도이다. 신용을 확대하는 이 두 가지 범주가 명확하게 구별되는 것은 아니다. 그중 한 가지 목적을 위한 신용 형태가 다른 용도로 사용되는 경우도 많다. 그러나 이 두 신용 용도는 결국에는 명백하게 구별될 수밖에 없다. 그러나 경제이론의 많은 목적상 그러한 구별은 유용하지 않을 뿐만 아니라 사실상 구별이 불가능할 수도 있다. 다만 당면 목적과 관련해서는 그 둘을 구별할 필요가 있다. 이 연구에서는 주로 후자 부류의 신용, 또는 후자의 목적을 위한 용도의 신용에 수복한다.

　산업시설의 관리를 유능한 사람의 손에 맡기기 위해 주식, 이자 낳

---

1 콜론(call loan) 청구에 의하여 대출자금을 회수할 수 있는 전형적인 단기자금대출을 말한다. - 옮긴이

는 유가증권 등과 같은 투자 형태를 통해 신용 협정을 이미 적절하게 체결했다고 가정하자. 불황의 조짐이 전혀 없는 평온한 시기에는 모든 산업에서 이와 거의 유사한 상황이 나타나므로 그렇게 가정하더라도 무리한 가정은 아니다. 그러한 '정상적인' 상태에서는 특정 산업적 기업에 투자된 자본은 일정한 그리고 거의 정확한 시간 간격을 두고 회전한다. 회전에 소요되는 시간의 길이는 사업체마다 다르지만, 어떤 경우라도 회전 시간의 길이는 해당 기업에게 수익의 기회를 결정하는 중요한 요인이다. 전반적인 교역 및 시장 조건이 일정하다면, 실제로 기업가의 입장에서는 회전의 규모와 회전에 소요되는 시간의 길이가 기업의 견실한 지위와 가치를 결정하는 두 요인이다.

기업가의 목적은 자신이 운영하는 기업이 최대의 수익을 획득하는 것이다. 기업가는 더 많은 이익을 획득하기 위해 수익이 나오는 공정을 최대한 단축시키려 한다.[2] 달리 말하면 자본의 회전 시간을 최대한 단축하려 한다. 어떤 기업가가 가진 자본의 회전 시간이 동일한 업종의 산업에서 통상적으로 허용하는 시간보다 덜 소요되면 다른 조건이 같을 경우, 그 기업가는 해당 업종의 기업의 현재 이윤율보다 더 많은 수익을 얻게 된다. 반면에 자본의 회전 시간이 통상적인 시간보다 더 많이 소요되면 손실을 입게 된다. 이러한 사실은 '박리다매'라는 격언에서

---

2 물론 이것은 산업공정을 연장하면 생산이 향상된다는 뵘-바베르크(Böhm-Bawerk)[*]의 이론과는 아무런 관련이 없다. 그가 제시한 '우회적 방법(round-about method)' 이론은 기계과정의 기술적, 물질적 효율성과 관련된다. 반면에 여기서 문제는 특정 기업자본의 회전에 소요되는 시간 간격이다. 그런데 뵘-바베르크의 견해에 대해서는 다른 근거들에서 의문을 제기할 수도 있다.

[*] 뵘-바베르크(Eugen Böhm Bawerk: 1851~1914)는 오스트리아의 경제학자로 오스트리아학파의 대표자인 칼 멩거의 대표적 후계자로서 하이델베르크대학 등에서 법학·경제학을 배우고 인스부르크대학, 빈 대학 교수를 지냈으며, 세 차례(1895, 1897, 1900) 재무상을 역임했다. 마르크스의 가치 이론을 비판하고 우회생산구조에 입각한 자본 이론을 전개하며 한계효용가치설을 발전시켰으며, 또한 이자율의 발생과 결정에 관한 이론을 연구하고 자본회전 기간과 임금의 변화에 관한 이론을 발전시켰다. ─옮긴이

잘 나타난다. 근래에 산업적 기업에서는 자본회전의 간격을 단축하기 위해 주로 두 가지 주요한 방법을 사용하고 있다. 하나는 시간을 보다 효율적으로 절약하는 산업과정을 채택하는 것이다.

후기 시대에는 기업의 발전에서 산업시설 및 공정을 향상하는 것이 점점 중요해지고 있다. 때문에 지금은 투자를 할 때 시간 요소에 더욱 세밀한 주의를 기울인다. 그 결과 그 방면에서 엄청난 진전이 이루어졌다.[3] 회전율은 가속화하는 또 하나의 방법은 더 많고 더 신속하게 광고를 하여 경쟁적 매매를 조장하는 것이다. 현대의 기업가들이 기업의 발전을 위해 이러한 방법들에 집중하고 있다는 것은 두말할 나위도 없다.

그런데 자본회전의 규모, 즉 '기업의 매상고' 역시 자본회전의 속도 못지않게 중요하다. 산업적 기업의 수익은 자본회전율과 매상고 간의 공동함수관계라는 사실은 누구나 알고 있는 진부한 상식이다.[4] 기업가는 수익을 증대하기 위한 목적을 달성하기 위해 주로 그중 한 가지 방법을 이용하는데 가능하면 두 가지 방법을 모두 사용한다. 기업가는 자본회전의 규모를 증대하기 위해 한편으로 신용을 이용하고, 다른 한편으로는 자산을 최대한 절약하고자 한다. 기업가에게는 채무를 늘리고 또 수취용 어음을 할인하라는 자극이 끊임없이 가해진다. 이러한 형태의 채무는 산업공정 시간을 절약하는 데는 물론이고 수익률을 높이는 데도 크게 기여한다.[5] 그러한 위치에 있는 기업가에게 신용 사용의 효과는 자본회전 속도를 빠르게 했을 때의 효과와 거의 같다. 따라서 기업가가 신용을 확대하면 자신의 여건과 시장 상황이 허용하는 한도 내

---

3 이와 관련하여 다음 글을 참조하라. Werner Sombart, "Der Stil des modernen Wirthschaftslebens." *Achiv fur soz. Gestzg. u. Statistik*, vol. XVII, pp. 1~20, 특히 pp. 4~15. 이 글은 다음 책에 재수록되었다. *Der moderne Kapitalismus* vol. II, ch. IV, (Leipzig, 1902).

4 다음 글을 참조하라. Marshall, *Principles of Economics* (3d ed.), bk VI, ch. VII, secs. 3, 4.

5 다음 글을 참조하라. Laughlin, *Principles of Money*, p. 86.

에서 큰 이익을 얻게 된다.[6]

그러나 채무자는 신용으로 자금을 획득한 경우에는 이자를 지불해야 하기 때문에 기업의 총수익에서 이자가 빠져나가서 신용을 사용하여 얻은 순수익은 총 수익의 증가분에서 이자를 지불하고 남은 금액에 불과하다. 그리하여 대부 신용을 사용할 때는 기업에 유리하도록 [이자] 한도를 다소 탄력적으로 설정한다. 그런데 평상시에나 유능한 경영진 아래서는 기업의 현재 수익률이 크게 증가하여 이자율을 상회한다. 그러므로 통상적인 번영기에는 위에서 지적한 방식으로 신용을 사용하는 것이 대체로 유리하다. 이 경우에 기업동기의 방향을 보여주기 위해 그러한 명제를 뒤집어보자. 유능한 경영자는 신용을 확대할 때 드는 비용과 신용을 사용하여 얻는 수익의 총 증가분 사이에 현격한 차이가 있으면 어떻게 해서든 신용을 확대하려 할 것이다.

그러나 경쟁기업 체제 하에서는 모든 경쟁자들은 일반적으로 유리하

---

6 기업가가 자기 자본만 가지고 사업을 하지 않고 그것을 담보로 하여 빌린 자금을 가지고 자본회전을 하면 현재 시세를 기준으로 총 수익이 늘어난다. 자본(산업설비의 가치)과 신용을 합하면 신용을 확대하지 않고 자기 자본만 사용했을 때보다 현재 시세 기준에서 자본회전율이 훨씬 높아진다. 자본회전율은 사용한 가치의 생산물의 양에다가 회전속도를 곱하여 표현할 수 있다. 그러므로 신용을 담보로 사용된 자본의 불확정한 부분(자본/n)으로 간주하면, 다음과 같이 표시할 수 있다.

$$회전율 = \frac{1}{시간}(자본 + \frac{자본}{n})$$

즉 $T = \frac{1}{t}(c + \frac{c}{n}) = \frac{c + \frac{c}{n}}{t}$ 또는 $t = \frac{c + \frac{c}{n}}{T}$

이처럼 대수학으로 표현하면 증가한 회전율과 증가한 기업자본 사이의 등가관계를 규명하는 데 도움이 된다. 다음 글을 참조하라. Jevons, *Theory of Political Economy*, pp. 249~258.

좀바르트는 신용을 사용하면 자본회전 시간이 길어진다고 말하는 오류를 범하고 있다(*Kapitalismus*, vol. II. ch. VI, p. 74). 신용은 회전 규모에 비례하여 시간을 단축한다. 즉 특정한 초기 자본은 신용의 도움을 받게 되면 일정한 시간 내에 보다 많은 금전적 양을 회전시킨다. $\frac{c + \frac{c}{n}}{T} > \frac{c}{t}$

다고 생각되는 것이라면 무엇이든 필요로 한다. 신용의 기회를 유리하게 이용하면 그 밖의 다른 모든 점에서 동일한 위치에 있는 다른 모든 사람들보다도 물품을 유리하게 파는 위치에 있게 된다. 대략적으로 말하면 신용 사용은 일반적인 관행, 즉 경쟁적 기업 경영의 정상적인 방법이 되었으며, 또한 경쟁을 할 때는 신용을 수중에 있는 자본의 보조물로 사용한다. 그리하여 이제 기업의 경쟁적 수익 역량은 초기 자본에 차입금을 더한 금액에 기초한다.

경쟁 수익률은 기업을 이러한 방식으로 운영할 때 발생한다. 그리하여 신용을 경쟁적으로 사용하는 상황에서는 일정한 양의 초기 자본에 의지하는 기업의 총수익은 매상고를 늘리는 과정에서 아직 신용을 보편적으로 사용하지 않은 경우에는 신용을 경쟁적으로 사용했을 때보다도 약간만 늘어난다. 그러나 신용의 사용이 보편화된 상황에서는 공개적인 기업경쟁 체제 하에 있는 모든 회사들, 즉 매상고를 늘리기 위해 신용을 사용할 수 없거나 신용을 사용하지 않는 회사들은 '적정' 이윤율을 획득할 수가 없게 된다. 그리하여 모든 경쟁자들이 동일한 방법을 사용하지 않으면 안 되는 상황으로 치닫게 된다.

그런데 이러한 방법을 이용하여 얻는 이득은 경쟁적 이득에 불과하므로 그러한 관행이 보편화되면 기업계의 총수익은 미미하게 증가한다. 어떤 기업이든 융자를 받으면 다른 경쟁기업에 대해 격차 이익을 획득할 수가 있다. 하지만 그것은 다만 격차 이익일 뿐이다. 기업거래를 확장하기 위해 경쟁적으로 차입 자금을 사용하게 되면 일부 산업과정의 관리가 유능한 경영자 손에 넘어가는 경우도 있지만 무능한 경영자 손에 넘어가기도 한다. 그렇게 되면 신용의 이용과 차입 자금의 사용이 전체 산업 생산고를 증가 또는 감소시켜 결국 기업계의 총 수익에 영향을 미치게 된다. 그러나 산업의 관리가 유능한 경영자에게 넘어가든 무능한 경영자에게 넘어가든 이처럼 차입 자금을 경쟁적으로 사용하게 되면 총수익 또는 총 산업생산고는 영향을 받지 않는다.

현행 이윤율 또는 '적정' 이윤율은 대략적으로 기업가가 수중에 보유하고 있는 실제 자본을 사용했을 때 만족하는 이윤율이다.7 일반적으로 수중에 보유하고 있는 자본에 대한 보조물로서 신용을 확장하는 경우에는 대체로 (신용과 자본을 합한 금액에 기초하여 계산했을 때) 이윤율을 경쟁적으로 저하시켜 결과적으로 신용을 확장하지 않고 자기 자본만 사용하는 기업가가 아무런 [투자] 매력을 느끼지 못할 정도로까지 이윤율이 낮아진다. 대략적으로 말하면, 신용을 경쟁적으로 사용하지 않는 상황에서는 신용을 확장한 총 자본의 총수익은 신용을 확장하지 않은 동일한 자본의 총수익에 비해 약간만 늘어난다. 그러나 현재의 상황에서는 어떤 경쟁자들도 평소에 신용에 의지하지 않으면 수익을 올릴 수가 없다. 즉 평소에 신용에 의지하지 않고 투자를 하면 '적정' 수익을 거둘 수가 없다.

신용의 경쟁적 사용이 위와 같은 결과를 낳는 상황에서는, 즉 유능한 경영자들이 자금을 획득하기 위해 서로 경쟁을 벌이고 있는 상황에서는 그런 방법에 의해 기업자본(business capital)에 추가된 자금은 전체적으로는 어떤 물적 자본 또는 '생산재'도 대표하지 않는다. 그것은 단지 기업자본일 따름이다. 그것은 가격을 기준으로 계산하면 기업의 매상고는 늘어나지만 산업의 매상고는 직접 늘어나지는 않는다. 왜냐하면 그것은 산업의 전체 물적 장치에 추가되지도 않고 또한 사용 중인 공정의 성질을 변화시키지도 않으며, 나아가 산업의 효율성을 증진시키지도 않기 때문이다.

가치의 투기적 인플레이션이 산업적 기업에 '호황 기운'을 불어넣으면 이에 자극을 받아 산업과정의 집약도가 향상되어 간접적으로 산업의 물적 생산고가 증가하기도 한다. 그러나 이러한 심리적 효과를 제외하면 신용을 확장하여 불어난 기업자본은 전체 산업에는 아무런 영향

---

7 위에서 지적한 Marshall을 보라.

을 주지 않는다. 신용 인플레이션에 의한 이러한 이차적 효과가 제법 큰 경우도 있는데 주로 활황기에 그러하다. 그러한 간접적 효과는 '번영기'에 명료하게 부각된 탓에 일각에서는 그러한 효과를 번영기의 주요한 특징으로 간주하는 경우도 있다. 산업 이론에서는 신용 인플레이션에 의한 이러한 간접적인 영향을 주요한 특징으로 보는 반면 기업이론에서는 그것을 부수적인 결과로 다루고 있다.

위에서 언급한 견해, 즉 차입 자금은 전체 산업설비를 증가시키지 않는다는 견해에 대해 다음 같은 반론을 제기할 수도 있다. 즉 모든 차입 자금은 누군가(채무자 또는 채권자)가 소유한 재산이며, 대부 거래를 통해 차용인에게 사용권이 이전된 것이다. 또한 이러한 자금은 다른 모든 자금과 마찬가지로 (그 자금 속에 유동적 형태로 포함되어 있는 부의 물질적 요소를 산업과정에 직간접적으로 끌어들임으로써) 생산적 용도로 전환할 수도 있다는 것이다.8 이러한 반론은 두 가지 점에서 잘못을 범하고 있다. (a) 대부 자금은 대부업자가 보유한 재산으로 충당할 수 있지만, 이미 이외의 다른 용도로 사용되지 않는 재산으로는 충분히 충당할 수가 없다. 설사 충분히 충당하더라도, (b) 이러한 자금을 사용하여 산업의 기술적 (물적) 장비를 증가시킬 수는 없다.

첫 번째 점(a)의 경우, 예금 또는 그 밖의 담보 대출 방식으로 금융기관이 제공하는 융자금에 대해서는 유동자산으로는 일부만 충당할 수 있을 뿐이다.9 따라서 유동자산 이외의 모든 것은 당면 문제에 관련해서는 명백하게 논점을 벗어난다. 유동자산으로 충당할 수 있는 양은 이러한 융자금의 극히 일부에 불과하다. 이를테면 금융기관이 대부를 할 때는 사업 도중에 상환을 요청하거나 만기가 되었을 때 대부자가 언제든지 최종 지불할 수 있는 잠재적 능력이 있는지에 근거한다. 어떤 금융기관도 이러한 미이행 채무를 단번에 갚을 수 없다는 것은 기업계의

---

8 다음 글을 참조하라. Laughlin, *Principles of Money*, ch. IV.
9 언제든지 현금으로 전환할 수 있는 자산.

상식이다.10 예를 들어, 은행이윤의 필수적인 원천은 준비금보다 훨씬 많은 양의 기업 매상고이다.

(b)에 대해 살펴보자. 그러한 융자금의 기초 가운데 많은 부분은 투자금과 대부업자가 보유한 담보물로 구성되어 있다. 또한 그와 함께 이것들 중 많은 부분이 청구액에 대해 대부업자가 잠재적으로 지불할 수 있는 능력의 기초를 형성한다. 그러나 산업 또는 부동산에 투자한 또는 이자 낮은 유가증권이나 각종 형태의 담보물에 투자한 투자금은 대부업자로부터 자금을 빌린 채무자의 예상 수입(정부 및 지방정부의 채권 등)을 대표하거나 이미 산업과정에 투입되어 사용되고 있는 재산 또는 그 자체로는 산업적 용도로 활용되지 않는 각종 형태의 자산(이를테면 부동산)에 동결되어 있는 재산을 대표한다.

현재 산업적 용도로 사용되지 않는 재산, 즉 현재의 형태로는 또는 현존하는 상태로는 산업과정에 사용할 수 없는 재산(예를 들어, 투기성 부동산)에 기초한 융자금이나 이미 산업과정에 사용되고 있는 재산(예를 들어 주식, 공업설비, 재고품, 사용 중인 부동산)에 기초한 융자금11은, 당면의 목적에서는, 산업과정에 도입할 수 없는 물적 품목의 가공의 복제품 이상의 아무것도 대표하지 않는다. 그러므로 그러한 융자금은 적어도 직접적으로는 전체 산업설비를 증가시키지도 않고 전체 산업생산성을 향상시키지도 않는다. 왜냐하면 여기서 담보물로 사용되고 있는 품목들은 이미 그 전부터 산업에 사용되고 있기 때문이다.

이러한 종류의 재산—이미 산업에 사용되고 있는 재산과 산업적 목적으로

---

10 예를 들면, 국립은행의 법정 의무 비축금은 중앙준비은행들의 유통 어음과 예금을 합해서 25%이고, 다른 은행들의 경우에는 15%이다. *Revised Statutes*, 5191.

11 이것은 부동산 저당권을 담보물에서 제외하는 정식 금융기관 이외의 대부업자들이 제공하는 대부금을 고려하고 있다. 예를 들어, 저축은행, 보험회사, 소규모 민간 대부은행, 사채업자 등에 의한 장기대부(유가증권 투자)가 그런 유형에 속한다.

사용되지 않는 재산—은 '지불수단[화폐]으로 주조되어' 금전적 (기업) 자본을 늘리는 데는 이용되지만, 물적 (산업적) 자본을 증가시키기 위한 기계로 이용할 수가 없다. 그러므로 융자금을 포함한 자금은 그 규모가 제법 크더라도 금전적 (기업적) 존재만 가지고 있을 뿐이지 물적 (산업적) 존재는 가지지 않는다. 이것이 사실이라면 그러한 자금은 전체적으로는 가상의 산업설비를 대표할 따름이다. 따라서 그러한 지금(地金) 준비금을 대표하는 그러한 자금은 그중에서 어떤 미미한 부분조차도 산업의 물적 장치에 아무것도 추가하지 않는다. 왜냐하면 화폐 자체는 그것이 금속 형태든 약속어음 형태든 산업에는 아무런 직접적인 영향을 미치지 않기 때문이다. 이미 잘 알고 있듯이, 사용하고 있는 귀금속의 절대량은 그 증감 폭이 아주 큰 경우가 아니면 기업이나 산업을 운영하는 데 별로 중요한 영향을 미치지 않는다. "돈은 돈을 낳지 않는다 (Nummus nummum non parit)"라는 말처럼 말이다.

그리하여 금융업자나 같은 부류의 그 밖의 대부업자가 제공하는 대부금은 부동산 저당권이나 담보물 또는 개인 어음 등에 의한 것이든 보증금이나 어음 발행에 의한 것이든 그 이외의 다른 것에 의한 것이든 아니면 담보물, 은행의 현금 준비금 또는 채권자나 채무자의 전반적 지불능력 등으로 충당되는 재산 항목들을 대표하는 것에 의한 것이든 모두 기업가가 처분할 수 있는 권한을 가진 '자본'을 증식시키는 데 일조한다. 그러나 전체적으로 보면 그러한 것들은 산업의 구체적 목적에서는 순전히 허구적인 항목들이다.12 현금 대부금(저축은행예금13 등)도 동일한 범주에 속한다. 차용인은 대부금을 이용하여 산업과정과 재료를 확보하고 다른 기업가에 비해 격차 이익을 누릴 수가 있다. 또 대부

---

12 이러한 자명한 사실이 많은 이론적 논의에서 자주 간과되고 있다. 따라서 현재의 논의는 그러한 사실을 직시하기 위해 여기서는 그것에 대해 명확하게 진술할 필요가 있다.
13 예금자가 예금 형태로 은행에 저축하기 위해 대출하는 현금 대부금.

금을 이용하여 산업의 물적 수단을 분배하는 데서도 격차 이익을 가지게 된다. 그러나 대부금은 산업의 물적 수단의 총액을 추가하는 데는 어떤 기여도 하지 않는다. 그러한 자금은 그 성질이 어떠하든 금전적 사실(pecuniary fact)이지 산업적 사실(industrial fact)이 아니다. 그것은 산업의 통제권 배분에는 기여하지만 산업의 물질적인 생산적 성과에는 기여하는 바가 없다.

대부 신용이 산업재료의 관리를 소유자로부터 유능한 사용자로 이전하는 데 요구되는 양을 초과하면 (즉 대부 신용이 사실상 산업시설을 임대하는 성격을 띠지 않으면) 그것은 대개 산업의 물적 수단을 증가시키는 데도 산업의 효율성을 향상시키는 데도 직접적인 기여를 하지 않는다. 오히려 그것은 전체적으로는 기업자본과 산업설비 간의 격차를 넓혀놓는 데 기여할 따름이다. 활황기에는 그 격차가 점점 더 벌어지는데, 왜냐하면 신용에 기초한 자금이 기업을 확장하는 데 이용되어 신용이 점차 확대되기 때문이다.

경쟁 상태에 있는 기업가들은 신용에 기초한 자금을 이용하여 산업설비의 물적 품목의 가격을 차츰 올려놓는다. 그 결과 산업발달에 사용되는 물적 품목의 가치는 계속 상승한다. 특정 기업에 사용되고 있는 가치의 총액은 사용 중인 산업재료의 물리적 증가 여부에 관계없이 증가한다. 그러나 신용의 확대는 가치를 기준으로 표현되는 담보물에 기초하기 때문에 재산 가치가 상승하면 그것을 기초로 신용을 더욱 확장하게 되고, 그 과정은 계속 된다.14

그런데 기업거래의 기본선은 거래되고 있는 품목들의 화폐가치(시장가치 또는 교환가치, 즉 가격)이지 그것의 물적 효용성이 아니다. 화폐단위의 가치는 인습적인 관행에 의해 불변적인 것으로 간주되며, 따라서 대부업자가 사업을 계속하려면 이러한 전제에 기초할 수밖에 없다.15

---

14 다음을 참조하라. *Twelfth Census of the United States*, vol. VII, p. c.
15 화폐가치는 변화하지 않는다는 주장을 문구 그대로 받아들이는 사람은 별로

그 결과 현재의 산업적 기업에 포함되어 있는 화폐가치 총액의 증가분은 대부금—이것은 다른 어떤 종류의 자본화 금액의 가치와도 구별되지 않는다—을 확장하는 기초가 된다. 자본화 금액이 이전에 저당 잡힌 재산의 전체 현금 가치에 기초한 신용 대부에 의해 증가하는 경우에도 역시 마찬가지이다.

그러므로 주식 또는 산업적 기업에 포함되어 있는 동일한 가치의 담보물에 기초하여 확장한 대부금은 그 성질상 누적되기 마련이다. 반대의 가격 현상이 나타나서 자본화 금액의 가치가 누적적으로 상승하는 것은 우매하다고 강력한 판결을 내리거나 또는 그 외의 다른 방법으로 혼란을 진정시키지 않는다면, 가격 상승을 이용하여 신용은 계속 누적되어 확장된다. 신용의 확대는 자본화된 산업 재료의 화폐가치의 가상적 안정성에 기초한다. 화폐가치는 [신용의] 확장에 의해 누적되어 증식된다.

그런데 담보물의 화폐가치는 재산의 예상 수익 역량에 기초하여 계산된 자본화 금액의 가치를 말한다. 자본화 금액이 신용을 위한 안정된 기초로 인정을 받으려면, 담보물의 가치를 평가하는 이 두 가지 방법이 거의 일치해야 한다. 이 두 가지 평가 방법에 의한 결과가 명백하게 불일치할 경우 재평가를 해야 한다. 이때는 수익 능력에 기초한 평가를 결정적인 방법으로 승인해야 한다. 왜냐하면 수익은 모든 기업 거래의 바탕이 되는 기본선이며, 모든 기업의 관심은 수익에 집중되기 때문이다. 현재 기업에서 사용되고 있는 총 명목자본(자본＋대부금)과 기업자

없을 것이다. 그러나 신용 거래를 할 때 그러한 입장과 모순되는 가정에 기초하여 행동하는 사람은 그보다 적을 것이다. 경제획자들이 평소에 밀하듯이, 화폐는 연기된 지불(deferred payments)의 표준이다. 또한 부(富) 현상을 실제로 취급하고 있는 사람들의 무분별한 생각에서도 화폐는 부의 표준이자 불변의 척도로 간주된다. 이러한 인습적인 관행이 법률로 구체화됨에 따라 화폐와 가치를 부의 결정적인 측면으로 받아들이는 소박한 생각이 굳어졌다. 위의 66~68쪽을 보라.

본의 수익 역량의 실질적 수준 사이에는 곧바로 명백한 격차가 발생하게 된다. 그 격차가 명백해질 때 상환기가 시작된다.

기업자본과 산업회사의 수익 역량 간의 격차에 대해 신용 대부가 행하는 역할을 쉽게 이해하려면 거기서 작동하고 있는 여러 요인들을 간략하게 검토할 필요가 있다.

전반적으로 기업계의 수익은 (어떤 회사의 수익이 다른 회사의 희생을 통해 얻은 경우가 아니면) 산업과정에서 생산되는 재화와 서비스 같은 생산물의 판매를 통해 나온다. 실효 산업자본(effective industrial capital)은 현재 산업에서 실제로 사용되고 있는 자본화된 물적 항목—이것을 사용함으로써 생산물과 수익이 나온다—의 총액이다. 반면에 기업자본은 가치를 가진 지금으로 간주되는 자본화된 산업재료에다가 영업권(good-will)[16]과 자본화된 산업재료를 담보로 사용하여 신용을 통해 획득한 모든 자금 그리고 담보로 사용되는 여타 비산업용 재산을 통해 획득한 자금을 모두 합한 금액으로 구성된다. 위에서 말한 것처럼, 신용에 의한 자금을 경쟁적으로 사용하면 산업재료의 자본화 금액의 명목가치는 누적적으로 증가하고, 결국에는 최초의 자본화 금액에다가 온갖 종류의 신용을 통한 모든 자금을 합한 금액과 거의 같아지게 된다.

이처럼 담보물의 확대에 따라 신용은 더욱 확장되고, 이렇게 하여 획득한 자금은 기업자금에 편입되어 동일한 경쟁 용도로 전환되며 이러한 과정은 계속 진행된다.[17] 자본과 수익은 화폐단위를 기준으로 계산된다. 이러한 기준에 의해 계산되는 수익(산업의 생산고) 또한 신용에 의한 인플레이션 과정에 의해 증가한다. 왜냐하면, 이러한 자금을 경쟁

---

16 영업권(good-will)은 우수한 업적과 특별한 신용을 가진 기업체가 다른 동종의 기업체보다 많은 초과수익을 가지게 하는 영업상의 우월권으로서 상표, 상호, 종업원 기술, 영업소 위치, 영업상 기술과 신용, 유리한 거래처 소유, 특허권, 노하우 등이 이에 속한다. — 옮긴이

17 다음 글을 참조하라. Knies, *Geld and Credit*, vol. II, ch. VI, sec. C, 특히 p. 303 이하.

적으로 사용하면 산업에 사용되고 있는 모든 생산물의 가격이 상승하고 종국에는 산업적 용도로 사용되는 모든 투기적 재산의 가격이 지속적으로 상승하기 때문이다. 그러나 수익의 명목적 크기(가치)는 기업자본의 명목적 크기(가치)만큼의 비율로 증가하지 않는다. 왜냐하면, 생산물의 가치를 조절하는 수요는 (생산재에 대한) 기업의 수요가 아니라 결국에는 많은 경우 완제품에 대한 소비 수요로 귀착되기 때문이다.18

신용의 확장과 자본 전체의 목적을 위해 신용을 사용한 결과에 대해 자세히 살펴보면, 상환기에 가장 뚜렷하게 나타나는 현상은 상환에 따른 산업용 자산의 소유의 재분배이다. 신용에 의한 자금 중 대부분은, 대부 신용의 용도 외에 이미 산업에 사용되고 있는 물적 항목의 동일한 총액에 경쟁적으로 투자된다. 그 결과 동일한 범주의 재산 항목은 화폐단위를 기초로 하여 평가된다. 이러한 재산 항목들—신용의 용도와는 별개로 소유자가 소유하고 있는 명목상의 재산 항목들—에 대해 채권자는 신용을 확장하여 제공한 융자금에 비례하여 이익을 분할하지 않고 소유하게 된다. 이렇게 하여 채권자는 재산 항목의 총액을 담보물과 융자금을 합한 금액을 융자금에 비례하여 잠재적으로 소유하게 된다. 그리하여 채권자는 신용의 확장을 통해 산업설비의 일부를 잠재적으로 소유하게 된다. 이를 공식으로 나타내면 다음과 같다.19

---

18 사실 투기적 인플레이션 때는 생산물의 시장가치가 기업자본의 팽창과 보조를 같이해서 증가하지 않는다. 이 둘이 보조를 같이 하려면, 즉 명목 수익이 팽창된 자본에 비례하려면 자본의 팽창에 비례하여 수입이 증가해야 한다. 그러나 설사 그렇게 되더라도, (임금 인상에 의해) 생산비가 현저하게 증대하면 모든 소비재의 가치를 상쇄하고, (수입의 증대에 따른 순 이익인) 생산재 가치만 상승한다. 그렇지만 지금 논의 중인 격차는 전적으로 신용의 존재 때문에 발생하는 것은 아니다. 그러므로 여기서 신용의 존재로 인해 발생하는 원인에 대해 상세하게 분석하는 것은 적절하지가 않다.

19 자본화된 재산에 대한 평가가 변하지 않고 그대로 있다면, 채권자의 청구권을 표현하는 공식은 위의 형태를 유지한다. 그러므로 이 공식은 채권자는 자신이 융자해준 자금이 자본화 금액에 대해 가지는 청구권과 동일한 비율로 해당 자본화 금액에 대해 청구권을 가지는 것을 표시할 따름이다. 그러나 자

$$\frac{융자금}{자본화금액(=담보물+융자금)}$$

상환기에는 채권자의 이러한 잠재적 소유권이 상환의 실행 정도에 상당한 효과를 발휘한다.[20]

물론 상환기에 채권자의 수중으로 넘어가는 기업계의 산업용 자산의 정도와 비율에 대해서는 정확하게 확인할 수가 없다. 그 정도와 비율은 상환이 얼마나 철저하게 실행되느냐 그리고 그 가치가 얼마나 감소하느냐에 달려있다. 또한 그 밖의 불확실한 여러 요인들 영향을 미치는데, 예를 들어 기업계 조직의 긴밀성 정도가 그중 하나이다. 그런데 채권자 계급에게 소유권이 이전될 때는 생산물과 산업시설의 시장가치가 축소된다. 이때 시장가치가 축소되지 않으면, 하나의 계급으로서 채권자에게 소유권이 이전되지 않는다.

실제로 상환이 전반적으로 진행되면, 현대의 기업 운영 과정에서 빈번하게 [가치가] 축소된다. 물론 상환이 격심하게 진행되더라도 반드시 가치가 축소할 필요가 없는 경우도 고려할 수 있다. 대규모로 산업재료를 확보하는 데 경쟁적인 투자를 하지 않는 경우가 그런 경우이다. 이자율 변동, 파산, 강제매각 등과 같은 이차적 효과에 대해서까지 굳이

본화된 재산에 대한 재평가가 문제가 되면, 자본화에 대한 재평가를 상향 또는 하향 조정하느냐에 따라 $\frac{융자금}{자본화금액+\Delta자본화금액}$이 되거나 $\frac{융자금}{자본화금액-\Delta자본화금액}$, 즉 $\frac{1}{cap+\Delta cap}$ 또는 $\frac{1}{cap-\Delta cap}$이 된다. 자본화 금액이 상승하는 활황기에는 해당 융자금에 의해 대표되는 청구액의 비율은 해당 재산의 자본화된 총액에 비해 줄어들어 $\frac{1}{cap+\Delta cap}$가 된다. 분모가 커져서 결과적으로 분배 몫은 줄어든다. 반면에 상환기에는 자본화 총액에 대한 채권자의 청구액 비율은 자본화된 재산의 저평가로 인해 증가하여 $\frac{1}{cap-\Delta cap}$이 된다.

20 상환기에는 유동자금 또는 고정된 화폐 총액에 대한 청구권 보유자는 모두 당면의 목적에서는 채권자 위치에 있다.

여기서 고려할 필요는 없다. 물론 이러한 이차적 효과가 매우 중요하고 파급효과가 큰 경우가 많고, 어떤 경우에는 결과에 중대한 영향을 미치므로 이 점에 대해 나름대로 유념하고 있어야 한다.

지금까지 대부 신용에 대해 개괄적으로 살펴보았는데, 그 이론적 결과는 다음과 같다.

(a) 기업 경쟁체제에서는 생산재를 소유자로부터 유능한 사용자로 이전할 때 수반되는 것 이상으로 대부 신용을 확장할 수밖에 없다. 보통의 경우에 신용의 확장은 다소 '비정상적'이거나 '과도한' 면이 있다.

(b) 신용의 사용은 생산적 산업설비 총량을 증가시키지 않을뿐더러 물적 생산고를 증가시키지도 않는다. 또한 신용의 사용은 (재산 또는 영구적 가치를 물적 기준으로 계산하면) 산업에 종사하는 기업가 집단의 총수입을 실제로 증가시키지도 않는다.[21]

(c) 신용의 사용은 (위의 기준으로 계산하면) 산업에 종사하는 기업가들이 획득하는 순 이윤의 총액을 감소시킨다. 왜냐하면, 그러한 신용의 사용은 전체적으로는 어떤 생산재도 대표하지 않으며, 또한 기업가들로 하여금 전체적으로 생산적 효과가 없는 자금에 대해서도 산업과정 외부에 있는 채권자에게 이자를 지불하도록 요구하기 때문이다.

(d) 그 결과 산업에 투입된 자본 총액은 출발 당시의 산업설비의 가치에 비해 과대평가되어 예금 총액과 담보물로 획득한 융자금의 양에 근접하게 된다.

(e) 이러한 과대평가는 기업자본을 부풀려서 담보물의 가치를 상승시키고, 이를 기초로 하여 신용이 더욱 확장된다. 이에 따라 위와 동일한 결과가 나타난다.

---

21 이것은 응용력을 강화하고 산업시설을 충분하게 활용하는 사고능력을 진전시키는 간접 효과를 간과하고 있다.

(f) 신용의 확장이 생산재의 물적 기초에 비해 지나치게 비대해지게 되거나 명목자본과 수익능력의 격차가 심하게 벌어지기 시작하면, 채권자는 곧바로 과대평가되었다는 것을 알아채고 상환을 촉구하게 된다.

(g) 그 결과 신용 철회가 잇달아 일어나고, 자본 총액에 대한 재평가 요구가 비등해져 명목상의 총액이 실제 수익역량에 근접할 정도로 조정된다.

(h) [가치] 축소는 일반적으로 기업자본의 총액을 자본재와 융자금을 합산하여 평가하던 것에서 자본재만을 기준으로 평가할 경우에 발생한다. 그런데 채무자와 산업시설의 명목적 소유자가 지불능력을 가진 경우에는 이들의 희생을 바탕으로 [가치] 축소가 발생한다.

(i) 상환기에는 신용 인플레이션에 의한 이득은 (불량채무로서 말소되어 장부에서 삭제된 경우가 아니면) 산업과정 외부에 있는 채권자와 자금청구권자에게 귀속된다.

(j) 가치의 팽창에 따라 수반되는 산업 효율성의 고도화, 이자율 변동, 파산 등과 같은 부수적인 효과 외에 주요 최종 결과는 재산 소유권의 재분배이다. 그 결과 이득은 자금 보유자와 청구권자를 포함한 채권자 계급에게 귀속된다.

현대의 산업 상황이 형성되기 시작한 이래로 기업계에서는 투자를 할 때 두 가지 주요한 형태의 신용 방법을 사용해 왔다. 하나는 예전부터 전해 내려온 관행인 재래식 대부 방법이고, 다른 하나는 합자회사나 주식회사의 주식에 자금을 투자하는 방법이다. 후자의 방법 중에서 주식은 그것이 대표하는 자산을 관리하고 있다는 점에서 일종의 신용 증서이다. 왜냐하면, 그것은 (적어도 초기의 관행에서는) 일단의 자산을 관리하는 결정권을 포기하는 소유자의 수중에서 중역이사회로 그것의 관리 권한을 이전하기 때문이다. 후기 근대의 산업시대에 들어서면서 이 두 신용 방법 외에도 제3의 수단인 각종 형태의 채무증서가 광범위하게 사용되기 시작했다. 여기에는 기술적 성격을 띤 것과 채무 정도 면에서 매각증서의 성격을 띤 것에서부터 사적 각서와 쉽게 구별되지 않는 각종 회사채, 우선주, 선택주 등에 이르기까지 다양한 형태가 포함된다. 이러한 부류 중에서 최근의 고도로 전문화된 전형적인 신용증서가 우선주(preferred stock)이다. 우선주는 형식적으로는 소유권 증서이나 실제로는 채무증서의 일종이다. 우선주는 자본과 신용의 구별을 없앤다는 점에서 현재 기업계에서 사용되는 포괄적인 유가증권의 전형적인 형태이다. 이러한 점에서 우선주는 실제로 다른 어떤 신용증서보다도 비교적 규모가 큰 산업에 종사하고 있는 현대의 기업가들 사이에 통용되고 있는 '자본 개념'의 성격을 잘 반영한다.

채무증서 신용은 명목적인 것이든 실질적인 것이든 현대의 산업회사가 자금을 조달하는 데 상당히 중요한 역할을 한다. 또한 주식회사의 자본화 금액에서 채무증서가 차지하고 있는 비율은 시간이 지날수록 점점 더 커지고 있으며, 더욱 치밀한 자금 조달 방법이 개발되고 있다. 고유한 '공업주(industrials)' 영역에서는 최근까지도 채무증서 신용을 충분히 사용하지 않고 있다. 기업가들이 기업자본을 확장하는 수단으로서 채무증서 신용을 충분히 사용하게 된 것은 미국 철도회사들의 주식회사 자금조달 방법을 보고 배운 것 같다. 그것은 비록 새로 발견한 방법은 아니지만, 철도회사들도 자금을 조달할 때 채무증서 신용을 자유롭게 사용하기 시작한 것은 비교적 최근의 일이다.

처음에는 일부 철도회사들이, 나중에는 철도 이외의 많은 산업적 기업들이 그랬듯이 완전한 형태의 채무증서 신용이 널리 보급되면 채무증서 신용을 이용하는 회사들은 자본화할 때 현대 특유의 신용 관계에 있게 된다. 채무증서 신용을 철저하게 실행하면 물적 설비를 포함한 자본 전체가 사실상 신용에 의지하게 된다. 주식은 증권 인쇄에 치를 대금으로 발행하므로 채권을 매각한 자금을 사용하여 도로를 건설하거나 산업용 공장을 건립하게 된다. 우선주 또는 액면가가 다양한 유사 채무 증서는 대개는 자금이 부담할 수 있는 금액만큼 발행하는데, 간혹 그 이상의 금액으로 발행하기도 한다. 물론 후자의 경우에는 명목 자본화 금액에 상관없이 실제 상황에 맞도록 현재의 실효 자본화 금액을 유가 증권의 시세에 맞춰 조정한다. 그런 경우에는 보통주(common stock)가 '영업권'을 대표하며, 이후의 발전단계에서는 보통주는 '영업권' 이외에 다른 어떤 것도 대표하지 않는다.22 물적 설비는 신용증서—채무증서— 로 충당된다.

채무증서가 유익한 특허권 또는 영업비밀 같은 자산과 더불어 물적 설비의 가치보다 훨씬 많은 것을 충당하는 경우도 흔히 있다. 그 경우 에는 영업권도 채무증서에 의해 어느 정도 충당되며, 회사의 기업자본 에 포함될 신용을 확장하기 위한 실질적인 담보 역할을 한다. 어느 주 식회사가 예리한 통찰력을 발휘하여 자금을 조달하는 이상적인 경우에 는 그 회사의 영업권의 시장가치 중에서 채무증서로 충당되지 않고 남 은 양은 극히 일부분에 불과하다. 예컨대 한 철도회사의 경우 채무증서 로 충당되지 않고 남아 있는 부분이 '가맹권(franchise)'의 가치보다 많 으면 안 되고, 대개의 경우 충당되지 않는 양은 실제로 많지 않다.

영업권(필요하다면 '가맹권' 포함)의 자본화 금액을 신용 확장으로 평가 할 수 있는지는 법률 전문용어만으로는 명쾌하게 해결할 수가 없는 미 묘한 문제이다. 어떤 경우든 영업권은 현대 주식회사의 자본화 금액에 서 핵심적인 부분임은 분명하다. 어떤 주식회사가 자금을 충분히 조달 하여 번영하고 있다면 그 주식회사의 영업권은 부채를 변제한 후에 남 은 총 잔여자산으로 구성된다. 그러나 그 잔여자산의 총액은 그 주식회 사 영업권의 시장가치 총액과 거의 같아질 수가 없다. 즉 어떤 회사가

---

22 제6장을 보라.

빈틈없이 경영을 하고 있더라도 적어도 한 번쯤은 (대개는 한 번 이상) 물적 설비(공장 등)를 저당 잡힌 적이 있다. 그 회사의 비(非)물적 자산 (영업권) 또한 (채무증서와 함께) 일정 정도 담보물로 전락한다.23

방금 주식화사의 자본화 과정에서 영업권과 채무증서가 행하는 역할에 대해 말한 것은 위에서(81~84쪽) 신용을 확장할 때 담보물로 제시되는 유가증권의 성격에 대해 말한 것과 연계하여 고려해야 한다. 담보물로 사용되고 또 "지불수단으로 주조되는" 유가증권은 대부분 물리적 기초와는 거리가 먼 채무증서, 즉 이전의 신용 확장을 기록해 놓은 신용증서이다.

19세기 3분기에 철도 분야가 자금을 조달할 때처럼 산업에 자금을

---

23 '주식 과다발행', '과잉자본화' 등의 방법은 현대 상황의 요구에 따라 자금을 조달하는 대규모 산업주식회사의 경우에는 적절하지가 않다. 현대의 상황에서 보통주는 소규모 기업이나 무능하게 경영하는 경우가 아니면 [공업주를] '과다발행'하더라도 실패하는 경우가 드물다. (영업권의 명칭 하에서는) 보통주는 '과다발행' 말고는 다른 방법이 없다. 이에 반해 (물적 설비를 대표하는) 우선주는 일종의 채무증서이다. 현대의 기업 상황에서 '과잉자본화(overcapitalization)'가 필요하다면 그것은 수익능력에 비교한 과잉자본화를 의미한다. 왜냐하면, 수익능력 말고는 과잉자본화에 비교할 만한 마땅한 것이 없기 때문이다. 그래서 수익능력이 변화하면, 수익능력의 자본화 기준(이자율)도 독립적으로 변화한다.
실제로 수익능력에 맞춰서 자본화 금액을 조정할 때는 주식 및 기타 유가증권들의 시장시세를 고려한다. 그 외에 다른 조정 방법 전혀 유용하지 않다. 왜냐하면, 자본화는 가치 문제이기 때문이고, 따라서 시장시세가 가치를 결정하는 최후 수단이기 때문이다. 주식거래소에 상장된 주식 또는 다른 경로로 매매되는 주식의 가치는 수시로 변화한다. 이는 상장된 유가증권이 대표하고 있는 그 회사의 실효 자본화 금액이 수시로 변화한다고 말하는 것과 같다. 주가는 올라가든 내려가든 때때로 매우 느리게 변화하지만 항상 적어도 화폐시장에서 장기간에 걸친 할인율의 변화를 상쇄할 만큼 크게 변화한다. 이는 영업 중인 기업으로서 주식회사에 할당되는 이자의 구매 가격은 (현재의 할인율로 계산하고 또 위험을 고려하여) 그 회사의 예상 수익능력의 자본화 금액에 맞추기 위해 변동한다는 것을 의미한다. 다음 글을 참고하라. 로저스의 증언, *Report of the Industrial Commission*, vol. I. p. 587): 채프먼(E. R. Chapman)의 증언, vol. XIII. pp. 106~107. 또한 아래 제6장도 보라.

조달하는 채무증서가 발달하는 초기에는 어떤 분야에서든 채무증서를 통해 신용을 확장하기까지는 다소 오랜 시간에 걸쳐 점진적으로 진행되었다. 그러나 이러한 방법의 가능성이 기업계에 널리 알려지면서 채무증서를 이용하여 회사조직을 완성하는 기간이 모든 분야에 걸쳐 단축되었다. 이제는 주식회사가 출범할 때 채무증서를 가지고 [회사] 조직을 완성하는 것이 특이한 일이 아니다. 어떤 회사가 자본과 부채를 완전하게 구성하여 출범하는 경우 그 회사의 소유자는 곧 그 회사의 채권자가 된다. 그는 처음부터 보통주와 우선주를 모두 보유하며, 그 회사의 사채를 소유한다. 그리하여 (자본화와 그 기초에 관한 종래의 입장에서 나타나는 것처럼) 현대의 자본과 신용의 관계에 또 하나의 혼란이 추가된다.

이처럼 신용을 통한 자금 조달에 힘입어 자본은 급속하게 확장되는데 이러한 현상은 근래에 진행되고 있는 산업주식회사들의 재편성 및 기업합동에서 뚜렷하게 나타난다. 이러한 신용을 통한 자금 조달 방식은 또 하나의 흥미로운 근대 특유의 양상을 보여준다. 최근의 산업 역사를 보면 잘 알 수 있듯이 대규모 산업주식회사들 간의 기업합동 과정에서 벌어지고 있는 일을 묘사하면 전반적인 양상이 뚜렷하게 나타난다.

근래에 진행되고 있는 기업합동의 표면적인 목적은 생산과 판매의 절약을 도모하고 기업들 간의 우호적 관계를 수립하는 것이다. 기업거래에서 신용을 사용하는 경우에는 그러한 목적의 존재 여부가 사태의 경과나 결과에 영향을 주지 않는다. 이러한 표면적인 유인들은 신용의 사용과는 관련이 없다. 이에 반해 기업합동을 실행하도록 이끄는 유인은 사업을 완성하는 데 필요한 많은 양의 신용과 신용 관계에서 나오는 예상 이득이다. 이러한 종류의 유인은 최근에 이러한 부류의 신용 활용에 현저한 영향을 미쳤다.

기업거래에서 신용을 사용할 때는 주로 다음 두 가지 방법을 이용한다. 하나는 '융자'를 받는 방법이고, 다른 하나는 채무증서 발행을 늘리는 방법이다. 이 두 가지 방법 모두 한편으로는 사업자(설립자)와 융자를 해주는 신용기관에게 그리고 다른 한편으로는 주식보유자에게 이득의 기회를 제공한다. 앞의 두 사람에게 귀속되는 이득은 보다 확실하다. 이 때문에 어떤 경우에는 그것이 재편성을 실행하도록 이끄는 유력한 유인으로 간주된다. 그러므로 재편성 작업은 주요 발의자인 사업자의 입장에서 실행할 때 가장 유리하다.

요즘 산업회사들 사이에서 자주 실행되고 있는 대규모 재편성은 일종의 기업전략 운동으로서 고도의 능력과 책임을 필요로 한다. 현대의 산업계 우두머리가 수행하고 있는 이러한 기업전략 운동은 자금 지원, 선택권, 매입, 임대, 주식 및 사채 발행과 양도 등의 신용관계에 기초하여 전개된다. 이러한 대규모 [재편성] '사업'을 완수하기 위해서는 무엇보다도 사업자(설립자) 자신이든 '자금을 조달해주는' 신용기관이든 튼실한 신용 기반이 요구된다.

이와 같은 신용의 전략적 사용은 투자를 통한 대부 신용을 사용하는 구시대의 방식과는 완연히 다르다. 이러한 부류의 거래에서는 시간 요소—신용 기간—는 눈으로 잘 확인되지 않는 요인이다. 이 경우 시간 요소는 부수적이고 매우 불확실한 역할을 할 뿐이다. 중요한 것은 특정 전략가가 자유롭게 사용할 수 있는 신용의 양이다. 그것은 신용 확장에 소요되는 부수적인 시간 경과와 대비된다. 신용 확장의 효과는 시간을 기준으로 측정되지 않는다. 또한 채권자에게 귀속되는 이득도 소요되는 시간의 길이에 비례하지 않는다.

이는 거대 산업계 우두머리가 수행하는 사업[재편성]이 가진 특이한 성질에서 비롯되며, 간접적으로는 그들로 하여금 그렇게 하도록 유인하는 수익의 특이한 성질에서 비롯된다. 그들이 하는 일은 비록 산업에는 중대한 영향을 미치지만 산업과정을 지속적으로 운영하는 데는 관여하지 않는다는 점에서 산업적 업무가 아니다. 또한 그것은 지속적인 거래에 아무런 투자를 하지 않는다는 점에서 상업적 업무나 은행 업무와 동일한 부류의 업무가 아니다. 그것은 많은 점에서 주식 투기와 유사하나 상황의 변화를 유발하는 시간 경과에 의존하지 않는다는 점에서 현재 고려하고 있는 주식 및 상품투기와도 다르다.24 세부적으로 보면 그 일은 흥정을 수반한다는 점에서 상업적 업무와 유사하다. 그러나 그런 업무는 어느 기업이나 하고 있다. 또한 트러스트 추진자가 하는 이러한 특수한 일은 계속성이 없다는 점에서 상업적 업무와 다르다. 그것은 어쩌면 부동산 대행업자가 하는 일과 가장 유사하다고 할 수도 있다.

　사용되고 있는 신용의 양은 대개 매우 크다. 반면에 신용 기간, 즉 경과 시간은 무시해도 좋은 요인이다. 실제로 신용 기간이 상당한 정도로 소요된다면 그것은 우연한 일이다. 이러한 신용 사용에서 시간 요소는 정지 상태에 있거나 길이가 불확정적이다. 따라서 위(78쪽, 주 6)에서 제시한 공식은 사실상 이러한 부류의 일에는 적용되지 않는다. 대규모 금융 거래에서 수반되는 신용 조작에서 중요한 것은 자본회전의 크기뿐이다. 반면에 자본회전의 속도는 무시해도 좋다.

　이처럼 신용의 전략적 사용은 산업합동을 조직하거나 해체하는 일에만 한정되지 않는다. 그러한 전략적 사용은 주식(및 상품) 투기를 할 때도 자주 나타난다. 또한 동일한 방식의 신용 사용은 여러 방면으로 분기되어 기업계의 전체 거래에서 다방면에 걸쳐 통용된다. 그러나 주식 투기에서는 트러스트결성을 추진할 때만큼 신용을 전략적으로 사용하지 않는다. 시간 경과가 불확정한 거래를 할 때는 신용 확장 형태의 종류가 다양하다. 그중 비교적 오래되고 잘 알려진 형태가 콜론이다. 콜론을 주로 이용하는 곳은 주식거래소이다. 여기서는 형식상으로는 시간 요소가 존재한다. 그러나 신용 기간은 다소 불확정적이며, 따라서 거래에서 채권자에게 귀속되는 이득 또한 불확정적이다. 물론 그 경우

---

24 다음 글을 참고하라. Emery, *Speculation on the Stock and Produce Exchanges of the United States*, ch. IV; Hadley, *Economics*, ch. IV.

에 채권자의 이득은 단위시간당 (가변적인) 백분율로 계산된다.

대규모 금융 거래의 경우 신용의 전략적 사용은 콜론과 많은 공통점이 있다. 비록 그 같은 기업의 전략적 운동에 자금을 조달하는 협정들 중 다수가 콜론의 형태를 취하고 있긴 하나 실제에 있어서는 콜론은 [자금을 조달할 때] 유용한 보조적인 원천으로 종종 이용된다. 사업자와 금융기관이 협정을 맺을 때는 대체로 담보물에 근거한 불명확한 약정에 기초한다. 또한 획득한 신용에 대해 지불을 할 때 신용 기간의 길이에 대해서는 약간의 경우를 제외하면 거의 고려하지 않는다. 기업합동 결성 사업에 자금을 조달할 때 금융기관 역할을 하는 채권자가 신용에 대해 안고 있는 책임은 매우 불확실하다. 물론 이 경우에도 채권자에게 귀속되는 이득은 명목상으로도 시간단위당 백분율로 계산되지 않고, 주로 자본회전의 양에 기초한 특별배당금 형태로 계산된다. 이 경우에도 사정에 따라 다소 금액의 차이가 있다.

금융기관에 귀속되는 수익은 본질적으로 시간과는 무관하며 이에 상응하여 이러한 부류의 거래에 종사하는 사업자의 수익도 시간단위당 이윤율에 기초하여 계산하지 않는다. 그 수익은 대체로 신설 회사의 자본화 금액에 대한 몫의 형태로 귀속되는 일종의 배당금이다. 사업자 수중에 귀속되는 자본의 증가분 또는 자본화 금액의 많은 부분은 신설 회사의 부채의 증가분(이를테면 우선주)과 잘 구별되지 않는다. 잔여 자산(이를테면 보통주) 또한 어느 정도 신용 증서의 성격을 띠고 있다. 일반적으로 사업자와 금융기관의 배당금을 포함한 재편성 비용은 자본화 금액에 가산된다는 점에 유의할 필요가 있다. 이러한 부류의 거래에 대해 한물간 기업용어를 빌리면, "채권자가 신용을 확장하여 취득한 '이자'에 상응하는 몫은 곧바로 채무자의 '자본'으로 귀속된다."라고 말할 수 있다.[25]

---

25 무어(W. H. Moore)의 증언, *Report of the Industrial Commission*, vol. I, pp. 960~963: 리스(W. E. Reis) 증언), p. 949: 게이츠의 증언, p. 1032;

이러한 기업합동의 전략적 실행을 통해 조작된 가치 중에서 신용과 자본 사이 또는 부채와 재산 사이의 구분선은 여전히 불확실하다. 사실 '부채'와 '재산' 또는 '채무'와 '자산' 같은 낡은 개념은 (기술적 또는 법적으로 구분하는 경우를 제외하면) 이러한 경우에 적용하는 것은 적절하지 않다. 종전의 법률 및 법적 개념과 새로운 사실 및 관행은 이 점에서는 물론 현대 기업의 업무와 관련된 그 밖의 점에서도 서로 상반된다.

산업회사들이 재편성된 상태에서 그 같은 대규모 거래가 완료되면, 신설 기업합동에 합병된 회사들의 이전의 소유자들 수중에 남은 가치는 단편적이며 물적 재화로서의 성질이 의심스러운 것들뿐이다. 그중 대부분은 채무증서이고, 잔여 자산의 상당 부분은 성질이 의심스러운 것들이다. 그 경우에 발생하는 명목 집합자본의 대부분은 합병된 회사들의 자본화된 영업권으로 구성된다.[26] 이러한 영업권은 주로 사업상 경쟁자인 여러 회사들이 소유한 격차 이익이 자본화된 것으로 경쟁적 사업 목적 외에는 대부분 쓸모가 없다. 그것은 대체로 산업 전체에는 아무런 영향을 미치지 않는다. 경쟁 회사들이 소유한 격차 이익은 경쟁 회사들이 합병을 하게 되면 동일한 사업 범위 안에서 경쟁하는 회사들이 경쟁을 철회하는 정도에 상응하여 소멸된다. 합병된 회사들의 소멸된 영업권의 총액(이것은 성질상 가상적 총액을 구성한다)에 대해 신설 주식회사에 속한 영업권의 증가분이 추가된다.[27]

이로써 발행된 보통주가 거의 전체 자산을 대표한다. 합병된 회사들

그린(T. L. Greene)의 증언, vol. IX. p. 491; vol. XIII, p. viii, 아래 제6장도 보라.

26 다드의 증언, *Report of the Industrial Commission*, vol. I, pp. 1054~1055, 1057, 1058~1059: 게이츠의 증언, pp. 1021~1022; vol. XIII, p. ix.

27 도스 패소스(Dos Passos)의 증언, *Report of the Industrial Commission*, vol. I, p. 1179; 플린트(C. R. Flint)의 증언, vol. XIII, p. 48. 이와 동일한 효과에 대한 증언이 이 보고서 다른 곳에서 되풀이되고 있다. 위의 97쪽 주 25를 보라.

의 명목자본(이것은 대부분 자본화된 영업권에 기초한다)은 모든 회사의 명목상 배당금을 증가시킨 다음 각 회사의 비율을 균등하게 평가하여 합산된다. 이러한 총액은 보통주와 우선주로 (주로 우선주로) 충당된다. 우선주는 자본의 형식으로 발행되는 일종의 채무증서이다. 위에서 지적했듯이, 주식(보통주 및 우선주)은 합병한 회사들의 소유주와 사업자와 금융기관에게 귀속된다. 사채를 발행하는 경우에도 합병회사들이 미이행 채무를 갖지 않으면 그 주식들은 이전의 소유자에게 귀속된다.

현대의 선진 기업의 관행에서 '자본'은 "예상 수익능력의 자본화 금액"을 의미한다. 이러한 자본화 금액에는 신용 확장의 기초가 되는 해당 회사의 산업설비와 영업권 등 모든 사용권이 포함된다.28 따라서 (모든 세목의 주식의 액면 가치로 표시되는) 명목자본과 대비되는 (시장시세에 의해 표시되는) 유효 자본화 금액은 해당 회사의 지불능력과 수익능력 그리고 그 회사의 중역이사회의 성실성에 대한 대외적인 평판의 변화에 따라 변화한다.

현대의 산업계 우두머리가 일정한 계열의 산업적 회사들을 재편성하거나 합병하는 작업을 완성하면 현대의 주식회사라는 집합적 형식과 명칭을 부여받고, 신용을 사용하여 기업자본을 누적적으로 증식시키는 복잡한 과정을 간소화하며, 나아가 시간경과를 무시해도 좋을 정도로 운영할 수 있게 된다. 만약 기업합병을 실행하지 않으면 그 과정은 기업들 간의 경쟁을 거쳐 점진적으로 진행된다. 또한 기업합동은 산업에 사용되는 재산 소유권을 재분배한다. 기업합동을 실행하지 않으면 그러한 재분배는 상환기가 되어야 실행된다. 물론 모든 점에서 그 결과가 동일한 것은 아니다. 그러나 기업자본을 확장하고 이득을 분배하는 두 가지 방식에는 몇 가지 유사한 점이 있다. 이 두 과정의 유사성과 차이점은 신용과 관련해서 주목할 만한 점이 있다. 트러스트 설립자는 몇

---

28 아래 제6장을 보라.

가지 점에서 보면 상업공황에 대처하는 대리인이다.

위에서 말했듯이(77~81쪽, 87~90쪽) 경쟁 회사들이 사업을 확장할 때 전통적인 방법으로 신용을 경쟁적으로 확대할 경우, 신용 조작을 통해 기업자본을 확장하는 데는 대체로 투기적 고양기나 '번영기'에 통상적으로 소요되는 기간을 훨씬 넘어서는 기간이 요구된다. 그러므로 자본화된 금액의 가치는 산업설비 등의 가격이 경쟁적으로 상승함에 따라 점진적으로 확대된다. 따라서 채권자는 가치가 축소되는 상환기에만 산업설비에 투자한 금액에 대한 배당금을 받게 된다. 반면에 현대의 산업적 기업이 재편성 과정에서 신용을 이용하는 경우에는 시간 제약을 받지 않기 때문에 상당한 시간이 경과하지 않아도 또는 상환기가 아니거나 가치가 축소하지 않아도 채권자가 청구권을 행사할 수가 있다.

신용의 확장, 기업자본의 증식, 수익의 배분 등의 전체 과정이 매우 단순한 형태로 간소화된다. 신용은 두 가지 주요한 방법을 통해 확장된다. 하나는 사업자와 협력한 신용기관으로부터 '융자'를 받는 방법이고, 다른 하나는 사채를 발행하는 방법이다. 채무증서는 물론이고 금융기관과 사업자가 받는 배당금 모두 영업권의 증가분과 제반 경비 또는 예상수익 등 모든 부수적인 항목들과 함께 재자본화 금액에 포함된다. 그 결과로 발생한 자본화 금액의 총액(자산 및 부채)은 거래에 관여하는 여러 당사자들에게 분배된다. 현재의 논의에 따르면, 그 결과는 다음과 같다. 즉 그 사업[재편성]이 완료되면, 재자본화된 산업설비의 소유권은 그 사업[재편성]과 관련된 다른 모든 재산의 소유권과 함께 이전의 소유자들과 사업자 그리고 그 사업[재편성]에 자금을 대준 신용기관들에 각각 분배된다.

그러나 이전의 소유자들은 사채를 분배받은 덕분에, 위에서 말한 여타 당사자들과 함께, 신설 회사의 소유자가 되는 동시에 그 회사의 채권자가 된다. 대개 그들은 보통주를 보유하는 동시에 우선주 또는 다량의 유사 채무증서를 가지고 그 거래에서 빠져나온다. 물론 다량의 우선주 보유자는 곧바로 그것을 외부 당사자들에게 양도한다. 이로써 물적 설비는 실제로 이전과 동일한 상태가 된다. 기업자본은 (신설 회사에 귀속된 영업권 및 이러한 재산의 항목이 될 채무증서와 함께) 이전에 자본화되지 않았고 또 담보로 잡히지 않았던 여러 회사들의 일부 영업권을 포함하여 증식된다.

그 결과로 발생하는 실효 자본화 금액은 발행된 유가증권의 액면 가치로 표시되지 않고 시장 시세에 따라 표시된다. 이런 식으로 표시된 기업자본의 가치는 영구적으로 축소되지 않는다. 신설 회사의 독점이익(영업권)이 자본화의 기초인 수익률을 충분히 넘을 정도로 수익능력을 보장해준다면 그 기업자본의 가치는 축소되지 않는다.

현대 주식회사가 자금을 조달할 때 나타나듯이 현재의 기업 상황에서는 자본의 확장과 신용의 확장은 항상 구별되지 않으며, 사업을 할 때 그 둘을 구분해야 할 결정적인 이유도 없다. '자본'은 가치 기준으로 표현되는 '예상 수익능력의 자본화 금액'을 의미한다. 이러한 자본화 금액은 실현가능한 한도까지 신용을 확대한 금액을 포함한다. 현대 주식회사의 기업자본은 그날그날 규모가 변동한다. 주식회사 사채의 시세에 따라 신용 확대의 규모가 변동하고 또한 시장의 동향에 따라 매일 변동한다. 기업계의 부채 총액은 물론 기업계가 투자한 정확한 금전적 자산의 규모도 매시간 주식거래소의 시세에 따라 좌우된다. 그래서 어느 한 주의 주말의 총액이 다음 주말의 총액과 동일한 경우는 거의 없다. 그러므로 자본과 신용 모두 매시간 변동하고, 일정한 한도 내에서는 장소에 따라 변동한다.

기업자본―기업계에서 사용하는 의미의 '자본'―의 규모 및 변동과 산업 설비의 물적 규모의 관계는 경직되지도 고정되지도 않다. 그렇다고 기업자본의 규모의 변화가 산업설비의 규모나 효율성의 변화를 아주 느슨하게 그리고 아주 불확실하게 반영하는 것은 아니다. 또한, 같은 이유로, 일정한 시점에서 신용 총액의 규모 및 변동과 물적 자산 총액의 규모 및 변동 사이의 관계는 소원하고 간접적이며 불확실하다. 산업과 기업이 현대적 방법에 의해 운영되고 시장과 적절하게 접촉하며 운영될 때 이러한 사실들은 모두 설득력을 가진다.

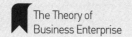
The Theory of
Business Enterprise

06

현대의
기업자본

제6장

현대의
기업자본

위에서 대부 신용의 용도에 관해 말한 내용은 현대 기업자본의 여러 가지 특이한 점을 시사한다. 후기의 자본 관리 양상은 신용을 광범위하게 사용한다는 점에서 초기 기업활동의 양상과 현저하게 대비된다. 독일 학자들이 자주 사용하는 언어 관행에 따르면, 후기 근대의 경제생활은 '신용경제(credit economy)'에 기초하고 있는데 이것은 초기 근대시대의 특징인 '화폐경제(money economy)'와는 전혀 다른 양상을 띠고 있다. 신용경제가 충분히 발달한 후기 상황에서 기업자본과 산업과정의 관계는 기업이 신용을 완전하고 자유롭게 사용하기 이전과는 그 성격이 다소 다르다. 또한 그 둘의 관계는 과거 세대의 경제학자들이 제시한 이론에서 설명한 것과도 현저하게 배치된다.

경제학자들을 비롯한 여타 학자들은 평소에 '자본'은 산업을 운영할 때 사용하는 물적 수단—산업설비와 원료, 생계수단—의 원천이라고 말한다. 이러한 견해는 애덤 스미스(Adam Smith) 시대와 그 이전 세대(이들의 생활양식과 사유양식에서 아담 스미스는 자신의 사상의 바탕이 된 상식적인 소재와 개념들을 끌어왔다)의 시대에 기업과 산업이 처한 상황에서 지금까지 이어져 왔다. 또한 그러한 견해는 아담 스미스와 그의 사상을 계승한 후속 세대로 계속 이어졌다. 기업자본과 산업의 관계에 관한 전통적인 이론적 정식들은 신용 및 현대의 주식회사 방법이 경제활동의 최우선적인 요소가 되기 전인 '화폐경제' 시대의 상황에 기초하고 있다. 그러한 정식들은 사회 전체의 물질적 복지를 중시하는 공리주의철학의 입장에 기초하고 있다. 이 사회철학 체계는 사회 전체의 복지를 중심적인 기저 이익으로 간주하며, 포괄적이고 조화로운 자연질서를 중심에 두고 있다. 이와 같이 기업활동에 관한 초기의 사상들은 기업활동은 국부(國富)를 위한 것이며, 따라서 국부는 사물의 '자연' 체계와 조화를 이루며 그 속에서 모든 사물은 인류의 복지를 위해 함께 작동한다고 보았다.

일단의 전통적인 학설체계에서 기업자본에 관한 이론 또는 이론의 형식을 취하고 있는 것은 18세기에 형성된 선천적 자유와 자연권, 자연법 체계에 입각하고 있으며, 그러한 것들을 이론적으로 구축하기 위한 목적으로 성립되었다. 그래서 자본 및 자본가가 수행하는 역할에 관한 전통적인 정리(定理)들은 본질적으로 자연법칙에 입각하고 있다(이러한 정리들이 탄생한 시기에는 사물을 자연법칙으로 이해하고 있었다). 이러한 전통적인 정리들이 자본 및 자본가의 성격과 그 정상적 기능과 관련하여 제시하는 주장에 대해서는 지식인은 물론이고 일반 독자들까지도 모두 잘 알고 있기 때문에 굳이 상세하게 설명할 필요는 없다. 또한 경제이론의 목적과 관련하여 그 같은 견해가 어떤 장점을 가지고 있는지 그리고 그 목적과 관련하여 전통적인 자본개념이 타당성을 가지고 있는지에 대해서도 애써 논의할 필요가 없다. 현대의 기업경영에서는 이와 같은 [18세기의] 입장을 취하지 않으며, 또한 현대의 기업가에게 '자본'은 그러한 의미를 가지지도 않는다. 왜냐하면, 현대의 기업을 지도하여 이끄는 상황은 자비로운 자연질서에 의해 결정되지도 않고 또한 기업활동의 지배적인 목적에는 아담 스미스의 사회철학의 최종 목적인 공동의 복지가 포함되지 않기 때문이다.

기업 명제에서 '자본'은 화폐가치를 가진 자금을 의미한다. 신용경제와 주식회사 자금 조달이 산업적 기업의 지배적인 요인이 되면, (하나의 총액으로 고려되는) 화폐가치를 가진 자금과 산업설비 및 (종전의 산업자본에 포함되는) 그 밖의 항목 사이의 관계는 간접적이고 유동적일 수밖에 없다.1

---

1 기업자본(business capital)과 '산업자본(industrial capita)' 또는 '자본재(capital goods)'의 구분에 대해서는 다음 글에 제시되어 있다. Knies, *Geld und Credit*, vol. I. ch. II. pp. 40~60. 이와 유사하게 로트베르투스(Rodbertus)*는 '민간자본(private capital)'과 '국민자본(national capital)'으로, 뵘-바베르크는 '취득자본(acquisitive capital)'과 '생산자본(productive capital)' 또는 '민간자본(private capital)'과 '사회자본(social capital)'으로 그리고 클라크(Clark)*는 '자본(capital)'과 '자본재(capital goods)'로 구분하기도 한다. 이와 같은 전통적인 구분의 미흡한 점을 보완하기 위해 여러 학자들이 유사한 구분을 제시하고 있다. 이러한 구분들은 우리의 당면 목적을 위해서가 아니라 다른 목적을 위해 이루어진 것이기 때문에 그러한 구분의 공과를 논하는 것은 당면의 연구의 관심사가 아니다. 위에서 제시한 구분들은 경제이론의 전문용어를 개편하려는 시도가 아니라 단지 당면의 용도를 위한 임시방편적인 것에 불과하다. 즉 그러한 구분들은 기업가들이 평소에 '자본'이라는 용어에 갖다 붙인 개념(다소 잘 정의된 개념)을 그대로 받아들이고 있는 것이다. 근래에 페터(F. A. Fetter)* 씨는 기술적 용어인 '자본'을 사실상 여기서 '기업자본'이라 부르는 것에 국한시키려 하고 있다. 그런데 페터 씨의 '자본개념'에는 무형 자산을 포함된 것으로 간주해서는 안 된다. 유용한 구분은 산업위원회(Industrial Commission)에서 행한 여러 증인들의 증언에 명확하게 나타난다. 또한 산업위원회 보고서 제8권의 '유가증권'에 관한 특별보고서에도 잘 나타나 있다. "Securities," *Report*, vol. XIII.

* 로트베르투스(Johann Karl Rodbertus: 1805~1875)는 독일의 경제학자이자 사회사상가, 국가사회주의자로 처음에는 법학을 공부했으나, 이후 경제학, 철학, 역사학올 연구했다. 그는 자본주의사회를 역사 단계로 보고, 지대와 이윤은 노동의 잉여가치에서 발생한다는 잉여가치설에 입각하여 체계적인 절대지대 이론을 전개했다. 또한 노동자의 실질임금의 부단한 저하로 인한 과소소비 공황을 구조적 병폐로 지적하고, 자본과 토지의 사유화 폐지 등을 강조하여 당시 유행하던 강단사회주의를 비판하고 적극적 행동을 주창하여 라살 등 당시 사회주의자들에게 영향을 주었다. ─옮긴이

자본은 산업설비 등의 자본화 금액(총액)이라고 일컬어져 왔다.2 이러한 견해는 100년 전의 경제학이론에서는 상당한 의미를 가졌다. 그러나 주식회사의 자금 조달 방식이 기업 경영에 도입되면서부터 이러한 견해는 이론적으로 더 이상 특별한 유용성을 가지지 못하게 되었다. 지루한 논의를 피하기 위해서 다음 같은 점을 용인할 수도 있다. 즉 공동출자나 개인경영 같은 낡은 방식 하에서는 해당 기업이 보유한 물적 설비의 가격이 자본화의 기초가 된다. 또한 공동출자나 개인회사 같은 방법이 여전히 널리 확산되고 있는 경우에는 그러한 물적 설비의 가격이 특히 법률상으로는 일반적인 자본화 방법이 될 수도 있다. 그러나 사업 절차와 기업 개념이 현대 주식회사(또는 유한책임회사)의 형태에 맞게 정착됨에 따라 자본화의 기초도 점진적으로 변모하게 된다. 그리하여 자본화할 때 더 이상 소유하고 있는 물적 설비의 가격을 기초로 하지 않고 운영 중인 회사의 수익능력을 기초로 하게 된다.3

---

* 클라크(John Bates Clark: 1847~1938)는 미국의 경제학자로 미국, 독일에서 공부하고 미국 스미스대학, 컬럼비아대학 등에서 교수 생활을 하고, 후일 미국경제학회 설립에 참여하여, 1893~95년에 회장직을 맡았다. 1886년에 저술한 『부의 철학』(*Philosophy of Wealth*)에서 기존의 정치경제학 풍조에 반대하고, 『부의 분배』(*The Distribution of Wealth*)에서는 자신의 독특한 효용이론을 발전시켰다. ─옮긴이

* 페터(Frank Albert Fetter: 1863~1949)는 현대 이론경제학을 개척한 미국의 경제학자로 폰 뵘-바베르크, 폰 비저 등의 영향을 받아 미국에 오스트리아학파 학풍을 전파하는 데 선도적인 역할을 했다. 또한 자본이론에 실질생산성보다 시간선호 개념을 도입하고, 지대 개념을 일반화하여 분배이론에 적용하는 이론을 발전시켰으며, 산업독점에 대한 이론적·실증적 연구로 유명하다. ─옮긴이

2 쾨뢰지(J. von Körösi) 같이 최신의 주식회사 자본에 대한 유능한 연구자는 아직도 이러한 낡은 선입견에 얽매여 있어서 그의 저작은 비난을 받고 있다. 다음을 보라. *Finanzielle Ergebnisse der Actiengesellschaften*, p. 3.

3 이러한 경우는 여러 학자들이 베일에 싸인 채로 다양한 형태로 설명하고 있는 다음 같은 잘 알려진 명제에 의해 제시되고 있다. 즉 자본화가 기초가 되는 설비의 가격은 이론상으로는 그것이 유형이든 무형이든 거기에 포함된 모든 가치 있는 항목의 재생산 비용이다.

물론 특정 주식회사의 자본은 법률상으로는, 그 회사를 인가해준 법률 조항 또는 그 회사 정관의 조항 또는 각종 조례에 따라 그 회사가 발행한 주식이 과거에 고정해놓은 금액이다. 그러나 이러한 법률상의 자본화 금액은 명목적일 따름이며, 특정 회사의 실효 자본과 법률상 자본이 일치하는 경우는 가끔 있기는 하나 실제로는 극히 드물다. 그 둘이 일치하는 것은 그 회사의 자본을 구성하고 있는 모든 유가증권이 시장에 액면가로 상장되는 경우에만 가능하다. 모든 현대 회사의 실효 자본화 금액, 즉 정관이 정해놓은 형식적 요건과는 별개로 기업목적에 당장 효력을 발휘하는 자본화 금액은 그 회사의 유가증권의 시장시세에 의해 결정되고, 그 회사의 자본이 시장에 상장되지 않은 경우에는 다소 유사하나 명확하지 않은 시장가격에 의해 결정된다. 법률상의 자본화 금액과는 달리 (기업의) 실효 자본화 금액은 해당 회사의 과거 실적이나 주식 발행에 따라 영구적으로 그리고 불변적으로 고정되지 않는다. 그것은 해당 회사의 수익능력의 기초가 되는 유·무형의 자산에 대한 지속적인 가치평가에 의해 일시적으로만 고정될 뿐이다.4

수익능력에 기초하여 자본화할 경우 자본화의 핵심은 바로 앞장에서 설명한 것처럼 해당 회사 공장의 경비가 아니라 그 회사의 영업권이다.5 '영업권'은 어느 정도 확대해석할 수 있는 용어인데, 최근에는 원

---

4 "어느 주식회사의 주식에 대해 처음에는 현금으로만 지불하면 그 회사는 달러 당 1센트도 환가할 수 없는 자산에 대해 주식을 발행한 회사보다 더 번영하게 된다는 생각보다 더 기만적이고 현혹적인 생각은 없다. 문제는 그 회사가 특정 거래에서 어떤 자산을 취득하느냐 하는 것이다. 이 문제는 간단한 조사만으로도 확인할 수 있다." 다음 보고서에 있는 스테트슨(F. L. Stetson)의 증언을 보라. *Report of the Industrial Commission*, vol. I. p. 976. 다음을 침조하라. Meade, *Trust Finance*, ch. XVI, XVIII.

5 실제로 수익능력은 주식회사—특히 유가증권을 시장에 상장한 주식회사—에서 실효 자본화의 기초로 인정받고 있다. 이러한 실효 자본화가 실행되는 곳은 주식시장이다. 그러나 법률은 그러한 자본화의 기초를 인정하지 않는다. 또한 기업가도 투자를 운용하고 신용을 확대할 때는 실제로 지속적으로 그러한 자본화 기초에 의지하면서도 일반적으로는 그것을 결정된 형태로 인정

래의 의미보다 더 포괄적인 의미로 사용되고 있다. 영업권의 의미는 현대의 기업 방법의 필요를 충족하기 위해 점진적으로 확대되어 왔다. '영업권'의 표제에는 각양각색의 특성을 지닌 다양한 항목들이 포함된다. 그러나 영업권에 포함되는 항목들은 '비(非)물적 재화', '무형의 자산'이라는 점에서 많은 공통점을 가지고 있다. 부가적으로 말하면, 다른 무엇보다도 이러한 자산은 그 소유자에게는 유용성을 가지지만 사회 전체에는 별로 유용성이 없다. 넓은 의미에서 보면, 영업권에는 이미 관습적으로 확립된 사업관계, 정직한 거래의 평판, 가맹권 및 특권, 상표, 브랜드, 특허권, 저작권, 법률로 보호를 받거나 비밀이 보장되는 특수 공정의 배타적 사용권, 특정 원료자원의 배타적 통제권 등이 포함된다. 이러한 항목들은 모두 그것의 소유자에게는 격차 이익을 가져다주지만 사회 전체에는 아무런 이득을 가져다주지 않는다.6 그러한 것들은 격차 이익에 관심을 가진 개인에게는 일종의 부이지만, 국부에는 아무런 기여도 하지 않는다.7

이러한 영업권의 자본화를 통해 가장 이익을 보는 것은 산업주식회사이다. '산업주식회사(industrial corporations)'에는 철도회사, 철강회사,

---

하지는 않는다. 다음 글을 참조하라. 서버(F. B. Thurber)의 증언, *Report of the Industrial Commission*, vol. I. pp. 6, 17, 21; 스테트슨의 증언, p. 967; 로저스의 증언, pp. 585~587; 해브메이어(H. O. Havemeyer)의 증언, pp. 110~111, 124; 게이츠의 증언, pp. 1021, 1032; 다드의 증언, pp. 1054~1055; 번(H. Burn)의 증언, vol. XIII. pp. 287~288; 모리스(J. Morris)의 증언, p. 388; 채프먼의 증언, pp. 107~108. 모범적인 판결에 대해서는 다음을 보라. *Quarterly Journal of Economics, February* 1903, pp. 344~345, "The Holyoke Water Case".

6 이러한 무형의 자산이 소유자들에게 가져다주는 이익에 대해 요즘 경제학자들은 '임대료(Rent)' 또는 '준임대료(Quasi-Rent)'라는 표제로 논의해 왔다. 이러한 논의들은 이론적으로 상당히 중요하다. 그런데 기업의 관행에서는 해당 항목들을 자본으로 취급하고 있다. 그렇게 하려면 그것들을 기업자본에 포함하는 구실을 마련해 놓아야 한다.

7 '민간자본'과 '사회자본' 및 '자본'과 '자본재'에 대한 뵘-바베르크와 클라크의 구분을 비교해 보라.

광산회사 등은 물론이고 특히 주식거래소에서 '공업주'로 잘 알려진 회사들이 포함된다. 물론 주식회사가 산업계에서 유일한 회사 형태인 것은 아니지만, 산업을 현대식으로 경영하는 전형적인 기업조직 형태이다. 따라서 현대 자본의 특수성은 이러한 현대 주식회사에서 가장 잘 드러난다. 주식회사들 중에서 상당수는 이전에 존재하던 공동출자회사나 개인회사들로부터 성장해 온 것들이다. 그러한 형태의 회사들이 현재 수시로 출현하고 있는 많은 주식회사들의 모태이다. 그리하여 공동출자회사나 개인회사가 주식회사로 전환하는 경우에는 통상적으로 신설 주식회사가 이전에 공동출자회사에 귀속되어 있던 영업권을 이런저런 형태 또는 명칭으로 물려받는다.

반면에 어느 공동출자회사나 그와 유사한 개인회사가 계속 번창하여 위의 표제에 포함된 항목들의 일부 또는 전부에 대해 견고한 영업권 발판을 확실하게 가지고 있는 경우 현대 기업의 사정이 지정해 놓았듯이 그 회사를 주식회사로 승격하는 것이다. 거기에는 바로 주식회사 형태로 전환하는 방법과 다른 회사들과 결합하여 규모가 큰 법인을 형성하는 방법이 있다. 물론 이러한 방식에는 고정되거나 정해진 규칙이 있는 것은 아니다. 어떤 회사가 주식회사 형태로 형식적 전환을 하지 않더라도 개인회사는 일반적으로 승인된 주식회사의 자금조달 방법을 어느 정도 이용할 수도 있다. 다른 한편, 어떤 회사가 주식회사로 전환한 후에도 개인 소유 회사가 평소에 사용하는 방식으로 회사를 계속 운영할 수도 있다.

그러나 일반적으로는, 주식회사 형태는 보다 현대적인 방식으로 자본화를 하고 보다 자유롭게 신용을 사용한다. 그런 점에서 주식회사 형태의 이점에 대해서는 아무도 무시하지 않는다. 주식회사 특유의 자금조달 방법을 이용하지 않는 비교적 구식의 조직 형태 및 기업경영 방식은 주로 후진적인 산업에서 나타난다. 이러한 산업은 독점 또는 무형의 성질을 가진 여타 격차 이익을 쉽게 획득할 수가 없다. 농업, 어업,

지방 소매업, 소규모 상공업 등이 그런 산업에 속한다. 이러한 부류의 산업은 아직까지 대규모 (주식회사) 조직을 형성하는 것이 사실상 불가능하며, 또한 (위에서 언급한) 영업권에 의한 격차 이익은 비교적 불충분하고 불안정하다. 이러한 종류의 격차 이익이 광범하게 발생하면 주식회사 형태를 쉽게 조직할 수가 있다.

　주식회사가 기존의 개인회사에서 파생되지 않고 처음부터 완전한 형태를 갖추고 출범하는 경우도 자주 있다. 이러한 경우에는 대체로 자본화의 기초가 되는 상당한 양의 비(非)물적 재화를 가지고 출발한다. 철도회사, 전신회사, 전화회사, 전차회사, 가스회사, 수도회사의 경우에는 가맹권이 비(非)물적 재화가 된다. 석유회사 또는 천연가스회사, 제염회사, 식탄회사, 철강회사, 목새회사의 경우에는 특수한 천연자원에 대한 통제권이 비(非)물적 재화가 된다. 특수한 산업공정, 특허, 비법이 비(非)물적 재화가 되기도 하고, 그 외에도 여러 가지가 비(非)물적 재화가 될 수 있다. 어떤 회사가 일단의 비(非)물적 격차 이익을 가지지 않은 상태에서 주식회사를 출범할 경우 회사를 국지적 또는 전면적으로 독점적 위치에 올려놓으려면 회사 경영진은 처음부터 상표 등록, 고객 확보, 거래선 확충 등의 방법으로 영업권의 기초를 구축하는 노력을 기울여야 한다.8 경영자가 회사를 확고한 '비(非)물적' 기반 위에 올려놓으려는 노력이 실패하면, 경쟁회사들 사이에서 성공할 기회가 불확실해져 회사의 존립기반이 불안정하게 되고 그 결과 그 경영자는 추구하고자 하는 바를 성취하지 못하게 된다. 산업주식회사의 실질적 기반은 비(非)물적 자산이다.

　전형적인 현대 산업주식회사는 국지적 영향력을 벗어날 정도로 충분한 규모를 가지며, 거래 관계를 회사의 감독 직원과의 사적 접촉의 범위를 넘어 확장한다. 또한 회사의 자산과 부채 중 적어도 일부는 대체

---

8 위의 제3장을 보라.

로 중역이사회와 직접적인 사적 관계가 없는 사람들이 소유한다. 이 장에서 말하는 최신 주식회사의 자본 또는 자본화 금액은 대체로 다음과 같이 구성되어 있다. 1) 비(非)물적 재산의 양이 비대하게 많거나 고가인 경우가 아니면, 보통주가 회사의 거의 모든 비(非)물적 재산을 대표한다. 2) 회사의 규모가 비교적 작고 지방 회사인 경우에는 보통주가 대개 비(非)물적 재산이 가진 통상적인 가치 이상을 대표하며, 공장 등도 포함한다. 3) 대규모 회사인 경우에는 대체로 그 반대이다. 이 경우에는 비(非)물적 재산, 즉 무형 자산이 보통주뿐 아니라 어느 정도는 그 외의 유가증권을 위한 기초로서 기능을 한다. 보통주는 일반적으로 무형 자산을 대표하며, 고가의 상표, 특허, 가공법, 가맹권 등의 기초로 기능한다.

현재 회사가 소유하고 있거나 앞으로 획득하게 될 물적 재산, 즉 유형 자산은 모두 우선주 또는 여타 채무증서로 대표된다. 각종 형태의 채무증서는 물적 설비와 가동자본으로 간주된다(이 중에서 가동자본은 대략적으로 경제학자들이 말하는 원료, 임금기금 등의 범주에 상응하는 항목이다). 채무증서 중에서 우선주가 가장 발전된 근대 특유의 형태이다. 우선주는 법률상 회사자본의 구성요소로 간주되며, 원금은 돌려주지 않는다. 이러한 (법률적) 점에서 그것은 채무증서도 아니고 신용증서도 아니다.9 따라서 우선주는 회사의 방침에 대한 발언권을 거의 가지지 않는다.10

실제로 회사의 경영은 주로 보통주 보유자에 의해 좌우된다. 이는 부분적으로는 우선주에 대해서는 일정한 비율의 배당금을 지급하고, 그리하여 여러 구매자들이 보통주보다 훨씬 더 많은 양의 투자 증권을

---

9 주식회사의 장부에서는 우선주도 보통주와 마찬가지로 부채 항목으로 기재된다. 그러나 그것은 회계상 기술적 편의에 의한 것이지 실질적 문제와는 관련이 없다.
10 여러 증인들이 산업위원회 앞에서 '자본화 금액'에 대해 행한 증언을 보라. *Report of the Industrial Commission*, vol. I, IX, XIII.

취득하기 때문이다, 이러한 (실질적) 점에서 우선주는 채무증서에 맞먹는다. 우선주는 일정한 비율의 배당금을 지급한다는 데 채무증서로서 실질적인 특성을 가진다. 이 배당금이 '누적되면' 우선주는 통상적인 부류의 채무증서와 점점 같아진다. 실제로 실질적 효과 면에서 우선주는 몇 가지 점에서 대체로 통상적인 담보물보다 확실한 신용증서이다. 우선주는 그 자체의 조건으로는 대금을 징수할 수 없는 부채이므로 우선주가 보통의 채권이나 담보 대부보다 더 효과적으로 대표하는 재산의 통제권을 양도한다.

그리하여 우선주는 자체의 조건으로 확장된 신용을 그 보유자로부터 [주식을] 발행한 회사로 영구적으로 넘겨주기도 한다. 그 결과 우선주가 대표하는 물적 재산에 대한 재량권은 해당 회사의 보통주 보유자의 수중으로 이전된다. 이러한 식으로, 즉 보통의 신용증서를 사용하는 경우와 사실상 동일한 방식으로, 주식회사 자본을 관리하는 재량권이 보통주에 위탁된다. 그리하여 보통주가 회사의 영업권을 대표하는 것으로 간주된다. 전체 자본을 자유롭게 처분할 수 있는 권한은 무형 자산을 대표하는 유가증권에 부여된다. 이러한 점에서 현대 주식회사의 자본화 금액의 핵심은 보통주로 대표되는 비(非)물적 재화가 된다.11

---

11 많은 모범적인 사례들 중에서 고무제품제조회사(Rubber Goods Manufacturing Company)를 한 예로 들 수 있다. 이 회사는 보수적이지만 지속적으로 성공하여 가치가 안정된 최신 방식으로 설립된 주식회사의 전형적인 실례로 간주된다. 이 회사의 공인된 주식 발행고는 7% 누적된 우선주 2,500만 달러, 보통주가 2,500만 달러에 달한다. 1901년 실제 발행고는 우선주가 약 800만 달러, 보통주가 1,700만 달러에 달한다. 이 중에서 우선주는 유형 자산의 가치를 대표하는 것으로 추정된다. 동일한 사업자 플린트(C. R. Flint)씨가 설립한 또 하나의 기업합동인 아메리카치클회사(American Chicle Company)도 동일한 일반적인 특징을 보이고 있다. 이 회사의 우선주(300만 달러)는 "유형 자산 양의 대략 세 배에 이르는" 반면에 보통주(600만 달러)는 어떤 유형 자산도 대표하지 않는다. 자본화 금액의 총액은 유형 자산의 약 9배에 달한다. 한 증인에 따르면, 그 회사는 매매가가 80달러를 호가하는 보통주에 대해 8%를 지불한 사실에서 볼 때 보수적인 입장을 취하고 있음이 여실히 증명된다. *Report of the Industrial Commission*, vol. XIII. pp. 47, 50.

이 같은 자본화 방법은 산업설비의 경영과 소유를 거의 완전하게 분리한다. 대략적으로 말하자면, 주식회사 조직에서 산업재료 소유자는 회사경영에 대해 어떤 발언권도 가지지 않는다. 우선주가 자본을 구성하는 주요한 요소인 경우에는 어떤 식으로도 소유자에게 통제권이 회복되지 않는다. 실제로 우선주는 그 자체가 대표하는 재산을 보통주 소유자에게 영구적으로 위탁하기 위한 방책이며, 그 수탁자는 일정한 조건만 지키면 위탁자에게 그 자산의 관리에 대해 책임을 부과하지 않는다. 때문에 재산에 대한 소유자의 관계는 멀어진다. 기업의 많은 목적에 비추어볼 때 그 외 형태의 채무증서가 대표하는 자본은 우선주가 대표하는 자본과 거의 동일한 위치에 있다. 이 점에 대해서는 좀 더 자세하게 살펴볼 필요가 있다.12

---

12 이처럼 보통주와 무형 자산이 일치하는 것은 (이와 관련된 기업가의 견해에서 보면) 이론적으로는 타당하다고 할 수도 있다. 반면에 주식은 일단 상장되고 나면 보통주와 우선주는 사실상 구분되지도 않고 또 구분할 수도 없다. 달리 말하면, 주식이 설립 단계를 지나서 구매자 수중으로 들어가고 나면 각자의 배당금은 회사의 자본화 총액에서 분할되지 않는 이자를 대표할 뿐이다. 따라서 정해진 배당금이나 일정한 형태의 유가증권에 의해 대표되는 특정 재산의 항목은 더 이상 일치할 수가 없게 된다.

표면상으로는 그것들이 일치하는 것으로 나타날 수도 있다. 그러나 위의 견해를 변호하는 사실들도 있다. 예를 들어, 주지하다시피 어느 주식회사 영업권의 가치에 직접 영향을 미치는 상황이 발생하면 보통주의 시장시세가 가장 먼저 그리고 가장 결정적으로 영향을 받는다. 어떤 회사의 영업권이 그 회사를 독점적 위치에 올려놓기 위한 여러 가지 책략을 통해서 또는 상품시장을 변화시켜 자기 회사 제품의 수요를 크게 증가시키기 위한 여러 가지 방법을 통해서 막대한 그리고 신속하게 이득을 가져다주는 경우에는, 그렇게 해서 회사가 획득한 이득은 보통주의 시장가격으로 측정하고 기록한다. 그러므로 보통주도 역시 이러한 무형 자산에 영향을 주기 위해 시장 변동을 조작할 때 이용히는 수단이다. 그와 동시에 이러한 원칙은 상환기 때와 달리 엄격하게 적용되지 않는다. 상환기에는 무형 자산을 포함한 전체 자본이 채무증서로 대표되는 청구액을 충족시킬 수 없을 정도로 크게 축소된다. 그럼에도 실제상으로 "보통주는 아주 명료한 의미의 무형 자산을 대표한다는" 기업가들의 (이론적) 선입견은 일상적 경험에서 제법 잘 증명되고 있다.

현재 무형 자산에 기초하여 산업설비를 조직하고 경영하려는 기업계의 노력이런 식으로 주식회사 자본을 대표하는 각종 유가증권들은 주식시장에 상장되어 시장의 변동에 따라 영향을 받게 된다. 때문에 주식회사 자본 총액의 실제 규모는 시장 상황 또는 경영을 위임 받은 기업가들의 회사운영 방침에 따라 또는 계절 재해에 따라 그리고 전시냐 평상시냐에 따라 수시로 변동한다. 따라서 위에서 대부 신용을 말할 때 지적한 바처럼,13 특정 회사 또는 기업계 전체의 기업자본 총액의 규모는 산업의 기계적 사실과 무관하게 변동한다. 시장에서 자본 총액은 투자자의 확신, 회사의 통제권을 가진 기업가의 운영 방침 또는 전술에 대한 현재의 믿음, 계절변동 또는 정치인집단의 전술에 대한 예측, 확정되지 않고 주로 본능적이며 수시로 변하는 대중 정서 및 여론의 동향 등에 따라 변동한다. 따라서 현대의 상황에서 기업자본의 규모와 일상

과 중세시대에 이자를 위한 대부와 관련된 기업의 복잡한 절차 사이에는 기묘하게도 유사한 점이 있다고 볼 수 있다. 어떤 경우이든 기업계는 이때까지 경험한 적이 없는 필요와 이러한 필요를 충족하기 위한 수단에 대해 비난하는 통속적인 편견에 직면할 수밖에 없다. 중세시대에는 생산재를 관리하는 일과 거기서 나오는 이윤은 이용자에게 귀속되어야 한다고 생각했다. (Ashley, *Economic History*, vol. I. ch. III, vol. II ch. VI; Endemann, *Die nationalokonomische Grundsatze der kanonistischen Lehre.*) 현대시대에는 설비를 관리하는 일과 거기서 나오는 이득은 소유자에게 귀속되어야 한다고 여긴다. 현대에는 설비는 소유자가 아닌 다른 사람들이 관리해야 하고 이윤은 주로 회사의 자금을 관리하는 사람들에게 귀속되어야 한다고 요구한다. 이러한 결과에 도달하기 위한 수단은 허구적인 무형 자산 그리고 비인격적인 징수불가능한 우선주로 대표되는 신용의 확장이다. 이렇게 하여 소유와 경영이 분리된다. 이는 '신용경제'의 일관되고 완전한 성취에 따른 필연적 결과이다. 산업용 물적 설비의 관리는 비(非)물적 재산 소유자, 즉 그 설비의 관리권을 소유한 자의 수중으로 넘어간다. 항간에 떠돌고 있는 경영은 소유자가 맡아야 한다는 관념은 그러한 권리는 산업적 가치를 가지고 있으며, 소유자에게 귀속되는 격차 이익에 기초하여 그 권리를 자본화해야 한다는 주장에 의해 기각되고 있다.

13 어느 회사가 대규모의 기업합동에 참여할 경우 '영업권'의 규모가 변화 또는 소멸하는지에 대한 논의로는 다음을 보라. E.S. Meade, *Quarterly Journal of Economics*, February 1902, pp. 217 et seq. 또한 동일한 일반적 문제에 관해서는 다음 글도 보라. W. F. Willoughby, "Integration of Industry in the United States," ibid., November 1902.

적인 변동은 대부분 물질적 사실의 문제이기보다는 대중심리의 문제이다.

그러나 물적 설비와 기업자본의 관계가 이처럼 불확정적이고 수시로 변동하는 가운데서도 한두 가지 점은 제법 안정된 것으로 고려된다. 대부 신용에 관한 장에서 지적했듯이,14 현대의 자본화에 이용되는 신용 증서는 신용을 확대할 때 담보로 사용되기도 하므로 특정 시점에서 수중에 있는 명목자본의 총액은 거기에 포함된 물적 재산의 가치 총액보다 통상적으로 크기 마련이다.15 그와 동시에 이러한 물적 재산의 현재 가치 또한 주식회사가 자본화할 때 기초가 되는 신용을 이용하지 않았을 때보다 훨씬 크다.16

독일 학자들은 '신용경제(Kreditwirtschaft)', '화폐경제(Geldwirtschaft)', '자연경제(Naturalwirtschaft)' 등의 용어를 경제학 독자들에게 친숙하도록 알려주었다. 그중에서 후기 근대시대의 경제생활을 특징짓는 양식은 '신용경제(credit economy)'이다. 초기 근대시대의 경제생활 양식인 '화폐경제'의 특징을 형성하는 것은 생산물의 판로이자 재화의 공급원으로서 시장의 존재이다. 이러한 시장의 존재는 그 이전에 서구문화에

---

14 위의 89~90쪽.

15 $cap' = cap + \dfrac{cap}{n} > cap$, 여기서 cap'는 신용 요소 $\dfrac{cap}{n}$에 의해 증가한 명목자본이다.

16 $mat' = mat + \dfrac{1}{n} > mat$. 여기서 mat'는 신용 요소 $\dfrac{cap}{n}$로 인한 설비에 대한 경쟁적 수요에 의해 (mat 이상으로) 증가한 물적 설비의 현재 가치이다. 현대의 기업 방법을 이용함으로써 파생되는 실질적인 이차적 이익 중에서 주목할 사실은 주식회사의 자금조달이 회사의 명목적 재산 총액에 미치는 효과이다. 어느 회사가 산업설비를 주식회사 방법으로 자본화하여 관리하는 경우, 그 회사가 일정한 양의 물적 자산을 보유하고 있으면 (그 사회가 소유하고 있는 물적 품목의 증가와는 별개로) 그 회사의 자본은 더욱 풍부해진다. 다음을 참조하라. *Twelfth Census of the United States*, "Manufactures," pt. I. p. xcvi) 그리하여 그 회사들을 공동출자회사 형태로 통합하는 간단한 방법으로 많은 비용을 들이지 않고서도 부가 (평균 두 배가량) 증가한다. 주식회사의 자금조달 방법이 더욱 많이 활용되고 더욱 광범위하게 확대될수록 다른 조건이 같다면 그 사회는 자본통계 상으로 더욱 부유해진다. 그 밖의 조건들 속에는 당시의 물적 사실이 포함되어 있다.

존재했던 자연경제(현물 분배)를 화폐경제와 구분시켜 주는 주요한 조건이다. 화폐경제의 주요한 조건은 상품시장(goods market)이다. 초기 근대시대에는 기업과 산업은 상품시장을 중심에 두고 선회한다. 위에서 지적했듯이, 현재 유행하는 정치경제학 학설들은 이러한 초기 근대시대의 산업 체계에 적용된다.

얼마 전 과거와 현재의 경제양식인 신용경제는 이전의 경제 양식인 화폐경제와 확연하게 구별되는데 이는 신용경제는 화폐경제가 이룩한 진보를 훨씬 능가하기 때문이다. 물론 절대적 의미에서 보면 상품시장은 여전히 과거만큼 유력한 경제 요소이다. 그러나 상품시장은 기업과 산업 활동에서 더 이상 과거만큼 지배적인 요소가 아니다. 그 점에서는 자본시장(capital market)이 우위를 점한다. 자본시장은 '신용경제'를 한층 더 높은 차원으로 올려놓고 확립한 현대의 경제양식이다. 이러한 신용경제에서 시장은 기본적으로 축적된 화폐가치의 배출구이자 자본공급의 원천으로 간주된다.[17]

종전의 체제에서 상거래는 상품 거래에 기초하여 이루어졌다. 새로운 체제에서는 자본 거래가 유력하고 특징적인 특성으로 추가된다. 자본시장에도 상품시장에도 시장에 의지하여 보유한 물품을 처분하고 또 시장이 제공하는 필요 물품을 공급하는 판매자와 구매자 그리고 전문 상인이 있다. 어떤 부류의 상거래에서든 그 거래에 종사하는 사람들이 추구하는 목적은 대체로 동일하다. 거래를 하는 사람들, 즉 상품을 팔기 위해 사는 사람들과 사기 위해 파는 사람들은 지불가격과 취득가격 사이의 격차를 유리하게 이용하여 금전적 이득을 획득하려고 노력한다. 그러나 자신에게 필요한 물품의 공급처로서 시장에 의지하는 사람들의 입장에서 보면 이 두 경우는 추구하는 목적이 동일하지 않다. 상

---

17 상품시장에서 매매되는 상품들은 생산과정의 성과이며 물질적인 목적에 유익하다. 자본시장에서 매매되는 상품들은 가치평가 과정의 결과이며 금전적 이득의 목적을 달성하는 데 유익하다.

품의 최종 구매자는 소비를 위해 구매하지만, 자본의 최종 거래자는 이면의 이윤을 취득하기 위해 구매한다. 실제로 자본의 최종 거래자는 물가가 오를 때 다시 팔기 위해 구매한다. 그가 기대하는 수익은 투자한 자본의 예상 수익에서 나온다. 그가 거래를 할 때 궁극적 목표는 거래를 시작할 때의 가치보다 더 큰 화폐가치로 전환하는 것이다(그에게는 거래를 시작할 때와 목표 사이에 생산과정이 어떻게 진행되는지는 관심이 없다).[18]

그러므로 일정한 양의 자본의 가치는 그 수익능력에 따라 결정된다. 수학적으로 표현하면, 자본의 가치는 그 수익능력과 함수관계에 있지[19] 그것의 생산비 또는 기계적 효율성과 함수관계에 있지 않다. 마지막에 언급한 이러한 요인들은 간접적으로만 그리고 수익능력을 매개로 해서만 자본의 가치에 영향을 미친다. 자본의 수익능력은 자본시장에서 매매되는 고가의 재화의 기계적 효율성에 좌우되는 것이 아니라 재화에 대한 시장의 압력에 좌우된다. 이와 동일한 맥락에서 이미 사용되고 있는 표현을 한 번 더 환기하면, 자본의 수익능력 문제는 주로 판매가능성의 목적을 위한 효과와 관련이 있으며, 물질적 유용성과 관련된 효과는 부차적인 문제이다. 그러나 매매가능한 자본의 평가금액(또는 매매되고 있는 유가증권의 시장 자본화 금액)의 기초가 되는 수익능력은 과거 또는 현재의 수익능력이 아니라 미래의 예상 수익능력이다. 그리하여 자본시장—유가증권의 시장 자본화 금액—은 미래의 상황에 대한 예측에 따

---

18 다음을 참조하라. Marx, *Kapital* (4th ed.) bk. I, ch. IV.

19 실효 자본 = 명목자본의 현재 시장가치 = 예상 수익능력 x 구매기간. 여기서 특정한 경우에 영향을 미치는 우발적이고 예측불가능한 항목은 무시한다. 명목자본 = cap, 실효 자본 = cap′, 연간 예상 수익 = ea′, 자본화 재산의 구매기간(연간 구매: years′ purchase) = yp = $\dfrac{1}{\text{연 이자율}}$ 이라고 한다면,

$cap \lessgtr cap = ea′ \times yp = \dfrac{ea′}{int}$ 가 된다.

cap′와 ea′ 간의 이러한 등식은 특정한 경우에 그 등식에 포함되지 않는 가변 요인들이 존재하게 되면 혼란스러워질 수도 있다. 그러나 모든 조건을 제한하면 $cap′ = f\left(\dfrac{ea′}{int}\right)$ 는 기정사실로 유지된다.

라 변동한다. 그러한 예측이 어느 정도 현명할 수도 있지만, 그러한 예측이 아무리 현명하더라도 그 예측은 성질상 과거의 계산이 아닌 다른 근거에 기초한다.

시장에 나온 모든 자본은 이와 같이 예상 수익능력에 기초하여 끊임없이 평가 및 재평가—자본화와 재자본화—과정을 겪기 때문에 모든 자본은 어느 정도 무형의 성질을 띠게 된다. 그런데 매매되고 있는 이러한 자본 가운데 가장 파악하기 힘들고 눈에 보이지 않는 항목은 물론 자본화된 영업권으로 구성된 항목들이다. 이러한 항목들은 시종일관 무형재이다. 바로 이러한 영업권 요인이 예상 수익능력의 변화에 가장 직접적인 영향을 미치며, 가장 폭넓고 자유롭게 시장을 변화시킨다. 영업권의 자본화 금액 가치의 변동은 보통주의 시장시세처럼 변동 폭이 비교적 넓고 불안정하다.

그리하여 자본시장에서 거래되는 상품은 매매되고 있는 유가증권으로 대표되는 재산의 예상 수익능력의 자본화 금액이다. 이러한 재산의 일부는 유형이고 일부는 무형인데, 이 두 부류는 쉽게 구분되지 않는다. 매매되는 물건은 거래가 활발하게끔 화폐를 기준으로 표준화되고 또 편리하게 매매할 수 있게 가상의 주식으로 분할된 형태로 전환된다. 시장 자본화의 기초가 되고 또 매매할 수 있는 자본의 거래를 유도하고 지속가능하게 하는 중심축인 수익능력은 예상 수익능력이다. 그리하여 외부 투자자가 특정 자본에 대해 예측하는 예상 수익능력과 그 자본의 경영자가 알고 있는 실제 수익능력 사이에는 현격하게 차이가 난다. 실제 수익능력과 예상 수익능력 사이에 격차가 생겨야 경영자에게 이익이 생긴다.[20] 예를 들면, 특정 계열의 유가증권으로 대표되는 자본의 예상 수익능력(이것은 시장 시세로 표시된다)이 그 경영자가 알고

---

20 이러한 점이 기업가들이 회계를 공개하는 것에 대해 완강하게 반대할 때 늘 제시하는 근거이다. 예를 들어, 철도산업은 효과적으로 정교하게 분식회계를 함으로써 회계 공개에 대체로 덜 완강하게 반대한다.

있는 실제 수익능력보다 매우 높을 경우, 주식을 전부 매각하거나 공매도하는 것이 경영자에게 유리하다. 반면에 그 반대의 경우에는 주식을 매입하는 것이 경영자에게 유리하다. 또한 예상 수익능력은 예상 수입 등에 대한 많은 예측의 결과이다.

사람들은 현재의 수익능력에 대한 불완전한 지식, 주로 추측에 의한 지식에 기초하여 판단하고, 또 상품시장 및 회사 방침의 미래 경로에 대해 불완전하게 알고 있기 때문에 그러한 예측은 사람마다 다르다. 이처럼 외부자의 평가와 예측이 수시로 변화하고, 또 외부자의 정보와 내부자의 정보가 일치하지 않기 때문에 유가증권을 매각하는 일이 빈번하게 일어난다. 그 결과 예를 들어 특정의 산업적 기업에 대한 지배적 이권(controlling interest)[21]을 대표하는 일정한 양의 자본은 (충분히 발달한 주식회사 금융이 산업적 기업 분야를 점유하기 전의) 구체제 하에서 특정 산업시설이 소유자들을 변경할 때보다 훨씬 더 빈번하게 소유자를 변경하려 하고 실제로 많은 경우 그렇게 한다.[22]

또한 이러한 상황에서는 이미 자본화되어 시장에 상장된 산업적 기업의 경영자들은 잘 알려진 방법을 통해서 또는 기업의 목적을 위해 승인된 방법을 통해서 예상 수익능력과 실제 수익능력 사이에 격차가 생겨나게 할 수 있다. 그들은 결정적인 시기에 편파적인 정보나 허위 정보를 교묘하게 유포하여 이러한 종류의 유리한 격차를 일시적으로 더욱 확대함으로써 자신에게 유리할 때 회사의 유가증권을 매매할 수가 있다. 흔히 그렇듯이 만약 경영자가 영리한 기업가라면, 미래의 번영을 위해서가 아니라 회사 자본을 당장 유리하게 매매하기 위해 회사를 운영한다. 또한 회사 자본을 산업적 용도로 사용하여 생산한 재화

---

21 지배적 이권(controlling interest)은 회사 경영을 장악할 정도로 충분한 주식을 보유하는 권리로 일반적으로는 50% 이상의 지분을 가지는 것을 말한다. ─옮긴이

22 다음 저작을 참고하라. Eberstadt, *Deutsche Kapitalismarkt.*

또는 서비스를 지속적으로 유리하게 판매하기 위해 회사를 운영한다.

요컨대 현대 주식회사 경영자의 이해관계는 현재 운영 중인 주식회사의 영구적인 이해관계와 일치할 필요가 없다. 또한 그 경영자가 회사를 산업적 기업으로서 효율적으로 운영할 때도 그의 이해관계와 사회 전체의 이해관계는 일치하지 않는다. 기업은 사회 전체 이익에 가능한 한 최상의 그리고 최대의 재화와 서비스를 제공하도록 운영을 해야 한다. 반면에 계속 운영 중인 주식회사의 관심사는 회사의 효율성을 제고하여 장기적으로 가능한 한 최상의 가격으로 가능한 한 많은 생산물을 판매하는 것이다. 그러나 경영자와 소유자의 당면 관심사는 가능한 한 신속하고 유리하게 회사를 매입 또는 매각할 수 있도록 회사를 운영하는 것이다. 사회 진체의 관심사는 생산물의 산업적 효율성과 유용성을 높이는 데 있는 반면에 회사의 기업의 관심사는 생산물의 판매가능성을 높이는 데 있다.

한편 주식회사 경영에 대해 최종 결정권을 가진 자의 관심사는 회사 자본의 매매가능성을 높이는 데 있다. 사회의 관심사는 생산물의 물적 생산비와 물적 유용성 사이의 격차를 유리하게 하는 데 있는 반면, 주식회사의 관심사는 지출과 수입 사이, 즉 생산물의 생산비와 판매가격 사이의 금전적 격차를 유리하게 하는 데 있다. 주식회사 이사회의 관심사는 구매 또는 판매를 할 때 주식회사 자본의 실제 수익능력과 예상 수익능력 사이의 격차를 유리하게 하는 데 있다.

앞의 장에서 지적했듯이, 사회의 산업적 필요와 주식회사의 기업적 필요 사이에는 불가피하게 격차가 생긴다. 산업적 기업이 공동출자 방법과 개인 소유의 형태를 취하고 있는 예전의 '화폐경제' 체제에서 산업과정에 대한 결정권은 산업에 대한 이해관계가 사회 전체의 이해관계에서 한 발짝 떨어져 있는 사람들의 수중에 있었다. 그러나 매매가능한 주식회사 자본으로 구성된23 '신용경제'가 충분히 발달한 체제에서는 산업적 업무의 결정권을 가진 사람들의 이해관계는 자신이 운영하는 회사의 이해관계에서 한 발짝 떨어져 있지만, 사회 전체의 이해관계에서는 두 발짝 떨어져 있다.

경영자의 기업적 이해관계는 생산물의 유용성도 생산물의 매매가능성도 요구하지 않고, 대신에 자신이 관리하는 자본에 유리한 가격의 격차를 요구한다. 주식회사 자본의 판매가능성이 용이해짐에 따라 경영자의 기업적 이해관계는 자신이 업무를 지도하고 또 사업 방침을 지시하는 주식회사의 이해관계와 상당 정도 단절된다. 그리하여 그 회사의 중역이사회는 회사의 효율성을 영구적으로 향상하기 위해 노력하기보다는 실제 수익능력과 예상 수익능력의 격차를 벌이는 데 노력을 집중하게 된다. 경영자와 회사 간의 연계는 본질적으로 일시적이다. 그 각자의 사적 운명이 그 둘 사이의 연계의 단절을 요구하면 그 연계는 신속하고 조용하게 종결된다.

그와 관련된 실례는 부지기수이다. 그중에서 철도경영의 경우가 특히 두드러진다. 철도경영에서는 회사의 기업적 이해관계와 경영자의 사적인 기업적 이해관계 사이의 격차가 잠시 동안 매우 크게 벌어졌다. 경영자의 이해관계가 어느 정도 이전에 통용되던 방식으로 회사의 이해관계와 연계되었더라면 그런 일은 일어나지 않았을 것이다. 지금까지도 사적 목적을 위해 회사의 업무를 관리하는 일이 빈번하고 놀라울 정도로 일어나고 있는 상황에서도 철도경영이 현대의 주식회사 자금조달 방법과 수단이 최초로 도입하여 매우 광범위하게 확산시켜 성숙한 단계에 도달하게 되었다는 사실은 시사하는 바가 상당하다. 그러한 사례는 주식회사가 순전히 '공업주'만을 기초로 해서 자금을 조달하는 경우에서

---

23 '물론 화폐경제'에서도 산업적 기업의 사본을 매매할 수 있지만 그것은 비교적 어려운 일이었다. 반면에 현대 주식회사 자본의 용이한 매매가능성은 기업에게 매우 특징적이고 중요한 요인이다. 또한 그것은 종래의 기업방법과 여러 면에서 대조적이어서 '탁월한 매매가능성(vendibility par excellence)'이라 불리기도 한다. '지주회사(holding company)'는 산업적 기업의 매매가능한 자본의 거래가 성숙하게 발달된 형태이다.

찾아볼 수 있다. 실제로 철도분야만큼 성숙하고 현명하게 자금을 조달하는 데 있어 '공업주'에 필적할 만한 것은 없다고 할 수 있다.[24]

산업주식회사의 경영권을 쥐고 있는 사람들은 주식시장에 다방면에 걸쳐 광범위하게 간여한다. 그들이 하는 일은 자신들이 손수 관리하는 재산을 유리하게 매매하는 것에만 한정되지 않는다. 그들은 각종 기업의 합병 또는 재편성 사업을 조직하거나 방해하는 데도 관여하며, 또한 그러한 궁극적인 목적을 위해 특정 부류의 유가증권을 유리하게 매매하기 위해 그 유가증권을 통제하려고 그것을 '여러 가지 방법으로 조작하기도 한다.'[25] 때문에 이러한 부류의 기업거래에서는 외관을 꾸미는 일, 즉 외관의 허물을 벗겨 내거나 때로는 치장하는 일을 흔히 볼 수 있다. 그래서 이러한 지도체제 하에서는 산업적 업무의 경로를 상황에 따라 때로는 외관을 번영하고 있는 것처럼, 때로는 고난을 겪고 있는 것처럼 보이게끔 인도한다. 어떤 경우에는 불리한 상황을 유리한 상황으로 보이게 하는 것이 지도자의 목표가 되기도 한다.

산업계 우두머리가 운영하는 회사의 필요와는 별개인 그의 개인적 운명의 필요에 따라 실제로 산업적 업무를 잘못 운영하는 것이 아니라 외형적으로 잘못 운영하는 것처럼 보이게 할 때 때때로 매우 좋은 성과를 거두기도 한다. 외형적으로 회사가 쇠락하고 있거나 상당한 손실

---

24 지나가는 김에 말하자면, (위의 77쪽에서 언급한) 현대의 주식회사 자금조달 방식에서 자본회전 문제는 생산과정의 기간 그리고 생산물의 양과 그 가격의 문제라기보다는 대부분 한편으로는 산업에 사용되고 있는 자본의 구매 시각과 매각 시각 사이의 간격의 문제이고 다른 한편으로는 실제 수익능력과 예상 수익능력 간의 격차의 크기 문제이다. 이를 공식으로 나타내면 다음과 같다. 자본회전 $= \dfrac{\text{시간}}{\text{자본}} \left(\dfrac{\text{실제 수익능력}}{n} = \text{예상 수익능력} - \text{실제 수익능력} \right)$. 여기서 자본은 투자자가 회사의 유가증권에 투자한 금액을 말하고, 시간은 그 유가증권의 구매 시각과 매각 시각 사이의 간격을 말하며, 예상 수익능력은 실제 수익능력의 불확정한 부분만큼 실제 수익능력을 초과하는 양으로 간주한다.

25 위의 제3장을 참조하라.

을 입고 있는 것처럼 보이면 그 회사의 예상 수익능력은 실제 수익능력 아래로 낮아진다. 그럴 경우 미래에 가격이 상승할 조짐이 보이거나 전략적 조작의 가능성이 보이면 유리한 매입 기회가 생겨난다. 전문가들은 고의로 잘못 경영하는 방법 외에도 그와 유사한 성과를 내는 다른 여러 가지 다른 방법들을 잘 알고 있다. 특정 계열의 유가증권은 별로 대담하지 않은 전술에 의해서도 일시적으로 가치가 하락한다. 그러나 여기서 핵심은 이 같은 주식회사 자금조달 체계에서는 대부분 운영 중인 회사의 이익보다도 경영자에게 이익이 되는 전술적 목표를 위해 회사를 운영하고 있다는 사실이다.

위에서는 신용을 확대할 때는 시간 간격은 불확정적이라고 말했는데[26] 이는 경기변동의 영향이 미미한 기업에도 적용된다. 주식회사 자금조달 방법이 고도로 발전된 상황에서는 자본을 매매할 때 자본회전의 간격은 확정적인 요인이 아니다. 기업의 수익과 시간 경과의 관계는 불확정적이고 수시로 변하며, 따라서 그 수익은 단위 시간당 백분율로 계산할 수가 없다. 그러므로 솔직하게 말하면 이처럼 고도의 수준에서 기업을 경영하는 경우에는 확정되고 정규적인 수익률이 존재하지 않는다. 시장을 조작하는 업무에 이용하도록 특별하게 배려하는 자본, 즉 매매가능한 회사자본을 거래할 때 특별하게 사용되는 고가의 물품은 시장 조작자의 영업권과 그의 자금지급능력으로 구성된다. 거액의 지급능력은 이러한 부류의 거래에서는 필수적인 요건이다. 그러나 거액의 지급능력을 뒷받침해주는 담보물은 기업이 신용을 확대할 때 실제로는 일부만 기초로 활용된다. 이 경우에 고려하는 것은 시장 조작자의 지불능력이지 그러한 지불능력이 허용하는 신용 확대의 범위가 아니다. 따라서 이러한 거래에 사용되는 가동자본의 성질은 파악하기 매우 어려우며, 또한 이러한 자본을 사용하는 경우에는 (실제로 시간 요소가

---

26 위의 제5장을 참조하라.

완전히 개입하더라도) 시간 요소를 확인하기 어렵다.

좀 더 자세하게 말하면, 기업가는 그러한 식으로 수익을 추구할 경우에는 거액의 재산이 필수적인 지불능력의 기초이므로 그러한 거액의 재산을 보유하고 있어야 한다. 기업가가 보유한 재산은 매매가능한 자본의 거래를 주 업무로 하는 회사의 경우는 물론이고 그 밖의 주식회사들의 경우도 대개 유가증권 형태를 취하고 있다. 이러한 유가증권들은 발행 회사가 이미 일상적인 업무에 사용하고 있는 유·무형의 자본을 대표한다. 그러므로 그 자본은 이미 완전하게 사용되고 있으며, 아마도 통상적인 수익률을 낳고 있다. 그러나 이러한 자본의 소유로 인한 지불능력 덕택에 그 자본의 소유자는 이미 재산을 투자한 투자처로부터 재산의 상당 부분을 인출하지 않고서도 매매가능한 회사자본을 계속 거래할 수가 있다. 달리 말해서, 현대의 상황에서는 소유자는 매매가능한 회사자본의 거래를 위해 자신이 투자한 자금을 이차적 용도로 이용할 수가 있다. 그러나 투자금의 이차적 사용과 해당 투자금의 양 사이에는 아무런 견고한 관계도 없으며, 또한 주식회사가 일상적 기업활동에 투자한 자본을 통상적으로 사용하는 것과 결정적으로 충돌하지 않는다. 그러므로 사용하고 있는 자본은 물론이고 기업거래의 목적을 위해 자본이 잠재적으로 확대할 수 있는 신용도 눈으로 확인할 수 없으며, 그 양도 전혀 파악할 수가 없다.

이러한 거래에 사용되고 있는 영업권의 경우도 위와 동일한 점이 많이 있다. 대부분의 영업권은 주식회사의 일상적인 기업거래의 목적을 위해 사용되며, 해당 기업가는 주식회사의 유가증권을 지불능력의 기초로 활용하고 있다. 그리하여 높은 수준에서 기업활동을 하는 상황에서는 이미 사용하고 있는 영업권도 이차적 용도로 전환된다. 이와 같이 기업은 중복 사용을 통해서 여러 방면에서 절약을 하게 되고, 그 결과 막대한 이윤을 획득하게 된다. 그러나 이렇게 하여 기업계는 자본화할 수 있는 힘을 이용하여 막대한 부를 획득하는데, 이에 대해서는 여기서

군이 자세하게 논의할 필요는 없다.

이렇게 사용되고 있는 재산 요소들은 그 성격상 파악하기 힘들고 수시로 변화하는데다가 이러한 종류의 기업들이 벌어들이는 통상적인 수익률은 불확정적이어서 경제학자들은 이러한 매매가능한 자본의 거래를 '투기적' 사업이라고 지칭한다.[27] 외부인이 단지 주가의 상승 또는 하락만을 노리고 주식을 사고파는 행위는 당연히 전형적인 투기적 사업이다. 그러나 자체의 유가증권의 거래를 주 업무로 하는 주식회사의 경영자가 그러한 매매 행위를 하는 경우, 특히 경영자가 해당 주식회사와 경영권을 차지하기 위해 또는 사적인 전술적 목적으로 회사를 운영하기 위해 유가증권을 매매하는 경우 그것을 '투기적' 사업이라고 지칭하는 것은 부적절하며 이치에 맞지 않다. 이러한 높은 수준의 주식회사 자금조달 방식은 어느 정도 투기적 성질을 띠고 있긴 하지만 모든 산업적 기업의 일상적 업무가 그런 성질을 가지고 있다. 시장에서 서로 관계를 맺고 있고 또 자체의 생산물을 매매가능성에 의존하는 기업은 모두 그 성과가 다소 불확실하다.[28]

이런 점에서 모든 산업적 기업은 상업적 기업과 마찬가지로 어느 정도 투기적 성질을 띠고 있다. 그러나 산업적 기업과 주식회사 자금조달을 '투기적 사업'으로 일괄하여 마치 그것이 산업적 기업의 가장 대표적인 중요한 사업으로 취급하는 것은 그러한 설명의 취지에 전혀 부합하지 않다. 이러한 계열의 기업에 존재하는 투기적 위험은 우발적인 것이다. 그러한 위험은 이러한 사업에 참여하는 동기를 부여하지 않을 뿐만 아니라 기업이 경제문제에 관여하는 범위를 한정하지도 않는다. 거액의 자본을 거래하는 경우에는 통상적인 규모로 생산물을 거래할 때

---

27 미국경제학회 제12회 연례회의 회의록(*Proceedings*)에 실린 다음 글을 보라. Emery, "Place of the Speculator in the Theory of Distribution." 위 발표문에 대한 토론문("Discussion")도 보라.

28 이 점에 관해서는 위에서 인용한 에머리(Emery)씨의 글에 잘 나타나 있다.

얻는 이익의 규모에 비해 투기적 위험이 크지 않다. 두 경우 모두 투기적 성질이 있지만 그것은 모두 부차적인 문제이다. 사람들이 모호한 문제에 대해 나름대로 확신 있게 의견을 제시할 수 있다면, 기업이 매매가능한 생산물을 중심으로 거래를 할 때보다 매매가능한 자본을 대규모로 거래할 때 (비록 비교적 많은 양은 아니더라도) 확실한 수익을 보장해준다.

문제를 모호하게 만드는 것은, 산업에 종사하는 회사들—그러한 자본에 연계되어 있는 주식회사 및 여타 회사들—이 이러한 매매가능한 자본의 거래에서 이루어지는 조작으로 인해 더 많은 위험을 안게 되기 때문이다. 유가증권을 주로 취급하는 주식회사와 경쟁산업 또는 연관산업에 종시히는 주식회사의 일상적 업무는 매매가능한 자본의 거래가 없을 때보다도 더 큰 위험을 안게 된다. 시장에서 조작이 이루어질 때는 조작 당사자보다는 조작 대상이 되는 재산을 보유한 주식회사가 더 많은 위험을 안게 된다. 조작 당사자가 시장조작에 따른 위험으로부터 영향을 크게 받지 않는 것은 대체로 조작 대상이 되는 재산 또는 조작에 영향을 받는 재산 중에서 그가 소유하고 있는 양이 비교적 적기 때문이다.

이러한 점 외에도 전체 문제와 관련하여 매우 중요한 사실이 하나 더 있다. 즉 시장조작자는 자신이 만들어내는 위험의 성격과 규모와 빈도를 예견할 수 있는 이점을 가지고 있다. 이것은 다음과 같이 고쳐서 말할 수 있다. 즉 매매가능한 자본의 거래에서 투기적 위험이 증가하면 그 거래 자체가 영향을 받는 것이 아니라 매매가능한 재화의 생산에 종사하는 기업이 영향을 받는다. 매매가능한 자본은 투기적 위험이 없이는 거래될 수 없다. 그러나 거기서 발생하는 위험은 그 거래에 직접 관여하지 않는 기업가들에게도 비교적 막대한 영향을 미친다. 실제로 이러한 부류의 기업은 확실하고 유리한 위치에 있기 때문에, 그 같은 매매가능한 자본의 거래에서 직간접적으로 발생하는 이득으로 현재 막

대한 재산을 축적하게 되었다. 그리하여 이러한 축적의 속도와 규모 모두 절대적으로나 상대적으로나 재산의 총 증가액에서 이러한 종류의 현상과 관련된 모든 기록을 능가한다. 재산을 그만큼 축적하는 성과를 거둔 경우는 인류 역사에서 유례를 찾아볼 수 없다.

여기서 말하는 매매가능한 자본의 '시장조작'의 목적과 본질적 의의는 해당 재산을 끊임없이 재자본화하고, 이렇게 하여 유가증권을 주로 취급하는 주식회사의 실효 자본화 금액을 수시로 늘어나거나 줄어들게 한다는 점이다. 이러한 실효 자본화 금액의 변동 또는 진동 폭은 위에서 지적한 바와 같이 유가증권의 시장시세로 표시된다.29 그러한 거래에서는 이러한 자본화 금액의 변동에 의해서 이득이 발생한다. 또한 기업가는 이러한 자본화 금액의 변동과 이러한 높은 차원의 자금조달 방법을 통해서 주식회사 재산을 통제하게 되고 기업들을 합병·재편성하는 전략적 업무를 수행한다. 그리하여 이러한 매매가능한 자본의 거래는 현대의 기업 및 산업에서 주요한 지배적인 요인이 된다.30

---

29 120쪽.
30 영업권과 신용확대와 관련하여 말한 내용은 일반적으로 거대 기업가들의 영업권과 신용 활용능력에도 해당된다. 그것은 차별적 이점을 제공하고 따라서 격차 이득을 가져다준다. 주식회사의 금융 거래에서 이러한 격차 이득은 곧바로 자본의 형태로 전환되고, 사회의 명목 자본화 금액에 추가된다. 그것은 이렇게 자본화된 형태가 되어서 그 소유자는 현재의 재산에 비례하는 분배 몫에 대한 청구권을 가지게 된다. 다른 조건들이 동일하다고 가정하면(사실 그런 경우는 없다), 거대 금융업자들은 그런 식으로 영업권 및 신용 확대에 기초한 청구권을 행사하여 이전의 소유자들이 보유한 재산에서 (물적 재산을 기준으로 계산할 경우) 많은 양의 금액을 빼내간다. 물론, 화폐가치를 기준으로 계산하면, 이전의 소유자들이 보유한 재산은 영향을 받지 않는다(또는 영향을 받을 필요가 없다). 왜냐하면 증가한 가치 단위의 총수는 이전과 동일한 재산 총액에 대한 청구액을 포함하긴 하지만, 새로운 청구액은 자본화된 가치 단위의 총수에 추가되기 때문이다. 재산에 대한 분배 몫의 물적 크기는 비례적으로 감소하나 그것의 명목 가치는 감소하지 않기 때문에 과거보다 빈곤해졌다고 생각하지 않는다.
차별적 이점에 의해 획득한 이득을 이런 식으로 자본화하게 되면 '저축' 양이 많아져서 자본이 증가하게 된다. 이런 식으로 기업가가 취득한 부는 거의

다 자본으로 보유되고, 그중 극히 일부만 일상생활에서 소비된다. 현대의 상황에서는 기업가의 이윤이 자본화된 저축액의 주요한 정상적인 원천이라는 주장이 설득력을 가졌는데, 지금은 여기서 지적한 방법이 그러한 저축을 유도하는 주요한 방법으로 간주된다. 이와 관련하여 브릭(L. V. Birck)이 1901년 12월 덴마크경제학회에서 발표한 발표문("Driftsherrens Geviust")은 기업가의 이득에 대해 시사해주는 바가 많다. 브릭의 발표문에 대한 슈(V. Schou)의 토론문은 이 문제를 보다 더 심층적으로 다루고 있다. 다음을 보라. *Nationalokonomisk Tidsskrift*, January‒February 1902, pp. 76, 78~80. 클라크는 미발간 강의록에서 슈의 논점과 비록 동일한 맥락은 아니지만 슈와 거의 같은 관점에서 분석을 전개하고 있다.

기업합동에 의한 이러한 재자본화 및 저축 과정에 대해 다음 같이 형식적으로 진술할 수 있다. 기업합동 및 재자본화에 투입된 재산의 초기 가치(cap)는 정상적인 경우에는 증액분 Δ만큼 증가하여 실효 단위(Ue)에서 '재산의 실효 가치 $-$ cap $+ \Delta$'를 형성한다. 이러한 재산의 실효 가치 증액분 $=$ Ue $(cap + \Delta)$은 자본$'(cap')$의 명목 가치 $=$ Un$(cap + \Delta)$으로, 즉 명목적 단위(Un$-$명목적으로 Ue와 등가)로 자본화된다. 그러한 재자본화 과정에서 자본화 단위의 수는 무형 자산 요소에 의해 증가한다(이 무형 자산은 기업합동으로 인한 예상 수익능력의 증가를 고려하여 소유자에게 할당된다). 기업합동으로 인한 이러한 영업권 요소를 co라 부르기로 하자. 또한 여기에는 사업주의 특별 배당금(pro)이 추가되는데, 이것은 새로운 자본화 금액에 포함된 일단의 주식으로 취급된다. 그리하여 Un$(cap) \backsimeq$ Un$(cap + \Delta) \backsimeq$ Un$(cap + co + pro)$가 된다. Un$(pro) \backsimeq$ Un$(cap' - cap - co) \backsimeq$ Un$(\Delta - co)$는 Ue$(\Delta - co)$는 사업가에게 확실한 이득이 되는데, 그것은 유효 가치 Ue$(cap + \Delta)$의 일부이다. 사업가는 이것을 자본화된 형태로 저축한다. 이전의 재산 소유자가 가지는 이득을 표시하면 다음과 같다. 즉 Ue$\Delta \lessgtr$ Ue(pro)에 따라 Ue$(cap + \Delta - pro) \lessgtr$ Ue(cap)가 된다. 소유자의 명목적 이득(co)은 기업합동으로 인한 사업자의 특별 배당금이 전체 가치의 실효 증액분(Δ)을 흡수하느냐 마느냐에 따라 실제 이득이 될 수도 있고 그렇지 않을 수도 있다. 그러므로 그것은 불확실한 이득이며, 경우에 따라서 자본화된 저축의 유효 요소가 될 수도 있고 그렇지 않을 수도 있다.

Δ의 구성에 따라 이러한 거래에서 발생하는 저축의 궁극적 원천이 결정된다. Δ가 전적으로 생산의 절약에 의해 성립된 경우에는, 거래의 결과 사업자와 이전의 소유자가 보유하게 되는 자본화된 저축액은 사회 전체의 재산 총액에 새로운 가치로 추가되거나 저축된다. Δ가 순전히 독점적 이익의 형태인 영업권으로 성립된 경우 그 저축액은 사회의 희생을 바탕으로 한 것이며 또한 사업가와 소유자의 이익을 위해 성취된 것이다. 따라서 사회 측에서 보면 그것은 비자발적으로 또는 무심결에 저축한 것이며, 그리하여 사회의 재산의 일부가 재자본화된 주식회사 수중으로 넘어간다. Δ가 그 두 구성요

위에서 지적했듯이, 이러한 높은 수준의 주식회사 자금조달의 기초가 되는 이른바 가동자본은 주로 두 가지 요소로 구성되어 있다. 하나는 그 업무에 관여하는 사람들의 지불능력(및 그에 따른 잠재적 신용)이고, 다른 하나는 그들이 가지고 있는 '영업권'이다. 이 두 요소는 모두 이미 기업이 다른 곳에서 사용하고 있는 요소들에 간접적으로 그리고 불안정하게 의지하고 있어서 그 성실상 다소 불가해하고 파악하기 힘들다. 지불능력은 주로 매매가능한 자본의 거래로부터 발생하는 변동에 의해 자본화 금액이 영향을 받는 주식회사 자본에 좌우된다. 따라서 그 규모는 필연적으로 불명확하고 불안정할 수밖에 없다. 여기에는 사업가가 자유롭게 처분할 수 있는 '유동자본'과 은행자본이 추가된다. 기업의 상식적 견해를 감안하면, 사용 중인 영업권도 자산에 추가해야 한다. 여기에는 해당 금융업자들 및 이들과 연계된 금융회사들이 보유하고 있는 다량의 영업권과 고가의 영업권이 포함된다.31 당면의 목적에서는 이러한 영업권과 지불능력은 산업적 기업에 종사하는 모든 주식회사의 자본화 금액에 포함되는 영업권과 유가증권만큼 자본으로서 효력을 발휘한다.

그러나 아직까지는 이러한 특수한 범주의 영업권은 공식적으로 자본

소가 함께 어우러져 성립된 경우에는 현재의 논점과 관련하여 논의를 하지 않아도 그 결과는 명백하다. 한편, $\Delta = 0$인 경우, 즉 cap′=cap인 경우에는 사업자의 저축액(pro)은 이전의 소유자의 희생을 바탕으로 하여 성립된 것이다. 즉 $Ue(cap′-pro) = Ue(cap + (\Delta = 0) - pro) = Ue(cap - pro)$가 된다. 반면에, $Ue(pro) = Ue(\Delta)$인 경우에는 $Ue(co) = 0$이 되어, 명목적 자본화 금액이 증가하더라도 소유자는 아무런 실효 이익도 손실도 없다.

31 이러한 분야 기업의 '영업권'은 다른 금융업자와 금융기관들이 유사한 시장 소삭을 할 때 지원 또는 방해할 수 있는 능력 또는 이들이 유리한 조건에서 금융 거래를 할 수 있게 하는 능력을 가진다. 금융업자들의 동업조합은 대체로 다소 잘 조직된 분파로 분산되어 있으며 이들 분파는 금융기관 또는 금융업자들로 구성된 지부를 광범하게 형성하여 다소 안정된 사업협정 하에서 상호활동을 증진하고 있다. 이러한 사업협정들은 금융기관 '영업권'의 상당 부분을 차지하고 있다.

화되지 않았다. 이러한 범주의 영업권을, 법인화된 산업적 기업의 영업권처럼, 표준화된 단위로 표시하고, 그럼으로써 시장가치를 가진 보통주로 전환하여 자금의 형태로 변형하기까지는 상당한 어려움이 뒤따르게 된다. 일단의 지급능력—사업자와 금융업자의 잠재적 신용 또는 신용 능력—의 경우도 마찬가지이다. 아마도 이 중에서 후자가 최상의 영업권으로 취급된다. 그것은 다른 어떤 구체적인 개념으로도 다루기가 곤란하다. 이러한 불안정하면서도 고도로 효율적인 기업의 요인들을 표준화, 자금화, 자본화하는 것은 어려운 일이다.

그러나 현대의 산업 주식회사가 영업권을 자본화하고 신용을 확대하는 데 성공한 사실을 보면, 이러한 부류의 기업 재산을 공식적으로 자본화하도록 압력을 가하는 긴급한 요구가 있을 때 그러한 어려움은 극복할 수 없는 것이 아니다. 예컨대, J. P. 모건 회사(J. P. Morgan and Company)[32]의 영업권과 거액의 지불능력이 이러한 부류의 기업 목적에서 귀중하고 실질적인 자산이라는 데는 의문의 여지가 없다. 그런 회사의 총수가 가지고 있는 영업권 또한 두 말할 것도 없다. 이러한 무형자산—비(非)물적 재화—은 모두 일관되게 표준단위로 환산되어 자금화되고 보통주로 발행되어 통계적으로 한 나라의 자본화된 부의 총액에 추가된다.

근래에 대규모 재편성을 추진한 사업자의 영업권은 어느 정도 자본화된 형태를 취하여 미국철강회사(United States Steel Corporation)[33]을

---

32 J. P. 모건(John Pierpont Morgan: 1837~1913)은 미국의 대표적인 은행가로 J. P. 모건 회사 설립으로 유명하다. J. P. 모건은 남북전쟁 시절에 북군에게 카빈소총 거래와 금괴 투기로 막대한 부를 축적했고, 이후 철도회사에 투자하고, 전신회사를 이용해 금괴 정보를 파악하여 후일 미국전신회사(AT&T)를 설립했다. 또한 부친의 금융업을 물려받아 J. P. 모건 회사로 개칭했디. 국제 금융가로서 지위를 확립한 모건은 전쟁에도 개입하여 프로이센-프랑스 전쟁 때는 프랑스 정부에 자금을 지원하기도 했다.—옮긴이

33 미국철강회사(United States Steel Corporation)는 미국과 중부 유럽에 생산거점을 가진 미국 최대의 종합제철회사로 1901년 J. P. 모건과 앨버트 H. 게

비롯해 최근에 설립된 일부 대형 합작회사의 보통주에 편입되었다. 카네기(Carnegie)[34]와 그 부하들(lieutenants)의 '영업권' 그리고 다른 많은 제철산업 관련 거대 기업가들의 영업권도 어김없이 거대 주식회사의 자본화 금액을 증가시키는 데 일조했다. 그런데 높은 수준의 기업의 영업권은 어느 정도 소진되지 않는 성질이 있다. 그래서 어느 한 기업이 그것을 사용 또는 자본화할 때 다른 주식회사들이 그것을 사용 또는 자본화하는 것을 방해하거나 축소하려고 애쓸 필요가 없으며, 실제로 그렇게 하지도 않는다.[35] 그런 점에서 보면, 그것은 장인이나 예술가가 지니고 있는 재작자로서의 기예와 똑같지는 않더라도 유사한 면이 있다.

그러한 기술은 제작자의 숙련된 기술을 저하시키지 않고서도 특정 제작품 속에 스스로 구현된다. 그러한 영업권은 다른 영업권과 마찬가지로 고도로 승화된 정신적 성질을 띠고 있다. 따라서 그것은 그 정신적 물체가 온 사방에 스며들어 있어서 그것이 만들어낸 다양한 조형물의 모든 부분이 그 전체 속에 분할되지 않은 채로 존재하게 된다. 실제로, 그러한 영업권은 특정 주식회사의 주식 속에 자본화된 형태로 편입

리가 소유한 연방철강회사와 앤드류 카네기가 보유한 철강회사의 합병으로 설립되었다. 1911년 연방 정부는 반독점법으로 해체를 시도했으나 실패했다. 설립 당시 철강 생산의 2/3를 차지했으나 경쟁업체의 기술혁신에 뒤쳐져 1911년경에는 50%까지 감소했다. 2010년 조강 생산량은 세계 13위로 떨어졌다. ─ 옮긴이

34 카네기(Andrew Carnegie: 1835~1919)는 미국의 사업가이자 자선사업가로 스코틀랜드 이민자로서 처음에는 철도회사에 근무하면서 철도 기재, 운송, 석유 회사 등에 투자로 거액을 거두었다. 이후 철강 수요 증대를 예견하고 작은 철강회사를 차리고 새로운 기술을 도입하여 사업을 확장했다. 1889년에는 자신이 소유한 모든 회사를 통합한 카네기 철강회사를 설립하여 세계 최대의 철강 트러스트로 군림하며, 1890년에는 영국 철강 생산량을 앞지르며 철강왕의 의이라 불리게 되었다. 1901년 이 회사를 j. P. 모건의 회사에 매각하여 미국철강회사를 발족했으며, 이후 실업계에서 은퇴하여 대학을 설립하고 2,500백 만 달러라는 거금을 기부하여 교육 및 문화사업에 몰두했다. ─ 옮긴이

35 이러한 부류의 영업권과 매매가능한 자본의 창출 사이의 관계는 산업적 기업 회사의 공동 영업권과 매매가능한 제품의 창출 사이의 관계와 동일하다.

되어 이웃 주식회사의 주식 속에 편입되어 유리하게 자본화될 경우 그 금액은 감소하지 않고 증가하게 된다. 또한 그것은 생명력이 보이지 않게 축소되고 있는 회사의 물질적 상황을 변경하지 않고서 그 회사의 모든 창조물로부터 생명력을 쥐도 새도 모르게 신기하게 뽑아내는 위에서 말한 것과 같은 정신적 성질도 가지고 있다.

여러 거대 설립자와 이들에게 자금을 조달하는 금융기관의 영업권은 자신들이 설립한 여러 주식회사들의 보통주 속에 거액으로 반복해서 자본화된다는 것은 잘 알려진 사실이다. 그러나 이러한 비(非)물적 재화는 하나의 주식회사로서 금융기관에 속하는 자산으로서 공식적으로 자본화되어 시장에 상장된 주식 또는 개인자산의 목록에 포함되었다는 사실은 아직 알려지지 않있다.36

최근에 진행되고 있는 기업자본의 승화(sublimation)는 산업 운영자에게도 재산 소유자에게도 중대한 영향을 미친다. 투자한 재산을 현대의 주식회사 자금운용 방법으로 관리하면 기업경영과 재산 소유가 분리되고 그 결과 주식회사의 자금조달 범위가 더욱 확대되어 재량권―경영권―이 무형의 재산을 보유한 자의 수중에 들어가게 된다. 또한 주식회사 방법이 확대함에 따라 다량의 무형 자산을 보유하고 있는 거대기업가 수중으로 경영권이 집중된다. 주식회사 형태가 지배적인 상황에서는 기업가의 재량권 범위는 재산 보유량에 단순비례하지 않는다. 비교적 적은 양의 재산을 보유하고 있는 기업가에게는 사실상 재량권이 주어지지 않는다. 반면에 비교적 많은 양의 재산을 보유한 기업가는 재량권의 범위가 실제 보유량보다 훨씬 클 수도 있다. 일반적으로 기업가의 재량권의 실효 범위는 보유량의 제곱에 비례하여 증대하기도 한

---

36 부가적으로 주목할 점은 그러한 영업권 항목을 자본화하지 않는 것은 사실상 개인 자산에 부과되는 세금을 회피하려는 것으로 도덕적으로 문제가 될 수 있다는 점이다. J. P 모건 회사를 인용한 것은 독특하고 특이한 사례여서가 아니라 다만 실제로 일어난 사례이며 동일한 부류 중에서 수많은 그리고 매우 중대한 탁월한 결과를 성취한 전형적인 사례이기 때문이다.

다. 물론 이것은 정확한 공식은 아니지만 그것의 특성을 시사적으로 보여준다.

기업 상황을 통제하는 데 이용되는 산업적 재산 가운데 중요한 의미를 지니는 것은 주로 보통주, 영업권 등으로 대표되는 무형 자산이다. 이와 관련하여 두 가지 결론이 나온다. 1) 재산 소유자의 운명은 대체로 다른 사람들—무형 자산 소유자들—의 결정권에 달려있다. 2) 산업설비의 관리는 산업설비를 소유하지 않은 사람과 그것의 작동에 간접적인 관심을 가지고 있는 사람에게 집중된다. 소유한 양이 많지 않은 사람 또는 물적 재화만 소유하고 있는 사람의 재산은 많은 양의 재화를 가진 사람, 특히 비(非)물적 재화를 소유한 사람이 관리한다. 물적 산업과정에 대한 통제권은 비(非)물적 자산의 가치 증대에 관심을 집중하는 사람에게 돌아간다.[37]

---

[37] 이처럼 기업의 통제권이 제작능력의 효율성 그리고 산업시설에 대한 직접적인 접촉 또는 소유와 분리되고 있는 현재의 상황은 표면적으로만 보면 봉건제도와 유사한 것처럼 보일 수도 있다. 왜냐하면 봉건영주는 자신이 지배하는 사회의 일상생활애 비물질적으로 관여하기 때문이다. 이렇게 보면 현재의 경제발전을 봉건제와 관련시켜 해석하는 시도가 일정한 설득력을 가지게 된다. 다음 저작을 보라. Ghent, *Our Benevolent Feudalism.*

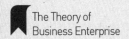

07

현대의
복지이론

제7장

현대의
복지이론

기업 원리가 일상생활을 지배하기 전에는 공동의 복지는 (평화로운 시기나 전쟁 시가 아니면) 충분한 생활수단을 용이하고 확실하게 제공하는 데 집중되었다. 기업이 중심이 되어 지배적인 자리를 잡게 된 후부터 복지 문제는 가격 문제와 관련되었다. 종전의 수공업 및 소상인 체제에서는 물자가 부족하면(따라서 물가가 상승하면) 궁핍을 초래했고, 기근과 역병을 낳기도 했다. 새로운 체제에서는 많은 경우 물가가 하락하면 궁핍을 초래하고, 때로는 기근을 낳는다. 구체제에서는 사회가 필요한 물품을 제대로 공급할 수 있는 역량의 문제였으나 새로운 체제에서는 그러한 문제를 진지하게 고려하지 않는다.

그러나 이제는 공동의 복지가 아주 불안정한 상태에 있지 않다. 현대 산업의 생산 능률은 곤경기의 반복을 없애지도 못했으며, 곤경기를 벗어날 만큼의 금전적 위치에 있지 않은 사람들에게서 반복되는 궁핍을 없애지도 못했다. 그러나 현대 산업사회는 그처럼 극심한 궁핍 상태에 이르지 않으며 기아 상태에까지 이르지는 않는다. 그러나 주로 생산의 능률과 문명수준이 낮은 민족들에서 자주 궁핍이 자주 발생하는 것처럼 현대의 문명국가에서는 이른바 불황기 현상이 매우 빈번하게 발생하고 있다. 물질적 복지의 평균 수준은 기계제 산업이 도래하기 전보다 높아졌으나 호황과 불황이 예전만큼 자주 반복되고 둘 사이의 진폭이 커지고 있다.

이와 같이 과거의 질서와 새로운 질서 간의 차이는 주로 경제생활 양식의 목적에서 과거와 현재의 차이에서 선명하게 나타난다. 구질서에서는 산업도 당시에 존재한 상업도 생계수단의 획득을 추구했다. 새로운 질서에서는 이윤 추구가 산업의 진로를 결정한다. 예전에는 산업 과정이 생계수단을 충분하게 생산하면 호황기가 되고 불충분하면 불황기가 되곤 했다. 요즘에는 기업 과정에서 적정한 이윤율이 산출되면 호황기가 되고 그렇지 않으면 불황기가 된다. 현재의 지배적인 목표는 상이하며, 따라서 복지 문제는 이 상이한 이면의 목표를 성취하는 정도와 관련된다. 예전에는 번영이 산업적으로 충분한 상태를 의미했는데 이제 주로 기업의 번영을 의미한다.

현대 경제질서 하에서의 번영 및 불황 현상을 설명하고자 하는 복지 이론은 현대의 상황을 제약하는 여러 조건들에 기초하고 있다. 따라서 기계제 산업 및 기업 시대 이전의 구체제 하에서 공동 복지를 형성 또는 저해하는 조건들에 대해서는 크게 고려할 필요가 없다.[1] 경제 문제의 결정권을 가지고 있는 사람들이 생계수단을 획득하기 위해 노력하던 구질서에서는 사회의 복지가 "노동력의 숙련도와 능률성, 판단력"에 의해 좌우되었다.[2] 이러한 공동의 복지를 방해하는 것은 하느님이 기상이변을 일으켜 자연 재해가 발생하는 경우나 인간이 전쟁을 일으키거

---

1 패튼(Patten)이 『번영 이론』(*Theory of Prosperity*)에서 제시한 논의는 '자연경제' 체제에 적용되고, 수공업 및 소규모상업 체제에도 어느 정도 적용되지만, 현대의 상황에는 적용되지 않는다. 이것이 이 주제에 대한 현재의 논의들에 맞는 진정한 일반성이다.
2 Adam Smith, *Wealth of Nations*, Introduction.

나 정부가 가혹한 세금을 징수하는 경우뿐이다. 이러한 불순한 외부의 힘이 개입하는 경우가 아니면 가격 변동은 평상시의 사회의 복지에 광범위하고 심대하게 영향을 미친 적이 없었다. 이는 (수공업 체제의 전성기 때처럼) 시장이 대다수 계급의 생활에서 생산물의 판로이자 소비재 또는 원료 공급의 기초로서 중요한 역할을 한 후에도 마찬가지이다.

기계제 산업이 형성되기 전까지는 상업이 (그 보조업무, 은행업과 함께) 상당한 정도로 긴밀하고 포괄적인 기업 체계로 조직된 유일한 경제활동 분야였다. 당시에는 '기업'이라고 하면 '상업'을 의미했고, 그 이외의 것은 그렇게 부르지 않았다. 상업은 평소에 사람들이 자신의 경제상황을 생계수단이 아닌 가격을 기준으로 고려하는 유일한 분야였다. 가격 변동은 아무리 심하더라도 상업에만 중대한 영향을 미쳤으며, 상업시설과 상업과 직접 관련된 업무에 종사하는 직업들에는 크게 전달되지 않아 별 영향을 주지 않고 스쳐지나갔다.

공황, 경기후퇴, 불황, 침체기, 활황기, 투기 고양기, '번영기' 등은 주로 기업과 관련된 현상이다. 이러한 것들은 그 기원과 주요 발현형태 면에서 보면 물가가 급락하거나 급등하는 물가 변동과 관련된 현상이다. 이러한 현상들은 거래를 매개로 하여 산업과정이나 사회의 생활에는 부차적인 영향만 미친다. 왜냐하면, 산업은 기업 입장에서 가격을 기준으로 이윤을 위해 운영되기 때문이다. 기업이 평소에 산업과정과 무관하게 고유의 상업적 활동 내에서만 운영을 지속하게 되면 불황기와 고양기의 반복은 상업 영역 내에서 시작되고 종결된다.3

---

3 이때는 구체적으로는 기계제 산업 체제 이전 시대를 의미한다. 기계가 도입된 이래로 근대적 기업은 산업의 경영권을 물려받았다. 즉 산업은 이윤을 목적으로 한 투자 방법—목적과 의노 면에서 본실석으로 상업적 방법—에 의해 경영되기 시작했다. 위에서 지적했듯이, 자본은 확실히 매매가능하게 되었다. 산업에서, 특히 고유의 기계제 산업 영역에서 사용되고 있는 물적 요소들은 상업적 거래에서 매매되고 있는 물적 품목들과 동일한 정도로 (평균적으로는 아마도 더 높은 정도로) 매매되고 있다. 이러한 사실은 원료, 노동력, 산업 설비에도 적용되지만, 특히 산업 설비, 엄밀히 말하면 기계적 요소

이제 기업이 최대의 이윤을 낳는 것은 엄격한 의미의 상업 거래가 아니라 시장 판매를 위한 재화와 서비스를 생산하는 각종 산업이다. 여러 산업과정들이 틈새를 조정하고 물가 수준을 유지하는 균형 체계를 형성하여 긴밀하게 그리고 광범위하게 결합되면 물가 변동이 산업계 전체에 신속하고 효과적으로 전파된다. 그리하여 불황 또는 호황의 물결이 초기에는 기업계의 한 구성원에게만 영향을 미쳤지만, 지금은 사회 전체로 전파되어 불과 몇 주 만에 산업에 종사하는 모든 계급이 영향을 받게 된다. 그러나 세계시장에서 기업이 긴밀하게 유대를 맺어감에 따라 현대의 여러 산업 국민들도 함께 결합되어 처음에는 한 나라 기업계의 한 구성원에게 영향을 미치는 번영 또는 불황의 물결을 모두가 공유하게 된다. 이러한 규칙에 대한 예외는 물론 기후 변화나 국지적인 (물적) 재난에 의해 비롯되는 번영기나 불황기이다. 즉 한 사회를 고난으로 몰고 가는 재난이 혼란을 일으킨 하느님의 처참한 행동에 영

에 더 잘 적용된다. 이러한 기계 장치들에서는 투자 활동 및 투자와 연계된 매매 활동이 아주 활발하게 일어나지만 기계제 산업 이외 분야에서는 그렇지 못하다. 매매 활동 범위가 넓어질수록 더 많은 제약이 생겨난다. 일반적 원칙에 따르면, 모든 관련 항목들의 '매매가능성(vendibility)'은 '생산재' 생산에 종사하는 산업 분야에서 가장 높다. 그와 동시에 부분적으로는 이러한 사실로 인해 이러한 분야들은 다른 모든 유명한 산업과정보다도 다른 산업 분야들과 더 광범하고 밀접하게 연계된다. 근래에 독일 학자들은 이러한 산업 분야를 '생산수단 산업(Produktivmittel-Industrien)'으로 분류하여 상당한 의미를 부여하고 있는데 이는 주로 산업과정 전체가 광범위하고 긴밀하게 접합되고 매매가능성이 크게 확산된 데 따른 것으로 보인다. 기업 목적에서 보면, 이러한 (불분명한) 일단의 산업과정과 그에 대비되는 소비재 생산에 종사하는 일단의 산업과정 사이에는 앞서 말한 두 가지 점 모두에서 다소간 차이가 있다. '생산재 산업'은 현대의 산업 및 기업의 성질을 강하게 띠고 있어서 기업 상황에서 전략적 우위에 있게 된다.

다음을 참고하라. A. Spiethoff, *Jahrbuch f. Gesetzgebung Verwaltung u. Volkswirtschaft*, vol. XXVI. Heft 2. "Vorbemerkungen zu einer Theorie der Uberproducktion." 및 vol. XXVII, pp. 348~353; Turgan-Baranowsky, *Theorie und Geschicte der Handelskrisen in England*, pp. 16.28; L. Pohle, *Periodische Wirschaftskrisen*, sec. II, 추가 주석 포함.

향을 받지 않는 사회는 가격을 매개로 하여 이득을 얻는 경우도 있다.

기업계가 겪고 있는 진정한 또는 정상적인 공황과 불황과 호황은 흉작 같이 우연히 발생하는 재해의 결과가 아니다. 그러한 것들은 기업의 정상적인 경로에서 발생한다. 불황과 호황은 다소간 서로 결부되어 있다. 최근의 과거에는 불황과 호황이 당시 상황의 정상적인 양상이 됨에 따라 불황의 물결 다음에는 비록 반드시 그에 대한 반작용으로 호황기가 나타나지는 않더라도 대개의 경우 호황(번영)이 전성기에 이르면 곧이어 항상 불황이 뒤따랐다. 얼마 전 과거—대략 20년 전쯤—에는 불황 또는 격심한 공황을 전후로 현저한 호황의 물결이 (작용과 반작용처럼 긴밀하게 연결된 연쇄반응 형태로) 일어나지 않았는데 이는 결코 예외적인 경우가 아니다. 그러나 이러한 부류의 현상을 연구하는 학자들에게는 이처럼 공황이나 장기간 지속된 현저한 불황기 다음에 곧바로 현저하게 호황(번영)의 물결이 나타나지 않은 것에 다소 당혹스러워 할 수도 있다.

사실 기업조직이 오늘날 같이 비교적 완성된 형태를 갖춘 이후로, 즉 19세기 마지막 20년 동안에는 현저한 호황기가 나타나지도 않았고 자주 발생하지도 않았다. 반면에 불황기 또는 '곤경'기는 (비록 현저하지는 않았지만) 빈번하게 발생했고 또 오래 동안 지속되었다. 지난 20여 년 동안에는 약간 경미하긴 하나 만성적인 불황은 산업적 기업의 정상적 상태로 간주되고, 평범한 침체기로부터 약간이라도 벗어나는 조짐이 보이면 특별한 설명을 요하는 특이한 경우로 주목을 받았다고 말하는 것은 필요 이상으로 확대한 면이 있긴 하나 확고한 일반화로 볼 수 있다. 지난 20년 동안 일어난 현저한 번영기의 발생 원인을 찾는 것은 그리 어려운 일이 아니다. 그러나 지난 세기[19세기] 마지막 4분기에 여러 차례 일어난 각 침체기의 특수한 원인을 찾으려 하는 것은 헛된 노력이다. 지난 세기 말처럼 기업체계가 완전하게 발달한 상태에서 발생하는 침체기는 어떤 면에서는 당연한 현상이다. 반면에 호황기는 인간이 이례적으로 만들어낸 발명품이거나 신이 어쩌다가 한번 내려준 하사품이다.

공동의 복지에 관해 현재의 경제이론이 말하고 있는 내용은 무엇보다도 공황 및 불황의 표제에서 자주 발견된다. 주지하다시피 공황 및 불황이론은 경제학 학설의 목록 가운데서 별로 달갑지 않은 주제였다. 때문에 이 문제에 대해서는 통상적으로 기업 측면—가격, 수익, 자본화 등의 현상—에서 접근하지 않고 그와 연관된 산업 현상 측면—생산과 소비의 기계적 사실—에서 접근했다. 이러한 불행한 잘못된 출발이 어쩌면 지금까지 이러한 현상들에 관한 확고한 이론이 나오지 않게 된 원인인지도 모른다. 지금까지 시도된 해법들은 대개가 기업을 무시한 채 산업 생활을 분석해 왔다. 그러한 해법들은 공황이 정상적으로 발생하지 않은 종전의 '자연경제' 또는 '화폐경제'에서 일어난 공황을 설명하고자 했다.[4]

공황기, 불황기, 활황기는 기업과 가격과 자본화에 가장 먼저 영향을

---

4 이 점은 투간-바라노프스키(Tugan-Baranowsky)*가 자신의 저작(*Handelskrise*)에서 잘 예증하고 있다. 투간-바라노프스키는 이 책 앞머리(p. 17)에서 화폐와 물가는 당면의 목적상 무시해도 좋은 요소라고 말한다. 이로써 그는 이러한 공황들은 기업 활동과 관련된 현상이 아니라 경제생활 과정(생산과 소비)과 관련된 현상이라고 주장한다. 투간이 추종하는 마르크스도 마찬가지이다. 다만 마르크스의 경우에는 많은 유보조건이 필요하다. 다음을 참조하라. Marx, *Capital*, vol. III, ch. XV.

* 투간-바라노프스키(Mikhail lvanovich Tugan-Baranovskii: 1865~1919)는 우크라이나 출신의 러시아 경제학자로 물리학, 수학, 법학을 공부하고 대학 경제학 강사가 된 1890년대는 당시의 러시아 사회주의운동 나로드니키 이론을 비판하고 마르크스주의 경제학을 옹호했다. 이로 인해 강제 퇴직되었고(1895~99), 이후로 오스트리아학파의 한계효용이론에 영향을 받아 자유주의로 선회하여 입헌 민주당에 가입했다. 1917년 러시아혁명 때까지 페테르부르크 공과대학, 키예프 대학 등에서 교수직을 거치고 혁명 후 우크라이나 총리를 지냈다. 주요 저작 『근대 영국의 산업 공황』(1894)에서 경제공황은 과소소비 때문이 아니라 산업 부문 간의 불균형에 의해 일어난다는 이른바 불비례설을 주장하여 정통 마르크스주의로부터 비판을 받았다. ‒옮긴이

준다는 현상이라는 명백한 사실을 출발점으로 삼게 되면, 그것들의 출현과 소멸 그리고 그것들이 공동의 복지에 미치는 영향에 대해 설명할 때 현대 자본주의기업이 기초로 하고 있는 기업 원리로 거슬러 올라가야 한다. 가격 및 투자 등 현재의 기업 상식을 분석할 때는 이러한 기업계의 일반적 운동의 발생과 발달양식 나아가서는 이러한 운동을 촉진 또는 방해하는 환경의 성격도 고려해야 한다. 물가 변동이 심리적 현상이듯이 기업의 불황과 호황은 적어도 초기에는 심리적 성격을 띤다.

산업을 현대적 기업 방법으로 운영하도록 하는 일상적 환경에 대해서는 충분히 알려져 있다. 이에 대해서는 이미 앞의 장들에서 어느 정도 자세하게 살펴본 바 있지만 그것들은 당면 문제와 직접 연관되므로 다시 한 번 더 개관할 필요가 있다.

(1) 산업은 금전적 이득(수익)의 획득을 목적으로 한 투자를 통해서 운영된다. 기업이 이미 투자가 이루어진 회사의 업무를 관리하려고 노력하는 것도 그와 동일한 목적을 성취하기 위해서다. 수익은 투자한 금액에 비례하여 계산한다. 수익과 그 수익을 낳는 산업설비 또는 공정은 모두 화폐가 아닌 다른 기준으로 계산하지 않는다. 공장이나 공정(또는 모든 형태의 투자 대상)은 발생하는 수익에 기초하여 자본화되며, 따라서 자본화는 현재의 이자율을 기준으로 한다. 이때 이자율은 해당 회사의 예상 수익능력의 변화에 기초하여 설정된다. 회사의 경영은 다소 복잡하고 다양한 종류의 거래 연쇄를 통해 이루어진다. 이러한 투자와 경영 활동을 할 때는 각각의 관계에서 발생하는 가격을 가장 우선적으로 고려한다.

(2) 기업가들이 수익을 산출하는 수단으로 삼고 있는 산업은 기계과정의 성격을 띠고 있으며, 기계제 산업과 긴밀하게 연계되어 있는 업종의 일종(상업 또는 은행업)이다. 대략적으로 말하면. 산업은 앞의 장에서 논의한 바 있는 현대 산업생활의 포괄적인 준기계적 과정에 포함되어 기계의 지배하에 있게 된다. 각 산업은 하나의 포괄적인 체계 안에 속

해 있고 또한 다른 산업 분야와 연계되어서 각 산업회사들은 다른 여러 산업회사들과 의존관계에 있게 된다. 즉 각 산업회사는 다른 산업회사들로부터 재료, 장비 등을 공급받고 그 회사들에 자기 생산물을 판매한다. 이러한 의존 및 연계관계는 무한한 연쇄를 이루고 있다. 즉 모든 산업분야가 산업들 사이에서 필연적으로 맺게 되는 관계는 어떤 방향을 향하든 종착점에 도달하지 않는다. 전체 산업과정 내에서는 어떤 구성원도 처음의 연쇄 관계 그대로 있는 경우는 없다. 산업의 의존관계는 여러 갈래로 무한하게 분기되어 있다. 각 회사들 또는 각 산업분야들은 협상 또는 매매 계약을 통해서 서로 관계를 맺는다. 그 방법이 금전적 관계, 결국에는 가격 관계(price relation)이다. 이와 같이 체계 간 틈새의 균형을 유지하는 것은 가격 균형(price balance)을 통해서다.

(3) 포괄적인 전체 산업체계를 구성하고 있는 몇몇 회사들 또는 일부 산업분야들 사이의 이러한 상호적인 금전적 관계는 신용관계를 어느 정도 기간 동안 지속시켜 주는 역할을 한다. 산업을 운영하고 틈새를 조정하기 위해 거래를 할 때는 장래에 이행할 계약의 형태를 취한다. 모든 대규모 산업회사들은 항상 그러한 계약을 맺고 있다. 그 계약들은 제법 규모가 크고 어느 정도 기간 동안 지속되며, 많은 경우 여러 방면으로 확장된다. 이 계약들은 대부, 선대, 미결제 계정, 장래의 인도 또는 인수 계약 등의 성격을 가지며, 그것들은 모두 신용 의무를 수반한다. 신용은 신용의 명칭을 가진 것이든 아니면 주문, 계약, 계정 등의 명칭을 가진 것이든 모든 회사가 현대의 산업을 운영하는 데서 빼놓을 수가 없다. 이는 하나의 소유권에 속하지 않은 기업들 또는 임대, 합동 자금, 신디케이트, 트러스트 협정 등의 방법을 통해 분산된 소유권에 의지하고 있는 기업들은 서로 간의 관계를 중단한 적이 없기 때문이다. 또한 신용 사용이 불가피하지 않은 경우에도 각종 신용 관계는 많은 점에서 편리하고 유리한 것으로 알려져 있다. 신용 확대는 기업 활동을 편리하게 하고 유리하게 하는 데 필수적이며, 따라서 기업이 성공하려

면 반드시 필요하다. 기계제 산업 체제와 현대의 기업 방법 하에서는 다음 같이 말하는 것이 올바를 것이다. 즉 가공과정에서 재화의 소유권이 다른 사람에게 넘어가는 경우에는 대부자본 및 임대 외에도 원료에서 완제품에 이르는 가공과정에 모든 재화를 포함하려면 신용 사용의 확장이 불가피하다.

(4) 제5장에서 설명했듯이 경쟁하는 회사들은 산업을 운영할 때는 통상적으로 대부 신용을 광범위하게 사용한다.

위에서 거론한 네 가지 경기 상태는 기업의 정상적인 활동 과정에서 활황, 공황, 불황이 다소 규칙적으로 차례로 연달아 발생한 최근 과거의 특징적인 양상이다.5 이러한 특징적인 양상을 현재의 조건에 적용하려면 다음과 같은 일정한 단서가 필요하다.

호황기에 신용을 풍부하게 사용하는 것은 기업을 가속화하는 원인이기도 하지만 결과이기도 하다. 그러나 대부분의 경우 그것은 원인이자 동시에 결과이다. 그 어떤 기업도 신용을 확대하지 않고서는 현저하게 가속화하지 않는다. 대부를 할 수 없는 상황이라면 적어도 장래의 이행을 약속하는 매매 계약이라도 맺어야 한다. 일반적으로 불황이 장기화될 경우에는 신용 사용이 다소 제약을 받는다고 생각한다. 적어도 요즘에는 기업가들 사이에서 그러한 인식이 널리 퍼져 있다. 그렇지만 장기 불황의 원인이 신용 관계의 부재 탓인지 신용 관계를 꺼리기 때문인지 확신 있게 말할 수는 없다. 예를 들어, 이자율의 추이를 비교할 때도 다음 같은 일반적 규칙을 보증하지는 않는다. "대부 계약을 할 때는 호황기와 침체기 중 어느 때가 유리한지 명확하게 구분할 필요가 있다."6 매매 계약을 체결할 때는 불황기 때보다 활황기 때가 훨씬 유리하다.

---

5 활황, 공황, 불황의 '순환'에 대해서는 많은 저자들이 지적해 왔다. 그중에서 기술적 면과 분석적 면에서는 투간-바라노프스키의 저작만큼 인상적인 저작은 드물다. Tugan-Baranowsky, *Handelskrisen*, VIII.

6 그렇지만 다음을 참고하라. Cassel, "Om Kriser och Daliga Tider," *Ekonomisk Tidskrift*, vol. vi, no. 2, pp. 69~78.

즉 그 두 시기 사이에는 실제로 명백한 차이가 있다.

경기변동의 세 국면—호황, 불황, 공황—중에서 마지막에 거론한 공황이 연구자들로부터 더 많고 더 활발하게 주목을 받았는데 이는 공황이 다른 현상보다 훨씬 생생하게 부각되었기 때문이다. 산업공황기에는 상환, 신용 취소, 높은 할인율, 물가하락, '투매', 가치 축소가 발생한다. 공황은 혹독하고 장기간 지속되는 일종의 연쇄 현상으로 모든 분야가 영향을 받아 자본화 금액이 축소된다. 공황은 화폐 가치 면에서는 기업가들을 총체적 빈곤 상태에 빠지게 한다. 그러나 물리적 규모나 기계적 효율성 면에서는 그들이 보유한 재산은 상환이 개시되기 전에 비해 현격하게 줄어들지 않는다. 또한 공황은 많은 경우 산업을 영속적으로 축소하지는 않지만 [순간석으로] 격심하게 축소한다. 그러나 공황이 산업에 미치는 영향은 일반적으로 공황이 기업 또는 기업계에 가져다준 영향에 상응하지는 않는다.

실제로 공황이 막대한 재산 손해를 초래하거나 물적 항목의 재산을 엄청나게 낭비하는 경우는 많지 않다. 공황은 시장 가치 면에서는 사회 전체를 빈곤하게 하지만 물적 생활수단 면에서는 반드시 그런 것은 아니다. 공황은 주로 금전적 축소를 수반하나 물적 축소를 수반하지는 않는다. 공황은 일차적으로 무형 재산의 항목을 축소하고, 그 다음으로 유형 재산의 항목에 대한 가격 평가를 축소한다. 신용 사용을 언급할 때 지적했듯이, 공황은 재산의 재평가와는 별도로 산업설비 소유권의 광범위한 재분배에 가장 실질적이고 직접적으로 영향을 미친다.

상환기가 다가오면 기업은 대체로 다음 같은 상태에 있게 된다. 많은 회사들은 환수해야 할 다량의 어음을 보유하고 있는 동시에 만기가 다 되어서 지불해야 많은 양의 어음을 보유하고 있다. 그 회사들은 채권자들의 청구에 응하기 위해 채무자들에게 어음의 지불을 독촉한다. 또한 이 회사들은 환수해야 할 어음 또는 담보대출금을 가지고 있다. 상환 연쇄에서 처음 취하는 조치로는 콜론을 회수하거나 콜론에 추가 담보를 요구하는 방법이 있다. 채무 연쇄에서는 처음 시점이든 나중의 시점이든 담보 대부자에게 청구가 집중된다. 채권자는 [채무자가] 대부금을 임시변통하여 자금을 마련하든 담보물을 매각하든 곧바로 상환금을 충분히 마련할 수 없다고 생각하기 때문이다.

담보물은 자본화된 재산을 대표하는 일단의 유가증권인 경우가 많다. 때문에 실효 자본화 금액에 의지하는 보수적인 채권자로서는 그런 담보물에 대해 의구심을 가질 수밖에 없다. 달리 말하면, 담보물이 대표하고 있는 그런 [무형의] 재산은 과잉자본화된 것이라는 불안감을 가질 수밖에 없다. 즉 그러한 담보물은 해당 유가증권의 현재 시세로 보나 불확실한 미래의 시세로 보나 과잉자본화되었다는 의구심을 품을 수밖에 없다. 담보물의 시장 자본화는 격심한 공황이 일어나기 전에 항상 나타나는 경기고양기의 높은 물가와 왕성한 거래에 기초한 것이다. 어느 한 채무자에게 청구서가 날아오면 여러 채무자들에게 청구서가 연쇄적으로 퍼져 나간다. 그리하여 상환은 꼬리를 물고 계속 이어지고, 그 결과 담보물의 시장 가치는 계속 하락한다. 이러한 사실은 부단한 경험이 여실히 보여주고 있다. 이로 인해 공황이 일어나게 되고, 그 이후의 결과는 잘 알려진 그대로이다. 이것들은 모두 기업가들도 연구자들도 잘 알고 있는 친숙한 상식이다.

이와 같이 공황의 직접적인 결과로 채권자가 수취한 담보물을 기초로 한 초기의 실효 자본화 금액과 시장에 나온 유가증권의 상장과 매각에 의해 표시되는 동일한 담보물의 나중의 실효 자본화 금액 사이에 상당한 격차가 생겨난다. 그러나 초기의 자본화 금액은 보통의 경우 대개 기업이 번창할 때 이루어진 것이어서 문제는 공황이 일어나기 전에 기업이 번창할 때 담보물의 실효 자본화 금액을 설정하는 근거와 방법에 있다. 따라서 그 문제는 번영기의 성격과 원인과 관련된다.

어떻게 해서 대부 신용에 의해 담보물의 자본화 금액이 커지고 그에 따라 예상 수익능력과 실제 수익능력 간의 격차가 확대되는지에 대해서는 제5장에서 제법 자세하게 설명한 바 있다. 그러나 이와 유사한 맥락에서 다음 같은 사실을 보여주면, 제5장에서 제시한 견해를 보강하는 데 도움이 될 것이다. 즉 대부 신용의 확대와는 무관하게 번영기에는 예상 수익능력과 실제 수익능력 사이에 격차가 발생하고 그리하여 담보물의 예상 자본화 금액과 최종 자본화 금액 사이에 격차가 발생한다.

번영기도 공황과 마찬가지로 당연한 현상이 아니다. 번영기는 여러 조건들이 특수하게 결합될 때 발생한다. 번영기는 기업이 경로가 확실하게 알 수 있는 유리한 혼란 상태에서 발생한다. 번영기에는 물가 상승이 기업을 가속화하는 유력한 유인으로 작용한다. 물가 상승은 번영이 진전함에 따라 일상화되어 관습적인 사실이 된다. 그런데 번영기의 발단은 초기의 특수한 가격 변동에서 비롯한다. 즉 처음에는 가격 상승이 어느 한 산업 또는 산업 분야에서 나타난다.[7]

---

7 예를 들어 1897~1902년 동안의 번영기는 주로 미국-스페인전쟁*으로 인한 공급물자의 수요 증대에 연유한다(물론 그 밖의 유리한 상황들도 어느 정도 수요를 증대시키는 작용을 했다). 카버(Carver) 씨는 슈피트호프(Spiethoff)* 가 제시한 논의를 따라 초기의 유리한 혼란에서 출발한 기업들은 반드시 '생산재' 생산에 종사하는 기업이라고 지적했다. 그 이유는 다음과 같다. 즉 생산재의 가치는 대개 이윤의 크기에 따라 변동하는 데 반해 소비재의 가치는 이러한 이윤을 증가시키는 전체 수요의 크기에 따라 변동하므로 "생산재의 가치의 변동은 소비재의 가치보다 더 심하게 변동하는 경향이 있기 때문이다. (생산재의 가치 $= f(\Delta)$, 소비재의 가치 $= f(수요 + \Delta)$) 이러한 종류의 논의에 따르면 공황기 초기에는 생산재 생산에 종사하는 기업이 가장 혼란을 겪게 된다는 결론이 나온다. 다음을 참조하라. *Quarterly Journal of Economics*, May 1903, pp. 497~500. 위의 141쪽 주 3)도 보라.

* 미국-스페인전쟁(혹은 미서전쟁)은 1898년 4월부터 8월까지 쿠바와 필리핀에서 미국과 스페인 간에 벌어진 전쟁이다. 직접적인 계기는 쿠바 독립의 좌절에 대한 미국의 개입에서 비롯되었지만 실제로는 미국의 확장주의가 빚은 결과라고 할 수 있다. 미국은 남북전쟁이 끝나고(1865년), 서부개척은 완료하면서 산업이 고도로 발전하여 미국 경제의 확장 여지가 사라지자 식민지 개척에 대한 요구가 비등해졌다. 때마침 쿠바인의 독립운동이 일어나자 전함 메인호를 보내 관심을 보였으나 메인호 폭발사고가 일어나자 이를 빌미로 스페인과 일전이 벌어졌다. 미국의 승리로 쿠바를 비롯한 필리핀, 괌, 푸에르토리코 등 스페인 잔존 식민지를 이양 받았다. —옮긴이

기업가들은 가동 중인 공장의 운영을 확대하고 또한 신규 투자를 통해서 가격 상승을 유리하게 이용하려고 노력한다. 수요가 증가한 제품의 공급을 늘리려는 노력 덕택에 초기에 이득을 본 회사들에 공급물을 제공해준 산업 분야는 수요가 증대하고 가격이 상승한다. 공격적인 기업은 실질적인 수요가 증가하고 그에 따라 잠재적 수요도 급격하게 증대하여 신규 사업을 확장함으로써 직접적인 연관이 없는 산업에도 가격 상승을 초래한다. 이처럼 현대의 상황에서는 기업에게 유리하게 보이는 혼란(실제로는 심리적 현상)이 매우 빠른 속도로 전파된다. 그 결과 특정 계열의 산업이 초기의 혼란을 이용하여 얻은 격차 이익은 곧바로 소멸되거나 대폭 감소한다. 그러는 사이에도 모든 방면에서 장래에 이행할 계약들이 광범위하게 체결된다. 그리하여 여러 계열의 산업들은 광범위하게 연계되어 당분간 번영을 유지하게 된다.

번영을 일으킨 초기의 수요 증대와 물가 상승의 유리한 혼란이 이전의 수준으로 회귀하면, 번영기의 지속이 종료된다. 물론 초기의 수요가 중지되더라도 번영기는 그때를 훨씬 지나서 미래의 먼 훗날에 이르러 종결된다. 즉 번영은 그 원인이 소멸된 이후에도 바로 종결되지 않고 종결 시점이 지연된다. 다른 조건들이 같다면 그 이유는 다음 두 가지이다. (1) 이와 같은 상황[번영기]에서는 모든 기업계에서 호황 분위기가 무르익고 투기가 과열되기 때문이다. (2) 미래에 실행될 일단의 계약들의 수명이 연장되어 이러한 계약들의 이행과 관련된 물품의 수요가 증가하고 그리하여 가격이 상승하기 때문이다.

---

* 슈피트호프(Arthur August Caspar Spiethoff: 1873~1957)는 독일의 경제학자로 자본주의의 경기변동에 대한 실증적 연구를 통해 러시아의 투간-바라노프스키의 불비례설을 발전시켜 과잉투자설을 확립했다. 즉 경기변동은 화폐 현상이기보다는 자본재 산업의 운동에 의한 것이며, 호황기에는 투자기회가 증대하여 자본재산업의 원재료와 고정자본 부문이 서로 수요를 자극하여 불균등이 확대되어 노동력과 소비재 부족으로 호황이 붕괴된다고 보았다. 주요 저서로는 『공황론』(Krisen, 1925), 『경제순환론』(Die Wirtschaftlichen Wechsellagen. 1955) 등이 있다. — 옮긴이

일반적으로 말하면, 번영기를 촉발시킨 유리한 가격 혼란이 소멸된 후에도 일단의 미해결 계약들이 계속해서 기업 상황을 지배하고 있는 동안에는 번영기가 (비록 불확정하지만) 계속 지속된다. 또한 이 기간 동안에도 항상 신규 계약들이 계속 체결되고, 상환이 시작되더라도 항상 일부 미이행 계약들은 남아 있다. 그러나 대략적으로 말하면, 번영기가 종료되는 시점은 일단의 미이행 계약들이 소멸되거나 이행을 완료했을 때가 아니라 그 계약들을 이행하고 있는 기업 또는 그 계약들에 의한 주문들을 이행하고 있는 기업이 현재 운영되고 있는 나머지 기업보다 기업계에서 더 이상 큰 주목을 받지 못할 때라 할 수 있다.

번영기 지속의 기초가 되는 기업의 요건에 대해 묘사하면 다음과 같다. 즉 수요 증가와 가격 상승은 번영기에 체결된 각종 계약들과 함께 여러 회사들의 예상 수익을 증가시킨다. 이러한 예상 수익은 결국에는 완전히 실현되는 경우도 있지만 단지 가상의 수익에 그치는 경우도 있다. 이것은 대체로 먼 미래에 상환이 일어날 때의 문제이다. 그런데 예상 수익의 증가가 기업에 미치는 효과는 수익의 증가에 대한 기대가 충분한 근거를 가지고 있든 그렇지 않든 동일하다. 어떤 경우든 그러한 기대감은 기업가들로 하여금 설비 및 공급물자의 가격을 올리게끔 자극한다. 그리하여 예상 수익이 증가하고 그에 따라 실효 (시장) 자본화 금액이 증가한다. 이러한 기대감의 상승에 기초하여 산업재산의 재자본화가 이루어지고 그에 따라 그 재산은 담보물로서의 가치가 상승한다.

이렇게 하여 가치가 상승한 재산은 대부를 통해 신용을 형식적으로 확대하지 않아도 사실상 담보물로 사용된다. 왜냐하면, 이미 체결된 계약은 사실상 신용을 확대하는 기초가 되고, 또한 계약 당사자들의 재산은 계약을 이행하지 않을 경우에는 상환 의무가 있기 때문이다. 그러나 번영기에는 많은 기업들이 호황을 누리는데 이러한 기업들은 자유로운 상거래를 하는 동안에 계약의 보증에 필요한 재산의 가치를 대충 감정하고는 계약을 체결한다. 이러한 기대감의 상승으로 산업재산의 자본화 금액은 부풀어지고 또한 계약을 체결할 때 담보물에 기초하여 대부를 할 때보다 담보물에 대한 감정을 소홀히 하게 된다. 그 결과 번영기 때의 실효 자본화 금액과 번영기 이전의 자본화 금액 사이에 격차가 발생한다. 이렇게 높아진 자본화 금액은 계약(주문)의 형태로 신용을 광범하게 확대하는 기초가 된다. 아울러 번영기에는 기존 형태의 대부 신용의 금액도 크게 증가한다.8

번영기는 물가가 급등하는 시기이다. 물가 상승이 그치면 번영기는 즉시 종결되지는 않지만 쇠퇴하기 시작한다. 이는 번영의 기초가 되는 예상 수익의 증가로 인해 사실상 생산물의 생산비 이상으로 생산물 판매가격이 상승할 때 격차 이익이 발생하기 때문이다. 생산비보다 생산물 판매가격이 높아져서 격차 이익이 발생하는 경우에만 예상 수익률이 실현된다. 그리하여 격차 이익이 사라지는 순간 번영기는 종결된다.

격차 이익이 발생하는 원인은 주로 두 가지이다. (1) 산업적으로 말하면, 초기의 혼란 시점으로부터 여러 종류의 공급물자를 제공받는 산업 부문이 가장 먼저 그리고 가장 많이 가격 상승의 영향을 받는 반면 초기의 혼란 시점에서 멀리 떨어져 있는 산업 부문, 즉 이러한 혼란과 별 연관이 없는 산업 부문들은 유리한 가격 수준의 혼란으로부터 직접 또는 심한 영향을 받지 않는다. 이러한 혼란이 지연되면 혼란의 중심에 비교적 가까이 있는 산업이 격차 이익을 얻게 된다. 초기의 혼란 지점에서 멀리 떨어져 있는 기업일수록 격차 이익은 줄어든다.9 (2) 이때 가장 확실하고 주요한 격차 이익은 번영기 동안 임금이 비교적 느리게

---

8 기업을 발전시키는 추동력에 관해 설명한 것으로는 다음을 보라. Sombart, *Kapitalismus*, vol II, ch. I.
9 여기서 말하는 '초기의 혼란'은 누적 또는 반복되는 성질을 띠고 있어 격차 이익은 시간이 지나면 점점 누적된다. 예를 들면, 지난 수년간 미국에서 발생한 장기간에 걸친 전쟁이나 오랜 기간 동안 지속된 전쟁 준비로 인해 공급물자에 대한 수요가 누적적으로 증가했다.

인상되는 경우에 발생한다. 임금은 통상적으로 번영기가 시작된 후에도 상당기간 동안 오르지 않는다. 다른 조건이 동일하다면 결국 임금이 인상되더라도 인상폭이 물가 상승을 따라가지 못하면(대개 임금 인상폭이 가격 상승을 앞지르는 경우는 없다) 판매가격의 격차 이익은 사실상 번영의 영향을 받은 산업에 종사하는 모든 기업에 귀속된다.

농업 같이 그러한 변동에 별 영향을 받지 않는 외곽에 있는 특정의 산업 분야들이 있다. 이러한 외곽에 있는 산업들이 공급하는 공급물의 가격은 오를 필요가 없다. 특히 그러한 물품의 가격은 생산비 요소로 투입되는 제품의 가격의 상승에 비례하여 오를 필요가 없다. 번영기에는 비록 불확실하지만 생산비가 점진적으로 상당한 정도로 저렴해진다. 특히 이러한 생산비의 저렴화가 생산수단의 생산보다는 계약을 맺은 제품의 생산에 영향을 줄 경우에는 계약 판매가격과 계약 제품 생산비 간의 격차 이익을 유지하는 역할을 한다.

그러나 보통의 경우에는 필요 생산비가 곧바로 생산물의 예상 판매가격을 앞지르거나 거의 따라잡게 된다. 이렇게 되면 기업 번영의 기초가 되는 격차 이익은 줄어들고 수익률 또한 낮아진다. 예상 수익의 증가에 기초하여 증가한 자본화 금액은 실제 수익 또는 생산비 규모 증가에 기초한 예상 수익을 상회하게 된다. 그 결과 담보물의 가치는 미이행 계약 및 대부 형태에 의지해서는 더 이상 신용을 확대할 수 없는 지점까지 축소된다. 그리하여 상환이 잇따라 발생하게 된다. 상환 방식은 이 주제에 대해 저술한 사람들이 제시한 그대로이다.[10]

---

10 번영 및 공황 분류법에 대해 한두 가지 좀 더 상세하게 살펴볼 점이 있다. 이 점에 대해서는 주로 불황 현상과 연관시켜 논의되고 있다. 이러한 논의들에 대해서는 즉시 살펴볼 필요가 있다. 번영기와 그 쇠퇴에 대해 위에서 제시한 특징은 19세기에 전성기에 이른 고도로 발달된 기업 방식 체제에서 번영기의 경로를 묘사하는 데 도움을 준다. 19세기 초와 같이 기업 상황이 덜 발달된 초기 단계에서는 그에 상응하는 경로가 다르게 전개되는데 그 이유는 주로 적어도 다음 두 가지이다. (1) 모든 가격 혼란이 비교적 느리게 전파되었다. (2) 왕성한 번영의 기운 속으로 아주 느린 속도로 들어가는 '외곽'

투자와 기업체계가 어느 정도 확장하는 시점에 이르면, 여러 산업 분야들은 번영기가 시작할 때 가졌던 격차 이익을 점차 상실하게 된다. 이러한 산업 분야들은 재료 또는 노동의 공급 비용 이상으로 생산물 가격의 격차 이익을 확보하지 못하는 상태에서 대형 계약을 체결하여 대규모 사업에 참여하게 되면, 수익능력을 막대한 격차 이익에 의지하던 초기 단계에서 보유한 자산에 대해 보수적으로 자본화한 금액은 격차 이익의 상실로 인해 수익능력이 하락하여 과도한 금액이 된다. 일부 산업 분야와 몇몇 부류의 회사들은 현저한 활황기 동안에 필연적으로 이러한 상태에 놓이게 된다. 이런 상황에 처한 회사들은 채무자가 되는데, 그 채무의 상당 부분은 필히 악성 채무이다.

이런 사정에 의해 그러한 회사는 사업을 확장했을 때 예상 수익보다 낮은 가격으로 생산물을 양도할 수밖에 없게 된다. 즉 그 회사의 자본화 금액은 수익능력이 축소하여 (가격을 기준으로 계산하면) 과대하게 부풀려지게 된다. 채무자가 된 이러한 부류의 회사는 현재의 수익으로는 채무를 변제할 수 없게 된다. 만약 현재의 수익능력으로 감당할 수 없을 정도로 채무가 크게 늘어나면, 그 회사는 당분간 지불불능 상태에 빠지게 된다. 이런 경우는 흔히 볼 수 있을 정도로 자주 발생한다. 채무 변제의 압력이 가해질 경우 그 회사는 보유한 자산을 강제 매각하거나 파산하는 것 말고는 마땅한 상환 방법이 없다. 그 규모가 상당하다면 어떤 조치를 취하더라도 기업계 전체가 연루되어 있는 신용관계 연쇄의 균형이 무너지게 된다.

그러한 시기에 널리 보급된 신용관계 체계는 격차 가격 이익의 물결에 편승하여 일시적으로 증대한 수익능력에 기초하여 성장해 왔다. 이러한 물결이 지나가면 비록 전반적으로 높은 가격을 유지하더라도 대

산업들의 범위와 가치가 매우 컸다. 이와 관련하여 다음과 같이 지적되고 있다. "19세기 초에는 생산재를 생산하는 산업이 지금만큼 분화되거나 전문화되지 않았고 이러한 부류의 산업의 상대적 규모도 지금만큼 크지 않았다."

다수 회사들의 격차 이익은 소멸된다. 격차 가격에 의한 이익은 몇몇 부문 또는 회사들에 차례로 귀속되고, 전형적인 경우에는 회사에 과도한 자본화 금액을 남긴다. 그 결과 많은 회사들은 이후의 수익능력에 비례하지 않은 다량의 채무를 떠안게 된다. 설령 기업계 전체의 (금전적) 수익능력이 번영의 물결 이전의 수준으로 낮아지지 않더라도 사태는 위와 같이 전개될 것이다.11

---

11 이러한 호황−불황 연쇄의 여러 국면에서 특정 회사가 취하는 양상에 대해서는 다음 같이 진술할 수 있다.

수식의 약어는 다음 같다. ea=수익; pr=생산물 판매가격; exp=생산물 생산비용; mar=생산물 판매 이윤, 즉 pr−exp: cap=최초 실효 자본화금액; yp=연간 구매금액(현재 이자율=int) 즉, $\frac{1}{\text{int}}$, (위험 요인은 무시); cr= 특정 자본의 정상적 신용 확대, 즉 $\frac{cap}{n}=f(\frac{cap}{\text{int}})$,

초기 단계에서는 다음과 같이 된다.

ea = (mar = pr − exp)outp,

$$cap = ea \times yp = \frac{ea}{int'},$$

$$cr = \frac{cap}{n}$$

후속 국면, 즉 호황기 국면에서는 다음과 같이 된다.

ea′ = ea + Δ ea = mar′ × outp
= [(pr′ = pr + Δ pr) − exp] outp
= (mar + Δ mar)outp > ea,

$$cap' = \frac{ea'}{int} = \frac{ea + \Delta ea}{int} > cap,$$

$$cr' = \frac{cap'}{n} = \frac{cap + \Delta cap}{n} > cr.$$

최종 국면, 즉 불황 국면에서는 다음과 같이 된다.

ea″ = ea′ − Δea′ = mar″ × outp
= [pr′ − (exp′ = exp + Δexp)] outp < ea′

$$cap'' = \frac{ca''}{int} = \frac{ea' - \Delta ea'}{int} < cap',$$

$$cr'' = \frac{cap''}{n} = \frac{cap' + \Delta cap'}{n} < cr'.$$

설명의 단순화를 위해 여기서는 위험 요소와 할인율 변동 또는 생산량 변화에 대해서는 모두 고려하지 않는다. 이런 것들을 변수로 포함하여 계산하더라도 그 결과는 대체로 동일하다. 이러한 것들은 이미 포함되어 있는 변수들의 함수이며, 따라서 이러한 변수들을 포함하게 되면 대체로 현재의 계산에 그러나 그 같은 사태가 발생했을 경우 어느 유력한 채권자가 채무자의 현재 수익능력으로는 그의 담보물의 평가액에 기초한 자본화 금액을 보장할 수 없다는 사실을 확인했을 때 전반적인 파국이 일어난다. 그 채권자는 자신의 재산을 지키기 위해 대부의 확장을 거부할 수밖에 없고, 강제 상환을 요구할 수밖에 없게 된다. 그런 식으로 상환을 하게 되면 생산물 가격이 시중 가격 이하로 떨어지고, 경쟁회사들은 이윤이 감소하여 지불불능 상태에 이르게 된다. 그리하여 자본화 금액의 재조정이 확대된다.

그 결과로 계속되는 상환 연쇄의 시발점은 많은 경우 일부 은행의 파산에서 비롯되지만, 이 경우에 그런 은행은 자금의 대부분을 위에서 말한 부류의 산업적 기업에 '불량' 대부로 '동결'시켜 놓았다.12

상환기에는 재자본화와 소유권의 재분배가 급속하게 진행된다. 이때 채권자 측에서 법률적으로 관대한 조치를 취하거나 기업계의 신용 확대에 대해 정부가 현명하고 신중한 조치를 취하면 그러한 급격한 진행이 크게 완화될 수도 있고 또한 가치 축소의 범위가 골고루 균등하게 분배될 수도 있다. 그러한 완화 조치는 최근에 일어난 일명 '비켜간 공황(an averted crisis)'이라고도 불리는 최근의 긴급한 상황에서 실시되었는데 그 효과는 상당히 양호했다. 그러나 그러한 사태가 위에서 말한 조건, 즉 수익능력과 자본화 금액 간의 격차가 크고 일반화된 경우에는 가치의 급격한 재조정이 불가피하다.

의해 나타난 변동 폭이 증폭된다.

12 공황은 온전한 의미의 산업적 기업이 아닌 다른 곳에 신용을 확대하는 경우에 발생하기도 한다. 예를 들면, 1837년에 발생한 미국 공황*이 그런 경우에 해당된다. 그 당시에 투기적 토지가격과 그에 기초한 신용으로 인해 명백하고 참담한 인플레이션이 일어났다. 그 경우에는 문제의 토지가격의 과잉자본화가 공황을 일으켰다고 말하더라도 [공황] 개념을 확장하는 것은 아니다. 물론 자본된 토지는 기업 목적을 위한 '자본'이다. 그것은 자본화되어 화폐시장 속에 편입된 그 밖의 모든 가치와 동일하다.

* 미국 역사 최초의 공황—옮긴이

이미 한두 차례 언급한 바 있듯이, 공황기에 일어나는 상환의 실질적이고 직접적인 결과는 상환에 의한 재산 소유권의 재분배이다. 이러한 재분배 결과 채권자와 그 외 청구권자는 파산한 채무자의 희생을 바탕으로 이득을 취하게 된다. 이러한 상황에서는 다수의 채권자들은 서로 협력하여 일단의 채무자들에게 조속한 상환을 하도록 압력을 가하여 철저하게 이익을 챙기려 하고, 그때마다 상환의 지연 기간을 최소한도로 줄여서 가능한 한 많은 이득을 얻고자 한다. 이는 논리적으로 보면 어쩌면 당연한 일일 수도 있다.

그러한 행동을 취하는 것이 논리적으로 당연할 수도 있지만 그렇다고 해서 그러한 상황에서 다수의 채권자들은 실제로 그러한 행동을 취하지는 않는다. 여기에는 여러 가지 이유가 있다. 물론 채권자들이 인간적으로 인정을 베풀어서 채무자들의 희생을 바탕으로 이득을 챙기려는 충동이 누그러진 것은 결코 아니다. 주식시장과 화폐시장에서의 조작은 실물 교육을 계속해서 반복적으로 실시하여 [채권자들에게] 다음 같은 신념을 가지도록 요구하기 때문이다. 즉 어떤 기업가가 다른 기업가의 이득을 취할 때는 (다른 기업가가 납득할 만한 조건에서 이득을 획득하는 경우에만) 인도주의를 베풀지 않고 이득을 취득하라고 가르친다. 그런데 비교적 대규모 사업에 종사하는 사람들의 보편적인 특성은 근시안적 사고를 가지고 있거나 인습적인 일상적 업무 이외의 일에 대해서는 통찰력을 결여하고 있다는 것이다.

그리하여 급격한 상환이 이루어질 때처럼 평가액이 저하된 채무자의 자산에서 거둬들이는 이득은 물질적 면에서는 거대 채권자에게는 명백하게 이득이 될 수는 있다. 그러나 그런 경우에 그는 빛 속에 있는 물질을 보지 못하고 있는 것이다. 왜냐하면, 상환을 할 때는 해당 재산의 화폐가치가 축소되었는데도 기업가―채권자이든 채무자이든―는 평소에 해당 재산의 현재 화폐평가액 또는 눈앞에 보이는 금액 이상을 보는 습관을 결여하고 있기 때문이다. 기업 거래에서 인습적인 기본선은 당연히 화폐가치이다. 따라서 이러한 기본선이 요동치고 때로는 갑자기 변동하는 명백한 사실을 인식하는 것은 기업가의 현재의 이해능력을 넘어선다. 화폐가치는 기업가가 평소에 가지고 있는 기준점이다. 때문에 기업가는 위의 사실에도 불구하고 이러한 기준점은 안정되어 있다는 확신을 고수한다.13

이러한 사실을 어느 정도 인식했을 때 때때로 거액을 거래하는 것은 당연한 일이다. 일부 거대 기업가는 필수적인 지식수준을 갖고 있으며, 또한 기업거래에서 화폐의 기본선은 불안정하고 또 쉽게 조작할 수 있다는 사실을 이해하고 이에 충분히 대응하기도 한다. 그리하여 그들은 굉장한 이득을 얻고 탁월한 성과를 성취하려면 각고의 노력을 기울여야 한다. 부연하자면, 기업계가 그 정도의 통찰력을 공유하고 있었더라면, 현재 진행되고 있는 기업거래는 기본선을 상실하여 붕괴되었을 수도 있다. 그 같은 완성에 도달하는 데 아직도 많은 것을 결여하고 있는데 그중에서 가장 절실하게 필요한 것은 기업자본을 지금까지 도달한 것보다 더 철저하게 무형의 형태로 전환하는 것이다. 그것은 먼 미래의 일이 아니다.14

---

13 대부분의 경우 거액의 재산 축적은 화폐가치의 기본선의 변동을 통해서 이루어진다. 혹자는 후기 근대시대에는 이러한 기본선을 저축과 자본화의 '통상적인' 방법이라고 말한다. 주식시장 밖에서 일어나는 가격의 변동과 마찬가지로 주식시장과 화폐시장의 변동도 물론 이러한 성질을 띠고 있다. 성공한 주식회사의 사업자들이 가진 거액의 이득도 대부분 이러한 방식에 의해 획득한 것이다. 그러한 이득은 일단의 산업설비의 화폐가치의 확장에 따른 것으로 이러한 설비의 물리적 성격의 변화와는 무관하다. 즉 거액의 재산은 그 같은 기본선의 변동에서 비롯된다고 말하는 것과 매한가지다. 이러한 사실에 보면 일정한 양의 자본이 거액으로 불어나는 것은 그러한 기본선의 변동에서 비롯된다고 할 수 있다. 거액의 이윤은 자본의 형태에서 형성되며, 가격변동에 의해 획득된다. 129쪽의 주30)를 보라.
14 이러한 방향의 추세에 대해 스테트슨 씨는 뉴욕변호사협회 석상에서 다음과 같이 주창했고 이어서 미국산업위원회 석상에서 제창한 바 있다. "전체 자본 중의 어떤 부분에 대해서도 명목가치로도 화폐가치로도 비례적으로 대표하지 않는 자본주(資本主)를 가진 특수한 부류의 주식회사 설립을 허용한다."

그런데 상환 분위기가 무르익은 상황에서도 거대 채권자들로 하여금 채무자들에게 상환 압력을 가하지 못하게 하는 여러 제약들이 존재한다. 위에서 지적한 것처럼, 번영기 때 형성된 신용관계의 연쇄가 기업계 전반에 걸쳐 온 사방으로 퍼져 있다. 이 때문에 채권자 가운데서 채무자가 아닌 경우는 매우 드물다. 따라서 채권자-채무자 관계에서 채무자도 어느 정도 손실을 입는 처지에 있게 마련이다. 설사 이러한 손실이 채권자가 다른 채무자들의 희생을 바탕으로 얻는 최종 이득과 일치하지 않더라도 결과는 마찬가지이다. 이러한 상황 자체가 강력한 억제효과를 발휘한다. 위에서 기업가들은 평소에 화폐가치의 불안정성을 제대로 평가하는 능력을 결여하고 있다고 말했는데, 이러한 평가 능력의 결여를 고려하면, 상환이 임박했을 때 거대 채권자들이 상환의 가혹함을 완화하는 근시안적 행동을 하는 이유를 충분히 설명할 수가 있다.

여기서는 공황이나 번영기 '현상'은 산업 현상이 아니라 주로 기업현상이라고 설명했는데 이 점만 제외하면 그러한 설명은 통상적인 설명과 크게 다르지 않다. 어떤 공황기에서든 기계적 산업과정의 혼란이 현저하게 나타나는데 이러한 혼란은 금전적 거래의 혼란에서 비롯되는 것이지 그 역이 아니다. 산업과 기업은 다른 경우와 마찬가지로 상호 인과관계에 있지만, 그 같은 혼란을 일으키는 것은 산업과정이 아니라 기업거래이다.

산업은 기업의 사정에 의해 좌우되고, 기업 목적을 위해 운영된다. 따라서 기업에서 광범위한 변동이 일어나면 즉시 산업과정에 영향을 미친다. 기업의 사정은 산업의 활동을 확장 또는 축소시키기도 하고 또 생산고를 증가 또는 감축시키는 등 산업에 중요하고도 직접적인 영향

이와 같은 주식의 시장가치가 그 주식에 가진 유일한 가치이다. 때문에 거기에는 법률적으로 부여된 가치에 의한 기본선은 거의 남아있지 않다. 법률상의 가치(de jure value)가 더 이상 사실(fact)을 자유롭게 승인하는 것을 방해하지 않는다. *Report of the Industrial Commission*, vol. I. p. 976.

을 미친다. 번영기가 산업에 미치는 주요한 영향 중 하나는 사회에 물적 재화를 크게 증대시켜 준다는 점이다. 물론 증가한 물적 재화가 공평하게 분배되는 것은 아니다. 그중에서 많은 양은 거대 기업가에게 귀속되고, 결국에는 대부분이 계속되는 상환 연쇄 속에서 빠져나온 사람 수중에 귀속된다.

이러한 물질적 이득은 번영기 뒤에 나타나는 정체기에 흔히 발생하는 불가피한 낭비에 의해 어느 정도 상쇄된다. 또한 호경기 때는 평소의 소비량보다 월등히 많은 낭비성 지출을 하여 그러한 이득이 상쇄된다. 또한 번영기가 통화인플레이션에서 비롯된 경우가 아니면 통상적으로 낭비성 지출을 추동한다. 이를테면, 군수물자 수요의 지속적인 증가, 육해군 군비증강에 따른 수요 증대, 차별적 보호관세에 의해 기업 경영에 대한 간섭 등이 그러한 경우이다. 미국과 독일의 최근의 역사는 어떤 방법으로 번영기를 추동하는지 실례를 보여준다. 이러한 방법들은 기본적으로 성질상 산업 생산물 또는 에너지를 낭비한다는 점에 주목할 필요가 있다. 그럼에도 불구하고 [이러한 방법들에 의해] 성취된 번영은 여러 산업계급들의 편의를 증대시켰을 뿐만 아니라 산업활동을 증진시키는 유익한 결과를 가져왔다는 사실을 인정해야 한다.

번영기에는 산업에 종사하는 노동자들에게도 특히 많은 이득이 돌아온다. 이러한 이득은 일정한 노동량에 더 많은 급료를 지급해서가 것이 아니라 동일한 임금 수준에서 더 많이 일을 하고, 고용량이 더 늘어났기 때문이다. 노동자들이 더 열심히 더 많이 일을 하여 충분한 생활수단을 획득할 수 있다면 번영기는 그들에게 아주 상당한 이득을 가져다 준다. 즉 번영기는 그들에게 이러한 종류의 기회를 제공한다. 그렇지만 번영―물가 수준의 상승―이 점차 고조되고 확산되면 생활비가 상승하여 고용증가에 의한 이득의 효과가 중화된다. 번영기가 진행되면 일정한 노동량에서 획득한 수입은 생활비가 상승함에 따라 일정 기간 동안 상쇄된다. 위에서 지적했듯이, 기업이 번영기에 얻은 이득의 대부분은 임금 인상이 물가 상승보다 느리게 진행되는 데 연유한다. 번영기가 종료되기 직전까지 임금이 인상되는 경우는 거의 없다. 임금 상승은 번영기가 지나가고 있음을 보여주는 하나의 징후이다. 또한 임금 인상이 어느 정도 보편화되면 그 자체의 고유한 효과에 의해 번영기를 종료시키는 것이 기업의 사정이다. 임금이 상승하면 번영기의 기초인 격차 가격이라는 가장 확실한 기반을 제거한다.

결국 공황기 또는 번영기는 특징이 매우 현저하지만 비교적 단순한 현상이다. 따라서 그것들에 대한 통상적인 설명 또한 평이한 편이다. 또한 그것들은 경제사 연구자들로부터 많은 주목을 받아왔다는 이점을 가지고 있다. 이에 반해 장기간의 빈궁상태에 기인하지 않는 장기불황 또는 기업거래 범위 밖의 상황에서 발생하는 재난에 기인하지 않는 장기불황은 경제이론에서 다뤄진 적이 없는 비교적 새로운 주제이다. 그러한 현상은 투기적 물가상승이나 투기적 공황에 비해 새롭고 불명확하며, 특징이 두드러지지 않고 또 시작과 끝이 불분명하다는 이유로 연구자들로부터 비교적 주목을 받지 못했다. 그리하여 기업이론의 관점에 입각한 불황의 생애사와 그 원인 및 결과에 대한 연구로부터 명확하고 확실한 결론을 이끌어내기가 쉽지 않다.

산업은 기업에 봉사하므로 산업 불황은 당연히 기업 불황으로 이어진다. 불황이 감지되는 곳은 기업이다. 왜냐하면, 경제적 민감성의 소재지는 경제활동의 기업적 측면에 있기 때문이다. 또한 불황을 측정하거나 평가할 때는 기업 (금전적) 측면에서 측정한다. 기계과정에서 그리고 산업과정의 기계적 접합에서 발생하는 혼란은 기업의 금전적 사정에서 비롯된다. 불황과 산업의 침체는 금전적 필요가 기업 거래를 억제하는 경우에 발생한다. 그러나 기업은 이윤을 추구한다. 따라서 이윤추구를 억제하면 당연히 기업의 추진력에 영향을 미친다. 산업 불황은 기업가가 수익을 얻기 위해 고안한 물적 산업설비를 설치한 산업과정에서 만족스런 이득을 뽑아내지 못하는 상태를 말한다. 산업 불황은 그들에게 아무런 가치가 없으며 심지어 금전적 피해를 입히기도 한다. 기업가들은 그러한 불일치가 산업적 기업의 공격적 추구를 방해한다고 생각한다. 그것은 대체로 '과잉생산(overproduction)'으로 표현되고 있다. 이에 대한 대안으로 '과소소비(underconsumption)'라는 용어가 고안되었지만 이 용어는 자주 사용되지 않는다.15

어떤 '과잉생산' 학설에 대해서든 그 타당성을 두고 논쟁이 제기되는데 이 문제에 대해서는 당면 목적상 일단 보류해 두기로 하자. 그 문제는 기업이론과는 관련이 없으며, 따라서 기업이론 목적에는 아무런 득실도 없다. 여기서 관심사는 기업가들이 그 개념을 수용하는 근거와 그들에게 이 개념이 어떤 의미를 가지고 있느냐 하는 것이다. 즉 여기서 주요한 관심은 일단의 기업가들이 실제로 지지하고 있는 '과잉생산' 학설에 설득력과 효력을 부여하는 사유습관을 탐구하는 것이다. 요컨대 우리가 관심을 가진 문제는 다음과 같다. 즉 과잉생산은 실제로 무엇을 의미하는가? 왜 그것을 지지하는가? 그것은 기업거래에 어떤 영향을 미치는가?

기업가들의 견해에서 종종 나타나는 '과잉생산' 또는 '과소소비'라는 표현은 공허한 도그마도 아니고 자신의 과오를 덮기 위한 교묘한 변명도 아니다. 그것은 실제로 매우 구체적인 상태를 의미한다. 그것은 기업이 지속적으로 활기를 잃고 침체상태에 빠져 있는 상황을 가리킨다. 비록 기업가들은 난국을 말할 때 항상 과잉생산으로 표현하지는 않지만 이 용어는 기업가들의 관념 속에 침체의 충분한 원인이 들어있음을 나타낸다. 다소 지루한 느낌을 주더라도 다음 같은 점은 지적하고 넘어갈 필요가 있다. 요컨대 '과잉생산' 개념은 물질적 및 기계적 측면과 관련된 것이 아니라 금전적 측면과 관련된다. 인간을 위한 용도 이상으로 재화와 생산설비의 잉여가 도를 넘어서고 있는데도 과잉생산 개념에

---

15 Hobson, *Problem of the Unemployed*, ch. V.; Vialles, *La consommation et les crises economiques*, 특히 "Introduction" 및 ch. III.

대해 전혀 진지하게 검토하지 않고 있다.

(1) 소비재 공급은 사실상 해당 사회가 그것을 소비할 수 있는 역량보다 클 수가 없다. 어떤 분야에서든 도를 넘는 과잉은 기껏해야 먼 미래에나 가능한 일이다.16 경제학 입문서들은 이러한 자명한 이치를 증명하고 있다고 주장하는데 거기에는 많은 설득력 있는 구절들이 들어 있다. 이 구절들은 인간의 욕구는 속성상 무한하게 확대된다는 사실을 보여주기 위해 많은 노력을 하고 있다. 그런데 거기서 우리가 배우는 것은 다만 이러한 욕구를 충족하기 위한 재화를 '획득하는 것은 어렵다'는 것뿐이다.

(2) 적어도 현대 산업체계에서는 불황기나 '불경기'에는 사용하고 있는 산업장비 및 과정의 작업능력을 초과할 만큼 많은 양을 생산하는 과잉생산은 존재하지 않는다. 또한 정상적인 노동 능력을 넘어서거나 노동자에게 잔업과 휴일근무를 요구할 만큼 많은 양을 생산하는 과잉생산은 존재하지 않는다. 오히려 실제로는 그 반대이다. 그런 상태는 어떤 과잉생산도 존재하지 않는 호황기에만 일어난다. 이러한 평범한 표현을 진지하게 논의하면 인쇄업자의 인내심을 하찮게 여기는 것처럼 보일 수도 있다. 아니면 그것을 '과학적 방법'의 경솔한 과잉으로 간주할 수도 있다. 그러나 과잉생산을 기계적 사실의 관점에서 해석할 경우 이 두 정식은 과잉생산을 일어나게 하는 모든 가능한 방식을 포괄하는 것으로 보인다. 이러한 측면에서 보면 불황기는 과소생산(underproduction) 시기이다. 불황기에는 공장을 절반만 가동하거나 전혀 가동하지 않는다. 때문에 소비자 수중에 들어오는 재화의 공급량은 안락한 생활을 위한 수요에는 턱없이 부족하다.

그러한 곤경은 물론 금전적 곤경을 말한다. 곤경 상태는 곧바로 기

---

16 그런 현상은 논리적으로는 이를테면 어획량이 물고기를 관리하는 노동자의 능력을 능가할 경우에 발생할 수가 있다. 이와 같은 실례에 호소하는 것은 명백히 어리석은 일이다.

업에 금전적 영향을 미치므로 기업가들은 곤경이라는 단어를 금전적 의미로 사용한다. 그것에 대한 하나의 대안 용어로 사용되는 단어가 '과당경쟁(excessive competition)'이다. 재화 또는 생산설비가 금전적 기준에서 적당량을 초과할 때, 즉 재화의 생산비를 충당하고 나서 상당한 이윤을 남기는 가격 측면에서 유효수요를 초과할 때가 과잉상태이다. 그것은 가격과 수익의 문제이다. 곤경 상태란 적정 가격으로 생산물을 충분히 처리할 수 있을 만큼 공장을 최대한도로 가동하지 못하거나 적정 이윤을 낳을 정도로 충분하게 공장을 가동하지 못하는 상태를 말한다. 또는 기업가들이 평소의 습관대로 그 명제를 거꾸로 뒤집어 보면, 적정 가격—투자액 및 경상비 대비 적정 이윤 또는 통상 이윤을 보장해주는 가격—에서 얻는 생산물보다 더 많은 생산물을 얻게 된다. 또한 생산능력이 매우 풍부해지고, 경쟁 생산자들도 아주 많아지며, 적정 가격으로 시장에 물품으로 공급하는 산업장비들도 아주 많아진다. 문제는 결국 공정 가격 및 통상 이윤 문제로 귀착된다.17

막대한 양의 미해결 신용 채무가 존재하는 경우에는 사태가 복잡해진다. 변제되지 않은 막대한 양의 이자 낳는 유가증권은 항상 존재하기 마련이다. 이러한 유가증권에 대한 청구액은 주식 배당금이 지불되기 전에 또는 그 증권을 발행한 산업적 기업에 이윤이 귀속되기 전에 변제하지 않으면 안 된다. 그와 유사한 다른 비용과 함께 이러한 고정비 탓에 이윤이 나오는 여지가 줄어들고, 침체기 때 산업을 관리하는 기업가들이 떠안은 불리한 여건이 증대한다. 그와 동시에 이러한 고정비로 인해 확실한 또는 상당한 손실을 입은 상태가 아니면 함부로 공장을 폐쇄할 수도 없다. 그래서 해당 기업가들은 어쩔 수 없이 사업을 계속해야 한다. 광범하게 산업이 결합되지 않으면 적정 이윤이 나오지 않는 경쟁가격으로 사업을 계속할 수밖에 없다.

---

17 Smart, *Studies in Economics*, ch. VII. 참조

공정 가격 및 적정 이윤 문제는 현행 이자율과 어느 정도 연관된다. '적정' 이윤율은 현행 이자율에 대해 합당한 비율을 유지하는 것을 말한다. 이윤과 이자율의 관계가 엄격하지 않더라도 현행 이자율이 제로 이하로 떨어지는 것을 방지하기 위한 일정한 기준선은 분명 존재한다. 신규 투자를 할 때는 현행 이자율에 기초하고 현재 이자율보다 높은 이윤을 약속하는 격차 이득의 확보를 목적으로 한다.

주지하다시피 불황기에는 전체 산업설비가 충분하게 가동하지 못한다. 불황기에는 많은 공장들이 완전히 휴업을 하거나 절반만 가동을 하며, 많은 노동자들이 일자리를 잃는다. 문제의 회사들은 적정 이윤으로 사업을 완전하게 운영할 수 없다. 그런데 불황이 평소와 달리 단기간에 끝나지 않을 것 같은데도 항상 어느 정도의 신규 투자가 계속 이루어진다. 일정한 양의 새로운 자본은 이미 싸움터에 있는 여러 회사들과 경쟁을 하며 여러 산업적 기업 속으로 들어간다.[18] 장기불황의 경우에도 그런 식의 투자가 진행되어 몇 년이 지나고 나면 투자한 금액은 상당한 규모의 산업장비를 사들일 정도로 제법 늘어난다. 그리하여 새로운 설비에 의한 생산물의 총 생산고가 크게 증가한다. 실제로 새로운 설비에 의한 생산물은 공급을 늘리고 가격을 하락시키는 중요한 요인이다.

그러나 불황기 때 이루어진 신규 투자도 적어도 처음에는 어느 정도 수익성이 있다. 이와 같이 대략적으로 말하면 그 점에 대해 의문을 품지 않을 수 없다. 그렇더라도 적어도 다음 같은 점은 분명하다. 즉 신규 투자를 할 때는 새로운 사업에 착수했을 때와 새로운 설비를 가동하기 시작했을 때 사이에 상황이 크게 변화하지 않는다면 당연히 수익성 여부를 신중하게 고려한다. 신설 회사를 발족할 때부터 완성할 때까지 기간이 오래 걸린다면, 그 회사를 설립할 당시에 아무리 신중하게

---

18 현재의 목적상, 상환을 마무리하고 또한 재평가되고 재편성된 자본화 금액과 일단의 채무를 가지고 재등장하는 회사들은 신규 투자를 하게 마련이다.

계획을 했더라도 그 사이에 상황이 크게 변하여 수익이 나오지 않을 수도 있다. 물론 사업자가 애초부터 투자 금액에 대해 이윤을 지불할 생각이 없는 사기성 기업들도 있다. 또한 침체기인데도 앞으로 호황기가 올 것을 기대하고 사전에 대비하여 사업에 뛰어드는 모험적 기업들도 항상 존재한다. 그러나 주요 명제의 요건을 한정하더라도 신규 투자를 할 때는 당연히 현재의 생산비와 가격, 이자율에 기초한 적정 이윤을 신중하게 고려한다.19

대부업자 측에서 보면 불황기 때의 이자율은 불만족스러울 수도 있다. 즉 호황기 때의 관행적인 이자율에 비하면 실망스러울 수도 있다. 그렇더라도 기업의 장애물을 대부업자의 실망과 낙담 속에서 찾으려 해서는 안 된다. 왜냐하면, 실제로 장기불황기에는 자금을 안전한 유가증권에 맡겨두기 때문이다.20 또한 [불황기에도] 계속 투자가 이루어지고 있는 것을 보면, 자본이 투자처를 찾지 못해서 곤란한 것도 아니고,

---

19 다음을 참조하라. L. Pohle, *Bevolkerungsbewegung, Kapitalbildung und periodische Wirtschaftskrisen*, 폴(L. Pohle)은 불황은 인구에 비해 자본이 부족할 때 발생한다고 결론을 내린다. 그에 따르면, 자본증가율이 인구증가율에 미치지 못할 때 주기적으로 불황이 발생한다.
한편, 다음 글을 참조하라. Macrosty, *Trusts and the State*, p. 133. 매크로스티(Macrosty)는 「왕립상공업불황위원회」에서의 증언을 이용하여 그 같은 시기에는 지속적으로 투자처를 찾아다니고 그리하여 기존에 투자한 자본과 경쟁을 하는 자본이 존재한다는 사실을 발견한다. 다음을 참조하라. *Final Report of the Royal Commission on Depression of Trade and Industry*(1886). "우리가 제시한 질문에 대해 상공회의소가 내놓은 답변은 본 위원회에 출석한 증인들이 한 진술을 확인해준다. 그 답변들은 거래량이 전반적으로 유지 또는 증가하더라도 많은 경우 그 가치가 축소하고 따라서 이윤이 현저하게 감소한다는 것을 증명해준다. 또한 그 답변들은 상업계에서 다음 같은 확신이 얼마나 일상화되었는지를 보여준다. 즉 상업계에서는 외국이 과잉생산, 가격 하락, 고율 관세에 힘입어 효과적으로 경쟁하고 있는 것이 현재 이 나라의 상업과 공업을 이러한 위치에 처하게 한 원인이라고 믿는다"(pp. ix.x). 위의 보고서 pp. xi~xv도 참조하라.
20 다음을 참고하라. Burton, *Crises and Depressions*, ch. IV, 특히 pp 113~115.

또 투자에서 적정 이윤을 확보할 전망이 보이지 않아서 곤란한 것도 아님을 입증하고 있다. 공황기가 아니면 실제로 막대한 양의 유동자금이 시장에서 빠져나가지 않는다. 공황기에 일어나는 일은 또 다른 문제이다. 또 하나 추가할 점은 불황기라도 이자율이 현격히 낮을 필요는 없다는 것이다. 마찬가지로 호황기라고 해서 이자율이 항상 현격하게 높은 것은 아니다.

그러나 저금리나 이자율이 하락하면 기업 상황을 효과적으로 침체상태로 몰고 간다. 물론 이자율이 하락하지 않더라도 불황이 지속되는 경우도 있다. 저금리 또는 이자율 하락이 기업을 침체상태로 몰고가는 기준선 중 하나는 다음과 같다. 즉 산업에 종사하는 기존 회사들(특히 주식회사들)은 차용증서, 저당권, 이자 낳는 유가증권(우선주 및 채권) 등에 대해 상당한 액수의 미지불 고정비용(이자)을 가지고 있다. 이러한 미해결 채무 및 유가증권 중에는 이전의 고금리 또는 고이윤 시기에 계약하거나 '발행'된 것도 있고, 고금리 시기가 지난 후에 계약한 것도 있다.

전자의 경우에는 이러한 이자 비용이 그러한 것들이 기초하고 있는 재산의 현재 자본화 가치에 비해 지나치게 높다. 이 경우 자본화 금액은 이러한 재산을 대체하는 현재의 비용 그리고 이러한 대체 비용이 낳는 현재의 이자 비용에 기초하여 계산한 것이다. 후자의 경우에는 해당 재산 항목의 원래 자본화 금액을 해당 시기의 높은 이자율에 맞추기 위해 낮은 액수의 (실효) 재자본화 금액으로 조정하게 된다. 그래서 이후의 저금리 시기에는 이러한 재자본화 금액에 대한 고정 비용이 그 재산의 현행 실효 자본화 금액에 비해 월등히 높아진다. 이자 비용 면에서 보면 그것들[유가증권 등]로 대표되는 재산의 현재의 수익능력에 비해 채무가 과도하다.[21]

---

21 보다 상세하게 살펴보면, 고금리 및 왕성한 기업 활동 기간에 유통되는 이자 낳는 유가증권에 대해서는 다음 같은 일이 발생한다. 현행 이자율이 높아지면 (배당금 또는 이자 등의) 고정 비용을 가진 유가증권의 시장 가치가 하락

그 같은 고정 이자 비용을 지불해야 하는 기업은 신설 회사나 파산

한다. 즉 이러한 고정 수익률에 대한 청구액의 실효 자본화 금액은 (시장 가치로 표시할 경우) 가치가 축소된다. 그와 동시에 이러한 재편성 시기에는 기업활동이 왕성하므로, 이러한 유가증권들이 의지하고 있는 재산의 (실제 또는 예상) 수익능력은 그 유가증권이 발행되는 시점의 수익능력 이상으로 증가한다. 그리하여 이러한 재산(산업설비)은 그 유가증권 발행 당시보다 높은 시장가치로 재자본화된다. 실효 재자본화 금액은 시장 시세로 표시하면 당면 목적에서는 양쪽 해당 항목의 가치에 동일한 효과를 낳는다. 왜냐하면, 이러한 효과는 이전에 그 유가증권으로 대표되는 재산을 충당하지 않고 새로 신용을 확장할 때 부동산 담보 대부 또는 이자 낳는 유가증권 형태로 담보물로 사용할 수 있는 여지를 남겨놓기 때문이다. 통상적으로 기업을 운영할 때 재산(담보물)에 대한 현재의 (비교적 높은) 자본화 금액의 가치와 그것이 의지하고 있는 유가증권에 대한 현재의 (비교적 낮은) 자본화 금액의 가치 사이의 이러한 가용 여지는 신규 신용의 확장으로 인해 즉시 사라진다. 이러한 신용의 확장이 대부, 채권, 우선주 등의 확실한 형태를 취하든 아니면 계약서 등에 의한 거래의 채무 같은 비교적 모호한 형태를 취하든 유가증권과 그 기초는 다음과 같은 영향을 받는다. 즉 동일한 액수의 이자 비용을 가진 동일한 명목적 가치의 유가증권은 이런 식으로 자본화 금액을 재조정한 후에는 본래 그 유가증권이 기초했던 것보다 더 적은 일단의 물적 산업설비에 의존하게 된다. 불황이 일어나서 수익률과 이자율이 하락하면, 고정 수익률을 가진 유가증권의 실효 자본화 금액은 (그 유가증권이 안전하다고 가정하면) 낮은 이자율에 상응하는 만큼 증가한다. 반면에 이러한 유가증권(그 기간에 추가된 모든 것을 포함)이 의지하고 있는 일단의 산업설비의 자본화 금액은 동일한 사실에 상응하여 축소된다. 고금리 기간 동안 재자본화를 거쳐 조정한 결과 다시 격차가 발생하나 그 방향은 반대이다. 때문에 이러한 격차는 바로잡을 수가 없다. 왜냐하면 이전에는 조정을 가능하게 했던 여지가 사라진 반면, 다른 측면에서는 그에 상응하는 여지가 출현하지 않았기 때문이다. 기업은 장부상으로 적자가 나면 거래를 하지 않는다(다만 회계 업무가 기초로 하고 있는 전제를 위반하도록 압력이 가해지는 경우는 예외이다).

119쪽 주 19)에서 사용한 표기법에 따라 1 = 고정 비용을 가진 유가증권의 액면가치, r = 연간 고정 비용 비율, l´ = 이러한 유가증권의 시장가치(유효 자본화 금액)로 하면, 다음과 같다.

$$cap´ = ea(yp = \frac{1}{int}), \quad l´ = \frac{lr}{int}$$

그러나 int가 int´(= int + Δint)가 되면,

$$l´은 \quad l´´ = \frac{lr}{(int + \Delta int = int´)} < l´이 된다.$$

그와 동시에 cap´는 $cap´´ = \frac{ea + \Delta ea}{int + \Delta int} = \frac{ea´}{int´}$가 된다.

반면에 이자율이 하락하는 시기에는

직전에 있거나 인수자 손에 넘어간 회사의 경우 기존에 설립된 회사들과 경쟁을 해야 하기 때문에 더욱 불리해진다. 이러한 신설 회사 또는 회생한 회사들은 고금리 때부터 내려오는 고정 비용의 지불 부담을 가지지 않는다. 그리하여 이들 회사는 실효 자본화 금액을 설비 생산비—회사의 수익능력—를 기준으로 하든 그 회사 유가증권의 시장가치로 계산하든 자체 재산의 현재 실효 자본화 금액이 보장하는 만큼만 이자 비용을 부담하면 된다. 이러한 부담에서 벗어난 경쟁자들은 현행 가격에서 적정 이윤을 벌어들일 수 있다. 그러므로 그런 회사들은 사실상 과잉자본화된 재산에 대해 이자를 지불했기 때문에 그런 회사들이 경쟁시장에 존재하면 다른 회사들이 적정 이윤을 벌어들일 수준으로 가격이 상승하는 것을 방해한다.

지금까지의 불황에 관한 잠정적인 설명은 불황기 중에서 비교적 이자율이 낮은 경우에만 적용된다. 그런데 불황기라고 해서 모두 저금리인 것은 아니다. 그 외에도 다른 사실들이 위와 같은 설명을 적용하는 것을 제한하기도 한다. 예를 들면, 장기불황의 경우 이자율이 점진적으로 하락한다는 전제 하에서만 위와 같은 논의가 설득력을 가진다. 실제로 장기불황기에 이자율이 점진적으로 하락하는 경우는 드물다.

그러나 이러한 설명은 불황기를 구성하는 현상에는 제한적으로만 적용되나 나머지 현상들에 대해 설명할 때 다른 식으로 고찰할 수 있는 길을 열어준다. 이러한 설명은 공인된 자본화 금액, 이자 비용, 수익능력 간의 격차가 생기는 원인을 밝혀내지 못한다는 데 난점이 있다. 그 경우에 적용할 수 있는 유일한 대책은 (투기적 경기고양이 일어나지 않는다면) 가치가 낮은 수준으로 떨어진 회사의 설비 생산비를 저하된 수익능력에 맞게 재자본화하는 방법뿐이다. 그러나 현재의 법률적 조건에서는 (파산상태가 아니면) 이와 같은 대책은 이자 낳는 유가증권에는 적

$int' = int - \Delta int$가 되고, 따라서 $1'' = \dfrac{lr}{(int' = int - \Delta int)} > 1'$이 된다.

용할 수가 없다. 또한 그 밖의 자본화된 재산에 대해서도 그러한 대책을 적용하는 것을 매우 꺼리는 분위기이다. 게다가 주식회사의 주식에 적용한 것처럼 공개적으로 재자본화를 실행하는 것도 사실상 매우 곤란하다. 그 주식이 표면적으로 그 회사 공장의 자본화된 가치를 표시하고 있는 경우에는 특히 그러하다.

이리하여 명목가치를 수익능력으로 표시되는 실제 가치로 재조정하는 일이 어느 정도까지는 계속 진행된다. 그러나 그러한 재조정은 해당 사실의 범위 전체를 충족하지 못하고, 거의 항상 그 필요성에 대한 압박이 어느 정도 가해지고 난 다음에야 마지못해 양보해서 이루어진다. 그리하여 그러한 난관은 계속 누적되어 그 같은 재조정만으로는 계속 누적되는 난관을 극복할 수가 없다.

공인된 자본화 금액과 현재의 수익능력 사이의 격차는 위에서 논의한 누적되는 격차와 유사하지만 현대의 상황에서는 이자율 하락과는 별개로 발생한다. 위에서 잠정적으로 처리한 격차는 이자율 하락에서 비롯된 것으로 그것은 이전의 설비의 명목가치(공인된 자본화 금액)와 현재의 실제 가치 사이의 격차이다. 이때 전자는 이전의 수익능력 또는 최초의 설비비에 기초하여 계산한 것이고, 후자는 낮은 설비비의 이점 또는 달리 말하면 수익능력 단위당 낮은 이자 비용의 이점을 가진 경쟁상대와 경쟁을 하는 현재의 수익능력에 기초하여 계산한 것이다. 가격 인플레이션도 투기적 물가상승을 유발하는 외부 원인도 개입하지 않는다면, 이후의 체제 즉 기계제 생산이 더욱 발전된 체제에서는 특정 설비의 과거 생산비와 후속 시대의 그와 동일한 또는 유사한 설비의 현재 생산비 사이에 격차가 지속적으로 더욱 벌어진다.22

---

22 홉슨*(Hobson, *Problem of the Unemployed*, ch. V)의 저작과 투간-바라노프스키(*Handelskrisen*, ch. I, VI)의 저작을 비교하라. 투간-바라노프스키는 자신의 비평(위의 책, pp. 191~193)에서 명백하게 홉슨의 설명을 잘못 이해하여 홉슨의 이론뿐 아니라 홉슨이 든 실례들까지도 오해하고 있다. 사실 홉슨의 설명은 투간 자신의 설명과 매우 유사하다. 다음 글도 보라.

완제품의 가격이 안정되어 있거나 우리 논의의 목적상 무시해도 좋을 정도로 경미하게 변동한다고 가정해 두자. 또 이자율의 변동도 마찬가지로 무시할 정도로 미미하다고 가정하기로 하자. 달리 말해서, 기업계가 거창한 기대감에 부풀어 있거나 두려움에 젖어 있지 않고 보통의 정상적인 건전한 상태에 있다고 가정해 두자. 그러면 현대의 상황처럼 기계제 산업이 지배하는 현대의 환경에서는 외부의 혼란이 개입하지 않아도 사태는 늘 불안정하다. 현대의 상황이 불안정한 것은 자체의 과정 속에서 여러 요인들이 작용하고 있기 때문인데 이러한 요인들은 대개 불황을 누적시키는 방향으로 작동한다.

위에서는 비교적 저금리(이자율 하락)가 산업적 기업을 효과적으로 압박하는 것은 설비에 대한 과거의 공인된 자본화 금액과 그와 동등한 수익능력을 가진 새로운 설비비 사이에 격차를 만들어냄으로써 가능하다고 밝혔다. 그런데 지난 20년 동안 진전된 바처럼 기계제 산업이 완전히 발달한 상황에서는 산업과정이 점진적으로 중단 없이 누적적으로 향상하여 위와 동일한 격차가 발생한다. 종래의 경제학자들이 평소에 말하듯이 '산업기술의 상태'는 잠시라도 정지 상태에 있지 않다. 산업기술이나 기업번영에 관한 '정태적' 이론은 어떤 것이든 산업상황에 관한 '정태' 이론의 목적에서조차 지지를 받지 못하고 있다. 진행 중인 과정의 효율성이 누진적으로 증대하는 것은 산업상황의 일반적인 속성이

Hobson, *Modern Capitalism*, ch. VII 중 특히 8절, 16절.

* 홉슨(John Atkinson Hobson: 1858~1940)은 영국의 사회경제학자로 제국주의와 경기변동연구로 유명하다. 1902년에 저술한 『제국주의』는 후일 레닌의 『제국주의』(1916)에 영향을 주었다. 다만 레닌은 마르크스주의 영향을 받아 제국주의를 자본주의 최고의 단계라는 역사적 단계로 이해한 반면 홉슨은 자본수출, 금융업자의 이해관계와 정치적 음모가 복합적으로 결합된 결과라고 본다. 따라서 부의 재분배 등 민주주의적 노력에 의해 시정된다는 사회개량주의적 입장을 취하고, 또한 경기변동은 순수한 시장논리에 의한 것이라 과소소비 등 경제 외적 요인의 복합적 결과라고 주장하여 고전파 경제학자들로부터 이단 경제학자라 비판을 받기도 한다. ─옮긴이

다. 연속되는 어느 두 해를 보더라도 산업기술의 효율성이 동일한 수준에 있는 경우는 없다. 실제로 '생산기간(period of production)'은 효율성이 동일한 수준에서 시작하고 종료된다고 해석해서는 안 된다. 포괄적인 과정 안에 있는 산업들은 범위가 계속 넓어지고 그와 동시에 더욱 긴밀하게 결합된다. 이러한 현상은 모든 분야의 산업적 기업에 어느 정도 동일한 방향으로 영향을 미친다.

모든 산업적 기업이 투자를 할 때 또는 산업에 종사하는 기업가들이 판매용 재화를 생산할 때 이용하는 설비 항목들(공장, 재료 및 영업권의 일부)은 그 자체가 기계제 산업의 생산물이다. 기계과정은 지속적으로 효율성이 향상되어 기계과정에 필요한 기계장치와 재료를 만드는 비용이 점점 낮아진다. 그리하여 기계과정이 한 단계씩 향상될 때마다 생산비는 낮아지고 효율성은 높아진다.23 이것은 더 이상 영업 비법으로 다뤄지고 또 영속적인 격차 이익을 낳기 위해 국지적이고 제한적인 범위 안에서 사용되는 독창적인 장치의 산발적인 결과가 아니다.

'자본재'의 생산비용은 그것을 생산하는 과정에서 꾸준히 점진적으로 낮아진다. 경쟁시장에서는 각 구매자들이 이러한 생산비 저하 속도를 체감하는 정도가 약간씩 다르긴 하나 그러한 생산비 저하는 모든 구매자들이 구매하는 자본재의 가격에 반영된다. 그런데 이러한 가격 저하로 인해 각별히 이익을 보는 구매자들은 주로 새로운 산업설비를 도입하거나 종래의 산업설비를 확장하여 사업을 개시하는 신규 투자자들이다. 새로운 사업을 개시하거나 기존 사업을 확장하는 경우에는 그 전에 사업을 시작한 선임자들에 비해 낮은 수준의 비용으로 이익을 얻는 주력 상품을 경쟁적으로 생산하고 판매한다. 이들은 새로운 설비의 총 가치를 계속해서 낮추어가면서 일정한 양의 판매가능한 생산물을 생산한

---

23 이러한 가속화를 일으키는 대표적인 요인은 기계에 의한 기계의 생산이지만, 실제로는 기계 장치 및 그 밖의 물적 요인, 특히 산업에서 사용하는 재료의 생산 등도 포함된다.

다. 즉 생산자들이 공모하여 생산고를 조절하거나 가격을 제한하지 않는다면, 신규 사업자는 선임자들이 재화를 공급할 때 만족하던 가격보다 낮은 수준의 가격으로 생산을 하여 경쟁가격은 계속 낮아진다.

또한 종래의 설비와 과정은 새로운 경쟁가격으로는 그리고 생산비 측면에서 여전히 종래의 기반에 머물러 있는 생산고로는 더 이상 예전에 공인된 자본화 금액에 상응하는 수익을 낼 수가 없게 된다.24 그리하여 기계적 산업은 본질적으로 다음과 같이 될 수밖에 없다. 즉 모든 산업적 기업은 출범 당시부터 수익능력이 하락 추세에 있고, 또한 초기의 예상 수익능력에 기초한 자본화 금액도 출범 당시부터 점진적으로 낮아지기 시작한다. '기간산업(instrumental industries)'에서 기계과정의 효율성이 증대하면서 비용과 자본화 금액 사이에 격차가 발생한다. 그리하여 수익능력의 하락에 상응하여 점진적으로 자본화 금액의 조정이 필요하지만 그렇게 조정하는 것은 현실적으로 불가능하다.

투자를 할 때나 기업을 경영할 때 이자 낳는 유가증권 또는 그와 유사한 대부의 방법으로 신용을 사용하는 경우 이러한 신용 요소가 그 유가증권에 딸린 고정비로 인해 재조정이 지연된다. 이러한 지연은 자기 자본화 금액의 저하를 꺼리는 기업가들에 의해 강화되어 점점 비등하는 재자본화의 요구에 맞춰 재자본화를 실행하는 것을 방해하는 효과를 충분히 발휘하게 된다. 그 결과 공개적인 경쟁의 장에서는 산업투자에 대한 적정 이윤율 또는 '정상' 이윤율에 영원히 도달할 수 없게 된다. 그러므로 이와 같이 이자율을 통해서 기업 불황을 효과적으로 촉

---

24 기존의 화사들은 과거의 비용에 기초하여 자본화를 실행했기 때문에 종래의 설비에 대해서는 $cap = f(cost)$로 설정할 수 있다. 그러나 동등한 수익능력을 가진 새로운 설비에 대해서는 $cap_1 = f(cost_1 = cost - \Delta cost)$로 설정할 수 있다. 그러므로 수익률$[= f\dfrac{ea}{cost}]$은 비용이 낮아지는 것만큼 점진적으로 높아진다.

$$f(\frac{ea}{cost}) < f(\frac{ea}{cost - \Delta cost}) < f(\frac{ea}{cost - 2\Delta cost}),\ \text{이하 계속.}$$

진하기 위해 굳이 이자율을 올리거나 내릴 필요가 없다. 또한 이자율이 비교적 높거나 낮아야 할 필요도 모든 분야에서 균일할 필요도 없다. 다만 각 분야마다 일정한 이자율이 존재해야 하며, 또 산업에 투자를 할 때는 상당량의 신용이 존재해야 한다. 실제로 현대의 모든 산업적 기업에는 신용 요소가 존재한다. 그러므로 위에서 지적한 신용 사용의 효과는 현대의 상황에서는 항구적으로 존재하는 요인으로 간주해야 한다.

그런데 이러한 모든 산업에 보편적으로 존재하는 신용 요소와는 별개로 산업의 능률이 지난 몇 년 동안 향상된 것만큼 점진적으로 향상되면서 신용 요소의 존재와 유사한 효과가 나타났다. 앞의 장에서 지적한 것처럼, 기업가는 자신의 재산을 그리고 지출과 수입을 장부에 기재할 때 기계적 유용성이나 소비 효과보다는 화폐가치를 기준으로 계산하여 기재한다. 기업의 거래와 그 성과는 화폐단위를 기준으로 표준화된다. 반면에 산업과정과 생산고는 물리적 척도(기계적 효율성)를 기준으로 표준화된다. 요즘 기업계의 관행에서는 화폐단위를 표준 척도로 승인하고 취급하고 있다. 기업 거래의 범위 내에서는 그러한 표준 단위의 안정성에 대해 사실상 아무도 의문을 제기하지 않는다.

기업계의 실제 형이상학에 의하면, 화폐단위는 그 진실 여부에 상관없이 불변적인 것으로 간주한다. 대부분의 기업가들이 그러하듯이, 이러한 기업 형이상학에 고취되어 섬세한 성찰을 결여한 기업가는 자신의 대차대조표에서 가치의 표준 단위 수가 많으면 이해력이 풍부하다고 생각하고 적으면 이해력이 빈약하다고 생각한다. 투자 금액, 경비, 매상고, 수익, 고정 비용, 자본화 금액 등은 가치 단위를 기준으로 표시된다. 가치 단위를 기준으로 평가하여 수익 또는 자본화 금액이 감소하면 빈곤해진 것으로 간주한다. 그러므로 가치 단위상 자본화 금액이 감소하면 곤궁상태가 된다. 그러한 감소에 의해 물적 생산수단이나 생활수단 또는 편의수단에 대한 지배력이 약화되어 곤궁해지게 되면 마지못해 서서히 그러한 감소를 감수하게 된다.

마찬가지로 기업계에서도 기업가를 평가할 때는 보유 재산과 거래액의 금전적 규모를 기준으로 하지 보유하고 있는 시설이나 생산물의 기계적 유용성을 기준으로 하지 않는다. 이러한 식으로 높은 평가를 받는 것이 기업가가 평소에 가지고 있는 주요한 야망의 일부이다. 그러한 평가가 올라가면 자기만족과 자존감의 확고한 원천이 되고, 낮아지면 반대의 효과가 나타난다.25 외형상으로 금전적 감축이 일어나도 그러한 감축을 피할 수 없게 된 후에야 그것을 마지못해 서서히 최소한도로만 수용하게 된다. 그러나 이처럼 재평가에 대한 요구가 점차 확산되고 있는 현재의 상황에서는 그렇게 마지못해서 양보하듯이 재조정하는 것으로는 재조정에 대한 요구를 결코 충족할 수가 없다. 이러한 기업 정세의 추세를 다른 방향으로 돌려놓기 위해 일시적으로 외부 상황이 개입하지 않는 한 자본화 금액과 수익능력 간의 격차는 계속 유지된다. 이러한 관점에서 보면, 기계제 산업이 충분히 발달한 상태에서는 어느 정

---

25 129쪽 주 30)에서 사용한 표기법에 따라 Um을 물적 효율성 단위로 놓으면, 일정한 장비를 가진 기존에 설립된 회사 A, 즉 $Um(\mathrm{cap})a \backsimeq Ue(\mathrm{cap}) \backsimeq Um(\mathrm{cap}) \backsimeq Ue(\frac{\mathrm{ea}}{\mathrm{int}})$는 그에 상응하는 물적 설비($Um(\mathrm{cap})b$)를 가지고 낮은 비용으로 조달을 받고 낮은 수익(ea')과 낮은 고정비를 필요로 하는 신설 회사 B와 곧바로 경쟁관계에 있게 된다.

$$Um(\mathrm{cap})b \backsimeq Uc(\frac{(\mathrm{ea}-\Delta\mathrm{ea})}{\mathrm{int}}) = Ue(\mathrm{cap}' = \mathrm{cap} - \Delta\mathrm{cap}).$$

그러나 시장에서 $Um(\mathrm{cap})a$는 $Um(\mathrm{cap})b$의 경쟁자이다. 그리하여 경쟁적으로 수익을 낮추고 실효 자본화 금액이 낮아져서 A회사의 계정은 다음 같이 된다.

$$Um(\mathrm{cap})a \backsimeq Uc(\mathrm{cap}') = Uc(\mathrm{cap} - \Delta\mathrm{cap}) < Un(\mathrm{cap}).$$

사실상 A회사는 $Uc(\mathrm{cap} - \mathrm{cap}')$에 의해 과잉자본화된다. A회사의 명목자본은 $Un(\mathrm{cap})a \backsimeq Uc(\mathrm{cap}' + \Delta\mathrm{cap})$이지만 실효 자본화 금액은 $Uc(\mathrm{cap}')a = Uc(\mathrm{cap} - \Delta\mathrm{cap})$이다.

그러므로 이 경우에 기업가는 다음과 같이 손실을 입게 된다.

$$= f[Un(\frac{\mathrm{ea}}{\mathrm{int}}) - Uc(\frac{\mathrm{ea}-\Delta\mathrm{ea}}{\mathrm{int}})],$$

이것은 단순 함수이다. $Un(\mathrm{cap})a$와 $Uc(\mathrm{cap}')$ 사이의 격차는 대개 고정 금리를 가진 유가증권에서 나타난다. 이 때문에 A회사가 재조정을 꺼리는 것과는 별개로 재조정이 매우 어려워진다.

도 지속되는 장기불황은 기업의 정상적인 상태라 할 수 있다.26

기계제 산업의 과도한 확산과 효율성이 기업에 안겨주는 비참한 추세는 산업체계의 고유 영역과는 연관이 없는 몇 가지 요인의 개입에 의해 중지될 수도 있다. 물론 기계제 산업체계 내에도 위와 같은 추세를 지속적으로 완화하거나 때로는 정지시킬 수 있는 한두 가지 요인이 존재한다. 위에서 지적했듯이, 기업 문제는 기본적으로 가격 문제이다. 가격이 하락하여 기업의 이익에 광범위하게 영향을 미칠 때 불황으로 이어진다. 역으로 가격의 급등하면 그 원인이 어떠하든 기업의 발전이 가속화한다. 또한 가격이 급등하면 투기를 조장하기도 한다. 투기를 조장하는 조건은 다양한데 그중 대부분은 산업과정과는 무관한 것들이다. 그런데 투기 열풍에 대한 논의는 잠시 보류하기로 하자. 투기 열풍의 조장에 지대한 영향을 미치는 또 하나의 요인이 있다. 물가는 귀금속의 자유로운 공급이나 통화 인플레이션에 의해서 상승되기도 하고 또한 신용증서를 통화수단의 보조로 편리하게 이용함으로써 상승되기도 하는데 실제로 이러한 현상은 자주 나타났다. 그런데 산업의 능률이 높아지면 귀금속의 (물적) 생산비가 낮아져 귀금속의 공급이 용이해지고 그에 따라 산업용품 및 소비용품의 공급도 용이해진다. 그런데 귀금속의 공급 증대가 물가에 미치는 효과는 당연히 재화의 공급 증대가 물가에 미치는 효과와 반대로 나타난다. 이러한 효과는 기업이 장기불황으로 나아가는 추세를 교정하거나 완화하는 작용을 한다.27

---

26 위의 분석에 따르면, 과잉생산, 투기, 공황은 이윤의 최소화 경향에서 비롯된다는 투간의 주장은 마르크스의 이윤율 하락 이론과는 대조된다(*Kapital*, vol. III, ch. XV). 동일한 맥락에서 투간-바라노브스키(*Handelskrisen*, ch. VII)가 마르크스를 비판한 내용을 보라.

27 물론 귀금속의 원활한 공급은 유용성 면에서 보면 산업의 재화 생산에는 직접적으로 유용하지 않지만, 전체적인 목적에서 보면 총 재화를 증가시킨다는 점에서 기업의 번영에는 가장 유용한 방법일 수도 있다. 다른 형태의 재화 생산의 효율성이 급속히 향상하면 불황을 초래하여 기업의 이익에는 해롭다. 그러나 귀금속의 급격한 증가는 가격을 상승시켜 불황을 연기하고 산업활동

그런데 귀금속 생산비의 하락이 가진 유익한 효과를 제한하려는 일정한 상황이 전개된다. 귀금속의 (산업적) 생산비는 다른 재화의 생산비에 비하면 산업과정 향상의 영향을 덜 받는다. 적어도 최근의 경향은 그렇게 나타난다. 그러나 그보다 더 중요한 것은 화폐용 금속의 가치를 결정하는 일종의 특수성이다. 화폐용 금속의 연간 생산량은 당해에 전부 소비되지 않으며 거의 소비되지 않는 경우도 있다. 화폐용 금속이 화폐 용도로 소비되는 것은 우발적이거나 아주 천천히 소비된다. 특정 기간 동안 수중에 있는 화폐용 금속의 양은 상당히 많으며, 비교적 소모되지 않는다. 그리하여 연간 증가량은 총 공급량의 아주 작은 부분에 지나지 않는다. 그러므로 연간 공급량의 생산비 저하가 가용 공급량의 가치 총액에 미치는 영향은 비교적 경미하다.

산업용도이건 소비용도이건 판매용 생산물의 연간 생산고의 경우에는 사정이 다르다. 특히 신규 투자를 하거나 산업시설을 확장하는 경우에는 연간 생산고가 가용 공급량의 현재 가치를 좌우하는 매우 중요한 요인으로 작용한다. 물론 연간 생산고가 사실상의 유일한 요인이라고 할 수는 없다. 따라서 귀금속 생산고의 증가가 기업이 불황으로 나아가는 추세를 제한하는 경우는 귀금속이 자유롭게 공급되는 매우 예외적인 경우뿐이다. 이러한 요인은 통상적으로 '이윤의 최소화 경향'을 완화하는 작용을 할 뿐이다. 또한 이러한 완화 효과가 아무리 크더라도 기계제 산업 체제의 초기 국면에 비해 그것이 보편화된 현재의 기업 상황에서는 심대한 영향을 미치지 않는다. 귀금속 공급의 증대에 의한 가장 현저한 효과는 투기적 인플레이션에 자극을 가하는 것이다.[28]

여기서 제시한 불황에 관한 설명에서 주목할 점은 불황을 일종의 정신질병으로 취급하고 있다는 사실이다. 기업가들을 실망하게 하는 격

을 촉진한다는 점에서 기업의 물질적 이익에 큰 도움이 된다.

[28] 다음을 참조하라. Smart, *Studies in Economics*, Essay VI, "Must Prices Fall?" *Distribution of Incomes*, bk. II, ch. III.

차는 바로 전까지 그들이 평소에 희망하던 명목 자본화 금액과 현재 보유한 재산의 수익능력이 보장해 주는 실제로 자본화가 가능한 가치 사이의 격차이다. 그런데 흔히 보는 것처럼 기업가의 선입견이 이자 낳는 유가증권의 형태에 고정되어 있거나 법제화되어 있는 경우에는 이 정신질병을 치유하기가 매우 곤란하다. 설사 실제로 이러한 법제화된 정신질병이나 선입견 또는 그 이외의 모든 것이 화폐 단위의 안정성이라는 형이상학에 집중되어 있는 경우에도 역시 치유가 곤란하다.

그러나 불황이 주로 기업의 곤경을 수반하고 정서적 기초에 의거하고 있다 하더라도 불황은 산업에는 물론이고 기업의 이해관계 범위 밖에 있는 사회의 물질적 복지에도 중대한 영향을 미친다. 기업은 실제로는 형이상학적 기반 위에서 움직인다. 즉 물적 유용성이 아니라 명목적 재화에 따라 움직인다. 그러나 그렇다 하더라도 산업의 경로는 기업과 기업의 형이상학이 좌우한다.

기업이 침체기에 들어서면 산업도 당연히 침체기를 맞이한다. 그러나 이 문제는 신중하게 다룰 필요가 있다. 연간 생산고는 가격을 기준으로 측정한 경우가 아니면 활황기 때나 침체기 때나 대체로 극심한 변화가 없다. 즉 물적 기준으로 측정하면 활황기 때나 침체기 때나 생산고는 큰 격차가 없다. 다른 조건이 같다면, 총량과 총액으로 측정하면 총 생산고는 침체기 때가 활황기 때보다 더 적다. 그러나 이러한 기준으로 측정하면 가격으로 변환하여 표시했을 때보다 부족분이 훨씬 적어진다. 평균적으로 볼 때 총량과 총액으로 측정한 생산고는 사실 호황기 때보다도 장기불황기에 현저하게 낮을 필요가 없다.[29] 산업 생산

---

[29] 침체기에도 비록 속도는 느리지만 사업이 계속 진행되며 지속적으로 확장되고 향상된다. 불황 초기에는 생산이 중단되는 경우도 있기 하나 생산고는 꾸준히 증가하여, 이윽고 불황기가 본격화되기 시작할 때의 수준에 도달하게 된다. 부연하자면, 침체기에는 소비율도 현저하게 낮아진다. 소비 형태가 낭비적일 경우 특히 그러하다. 이러한 총 소비의 저하는 침체기 동안에 저하된 생산 집약도를 상쇄하기 때문에 총량과 총액을 기준으로 측정한 순 잉여생

고는 물론이고 기업 생산고도 불황기에도 몇 년 동안에는 (총량과 총액으로 계산하면) 호황기에 필적할 만큼 높지는 않지만 그와 비슷한 수준으로 증가하기도 한다. 그런데 침체기에서 활황기로 넘어갈 때는 (반드시 그런 것은 아니지만) 가치가 급격하게 상승한다. 반면에 그 반대의 경우에는 공황이 개입되지 않는 한 대개의 경우 가치가 완만하게 감소한다.

불황기 때 최대의 곤경은 계속되는 기업가들의 정신적 장애이다. 그 다음으로는 노동자들이 겪는 곤경이다. 노동자들은 부분적인 실업과 임금 하락으로 생활이 불안정하고 생계가 위축된다.[30] 그런데 임금이 하락한 불황기 동안에도 노동자들은 비교적 안정된 일자리를 계속해서 찾고 있는 것을 보면 노동자들이 겪는 손실은 실제적인 손실이라기보다는 외형적인 손실이라 할 수 있다. 왜냐하면, 상품 가격의 하락이 임금 하락을 상쇄하기 때문이다. 실제로 안정된 일자리를 가진 노동자의 경우에는 생활수단의 가격이 하락한 탓에 하락한 임금을 완전히 상쇄한다. 따라서 기업가의 경우와 마찬가지로 침체기에 노동자가 겪는 곤경은 어느 정도는 정신적, 정서적 문제라 할 수 있다.

사회의 나머지 사람들, 즉 기업 외부에 있거나 산업적 직업과 무관한 계급들, 말하자면 고정급 또는 그와 유사한 고정 수입으로 생활하는 (비산업적) 계급들에게 침체기는 살짝 위장된 축복이다. 그들은 정서적인 면에서는 기업계가 겪고 있는 감정적 손상으로 인해 고통을 겪지만, 생활수단의 편의와 저축 면에서는 활황기 때의 물가와 침체기 때의 물가 사이의 격차로 인해 이익을 취하게 된다. 이들 계급에게 번영기는 실제로는 손해만 끼친다.[31]

산물은 적어도 번영기에 비해 불황기에 현저하게 줄어들지는 않는다고 말해도 무방하다. 다음 보고서에 실린 증언을 참고하라. Carroll D. Wright, *Report of the Industrial Commission*, vol. VII. p. 25.
30 위에서 지적했듯이, 노동인구의 생활 규모 감소는 침체기 동안 감축된 총 생산고를 상쇄하는 주요한 요인이다.
31 여기서 다루고 있는 주제와 유사한 논의로는 다음 글을 참조하라. G.

불황은 일차적으로는 기업가가 겪는 정신질환이다. 이것이 곤경의 소재지이다. 산업의 정체와 노동자들 및 여타 계급들이 겪는 고통도 병적 징후의 성격을 띠고 있지만 그것은 이차적인 결과이다. 그리하여 어떤 치유책이라도 이러한 곤경의 감정적 소재지에 이르게 되고 또한 그에 관련된 기업자본의 명목 가치와 기업의 수익능력 사이의 균형을 회복하는 성질을 띨 수밖에 없다. 그래서 어떤 치유책이 효과를 발휘하려면 이윤율을 '적정' 수준으로 회복시켜 놓아야 한다. 즉 물가를 공인된 자본화 금액이 기초로 하는 수준으로 되돌려 놓아야 한다. 이와 같은 치유책은 기계의 발달로 인한 생산물 가격의 급격한 하락을 상쇄하기 위한 조치로서 주로 가격과 생산고의 '조절'을 목적으로 한 각종 기업합동과 사업협정에서 나타났다.

이러한 치유책은 최근에 와서는 경기상태 연구자에게는 물론이고 기업계에도 잘 알려졌고, 현대 기업이 가진 주요한 약점을 교정하는 데 구체적이고 직접적인 효험을 발휘하는 것으로 널리 인정받고 있다. 실제로 그러한 치유책이 얼마나 긴요하고 유용한지는 "기업합동이 가능한 곳에서는 경쟁은 불가능하다"라는 격언에서 잘 나타나고 있다. 지금 필요한 것은 균형적이고 독립적인 산업체계를 충분히 형성할 만큼 넓은 영역에서 생산고를 조절하고 경쟁적 판매와 경쟁적 투자를 제거하는 대규모 기업합동, 즉 일반적으로 '트러스트'라 불리는 기업연합체를 구성하는 것이다.

그러한 기업합동을 포괄적으로 형성하여 주도면밀하게 관리한다면 시장 여건에 맞게 재화 및 서비스의 생산고를 유연하게 조정할 수 있

Cassel, "Om Kriser och Daliga Tider," *Ekonomisk Tidskrift* (1904, Nos. 1~2). 카셀(Cassel)은 자본, 생산 같은 전통적인 개념들과 밀접하게 연계하여 설명하고 있으며, 한편으로는 특히 저축, 투자(Kapitalbildning), 금전적 기대(Pecuniary Expectancy: Vantandet)에 대해 상세하게 논의하고 있다. 그의 설명은 아직 완성되지는 않았지만, 입수된 자료를 모아놓으면 위에서 제시한 것과 동일한 결과에 도달하게 될 것이다.

고, 또한 시중 가격으로 또는 사람들의 동의하는 수준으로 균형을 유지할 수가 있다. 그렇게 되면 산업과정이 급속하게 향상되더라도 기존에 승인된 자본화 금액을 진부한 것으로 만들 필요가 없다. 기업연합이 이상적인 형태로 성공할 경우에는 현재 산업의 향상으로 인한 재화와 서비스의 가격의 하락 추세를 중화하는 효과를 발휘하게 된다. 산업의 향상이 화폐용 금속의 가치보다 재화 생산 비용에 더 큰 영향을 미칠 경우에도 기업합동은 산업의 향상을 상쇄한다. 얼핏 보면 트러스트의 이러한 억제 효과가 트러스트 범위 내에서 산업의 향상으로 인해 나오는 전체 이익이 기업합동 내의 기업가들에게 이득을 가져다주는 것처럼 보일 수도 있지만, 실제 결과는 전혀 그렇지 않다. 실제 결과는 대체로 다음과 같다. 즉 트러스트가 자체의 목적을 성공적으로 수행하면 그 트러스트의 통제 하에서 산업의 향상으로 인해 발생하는 물적 이득은 어느 누구에게도 돌아가지 않는다. 이러한 트러스트에 의한 영향에 대해서는 다른 문제와 연계하여 다시 논의할 것이다.

이와 같은 기업합동은 과거의 투자에 기초한 수익의 하락을 방지하는 주요한 목적 외에 다음 같은 효과를 가진다. 즉 기업합동은 사용 중인 생산재의 생산비의 점진적 하락에 의한 불가피한 영향을 기업연합에 속해 있는 전체 산업 분야에 어느 정도 균등하게 배분함으로써 특정 지점에서 전개되고 있는 급격한 산업의 향상으로 인한 성가신 압력을 피할 수 있게 된다. 그와 동시에 기업합동으로 인해 발생하는 절약의 효과는 경쟁적 판매 과정에서 탕진하여 소비자 집단 또는 산업계 전체로 돌아가지 않고 해당 기업합동의 배당금과 실효 (시장) 자본화 금액을 증가시켜 전체 기업조직으로 돌아간다.

위에서 잠시 논의를 보류했던 문제로 되돌아가보자. 위에서 기업 불황을 논의할 때는 투기적 인플레이션 상황은 제외하기로 가정했다. 그 둘은 동시에 발생하지 않기 때문에 반드시 그렇게 할 필요가 있었다. 그러나 그 둘에는 한 가지 공통된 점이 있다. 완전히 다른 이 두 경기

상황 하에서는 공인된 자본화 금액과 실제 수익능력이 일치하지 않는다.[32] 그런데 이 점에서도 그 둘은 서로 다른 특성을 보인다. 즉 인플레이션 상황에서는 그 이후에 닥치는 공황 속에서 그러한 격차가 확산되어 급격한 재조정이 요구되는 데도 그 격차가 절정에 이르기 전까지는 그것을 인식하지 못한다. 반면에 불황기에는 이러한 격차를 바로 자각하고 급격한 재조정에 심하게 저항한다. 투기 열풍이 부는 시기에 발생하는 자본화 금액과 수익능력 간의 격차는 과도한 자본화 금액에서 비롯된다. 반면에 불황기 때는 수익능력의 감소 때문에 그러한 격차가 발생한다. 물론 두 경우에 자본화 금액과 수익능력 모두 화폐 가치를 기준으로 하여 계산한 것이다. 투기 열풍은 항상 불황의 추세를 상쇄 또는 방해한다. 실제로 과거의 상당한 기간 동안에 발생한 투기 열풍이 기업 불황의 추세를 수시로 차단하는 유일한 요인이었음을 여실히 보여주었다(만약 투기 열풍이 없었다면 불황의 추세가 부단히 전개되었을 수도 있었다). 경쟁이 활발하게 전개되는 완성된 기계제 산업 체제와 완전한 기업조직 체제 하에서는 다른 어떤 원인도 불황을 진정하게 중단시키지 못한다고 말해도 무방하다.

그런데 공황을 전후로 하여 불황과 인플레이션이 대략적인 주기를 가지고 부단히 서로 잇달아 발생한다는 것이 현대 경제학 도그마의 요점이었다. 그것을 이론이라 부르지 않는 것은 합리적 근거에 기초하고 있지 않기 때문이다. 그 주기는 국면에 따라 대략 10년 내지 12년의

---

[32] 투기적 인플레이션의 경우에는 다음과 같다.

$$cap = \frac{ea}{cost} \times \frac{1}{int} < cap' = \frac{ea + \Delta ea}{cost} \times \frac{1}{int}$$

불황기 때는 다음과 같다.

$$cap' = \frac{ea}{cost \times int} > cap'' = \frac{ea - \Delta ea}{cost \times int}$$

앞의 경우에는 인플레이션 동안의 현행 자본화 금액(cap')은 결과가 증명하는 진정한 자본 가치(cap)를 초과한다. 반면에 불황기에는 명목자본(cap')는 현재의 수익능력이 보장하는 자본화 금액(cap'')를 초과한다.

간격으로 나타나는데 1816년에서 1873년까지의 기간을 제외하면 이를 확인할 만한 유력한 증거가 없다. 그 기간조차도 이러한 현상을 연구하는 모든 연구자들이 납득할 만한 증거가 제시되지 않고 있다. 그 주기성에 대해서는 앞서 제시한 견해에 기초하여 해당 시기 전후로 또는 그 기간에 주기성이 있었을 수도 있다거나 있었다고 잠정적으로 설명할 수는 있다.

인플레이션 때든 불황기 때든 혼란을 일으키는 원인은 자본화 금액과 수익능력의 격차 그리고 이러한 격차가 발생하는 방식에 있다는 점을 염두에 두면 다음과 같이 말할 수 있다. 즉 앞서 말했듯이 현대 초기에는 현대의 산업체계가 포괄적이지 않고 과정들이 서로 결합되지 않았기 때문에 체계의 어느 한 부분 또는 어느 한 구성요소의 혼란이 기업의 수로를 통해 다른 모든 부분에 전파되지 않았다. 또한 투기 열풍이 곧바로 산업체계 전체로 확산될 필요가 없었다. 현대 초기에는 투기 또는 붕괴 같은 대사건이 일어나도 산업에 종사하는 기업계 전체에 투기적 인플레이션을 조장하지 않았다. 그러한 대사건들은 오히려 도박에 가까운 상업적 투기를 조장했다.33 현대 초기의 공황은 도박성 사업의 붕괴에 의한 것이 아닌 경우에는 대체로 사회에 엄청난 물적 손실을 초래하는 흉작, 외부의 침공, 막대한 전비 지출 등과 같은 대재난에 의해 발생했다.

한편, 19세기 초 몇 년 동안에 발생한 불황기에는 자원 부족이나 정부 부채에 의한 경우가 아니면 공황으로 이어지는 경우가 드물었다. 당시에는 자본화 금액과 투자액의 수익능력 간의 간극이 넓어져서 기업에 영속적인 혼란을 가져주었고 이로 인해 불황을 일으키는 조건이 나

---

33 초기의 인플레이션과 공황은 도박적 성격이 너무 인상적으로 나타나서 경제학자들은 도박적 요소가 전혀 존재하지 않는 후기의 인플레이션과 공황도 당연히 도박적인 성질을 띤다고 생각했다. 인플레이션이나 공황이 발생할 때마다 가상적으로 도박적 성질을 띤다고 생각했는데 이는 초기 역사의 외관이 그렇게 보였기 때문이다.

타나지 않았다. 또한 그때는 기계 체계가 발달하지 않았다. 기계 체계가 발달하지 않은 상태에서는 산업적 기업의 자본화 금액과 수익능력 사이에 영속적인 격차를 형성, 유지하더라도 생산재의 생산비를 점진적으로 낮출 수가 없다.

대략 19세기 초반에 이르면서 기계제 산업 체제와 이에 기초한 기업 체계가 널리 보급되어 견고해졌으며, 그에 따라 기업계의 어느 한 부분에서 상당한 규모의 혼란이 일어나면 체계 전체의 가치가 영향을 받았다. 기계제 산업 체계는 규모가 매우 커졌으며 또한 밀접하게 연결된 구조로 형성되어 성장했다. 그 결과 그 구성원들의 운명과 질서 있는 전체 과정에서 구성원들 간의 상호 관계와 체계 전체에 대한 관계가 기계제 산업 및 기업계 외부에 존재하는 산업적 요인들에 대한 관계보다도 훨씬 중요한 의미를 가지게 되었다. 따라서 이 시기에는 고유한 의미의 산업공황이라는 단어가 잘 어울린다. 산업공황은 일단 발생하면 걷잡을 수 없을 정도로 순식간에 체계 전체로 확산된다. 산업공황은 격렬하게 진행되는 동안 가격 면을 제외하면 물적 재산면에서는 상당한 규모의 손실을 수반하지 않았다는 점에서 진정한 기업공황의 성격을 띠었다. 산업공황은 대개 재화에는 상당한 규모의 손실을 입히지 않고서 가치 축소를 수반했다. 또한 산업공황은 산업투자에 의한 투기적 인플레이션 시기 다음에 곧바로 나타난다는 점에서도 공황에 대한 주요한 정의에도 잘 어울린다.

장기불황은 그 추이의 일관된 특징에서 보면 1880년대나 1870년대 중반 이전에는 해당되지 않는다고 볼 수 있다. 오히려 인플레이션에서 공황, 일시적 불황, 인플레이션으로 점진적으로 진전하는 경향이 계속 반복하는 것은 정상적인 경로라고 할 수 있다.34

여기서 말한 이러한 현상들에 대한 견해에 기초하여 그러한 순환에

---

34 이 시기에 미국에서 일어난 불황과 공황에 대해 간결하게 설명한 것으로는 다음을 참조하라. Burton, *Crises and Depressions*, ch. VIII.

대해 다음과 같이 설명할 수도 있다. 요컨대 19세기 초의 공황은 자본화 금액 가치의 급격한 붕괴에서 비롯되었다. 그때 자본화 금액은 평소의 수익능력 수준으로, 때로는 그 이하 수준으로 떨어졌다. 당시에는 생산재 생산에서 기계제 산업의 능률과 범위가 충분하지 않았기 때문에 축소된 자본화 금액을 만회할 정도로 신속하게 생산비를 낮출 수가 없었다. 그리하여 비교적 높은 수익능력의 자극에 대응하여 생산비가 다시 상승하는 것을 방지할 수가 없었다. 생산수단 생산비를 낮추어서 공황으로 인해 축소된 자본화 금액을 만회할 시간적 여유를 가지기도 전에 상환의 충격 효과가 지나갔다. 그리하여 상환의 충격 효과가 지나간 후에도 상환기의 여파로 여전히 상당한 양의 자본화 금액이 축소된 채로 남아있었다.

그리하여 자본화 금액과 수익능력 간에 불균형적인 격차가 지속되지 않았고 그 결과 장기불황이 계속되었다. 한편, 공황의 여파로 축소한 자본화 금액에 비해 투자액의 수익능력은 상대적으로 높아졌다. 상환의 충격이 지나가고 기업이 다시 고정된 통로 속으로 들어가자 여러 기업가들은 경쟁적으로 과감하게 사업에 진출하여 원활하게 자금을 조달할 수 있는 여지가 충분해졌다. 그에 따라 실제 수익능력이 산업시설의 명목 수익능력을 초과하게 되었다. 그러나 조금 전에 공황과 관련하여 논의한 바처럼 기업이 과감하게 경쟁적으로 사업에 진출함으로써 산업에서 신용이 확장되고 투기 열풍이 일기 시작했다. 앞에서 지적했듯이, 이러한 투기 열풍은 그 성질상 누적되는 경향이 있다. 그 결과 자본화 금액은 인플레이션되어 신용이 대폭 확장된다. 이러한 상황은 대체로 상환기가 도래하면 종결된다.

위에서 말한 시기(1816~1873년)에는 상환이 항상 외부의 혼란에 의해 개시되었다. 그러나 그 이론은 우리에게 다음 같은 점을 요구한다. 즉 투기 열풍이 정점에 달하려면 외부의 혼란이 필요하며, 투기 열풍이 심해질수록 그 혼란은 약해진다. 따라서 인플레이션 초기에는 비교적 극심한 혼란이 일어나야만 상환이 실행된다. 반면에 투기적 인플레이션이 고조된 상태에서는 약간만 혼란이 있어도 상환이 충분히 실행된다.

그런데 투기 열풍이 불면 광범위하고 철저한 상환 외의 다른 방법으로는 자본화 금액과 수익능력의 격차를 조정불가능할 정도로 크게 벌려놓는 데 다소 시간이 걸린다.[35] 그리하여 자본화 금액 가치의 고양기와 붕괴기가 대략적인 주기를 가지고 반복된다. 물론 19세기의 역대 공황들 사이에는 분명 각기 다른 다양한 요인들이 존재한다. 모든 공황의 역사는 물론이고 모든 공황 이론도 그 밖의 모든 요소들을 종합적으로 취급하고자 했기에 이러한 다른 다양한 요인들을 마땅히 고려했어야 했다. 그러나 여기서 지적한 요인들은 이 시기에 일어난 공황의 결과에 특징적이고 항구적인 요인인 동시에 당면 연구의 대상인 현대산업의 기업경영과정에도 특별하게 연관된다.

얼마 전인 1870년대 이후로 기업은 공황과 불황을 항구적으로 겪는 모습이 명백하게 나타났는데 이는 미국에는 정확히 들어맞지만 영국의 경우는 잘 들어맞지 않는다. 이러한 최근 시기에 일어난 장기불황은 지속 기간이 점점 길어지면서 기업은 이를 예외적인 현상이 아니라 일상적인 현상으로 간주하게 되었다. 이 시기에도 평온한 시기, 즉 '통상적인 번영기'가 있었는데 이것은 대부분 고유의 산업적 기업 과정 외부의 특수한 원인에서 비롯되었다. 예컨대 1890년대 초의 번영기는 예년에 비해 특별한 풍작에서 비롯되었다. 지금(1904년)은 명백히 종료되기 시작하고 있는 투기적 인플레이션의 가장 중요한 계기는 미국-스페인전쟁이었다. 온 나라가 전쟁에 휩싸이면서 비축 물자와 군수품 수요 그리고 각종 사업에 대한 지출이 결합되어 기업계는 불황을 밀어내고 번영을 맞이하게 되었다. 현재에도 번영을 촉진시키는 외부의 자극이 적절하게 뒷받침해준다면, 번영기는 더 연장될 수도 있다. 그렇지 않다면

---

35 투기 열풍이 부는 데는 시간을 요한다. 왜냐하면 인플레이션은 성질상 누적되며, 무심결에 그리고 어떤 의미에서는 무의식적으로 발생하기 때문이다.

급격하고 철저한 상환 외에 다른 어떤 결과를 기대할 근거가 없다.

물론 번영을 촉진하는 데 어느 정도의 자극이 적절한지는 단언하기 어렵다. 그렇지만 여러 해 동안 번영기가 유지되기 위해서는 자극의 강도가 점진적으로 높아져야 한다는 것은 누구나 알고 있다. 달리 말하면 산업 이외의 지출, 즉 산업 입장에서 순수한 낭비로 간주되는 지출에 의한 재화 및 서비스의 소비가 점차 늘어나야 한다. 낭비성 지출이 줄어들면, 기업과 산업이 상당히 곤란한 상태가 되고 그에 따라 필연적으로 불황을 맞이하게 된다. 전쟁, 식민지 개척, 지방 투자 등에 의한 낭비가 중단되면, 다른 상쇄 요인이 없을 경우 필연적으로 격심한 공황이 초래한다.[36]

---

[36] 여기서는 번영을 초래하는 산업 이외의 지출을 낭비성 지출이라고 말했는데, 그렇다고 해서 그러한 지출이 그 사회의 총 소득이나 누적 재산의 총액에 유익한 효과를 미치지 않는다는 것은 아니다. 그러한 지출을 낭비적이라고 부르는 이유는 다만 이러한 지출이 초기에는 직접적으로 산업과정에서 부와 노동력을 탕진하고 또한 산업의 생산물을 비생산적으로 소비하기 때문이다. 반면에 간접적으로는 그러한 지출은 산업설비의 생산적 효율성을 충분히 이용하도록 유도하여 산업의 총액을 증가시키는 유익한 효과를 낳는다. 그러므로 매우 짧은 기간에 산업과정의 순 생산고 총량은 (비록 낭비적 지출을 유지하기 위해 생산물의 일부를 파괴하더라도) 낭비적 지출을 하기 이전만큼 많아지고 유용성이 커진다고 볼 수도 있다. 그와 동시에 기업에게도 명백히 유익한 효과를 가져다준다. 낭비성 지출은 수요를 진작하여 생산물의 판매가 능성이 증대하여 이윤이 증대하고 자본화 금액을 높여준다. 그러므로 낭비성 지출은 기업의 기준에서 볼 때 확실히 기업가가 보유한 자산의 가치를 올려주고 수입을 증대시켜 주는 역할을 한다. 낭비성 지출은 상거래에도 유익하다. 낭비성 지출이 기업에 불리한 경우는 최종 상환을 할 때뿐이다.

낭비성 지출의 효과에 대한 이러한 견해에 관해서는 맬서스(Malthus), 로더데일(Lauderdale), 차머스(Chalmers) 등 몇몇 초기 경제학자들과 로버트슨(Robertson),[*] 홉슨 같은 이후의 경제학자들이 제시한 견해가 제법 설득력을 가진다. 하지만 이들이 제시하는 낭비에 대한 변호는 불완전한 면이 있다. 낭비는 거래를 활발하게 유지하고, 그리하여 산업과정의 역량을 충분히 발휘하는 데 필요하다. 이러한 사정에 대한 이면의 이유는 다음 같은 사실에 있다. 즉 기업의 활동영역과 산업의 활동영역을 결정하는 결정적 근거는 기업가들은 가격을 기준으로 측정했을 때 이윤이 감소하는 것을 싫어한다는 사실이다. 맬서스의 견해에 대한 반대론자들은 기업 경영의 기초가 되는 동기 위에서는 1870년대 이후에는 산업체계 고유 영역 외부의 일시적인 상황에 의해 혼란이 일어날 때 기업의 통상적인 진로에서 장기불황이 발생했다고 지적했다. 그러한 광범위한 불황은 이 시기의 미국 그리고 어느 정도는 영국의 상황을 탐구하는 모든 연구자들에게는 부정할 수 없는 사실이다.37 그런데 유럽 대륙의 경우에는 이러한 특징을 부여하려면 사실 많은 단서가 필요하다. 유럽 대륙 특히 독일에서는 정부가 교역에 간섭하는 것이 이미 보편화되었기 때문에 독일 같은 경우는 일반화에서 제외해야 한다고 즉각 항변할 수도 있다. 또한 이 기간 동안에 독일의 산업체계가 그 같은 상황의 필요조건인 기계제 산업의 발달 정도 면에서 그 이론의 요건에 부합하는지도 문제가 된다.38

불황이 만연한 나라들에 대한 이러한 장기 기업불황에 관한 설명은 위의 견해에서 보면 매우 단순하다. 대략 1870년대 말에 이르면 기계제 산업과정의 효율성과 결합이 향상되어서 생산재의 생산비가 그 이후로 수시로 재조정된 자본화 금액을 계속해서 앞지르게 되었다. 산업시설의 상대적 과잉생산으로 인해 이윤이 지속적으로 하락하여 19세기 전반기에 많이 나타났던 투기적 팽창이 더 이상 지속되지 않게 되었다.

들 가운데서 실용성과 대비되는 가격이 가진 결정적 중요성을 제대로 평가하지 못한다.

* 로버트슨(Dennis Holme Robertson: 1890~1963)은 영국의 경제학자로 피구(A. C. Pigou), 케인즈(J. M. Keynes)와 함께 케임브리지학파의 3대 거장으로 꼽히며, 케인즈 이론에 많은 영향을 주고받았다. 케인즈의 금융적 유통 개념, 유동성 선호 이론, 저축투자 이론 모두 로버트슨의 영향을 받은 것이다. 로버트슨은 특히 경기변동에 관한 이론으로 유명한데 25세에 저술한 『산업변동론』(A Study of Industrial Fluctuation. 1915)은 경기변동에 관한 저작으로 이를 능가하는 저작이 없다고 평가된다. 이 책에서 로버트슨은 산업순환을 화폐 측면보다 실물 측면에 초점을 두고 있다.—옮긴이

37 이러한 상태를 정상적인 상태로 간주해서는 안 된다는 반론이 제기되는 것도 의외의 일은 아니다. 어떤 의견은 관점의 차이에 근거한 것이므로 미리 결정되지 않는다.

38 다음을 참조하라. Sombart, *Kapitalismus*, vol. I, ch. XVIII~XX.

이러한 후기의 시기에 외부의 자극에 의해 투기 열풍이 불어왔을 때, 종전의 투자액에 비해 수익능력이 본원적으로 그리고 비교적 급격하게 하락하여 (투기 열풍이 격심한 공황을 일으키기 전에) 투기적 인플레이션이 일어나는 것을 차단했다. 격심한 공황이 발생하여 자본화 금액이 하락했을 때, 현대의 기계제 산업과정은 지속적인 능률 향상과 유연한 균형으로 경기를 회복시켜 붐을 조성할 시간적 여유가 없는 상태에서도 하락한 자본화 금액을 만회하게 되었다. 자본재 생산비를 낮춤으로써 상환의 충격이 사라지기도 전에 투자한 자본화 금액의 감소분을 만회하게 되었다. 그러므로 경쟁이 제약을 받지 않고 또 만능신이 개입하지 않는 한 완성된 기계 체제 하에서 산업 불황은 정상적인 상태이다.39

적정 이윤이 지속적으로 하락하는 것을 방지하기 위해서는 일단의 치유책이 필요하다. 그 치유책은 두 가지 방향에서 추구할 수 있다. (1) 하나는 재화의 비생산적 소비를 늘리는 것이다. (2) 다른 하나는 이윤을 '적정' 수준 아래로 낮추는 '격렬한' 경쟁을 지양하는 것이다. 낭비성 지출을 할 만큼 노동력과 생산고가 충분하다면, 총액으로 계산하여 비교적 소액만 저축을 하면 종전의 자본화 금액에 기초하여 이윤이 나오게끔 가격을 유지할 수가 있다. 낭비 규모가 충분하더라도 경쟁을 통해서는 추가 산업설비에 대한 현재의 투자액으로는 가격을 현격하게 낮추기에 충분하지 않다.40

현대의 산업의 과잉 생산성을 충분히 상쇄할 만큼 낭비성 지출을 하는 것은 불가능하다. 개인은 기업 상황이 필요로 하는 것만큼 재화와 서비스를 낭비할 수가 없다. 개인의 낭비도 확실히 막대하지만, 현재 저축과 치밀한 투자를 독려하는 기업 원리가 현대인의 습성 속에 깊게

---

39 다음을 참조하라. Hobson, *Problem of the Unemployed*, ch. V 부록.
40 다음을 참조하라. Hobson, *Problem of the Unemployed*, ch. VI. 흡슨은 이와 관련해서 '낭비(waste)'라는 용어를 사용하지 않는다. 또한 다음 저작의 마지막 장을 참조하라. Vialles, *Consommation*.

뿌리 내리고 있어서 저축을 효과적으로 방해할 수가 없다.[41] 그 점과 관련해서는 문명국 정부들은 지금까지 효과적인 낭비를 통해 많은 것을 성취했으며, 지금도 그렇게 하고 있다. 당면 문제에서 볼 때 군비증강, 공공건축물, 궁정 및 외교 시설 등은 거의 모두 낭비성 지출이다. 또한 그것들은 다음 같은 부가적인 이점을 가진다. 즉 이러한 낭비를 대표하는 공채(公債)는 민간 저축을 유도하는 매력적인 유가증권의 역할을 한다.

그와 동시에 전체적으로 보면 그런 식으로 투자한 저축액은 순전히 허구적인 것으로 이윤이나 가격을 낮추는 작용을 하지 않는다. 과세를 통해 충당한 지출은 이러한 목적에는 별로 유용하지 않다. 물론 간접세는 그것이 부과된 재화의 가격을 상승시키는 특별한 이점을 가지고 있어서 바라던 목표를 성취하는 데 실제로 직접 영향을 미친다. 궁정, 외교, 종교기관의 인력 고용은 물론이고 군복무에 들어가는 시간과 노력의 낭비 역시 동일한 효과를 가지는 것으로 간주된다. 그러나 최근에 와서 이러한 공적 낭비가 막대하게 늘어났는데도 그것만으로는 기계제 산업의 과잉 생산성을 충분히 상쇄하지 못한다. 거대한 기관이 이러한 생산성을 적극적으로 후원하는 경우 특히 그러하다(근대적 기업조직이 축적한 저축액이 비교적 소수의 거대한 기관 수중으로 들어가기 때문이다). 반면에 다음 같은 단점도 있다. 이를테면, 군복무에 따른 시간 낭비는 군복무에 종사하는 계급의 구매력을 저하하고 따라서 이러한 계급이 군복무를 하지 않았을 때의 낭비성 소비 양이 줄어든다.[42]

---

41 128~135쪽에서 지적했듯이 그와 동시에 기업합동과 주식회사를 운영할 때는 자동적으로 '저축'을 한다.

42 홉슨(*Problem of the Unemployed*, ch. VIII)은 과잉생산과 그것의 불황과의 관계에 대해 어느 누구보다도 심도 있게 분석했는데, 그는 당시까지 지지받던 완화책을 검토하고 나서 이를 비판하고 있다. 그는 그런 완화책들은 모두 폐해의 근원인 '과잉저축(oversaving)' 또는 '과소소비'를 소홀히 다루고 있다는 점에서 불충분하고 철저하지 못하다고 생각했다. 그러한 완화책들이 별 효과를 거두지 못한 것은 그것들이 막대한 개인 소득의 소유와 필연적으

산업이 현재의 효율성 수준을 유지하고 있고 특히 소득이 계속해서 어느 정도 현재의 방식대로 분배되고 있는 한, 낭비가 생산을 따라잡을 가능성은 없다. 따라서 불황으로 나아가는 불운한 추세를 저지할 수가 없다. 그러나 낭비성 소비를 촉진하여 균형을 유지할 수는 없지만, 재화의 생산량을 감축하고 제한함으로써 균형을 유지할 수는 있다.

시장에서 경쟁하고 있는 모든 또는 다수의 유력한 회사들이 결합하여 한 명의 대표에게 회사 경영을 맡기게 되면 경쟁자들은 '공동출자'를 하게 되어 '격렬한' 경쟁, 즉 자유로운 판매경쟁을 제거할 수 있다. 어떤 방법에 의해서든 이러한 일이 성사되면, 가변적인 경쟁가격에 기초하여 재화 또는 서비스를 판매하던 것이 '허용 한도'가 설정된 고정 가격에 의한 공동판매('단체협약')로 대체된다. 즉 최대의 순수익의 총액을 낳는 수준을 고려하여 가격이 결정된다. 이 경우에는 생산고 증가에 따른 비용 절감의 효과뿐 아니라 매출 증가에 따른 가격 하락의 효과까지도 적절하게 고려해야 한다. 가격 수준에서 보면 소비자에게는 그것은 단지 가격 인하로만 보일 수도 있다. 그러나 그것은 또한 평균 가격의 상승이기도 하다. 그러나 이처럼 독점에 기초한 생산물의 가격은 경쟁회사들이 동일한 생산물을 경쟁적으로 판매할 때의 가격보다 훨씬 높다.

위의 단락에서는 기업의 결합은 매우 포괄적이고 그로 인해 생겨난

로 병행하는 자동적 저축 및 투자 과정을 완화하지 않았기 때문이다. 그러나 그가 제시한 완화책들도 실질적 효과 면에서 '완화책'의 범주에 포함하지 않으면 안 된다. 이러한 완화책들로는 '불로'소득 과세, 임금 인상, 노동일 단축 등 '소비력 분배 개혁'(ch. VIII)을 위한 조치들이 있다. 그러한 조치들의 목표는 "사회의 부 총액을 증가시키는 것이다. 노동자계급이 임금 형태로 취하는 부는 노동자계급의 전반적 소비 수준을 향상시키는 데 사용될 것이다." 이렇게 철저하게 계획된 조치는 현대 산업사회에서는 명백히 공상적이다. 현대 산업사회에서 공공정책은 이윤 증가라는 소박한 의도를 가진 기업이익에 따라 점점 목적이 단순해지기 때문이다.
'과잉생산'에 관해서는 Smart, *Studies in Economics*, Essay VII을, '소비의 사회화'에 관해서는 Essay IX(특히 sec. 8)을 참조하라. '소비의 한계'에 관해서는 같은 책 pp. 293~298을 참조하라.

기업합동을 실질적인 독점 위치에 올려놓는다고 상정하고 있다. 그렇지만 기업 결합이 항상 이와 같은 결과에 도달하는 것은 아니다. 특히 특정 산업 분야에서 일찍 기업합동을 시도하는 경우가 그러하다. 물론 그러한 노력은 대부분 결국에는 사실상 독점을 달성하게 된다. 그러나 이러한 기업합동은 비록 효과적인 독점을 달성하지 못하더라도 적어도 일시적으로 유익한 효과를 거두게 된다. 앞장에서 지적했듯이 거의 모든 경우에 이러한 종류의 기업합동은 생산비를 대폭 절감할 수가 있다. 기업합동을 성취한 산업적 기업들은 그러한 절감을 통해서 종래의 생산물보다 낮은 가격으로 적정 이윤을 획득할 수가 있다. 그리하여 그런 기업들은 종래에 독자적으로 운영을 할 때 이윤이 나지 않던 가격 수준에서 계속 회사를 운영할 수 있게 된다. 그러나 기업합동 외부에 있는 기업들과 경쟁적 판매를 계속하게 되면 그 같은 조치에서 나오는 위안은 일시적인 것에 불과하다. 생산비 하락과 그에 따른 산업의 경쟁적 투자 및 확장은 절약에 의한 이득을 순식간에 추월한다. 경쟁에 의한 이점의 여지는 사라지고, 불황이 새로운 기초 위에서 통합된 기업들을 다시 추월한다. 이에 대한 대책은 더 많은 절약을 가능하게 하고 다시 확고한 독점의 위치에 올려놓는 광범위한 기업합동을 구축하는 것뿐이다.

오직 독점만이 이러한 참혹한 불황을 확실하게 제거할 수 있다. 그러나 안정된 상태를 영속적으로 유지하는 데 독점이 절대적으로 필요한 것은 아니다. 독점은 경쟁으로 인해 이윤이 적정 수준 아래로 떨어진 분야의 기업은 물론 사용 중인 설비의 사소한 부분까지도 포괄할 필요가 있다. 그러한 사소한 부분은 일반적인 고찰로는 결정할 수가 없다. 왜냐하면, 그것은 어떤 경우든 특정 산업에 영향을 주는 상황에 좌우되기 때문이다. 그러나 일반적으로 말하면 독점은 완전해질수록 그 목적을 효과적으로 성취하게 된다.[43]

---

[43] 완성된 설명을 위해 다음과 같은 점을 추가할 필요가 있다. 산업 분야에 따라 독점을 통해 운영하는 정도가 매우 다르다. 농업 같이 극단적인 경우는

기업합동은 생산고와 가격을 조절할 수 있을 뿐만 아니라 이를 발판으로 절약을 실현하여 적정 수준으로 이윤을 획득하는 효과를 가진다. 기업합동은 비록 포괄적이지 않더라도 위에서 말했듯이 생산비를 절감하는 효과를 가진다. 그러나 기업을 독점적 기반 위에 올려놓는 대규모 기업합동은 산업과정을 대규모로 조직하는 이점뿐 아니라 비용 면에서도 특별한 이점을 가진다. 이러한 추가적인 이점은 생산물 판매에서는 물론 필요한 모든 재화, 재료, 서비스의 구매 또는 거래에서도 많은 특수한 이익을 가져다준다. 기업합동이 경쟁을 완전히 제거할 만큼 충분히 포괄적이지 않은 경우에는 매매를 할 때 다른 기업합동과 경쟁을 해야 한다. 그러나 기업합동이 자기 고유의 활동영역을 효과적으로 장악하고 있는 경우에는 (허용하는 한도 내에서) 가격을 결정할 수 있을 뿐만 아니라 재료, 노동력, (운송 등) 여타 서비스에 대해서도 동일한 기초 위에서 가격 또는 요금을 상당한 정도 결정할 수가 있다. 하지만 합동기업이 동일한 독점 위치에 있는 다른 합동기업과 관계를 맺고 있지 않는 경우에는 그렇지 않다.

　독점적 기업합동이 기업거래에서 요율을 결정하는 규칙은 기업이 판매를 할 때 준수하는 지도원리와 유사하다. 예컨대 재료의 가격과 노동력의 요율은 가능한 한 가장 낮은 수준이 아닌 현실적으로 낮출 수 있는 수준, 즉 최대의 순 이윤과 양립할 수 있는 수준으로 낮아진다. 그것은 경쟁 구매 체제에서 필요한 요율 수준보다 낮기도 하고 그렇지 않을 수도 있다. 부연하자면, 어떤 기업합동이든 (재료 또는 서비스를) 구매할 때 경쟁을 완전히 배제할 만큼 강력한 위치에 도달하는 경우는 극히 드물다.[44]

현재의 여건에 따라 이러한 독점의 방법으로 운영하는 것이 적합하지 않다. 다른 예로, 소매상의 경우는 다만 제한적으로만 독점의 방법으로 운영할 수가 있다. 그 반대의 극단적인 예로 철도 산업 같은 경우는 독점을 다소 무제한적으로 운영할 필요가 있다.

[44] 지금까지는 아마도 미국의 어떤 기업합동도 아무런 방해를 받지 않고서 노

실제로 이러한 기업합동이 성사된 곳에서는 근래에 일어난 장기불황이 경감되었고 또 불경기 때 경쟁적 기업 상황에서 나타나는 혼란과 불안이 줄어들었다. 거대 기업합동은 대다수의 철도산업처럼 산업과정이 격심한 경쟁 상태에 있는 경우가 아니면 불황의 곤경 속에서도 심대한 피해를 입지 않는다. 그러나 그러한 경쟁이 격심한 경우에도 독점의 이점을 가진 기업합동은 동일한 거래에서 그렇지 않은 기업보다 대차대조표 상에서 안정을 유지하는 데 유리한 위치에 있다.

따라서 위에서 제시한 견해에 따르면 천운이 개입하는 경우가 아니면 장기불황을 벗어나는 유일한 길은 실행가능한 업종들끼리 철저하게 기업합동을 결성하는 것이다. 그런데 거기에는 기계과정이 지배하고 있는 대부분의 업종이 포함되어 있기 때문에 그러한 대책은 당연히 효과가 있을 것이라고 기대하게 된다. 기계과정이 고도로 발달하면 기업 경쟁을 실행할 수가 없다. 그러나 그런 상태에서는 기업합동이 실행가능하여 그로 인한 폐해에 대한 대책을 수립할 수가 있다. 물론 완전한 독점에 의한 산업 효율성, 고용 안정, 임금 수준, 소비재 가격 등의 이면의 효과는 주로 추측할 사안으로서 이 연구에서 다룰 문제가 아니다. 당면의 목표는 다만 현행 기업의 경제이론을 개관하는 것이다.

이후에 전개되는 기업 경기의 양상에 대해서는 더 많은 점을 추가로 고려할 수도 있다. 거대 기업합동과 이와 결부된 기업의 행동은 거대 기업가들에게 막대한 양의 재산을 안겨다준다. 거대 기업합동은 소비 지출에 사용되지 않는 거액의 소득을 증대시킨다. 또한 투자 금액을 늘어나게 하고, 기회가 있으면 경쟁을 촉발하며, 이미 지적한 방식으로

동력을 구매하는 데 성공하지 못했으며, 극소수의 기업합동만이 필요한 재료나 각종 서비스를 완전하게 독점적으로 구매할 수 있게 되었다. 원료만 놓고 보면, 스탠다드석유회사를 비롯한 몇 개 회사만 독점을 효과적으로 달성했다. 그 외에 설탕정제회사, 면화씨유회사, 미국철강회사 등 극히 소수의 기업합동이 효과적인 독점 위치에 접근하는 데 성공했으며 지역 회사로는 석탄회사, 철도회사, 목재회사, 창고업회사가 독점 위치에 접근했다.

불황을 야기한다. 그리하여 거대 기업합동은 경쟁에 의한 폐해의 씨앗을 전파하기도 한다. 따라서 비록 상당한 양의 새로운 자본이 투자처를 찾고 있는 상황에서도 경쟁을 완전히 제거하는 포괄적이고 엄격한 기업합동을 결성하면 이러한 폐해를 피할 수가 있다.

인간 본성은 기업거래에서 드러난다. 장기불황을 현대의 산업적 기업의 정상적인 경로로 만든 것은 고도로 발달한 기계과정이다. 기계과정이 이러한 효과를 가지는 것은 다음 같은 특성 때문이다. (1) 효율성 속도가 비교적 빨라진다. (2) 포괄적인 체계 내에서는 여러 산업분야의 산업활동이 긴밀하게 상호의존관계에 있다. 그러한 체계에서는 산업과정이 향상되고 전문화될수록 산업조직은 더욱 포괄적이고 긴밀해진다. 상호의존이 점점 긴밀해지고 더욱 포괄적일수록 이 두 번째 요인은 더욱 중요해진다. 그 결과 혼란은 점차 더욱 용이하게 효과적으로 체계 전체로 전파되고, 각 분야의 산업적 기업은 점점 더 넓은 범위에서 거래를 하며 다른 분야의 산업적 기업들과 비교적 긴밀한 관계를 맺게 된다.

이러한 사정을 고려할 때 어떤 기업합동이든 수입액과 자본화 금액을 효과적으로 유지하는 목적을 달성하기 위해서는 규모를 키우고 긴밀한 조직을 갖추는 것이 요구된다. 기업합동에 의지할 수밖에 없는 분위기가 조성되고 그 필요성이 부단히 커짐에 따라 이러한 요구에 부응하려면 '트러스트'도 동일한 성장 경로를 취할 수밖에 없다. 또한 현대의 기업 상황에 기여하는 트러스트는 익숙한 경로를 따라 점진적으로 전진해 가면서 기계과정이 지배적인 산업적 요인으로 자리 잡고 있는 전체 산업 영역을 하나의 기업합동 속에 포함해야 한다.[45]

여기에는 산업조직의 필요에 의해 발생하는 주요한 예외가 하나 있다. 산업조직은 기업의 경영과 소유의 구별에 기초한다. 소유권이 보편

---

[45] 예컨대 이미 명백하게 드러났듯이 미국의 철도체계는 곧바로 하나의 경영체제 아래에 놓일 수밖에 없었다. 철, 석탄, 목재의 공급 및 가공에 종사하는 일련의 산업들도 결합을 형성하지 않을 수 없었다.

화되고 산업을 기업 원리에 입각하여 운영하게 되면 노동자는 산업설비와 산업과정을 소유하거나 감독하지 않으며, 또 그렇게 할 수 없다. 그리하여 기계체계와 이에 기초하여 구축된 기업조직은 아무리 완전하게 성립되더라도 노동공급 또는 노동인구는 위에서 말한 이상적인 완전한 기업합동에 포함할 수가 없다. 따라서 기업합동의 마지막 단계에서도 기업자본 결합체와 노동자 결합체 사이에는 여전히 경쟁적 마찰이 존재한다.

위에서 고찰한 바에 따르면, 기계과정이 완전히 효과적으로 발달한 상태에서는 산업의 경쟁적 경영과 지속적인 번영은 양립할 수가 없다. 기술이 발달할수록 기업경쟁의 가능성이 더욱 낮아진다. 때때로 말하듯이, 기업합동의 결성 추세는 막을 수가 없다. 현대의 상황에서는 산업적 기업에 투자한 재산의 경쟁적 관리가 어려울 뿐만 아니라 개인 소유자가 개별적으로 관리하는 것은 더더욱 어렵게 된다. 요컨대 자유계약 그리고 선천적 소유권과 관련된 여타 권력들은 현대의 기계기술과 양립할 수가 없다. 기업의 결정권은 필연적으로 일반 소유자집단이 아닌 다른 사람의 수중에 집중된다.

기계기술과 기업의 부수물이 일관되게 운영되고 있는 이상적인 경우에는 일반 소유자집단은 필연적으로 무형의 재화를 소유한 거대 보유자의 결정권에 의존하는 연금 수령자 신분으로 전락하고 만다. 이상적인 결과로서 일반 기업가집단도 역시 기업의 주도권을 박탈당하고, 위계적 관료체제에 편입되어 동일한 지도를 받게 된다. 나머지 일반대중은 산업의 원료가 아니고서는 그 체계 속으로 들어가기가 매우 어렵다. 이러한 경향을 촉진 또는 완화하는 것은 재산권, 기업의 의무, 경제정책 등과 관련한 여론의 동향이다. 현대의 상황에서 작용하고 있는 경제요인들이 이러한 여론의 동향을 형성할 경우, 그러한 요인들이 작용하여 정치적 및 법적 관계에 대한 지금까지 시도되지 않은 새로운 규율효과(disciplinary effect)를 통해 간접적으로 여론의 동향을 형성한다.

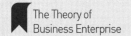

08

법률 및 정치와
기업 원리

제8장

법률 및 정치와
기업 원리

　대중의 복지는 기업의 행동과 밀접하게 연계되어 있다. 왜냐하면 산업은 기업의 목적을 위해 운영되며, 현대 사회는 생계수단과 각종 편의시설을 금전적 기준에서 평가하는 뿌리 깊은 습관이 보편화되어 있기 때문이다. 이러한 원리들은 일상생활의 조건을 통제하는 효과를 가질 뿐만 아니라 이와 별도로 시민 관계 속의 개인에는 물론이고 정치적 관계 속의 전체 사회에도 결정적인 영향을 미친다. 현대의 문명화된 제도들은 대부분 기업 원리에 입각하고 있다. 이것이 (현대의 상황에 적용했을 때) '경제적 역사 해석(the Economic Interpretation of History)' 또는 '역사유물론(the Materialistic Theory of History)'의 문구를 의미하는 바이다.

　이와 같이 기업의 관점에서 일상생활의 모든 사안을 손익을 기준으로 평가하는 고정된 습관 때문에, 사회 전체의 용무의 관리는 공동의 동의 아래 기업가 수중에 들어가고 기업의 사정에 따라 좌우된다. 따라서 현대의 정치는 기업정치(business politics)이다(다만 사악한 의도로 이러한 표현을 부패 정치라고 불리는 것에 적용하는 경우는 예외이다). 이것은 대외정책과 국내정치 모두에 해당된다. 입법, 치안, 사법행정, 군사 및 외교 업무 모두 기본적으로 기업 관계, 즉 금전적 이해관계와 관련되고, 그 밖의 인간적 이해관계에도 부수적으로 관련된다. 이러한 제도들은 모두 생명과 개인의 자유를 보호하는 일을 수행하고 있지만 그 업무는 다분히 금전적 색채를 띠고 있다.

입법과 법적 판결은 '천부적 자유(Natural Liberty)' 교의에 입각하고 있다. 특히 법률체계가 관습법에 기초하고 있는 영국이 그러하며, 미국도 상당 정도 그러하다. 그 외 유럽 국가들은 영어권 국가나 미국만큼 자연권 관념이 완전히 지배적이지는 않지만, 이들 나라도 기업관계와 관련된 모든 사안을 자연권 관점에 입각하여 바라보는 경향이 현저하게 증대하고 있다. 천부적 자유 교의는 기업의 활동을 신속하게 수행하는 데 기여할 뿐만 아니라 기업계 전반에 필연적으로 확산되고 있는 사유습관과도 각별히 조화를 이룬다.

현재 통용되고 있는 일단의 자연권 관념의 기원은 현대적 기업 상황보다 더 오래 되었다. 자연권 체계는 18세기에 발전이 절정에 달한 소규모 공업 및 소규모 상거래('가내공업')의 규율 아래에서 그 입법기관 및 법정과 함께 사회의 일반 관념 속에 발판을 견고하게 확립했다.[1] 소규모 공업 시대에는 개별 노동자, 개인의 육체적 힘, 숙련도, 근면이 산업 운영에 효율적이고 자율적인 요인이었다. 전자본주의 시대 영국의 경우도 마찬가지로 소규모 상거래에서 고객 및 피고용인과 직접 관계를 맺고 있는 소상인과 소고용주의 판단력과 명민함이 결정적인 요인이었다. 상업과 공업은 성문화된 것이든 관습적인 것이든 인습적 법규의 제약을 받지 않던 시절에는 모두 사실상 공개적인 자유경쟁의 상태에 있었다. 그러한 자유경쟁의 장에서 사람들은 서로 다소 균등한 발판

---

1 Ashley, *Economic History and Theory*, bk. II, 특히 ch. III.

위에서 만났다. 산업체계는, 비록 경쟁자들이 동등한 물질적 발판 위에 있지 않았지만, 강제적인 법규가 없는 상태에서 경쟁을 효과적으로 수행할 수 있도록 충분히 느슨하게 결합되어 있어서 분산적으로 충분히 성장할 수 있었다. 소규모 공업과 연계된 기업조직도 역시 그렇게 되었다. 상업과 공업 모두 포괄적으로 조직된 비인격적 성질의 과정보다는 개인의 능률을 중시했다.[2]

법률 및 형평성 개념 속에서 근거를 구축한 자연권은 사실상 인간의 가상적인 평등권이었다. 개인은 적어도 건설적인 평등한 상황에 있기 때문에 인습적인 제약이 제거되면 효과적으로 자유로운 선택을 할 수 있는 위치에 있게 된다. 아직 산업과정과 기업거래가 시간 관계 면에서나 생산물 또는 노동의 양과 성격 면에서나 엄격하게 연결되지 않았기 때문에 조직이 기계적으로 긴밀하게 결합되지 않았다. 노동자에게도 고용주에게도 일의 장소, 속도, 환경, 수단, 노동시간 어느 것도 산업과정 또는 시장의 기계적 환경에 의해 엄밀하게 결정되지 않았다. 구체제 하에서 생활은 최근의 발전양상에서 볼 수 있는 기계적 표준화가 아닌 인습적 성격을 띠고 있었는데 이러한 인습적인 표준화는 점차 효력을 잃어가고 있다.

자연권 기초에 관한 여론의 동향은 이른바 천부적 자유 체계를 강조하는 쪽으로 수렴되었다. 그러나 천부적 자유를 강조한다고 해서 모든 인습적 규범의 폐지를 도모하는 것은 아니었다. '단순명쾌한 천부적 자유 체계'는 소유권이 부여한 것 외에 관습적 기초에 입각한 그 밖의 모든 제약에서 벗어나는 것을 뜻했다. 경제적 의미에서 천부적 자유 체계는 자유로운 금전적 계약 체계를 뜻했다. "자유는 방종을 의미하지 않는다"는 말을 경제적 용어로 표현하면 "개인의 천부적 자유는 관례적인 재산권을 침해해서는 안 된다"는 것이다. 재산권은 자연권에 포함되

---

2 위의 제4장을 보라.

기 때문에 자연권의 속성인 불멸성을 가진다. 천부적 자유는 매매의 자유를 부여하며, 타인이 가진 매매 자유와 동등한 매매의 자유에 의해서만 제한을 받을 따름이다. 여기에는 매매 수단에 의한 경우가 아니면 타인의 매매에 간섭해서는 안 된다는 명백한 단서가 추가된다.

　이러한 천부적 (금전적) 자유 원리는 미국에서 가장 순수한 형태로 수용되었고, 여기서 가장 견고한 법적 정신의 기반이 확립되었다. 금전적 의무의 신성함이 미국만큼 사회의 상식 속에 깊이 침투한 나라는 그 어디에도 없다. 또한 미국 말고는 금전적 의무가 현행의 상식에서 아무런 조건 없이 승인을 받는 유일한 의무 형태에 근접하고 있는 나라는 그 어디에도 없다. 다른 곳에서처럼 여기서도 가정적, 사회적, 시민적 등 다양한 종류의 의무와 요구는 금전적 형태를 취하고 또한 완전히 금전적 가치를 기준으로 평가하는 경향이 있다. 또한 여기서는 예술가, 배우, 목사, 작가, 과학자, 관료 등에 대한 공적 존중은 그들의 활동에 대해 주어지는 급료에 비해 다른 나라보다 훨씬 높다.

　미국의 시민권이 금전적 관계의 불가침성을 비교적 크게 강조하는 극단적 형태를 취하게 된 것은 미국사회가 성장해 온 특이한 환경에 기인한다. 개척자들, 그중에서도 특히 미국 전통의 형성에 주요한 역할을 한 북대서양 연안 공동체의 개척자들은 개인의 결정권을 존중하는 영국의 사고방식을 정교하게 변형하여 미국의 전통에 주입시켰다. 그들은 대담한 발전을 이룰 수 있는 특별히 유리한 환경 속에서 이러한 전통을 실행했다. 그들은 예전에 수공업 체계를 구속했던 관례적인 규약의 잔재는 완전히 배제했고, 식민지의 생활조건은 개인의 창의성을 제한하는 인습적인 각종 규제가 발달하지 못하도록 방해했다. 미국은 자수성가한 사람들의 고향이며, 그들은 금전적 유기체(a pecuniary organism)이다.3

---

3 이와 관련해서는 다음을 참조하라. Ashley, "The Economic Atmosphere of America" in Surveys, *Historical and Economic*, pp. 405 이하.

현재 천부적 자유—금전적 자유 및 여타 자유—의 형이상학은 때가 되자 곧바로 법률 형태로 구체화되었다. 그리하여 그것[천부적 자유]은 다른 어느 나라의 법률 구조에서보다 이 나라[미국]의 법률 구조에서 훨씬 확고한 형태를 취하고 또한 훨씬 날카로운 위력을 가진다. 계약의 자유는 법적 신조—침해할 수도 양도할 수 없는 신조—의 기본 교의이다. 그리하여 법률과 형평성 영역 내에서는 어느 누구도 이 제1의 전제 배후로 침투하거나 그 전제가 기초하고 있는 자연권 형이상학의 공과에 대해 이의를 제기할 권한을 가지지 않는다. 민사 문제에서 그것의 우위성에 이의를 제기할 수 있는 유일한 원리(증명된 사유습관)는 모호한 '일반 복지(general welfare)' 조항뿐이다. 그런데 이 조항조차도 예외적인 상황에서만 그 우위성의 자격에 대해 효과적으로 이의를 제기할 수 있다. '일반 복지' 조항을 적용하는 경우에도 사정이 허락하는 한 자유 계약의 원칙은 그대로 두는 것을 전제로 하며, 또한 항상 그렇게 해야 한다. 합당한 법적 절차를 거치지 않고서는 시민의 생명과 자유, 재산을 박탈해서는 안 된다. 그러한 합당한 절차도 재산권은 침해하지 않는다는 전제에 기초해야 한다. 요컨대 개인들 사이의 경제적 관계에서 어느 한 개인 또는 집단은 다른 개인 또는 집단들에게 금전적 압력 외에는 그 어떤 압력을 가해서는 안 되며 또한 금전적 압력을 방해해서도 안 된다.

그런데 점차 경제상황이 변화함에 따라, 완화되지도 않고 박탈할 수도 없는 계약의 자유라는 인습적 원리는 어느 정도 정착하기 시작하면서부터 점차 효력이 약해지기 시작했다. 물론 그 효력은 법률적으로 약화되지는 않았지만 실제 생활에서는 약화되었다. 자유 계약과 관련한 경제생활 양식에서 이러한 새로운 인습적 표준화가 성숙하게 발달했을 때인 대략 18세기부터[4] 새로운 표준화, 즉 기계과정의 표준화가 그 분

---

4 이 시기는 영국에도 해당된다. 미국의 경우 천부적 자유 교의의 성장을 촉진하는 규율이 거의 한 세기 넘게 지속되었다. 미국은 남북전쟁 때(1861~1865

야에 침범하였다.5 기계제 산업 체계의 표준화와 구속력이 이전과 다른 점은 그것이 아무런 인습적 승인도 아무런 형이상학적 검증도 거치지 않았다는 사실에 있다.

그것은 법적 사실(a legal fact)이 아니었기 때문에 법적 정신으로는 설명할 필요도 없고 또한 설명할 수도 없다. 그것은 고래적의 규범적 관행에도 맞지 않고 이후의 개인의 자유로운 창의성 체계에도 맞지 않는 새로운 사실이다. 그것은 법률상(de jure)으로는 존재하지 않고, 오직 사실상(de facto)으로 존재할 뿐이다. 그것은 사멸한 체계에도 속하지 않고 현재의 법률체계에도 속하지 않으며, 또한 '자연권'을 승인하지도 거부하지도 않기 때문에 법률상의 인식 범위 내에 존재하지 않는다. 그것은 총체적이고 물질적 실재성(actuality)을 가진 점에서 실질적(actual)이다, 그러나 그것은 법률적인 그리고 형이상학적으로 유효한 실재(reality)라는 점에서는 실재(real)하지 않는다. 그러므로 그것은 그 자체로 또는 그것이 가진 수단을 이용하여 강제력을 행사하지만 법률적으로는 아무런 강제력을 가지지 않는다.

산업과정들이 서로 연계되어 있어서 계약 조건을 이행하는 것이 물리적으로 불가능한 경우에는 계약 조건을 무효화하는 사유로 인정할 수도 있다. 그러나 산업과정의 연계 및 상호의존이 가격 또는 생계비에 가하는 금전적 압력은 법률상 또는 형평성에서는 이와 같은 자격을 가

년-옮긴이)까지는 새로운 현대의 기술 및 기업 시대가 왕성하게 발달했다고 말하기는 어렵다. 그리하여 미국에서는 훈련 기간이 더 길고 또한 더 나중에 진행되어서 천부적 자유의 관념이 더욱 신선하고 더욱 확고하다. 유럽 대륙의 민족들 경우에는 사정이 아주 다르다. 그들의 경우 현대적인 기술 상황과 기업 상황은 미국과 거의 같은 시기에 이루어졌지만, 현대의 산업 상황으로 이행하는 동안 개인 주도성, 자유롭게 분산된 산업, 소규모 상거래와 관련하여 받은 훈련은 매우 미흡했다. 유럽대륙 민족들은 대부분 19세기 중반부터 무기력하고 황폐해진 길드와 봉건적 규범 체계에서 현대적 기술 및 기업 원리라는 색다른 체계로 다소 급격하게 이행하기 시작했다.
5 위의 제2장과 아래의 제9장을 보라.

지지 않는다. 파산이나 질병 또는 사망을 초래할 정도로 금전적 압력이 심하더라도 계약 당사자 중 한쪽이 계약을 완전히 이행하지 않는 경우에만 간접적으로만 법률의 범위에 도달할 수 있다. 그러므로 산업과정의 전문화 및 연계가 일단의 노동자 또는 소비자에게 강요하는 물질적 필요성은 [산업]과정의 소유자가 (이윤의 전망이 결정하는 대로) 사업을 계속 할지 말지에 대한 천부적 자유를 방해 또는 제한할 수 있는 권한이 없다. 이윤은 기업의 관심사이지만 생계는 그렇지 않다.6

기계제 산업이 강요하는 경제생활의 사실상의 표준화 아래서는 개인 또는 집단(이를테면 노동자)은 사실상의 자유로운 계약의 권한을 행사할 수 없는 경우가 빈번하게 발생한다. 특정 노동자의 생계는 제시된 하나의 특수한 계약을 수락할 경우에만 비로소 충족될 수 있다(어쩌면 전혀 그렇지 않을 수도 있다). 그러나 이와 같이 산업적 절차의 표준화를 통해서 노동자의 선택을 강제하는 강제력은 폭력행위에 의한 것도 아니고 계약 파기에 의한 것도 아니다. 따라서 그러한 강제력은 천부적 자유 원리에 저촉되지 않는다. 그리하여 특정 노동자들은 사실상 산업과정 속에서만 생계를 충족할 수 있는데 그 산업과정의 소유자들은 그 과정을 통제함으로써 노동자의 선택을 강요하는 금전적 압력을 행사한다. 그러나 그러한 금전적 압력을 강요하는 재산권은 천부적 자유 원리를 위배하지도 또한 법률을 위반하지도 않는다. 그러므로 그러한 강제력은 법률 범위 밖에 있다. 그 반대의 경우, 즉 노동자가 고용주들을 승복시켜 자신들에게 유리하게 이용하는 경우도 역시 마찬가지로 관습법의 범위를 벗어난다. 물론 이 경우에도 개인 자유를 방기하거나 계약을 위반하고, 폭력을 행사하여 위협을 가하는 일은 존재하지 않는다고 전제한다. 법률은 인격권이나 재산권에 대한 예상되는 침해를 방지하는 예방책이며, 개인의 생명과 자유 그리고 매매의 자유를 명백하게 침해

6 수공업 및 소규모 상거래 체계에서는 그 반대이다. 이 경우에는 생계가 기업 규칙의 기본 규범이었고, 이윤은 부차적인 위치만 가졌다.

하지 않는 한 개입하지 않는다.

인습적인 '천부적' 계약의 자유는 신성하고 또한 빼앗을 수 없다. '사실상의' 선택의 자유는 법률이나 법정이 그 적법성을 심문할 권한이 없다. 산업과정이 서로 연계되어 있기 때문에 또한 사람들의 안위와 생계가 그러한 산업과정의 질서정연한 작동에 의존하고 있기 때문에 기업이익을 위한 소유권이 특정 집단 또는 계급의 '사실상의' 필요에 저촉되는 경우도 있다. 이를테면, 고의로 석탄기근을 유발한 경우처럼 그같은 소유권 행사가 사회 전체의 필요에 반할 때도 있다. 그러나 이러한 안위 또는 생계의 필요성은 계약의 천부적 자유를 기준으로 명확하게 정식화할 수 없기 때문에 당연히 드러내놓고 불만을 제기할 수 없고 또 어떤 법률상의 치유책도 찾을 수가 없다.

산업적 자유와 관련한 법률과 사실 간의 불일치에 관해서는 노동자 단체와 고용주 또는 소유주 간의 분쟁에 대한 법정의 판결에서 반복적으로 설명되어 왔다. 이러한 판결들은 대부분 고용주나 소유주에게 유리하게 내려지고 있다. 요컨대 그러한 판결들은 재산권과 자유 계약의 권리를 견고하게 지지한다. 법정은 이와 관련된 소송에서 대개 편파적으로 소유자 측의 손을 들어준다고 일부 논자들로부터 심하게 비난을 받아왔다. 또한 남의 흠집을 들추어내기를 좋아하는 사람들은 상급 법정은 하급 법정보다 고용주-소유자에 유리한 판결을 내린다고 지적한다. 특히 배심원단이 어떤 사건 관련 법률을 통과시키는 경우에는 배심원단보다 훨씬 더 그러하다. 노동자가 입은 피해로 인해 발생하는 그리고 고용주의 책임 문제를 수반하는 손해배상 소송의 경우에도 마찬가지이다.

그렇지만 판결문을 무심코 살펴보더라도 법정의 판결이 사건의 공과에 대해서도 관련 법률 규정의 합법성에 대해서도[7] 대부분 천부적 자

---

7 예를 들면 재해나 비위생적 시설에 대한 고용주의 책임, 기계의 보안, 노동자의 연령제한, 노동시간 제한 등.

유의 형이상학에 근거하고 있음이 명확하게 나타난다. 달리 말해, 법정의 판결은 분명 기본적인 법과 질서를 유지하는 쪽으로 기울고 있다. 왜냐하면, '법과 질서'는 물론 소유권과 계약 권리라는 양도할 수 없는 권리에 근거하고 있기 때문이다. 예상대로, 법리학 원리에 더욱 긴밀한 관계에 있는 상급 법정의 재판관은 날카로운 법률적 통찰의 재능을 가지고 있는 동시에 훨씬 더 열심히 훈련을 받았고 더 철저하게 법률에 근거하고 있다. 때문에 상급 법정은 형이상학적 원리를 더욱 명료하게 대변하고 그 원리를 보다 확실하고 확고하게 적용한다.

법률에 고도로 정통한 전문가의 견해에 의하면, 자유 계약은 양도할 수 없는 인간의 자연권이기 때문에 어떤 법령이라도 노동자가 그러한 권리의 행사와 책임을 회피하는 것을 허용하지 않는다. 그러한 권리의 행사는 형이상학적 필요에 의해 개인으로부터 떼어놓을 수 없을 정도로 부착되어 있기 때문에 법률적으로도 단체협약으로도 집단행동에 위탁할 수가 없다.[8] 자유 원리의 이러한 극단적 결과는 때때로 대중의 분노를 유발했다. 그러나 그들은 법률적 원리에 대해 잘못 이해하고 있다. 논리적 순서를 더욱 밀접하게 따를수록 그러한 판결의 정당성은 더욱 확고해진다.

---

8 예컨대, 노동자가 법률에서 요구하는 대로 안전이 보장되지 않은 기계장치에 대한 고용을 수락한다고 해서 이를 그가 파기할 수 없는 자유 계약의 권리를 행사하는 것으로 해석하게 되면, 고용주로 하여금 우발적인 사고에 대한 책임을 면제시켜 주는 것이 된다.
법률적 원리 측면에서 보면, 회사법(Companies Acts) 성립 이전에 영국의 관행에서 주식회사의 유한책임을 허용 또는 승인하는 것에 반대한 것은 요즈음 노동자의 고용조건 및 그로 인한 결과에 대한 개인의 책임의 방기 또는 축소를 허용하는 것에 반대하는 것과 성질이 같다고 할 수 있다. [당시에는] 금전적 책임은 개인의 문제이며, 사회 구성원들을 결속시켜 주는 상호적인 권리 및 의무 체계 하에서 개인은 그러한 책임으로부터 벗어날 수가 없다고 생각했다. 이 분야에서 비인격적, 집합적 유한 책임이 천부적 자유 체계에 맞서 성공하게 된 것은 순전히 기업의 사리추구 때문이었다. 주요 명제와 그 추론들 중 하나 사이의 원리들 간의 충돌에서 그 추론이 승리하는 것은 사실들(facts)이 주요 명제의 기본 함의를 능가했기 때문이다.

상급 법정의 판결을 하급 법정의 판결과 비교해보면, 상급 법정의 판결은 하급 재판소의 배심원이 내린 판결과는 현저하게 대조된다. 이러한 대조적인 측면은 그 밖의 문제에 대해서는 어느 정도 영향을 미치지만 상급 법정의 판결문의 정당성에는 별 영향을 미치지는 않는다. 배심원들은 법과 질서의 기초와는 무관한 대중의 소박한 동정심을 대변한다.9

---

9 물론 관습법은 그것이 다루고 있는 사항들에 관한 상식적인 진술들을 정식화해 놓은 것이다. 그러나 관습법은 상식과 마찬가지로 사유습관을 정식화한 것이므로 현재 상황—이 경우에는 18세기 상황—의 소산이 아니라 필연적으로 과거의 소산일 수밖에 없다. 반면에 배심원의 판결에서 나타나는 대중의 정서는 대체로 관습법의 기초와는 점점 배치되는 현대의 경험들의 소산이다. 여기서 지적해두고 싶은 점이 하나 있다. 상급 법정의 이러한 편파성과 부패에 대해 여기저기서 약간씩 비난이 제기되고는 있지만 그러한 비난이 실제 판결 결과에는 큰 영향을 미치지 않는다는 것이다. 대다수 법정, 실제로는 사실상 사법기관 전체가 그 전제에서 상당한 의혹을 안고 있다. 설령 상급 법정이 결백하지 않더라도, 즉 비록 법정들이 고용주와 소유자들의 이익을 위해 매수되어 있다 하더라도, 결국 판결의 전반적인 방향에는 큰 영향을 미치지 않는다. 상급 법정이 부패하거나 편파적이라면 그 법정은 지불능력이 있는 소유자에게 유리한 판결을 내릴 것이고, 반드시 그러한 판결에 대한 합당한 근거를 찾아내려 할 것이다. 그러한 근거는 법률의 형이상학적 자연권 기초에서만 찾을 수 있다. 만약 법률적 추론에서 그러한 근거를 찾게 되면, 그것은 판결의 타당한 근거가 된다. 왜냐하면 그것은 판결의 형이상학적 근거의 특별한 가치를 가지기 때문이다. 한편, 재판관이 '학식이 풍부하고 청렴한 판사'라면, 판결의 근거를 동일한 장소에서 구하고 그리하여 동일한 형태로 찾으려 할 것이다. 필연적으로 그렇게 될 수밖에 없는데, 왜냐하면 논쟁의 요점은 거의 변함없이 안위 또는 생계의 물질적 요건에 반하는 법률적 재산권 문제이기 때문이다. 재산권은 현대의 법과 질서의 근간인 반면에 안위와 생계의 요건은 근대 초기의 상공업 관계를 지배하던 낡은 강제적 규범 체계의 폐지와 함께 법률의 범위에서 벗어났다. 금전적 계약의 자유 및 불가침성은 경제적 법과 질서의 근간이기 때문에, 분쟁이 고용주-소유자 측의 계약 파기 탓이라 하더라도 대개 본성상 판결이 고용주-소유자 측에 반하는 경우는 거의 없다. 재판관의 부패 여부는 사실 소송 당사자들에게는 거의 관심이 없다. 그 문제는 학술적인 관심사일 뿐이다. 사실상 소유자만 통상적으로 법정에서 입장을 표명할 수 있다. 이 모든 것은 이러한 부류의 소송에 관한 한 약간이라도 부패하거나 편파적인 재판관은 거의 없다고 주장한다. 재판관을 타락시키려는 노력은 비도덕적일 뿐만 아니라 직권을 남용하는 일이다.

그리하여 대중의 여론은 재산권과 무산자 사이의 분쟁에서 법정이 내린 판결에 대해 시종일관 지지하지 않는다. 자유 계약의 원리를 보다 엄격하게 적용한 경우에는 특히 그러하다. 이러한 불일치는 배심원으로 선발되는 평민은 법률의 근간인 자유 계약의 원리에 대해 충분히 인식하지 못하지 있음을 보여준다. 이는 부분적으로는 그들이 이러한 자유 계약의 원리가 법과 질서 및 일반 복지에 얼마나 필요한지를 제대로 인식하지 못하고 있기 때문일 수도 있다. 재산 분배의 불균형이 심화되면, 무산자 계급은 부유층 계급을 시기하게 되고, 재산권의 유지에 대한 관심을 잃게 된다. 그러나 이러한 사실과는 별도로, 대중이 가진 상식적 관념 대부분의 원천인 일상생활의 규율은 18세기부터 내려온 자연권 개념에 더 이상 부합하지 않는다. 달리 말하면, 관습법의 기초인 자연권 개념은 현재의 상황이 도래하기 전인 18세기 일상생활의 규율에 의해 주입된 일단의 상식에 관한 진술들을 기술적으로 적당히 정식화하여 구체화한 것이다. 반면에 현재의 기술상황 및 기업 상황에서 일상생활의 규율은 전통적인 자연권 개념들과는 다소 다른 일단의 상식을 주입한다.

이 주제에 관한 전통적인 개념들과 현대의 상식에 관한 진술들은 명백히 서로 분기되고 있다. 이러한 분기 양상은 분명하지도 않고 일관적이지도 않다. 이러한 종류의 문제에 대한 근래의 태도는 모호하고, 대체로 부정적이거나 비판적이며, 변동이 심하다. 그러나 결국 그러한 분기는 끊임없이 지속된다, 일각에서는 그러한 분기가 지속되면 체계적인 성질을 띤다고 본다. 그러한 태도는 자유 계약의 형이상학, 심지어 천부적 자유까지도 (부분적으로 그리고 요동을 치면서) 부정하거나 불신하는 방향으로 나아간다. 전통적인 법과 질서의 기초에 대한 이러한 충성심을 부정하는 정도는 사회계급에 따라 서로 다르다. 산업도시의 노동자계급의 경우 부정 정도가 가장 높고 가장 명백하며, 유산계급과 전문직계급 그리고 농촌주민들의 경우는 부정 정도가 비교적 낮다. 이러한 전통적인 신념의 해체와 관련한 계급간의 특이한 분포 양상과 현대의 산업상태와의 관계에 대해서는 잠시 후에 다른 문제들과 연계하여 다시 다루고자 한다.

국가—정부—는 예전에는 군주나 왕조의 이익을 위해 각종 사무를 총괄하는 조직이었다. 국내 정치는 주로 왕조 계승, 정치 거물들의 책략과 음모, 군주의 권력을 확실하게 지탱해주는 재정행정 등의 문제로 산적되었다. 대외 정책은 군주의 위세와 안전, 군사적 성공이 주요한 목표였다. 독일이나 오스트리아, 이탈리아 같이 입헌정부로의 이행이 완성되지 않는 나라들에서는 여전히 그러한 것들이 정부정책의 주요한 목표를 차지하고 있다. 그런데 입헌정부와 의회대의제가 도입된 후로는 입헌적 방법의 효과적인 완성 정도에 비례하여 기업 목표가 정부정책에서 군주 목표보다 우선시되었다. 입헌정부는 곧 기업정부(a business government)이다. 한 예로, 입헌 집행관을 입법기관 내에 유지하는 데는 특히 기업 편의를 위해 의회 내에서 예산 관련 투표를 거친다. [의회에서] 예산에 대해 투표를 하는 것은 기업 목적을 달성하기 위한 편의성 때문이다. 군주의 권력과 위엄을 증대하기 위한 사업에 대해서는 부수적인 비용이 들어간다는 이유로 이의를 제기하는 반면에 기업의 편의를 위한 조치에 대해서는 아무런 이의를 제기하지 않는다.

현대의 각종 정부정책들은 기업이익의 촉진을 주된 목적으로 하고 있다는 점에서 '중상주의적' 성격을 띠고 있다. 그러한 정책들은 16~17세기 중상주의정책과 마찬가지로 교역의 육성을 목적으로 하고 있다. 물론 '교역'은 외국무역 이외에도 많은 것들을 포함하고 있기 때문에 현대의 정책은 기업(business)이라는 용어가 필연적으로 가지는 의미보다 더 포괄적인 의미를 가진다. 그러나 현대의 중상주의정책은 표면적으로는 종래의 프랑스와 독일 정치가들의 중상주의정책들과 유사하지만 관세, 조약, 국가간 상업조례, '교역제한' 금지 조항들을 포함하고 있다는 점에서 사실상 기존의 중상주의정책과는 성질이 완전히 다르다. 유럽대륙에서 널리 보급되었던 종래의 '중상주의체계'는 군주의 이익을 위해 고안되었고, 상업적 이익의 증진은 군주의 권력과 위세를 높이기 위한 수단이었다.10 반면에 입헌 통치 하의 현대의 중상주의는 오히려 군주나 정부를 상업적 이득을 위한 수단으로 삼고 있다. 입헌 통치 및 입헌적 방법으로 이행한 후로는 그와 관련된 결정권과 자율성이 군주의 손에서 기업가들의 손으로 넘어갔으며, 그리하여 기업가의 이익이 군주의 이득을 대체했다.

대의제 정부는 기본적으로 기업 이익을 대표한다. 정부는 일반적으로 상당히 일관된 목적을 가지고 기업가의 이익을 위해 일한다. 정부는 기업가의 이익을 배려할 때 대중의 지지를 받는다. 왜냐하면, 대중들 사이에서는 대중의 물질적 이익이 일련의 동일한 정부기구들 범위 안에 살고 있는 기업가들의 금전적 이익과 신비하게도 일치한다는 소박한 신념이 확고하게 널리 퍼져 있기 때문이다. 이러한 신념은 기업가가 아닌 계급들의 물질적 복지와 기업의 관계에 대한 통찰보다는 무비판적으로 상정된 이익의 연대에 근거하고 있다는 점에서 통속적인 형이상학의 일종이다. 사회주의 또는 무정부주의 이념에 물든 사회의 저속한 무리들과는 대조적으로 이러한 신념은 전문직 계급과 함께 상층 및 하층 기업가들 등 보수주의 성향의 계급들 사이에서 특히 확고하게 나타난다.

그러나 보수주의 요소에는 재력과 영향력을 가진 시민들 그리고 법을 준수하는 다수의 유력한 시민들로 구성되어 있기 때문에, 입헌정부는 사실상 어떤 금전적 이익에 기여하지 않는 사람들을 포함한 대다수 대중의 승인을 받아 기업조직의 한 부서가 되어 기업가의 조언을 따른

---

10 이러한 사실은 근대 초기에서조차 영국의 중상주의정책에는 해당되지 않는다. 중상주의시대 초창기의 입헌체제 하에서 영국 정책의 궁극적인 (공인된) 목표는 항상 '연방공화국'의 (기업) 이익이다. 군주는 중상주의적 정치가의 배려에 대한 제1의 청구자가 아니라 제2의 청구자가 된다.

다. 물론 정부는 기업계의 업무 전반을 관리하는 것 외에도 많은 일을 한다. 그러나 정부가 하는 대다수의 일, 심지어 표면적으로는 기업 목표와 무관해 보이는 일조차도 기업 이익의 감독 아래서 수행되고 있다. 문명국의 정부가 그 사회에서 뛰어난 기업가들의 이익에 유해하거나 표면적으로 도움이 되지 않는 행동방침을 고집하는 경우는 좀처럼 보기 드물다. 어떤 정부의 정책이 기업의 필요에 순응하지 않으면 이는 그러한 정부가 쇠퇴하고 있는 정도를 나타내는 척도가 된다.

정부가 기업의 목적을 추구하기 위해 대중의 승인을 구하기 위해 입각하는 정서는 애국심(patriotism)과 재산(property) 두 가지 항목으로 집약된다. 이 두 항목은 모두 현재의 상황과는 근본적으로 다른 과거에서 전해내려 온 제도적 사실(institutional facts)을 대표한다. 이 둘의 실체는 불합리한 정서의 성질을 띠고 있다. 왜냐하면 그 둘 모두 당연한 사실로서, 즉 편의적인 행동규칙을 부여하고 나아가서는 그 사회의 생활목적을 위해 궁극적인 결과 또는 가치에 대해 어떤 의문도 허용하지 않는 자기정당화의 행위 근거로서 강조되고 있기 때문이다. 이러한 근본적인 제도적 사유습관(어쩌면 정신습관이라는 표현이 더 나을 수도 있다) 중에서 전자[애국심]의 기원은 초기 야만시대의 규율로까지, 즉 충성의 봉건시대를 거쳐 씨족생활 및 씨족 적대의 초기 시대로까지 거슬러 올라간다. 그리하여 애국심은 아주 오랜 세월에 걸쳐 지속된 약탈과 예속의 규율이 부여한 뿌리 깊은 힘을 가지고 있다. 현대의 상황에서 그것은 항소가 제기된 분쟁의 물질적 공과와 관계없이 어떠한 항소에 대해서도 안전하게 반응할 수 있을 만큼 대중 속으로 깊이 침투해 있기 때문에 사실상 제도적 잔존물로 평가해야 한다.11

11 애국심 또는 쇼비니즘 관념의 계보는 금전적 연대 같은 생동감 있는 의미로 표현하면 다음과 같이 개관할 수 있다. 즉 서유럽 민족들은 봉건적 기독교왕국 체제로 이행하기 전인 씨족(종족 또는 부족) 제도 하에서는 특정 집단은 전쟁 및 경제에 대한 공격과 방어를 위해 가상적인 혈연관계에 기초한 연합체를 결성하여 결속되어 있었다. 장원제 또는 (사실상 예종적인) 마르크공동

이처럼 씨족 같은 교묘하게 꾸며낸 망상에 의해 평범한 사람들은 동일한 '연방공화국'의 시민인 기업가들이 획득한 이득 가운데서 자신도 일정한 형이상학적 몫을 가진다고 느끼게 된다. 그래서 어떤 정책에 의해 국경 안에 거주하는 기업가들의 상업적 이득이 증가하면 나머지 주민들도 모두 혜택이 돌아온다고 생각하게 된다.12

기업정치의 두 번째 제도적 지주 즉 사유재산도 마찬가지로 과거 규율의 소산이며, 비록 정도는 덜 하지만 최근의 문화적 상황의 규율과는 별 연관이 없다. 위에서 지적했듯이 현재 일반적으로 통용되고 있는 소유권 원리는 수공업과 소규모 상거래 시절에서 유래했다. 그것의 계보는 비교적 그리 오래되지 않았고 또한 덜 연속적이어서 애국적 연대의식에 비해 덜 확고한 문화유산으로 보인다. 대개 사람들은 재산 소유권

체*가 씨족집단을 경제 및 행정단위로 대체했을 때, 가상적 혈연관계의 유대는 형태와 효력을 약간만 변화시킨 채로 지속되었다. 그런 다음 연대의식 및 '동류의식'의 범위가 새로운 집단 단위로 옮아갔다. 새로운 집단에서는 충성이 예전처럼 가상적 혈족의 연장자에게 집중하지 않고 씨족 집단의 봉건적 수장에 집중했다. 중세시대와 근대시대 초기에 국가가 등장하면서 장원제 수장 또는 봉건영주의 권력과 특권을 인수하고 아울러 충성심의 범위까지도 넘겨받았다. 그리하여 연대의식의 범위는 장원제의 자치권을 계승한 국민이라는 더 큰 집단을 포함하게 되었다. 제도적 계보가 길드, 수공업, 지방정부와 함께 공업도시를 통과하는 곳에서는 과도기적 발달 양상이 표면적으로는 달라 보이나 실제로는 거의 같다. 공동행동과 공동사업을 유지시키는 군사적 규율은 애국적 연대의식을 확고하고 강고하게 해줄 뿐만 아니라 군주의 전쟁 수행과 국가형성 같은 왕실사업은 물론 여타 사업까지도 처리할 수 있게 해주었다. 전통의 성장에 영향을 주기 위해 평화가 깨지지 않고 상당기간 지속됨에 따라 국민의 연대의식이 느슨해지는 징후가 나타났다. 경제적 연대의식을 고취하기 위해 비대한 장원제 방식을 본떠 연방공화국이 고안되었다. 현재의 애국주의 통상정책에서 뿐만 아니라 16~18세기 영국의 중상주의문헌에서도 그렇게 묘사되고 있다.
* 게르만사회 또는 중세 독일에 존재했던 삼림·방목지·소택지 등 공동으로 사용, 관리하는 원시적 촌락 공동체 – 옮긴이
12 지나가는 김에 지적해 두고 싶은 말이 있는데 이러한 연대의식이 시대착오적이라는 사실을 두고 그러한 심리구조의 실질적인 공과에 대해 찬성 또는 반대를 의미하는 것으로 해석해서는 안 된다는 것이다.

은 인간 복지의 물질적 기초이며, 이러한 천부적 소유권은 개인의 생명, 특히 국민의 생명과 마찬가지로 신성한 것이라고 말한다.

장원제 하에서 공동작업 및 수공업체계의 공동규칙이 주입한 생활습관과 사유습관은 확실히 경제적 이익의 연대의식 형성에 크게 기여했다. 그러한 생활습관과 사유습관이 (이후의 자본주의시대에 들어서면서 [사람들 사이에] 이익의 격차가 현저하게 벌어졌음에도 불구하고) 그러한 연대의식 관념을 지속할 수 있도록 일관성을 부여했다. 현재의 기업체제 하에서는 기업의 이득이 개인 재산의 기초가 되어 공동획득 같은 (유사) 관념이 장원제의 공동작업 관념을 대체한다. 또한 재화를 생산하는 노동자에게도 근대시대 초기의 수공업 규율 아래서 형성된 제도적 기초인 재산의 소유권이 부여된다. 이 용어를 변증법적으로 전환하여 재산의 획득을 재화의 생산을 의미하는 것으로 해석하면 이 형이상학적 용어는 이후의 기업경쟁 상황에도 적용된다. 이로써 기업가는 자신이 획득한 재화의 가상적 생산자(the putative producer)로 간주된다. 이러한 궤변에 의해서 누구에 의해서든 재산을 획득하는 것은 그 소유자에게도 이익이 될 뿐만 아니라 공공선에도 기여하는 가치 있는 행위로 간주된다.

현명하게 거래를 하지 못했거나 손수 일하여 생산한 것 이상으로 재화를 축적하지 못하면 기회를 놓쳤을 뿐만 아니라 의무를 방기한 것으로 간주된다. 물론 일반적으로 금전적 양심은 모든 사람은 수중에 있는 전 재산의 균등한 부분보다 많이 취해야 한다고 공공연하게 주장하는 돈키호테식 망상으로까지 나아가지는 않는다. 오히려 사람들은 다른 조건이 같다면 총 재화 중 많은 부분을 자신의 소유로 돌리는 사람이 공공선에 가장 큰 기여를 한다고 생각한다. 그는 자신이 생산한 재화를 지킬 수 있는 권리를 획득할 때 그 재화의 가상적 생산자가 된다.

소유권의 자연권적 기초는 이러한 잘못된 추리에 의해 침해받지 않고 보존되며, 그리하여 보통사람들은 적어도 사회 내의 기업가들이 그러한 권리를 획득하는 만큼 전체 부가 증대한다고 생각하고, 또한 성공한 기업가는 자신이 가진 부 전체뿐만 아니라 사회 전체의 물질적 복리도 증대시키는 것으로 믿는다. 그리하여 기업정책을 통해서 이득의 증진을 추구하는 기업가와 자신의 수단을 가지고 기업이득을 확보하는 일반 대중은 서로 신중하게 고려하여 기업목적—금전적 문제에 능숙한 사람들의 수중에 부를 축적하는 것—을 위해 성심껏 협력한다.13

기업의 이해관계가 정부정책에 어떤 식으로 반영되는지는 그것이 정부정책의 한 측면에 대해 미치는 영향을 검토하면 확인할 수가 있다. 기업정치의 극단적인 표현이자 동시에 기독교국가의 높은 국민생활 수준의 특징은 작금의 호전적인 군비정책이다. 현대의 기업은 경쟁적이고 대항적이며, 그 지휘권은 경쟁적 업무 수행에 전념하는 사람의 수중에 집중되어 있다. 그들은 자신의 이익을 증진시키거나 경쟁자의 이익을 방해하는 것이라면 어떤 방법도 무시하거나 간과하지 않으며, 또한 기업간 경쟁을 허용하지도 않는다. 산업혁명14 이후에 형성된 현대의 상황에서 기업간 경쟁은 이른바 세계시장의 범위를 포괄하는 국제적 경쟁이 된다. 이러한 국제경쟁에서는 국가기구와 정책이 갈수록 더 많은 기업이익을 위해 봉사한다. 그리하여 한 나라의 기업가들은 상업에서든 공업에서든 다른 나라의 기업가들과 대결상태에 있게 되고, 금전

---

13 서로 보완적인 두 가지 정서(애국심과 금전적 연대의식)는 여러 기독교국가에서 공히 나타나지만 나라마다 약간씩 정도의 차이가 있다. 그러한 차이는 각 나라 민족이 겪은 과거 경험의 차이와 대략 일치한다. 이를테면, 대륙의 민족들의 경우 대체로 애국심이 잘 정비되고 비교적 완성되어 있으며, 보다 명료하다. 왜냐하면, 이들 민족은 왕조 간 전쟁 및 예종적 계층 체계에서 비롯된 오래 지속되고 훨씬 엄격하며 훨씬 나중에 형성된 충성의 규율을 가지고 있었기 때문이다. 반면에 영어권 국가 민족들에게는 화폐가치가 중요한 노력의 주된 목적이며 또한 기업의 자금력이 인류에 최종적으로 기여한다는 확고한 신념에 기초하고 있다. 그러나 어느 경우이든 그 결국에는 국가의 계획에서 기업이 최우선을 차지하며, 그럼에도 그 지배권은 이러한 두 지지대 중 어느 하나에라도 의지해야 안전하다.
14 그 시기는 영국의 경우 18세기 후반이고, 유럽대륙과 미국의 경우 19세기 후반이다. 식민지 상업의 경우 영국과 유럽대륙 모두 그 시기가 훨씬 이르다.

적 이익을 위한 전략적 게임에서 서로에게 국가의 입법, 외교, 군대 등의 힘을 행사한다.

특정 정부의 범위 안에 거주하는 기업가들은 암묵적 동맹 또는 신디케이트15라 불리는 느슨하게 조직된 단체를 결성한다. 이러한 단체들은 공통된 인식에 입각하여 외부의 기업가들에 대항하여 단결을 도모한다. 그러한 기업연합체 중에서 명확한 계획과 조직을 갖춘 근접한 형태가 암묵적 내지 공인된 강령을 가진 현대의 정당이다. 정당마다 서로 세부적인 목적은 다르다. 그러나 일시적으로 존재하거나 표면적으로만 영향력을 발휘하는 데 그치지 않는 정당들은 각기 다른 기업정책 노선을 표방하고 있지만 사회에서 최고의, 최대의 그리고 가장 영속적으로 기업 이익의 증가를 목표로 하고 있다는 점에서 모두 동일하다. 기업연합체16가 대중으로부터 폭넓게 승인을 확보하기 위한 방법은 합법적인 경로를 통해서 정부기구 내에서 중요한 직책을 차지하는 것이다, 이러한 대중의 승인은 건전한 기업방침의 기반 또는 (부분적으로는) 민족적 증오심의 물결, 인기 있는 후보, 곡물 풍작 등 기업방침과는 무관한 사안에 기초할 때 확보된다. 그러나 어떤 정당이 정부기구 내에서 계속 직책을 유지하고자 할 때 유일하게 확실한 기초는 유력한 다수의 이익과 견해에 부합하는 기업정책이다.

국제경쟁이 신의 은총을 입은 군주들 간의 경쟁이든 소유권을 가진 군주들 간의 경쟁이든 최후의 결판은 언제나 군사력에 있다. 현대의 정치에서는 "무역은 깃발을 따른다"는 격언을 즐겨 쓴다. 이 격언은 기업가가 국가정책과 국민생활의 목표를 평가한다는 것을 의미한다. 이 격

---

15 신디케이트(syndicate)는 동일 시장 내의 여러 기업이 출자한 공동판매회사로 참가기업은 생산은 독립적으로 하나 판매는 공동판매회사를 통해서 하는 독점적 판매조직으로 카르텔과 트러스트의 중간형태라 할 수 있다－옮긴이
16 여기서 '연합체(ring)'는 연합체 자체 또는 그 목표와 방법을 비판하기 위한 용어로서가 아니라 기업가 정책을 안내하기 위해 느슨하게 구성한 조직의 명칭으로 사용한다.

언은 사실들의 순서를 뒤집어놓은 것일 수도 있지만, 그럼에도 불구하고 그것은 기업의 노력과 현대의 군사정책 사이의 긴밀한 관계를 올바르게 표현하고 있다. 외교가 어떤 목표에 대해서도 효과를 발휘하려면 무력 과시와 사용 준비가 되어 있어야 한다. (영국과 미국에서는) 군비를 옹호하는 사람들은 기업이익을 유지하려면 군대의 후원이 필요하다고 단호하게 주장한다. 이에 반해 유럽대륙에서는 이러한 주장은 대체로 후순위로 밀려나고, 대신에 애국심과 증오심이 우선순위를 차지한다.

군사력은 문명국의 기업가들 사이에 매매를 위한 제반 조건을 조성하여 교역을 촉진하는 데는 물론이고 지구 외곽 지역에서 기업의 특권을 확장, 유지하는 데도 기여한다. 선진 기독교국가 민족들은 다른 나라 사람들을 개종한다. 후진 민족들 사이에서 금전 문화의 미개척 지역을 발전시키는 개종국의 기업가들에게는 모종의 귀중한 부수입이 들어온다. 금전 문화에 익숙하지 못한 주민들 대상으로 사업을 하면 많은 이득이 나온다. 특히 이들과 거래를 할 때 적절한 군사력이 뒷받침되면 훨씬 더 많은 이득이 생긴다. 그런데 일반적으로 이들 민족은 흔쾌히 문명화된 인류와 영속적인 사업 관계를 맺으려 하지는 않는다. 따라서 교역과 문화 목적을 위해서는 그들과 용이하게 거래를 하여 더 많은 수익을 올릴 수 있도록 그들은 문명화된 행동규칙에 굳게 묶어둘 필요가 있다. 이러한 목표를 달성하려면 반드시 군사력이 뒷받침되어야 한다.

그러나 어떤 기업이든 개종자들에게 귀속된 교역의 부수입을 분배하는 과정에서는 한발 앞선 외부의 문명세력들과 부딪치는 위험에 처하게 된다. 이러한 종류의 분쟁에서는 군사력이 최종 수단이다. 이러한 분쟁에서 당사자들의 목표는 가능한 한 많이 서로를 유리하게 이용하는 것이다. 그리하여 군사적 전선이 필요하게 되고, 기업이 세계시장에 관여하는 한 군비와 군사력 시위는 기업의 정식 기구의 일부가 되었다.

전쟁 도발의 객관적 목표가 교역의 필요에 의해 좌우되는 한 그 목표는 기업이 질서정연하게 발전하기 위한 평화와 안전이다. 일반적으로 국제 교역관계가 평화를 조성하는 것은 그것이 반항적인 야만인에게는 화평을 강요하고 또한 문명국들 사이에서는 평화 조항의 개정을 위해 논쟁을 하도록 유도하기 때문이다. 현대 정부가 교역을 위해 전쟁에 나서는 것은 자국 기업가들에게 유리하도록 평화를 조성하기 위해서다.17

위에서 민족들 간의 전쟁의 성격과 원인에 대해 설명했는데 그것은 어디서나 흔히 볼 수 있는 평범한 내용에 불과하다. 그와 관련된 사실들과 그 사실들의 연관성은 누구나 알고 있는 상식적인 내용이며, 어느 누구도 그러한 설명에서 도출한 시각과 명백한 추론에 대해서는 의문을 제기할 엄두를 내지 못할 것이다. 전쟁정책의 동기와 목적에 대해 이렇게 산만하게 설명한 이유는 그것이 기업의 현재와 미래의 전망을 예측하는 기초를 제공하기 때문이다.18

---

17 군비와 대규모 육해군 시설은 금전적으로 유리한 거래의 기회를 제공하기 때문에 기업가들에게는 두 번째로 친숙한 매력을 가진다. 그러한 거래에 관여하는 당사자들 중 한쪽(정부 관료)은 긴밀한 거래를 유도하는 통상적인 유인보다 효과가 낮다. 정부 관료는 자신의 사적 손익과는 직접적인 관련이 없기 때문에 소규모 행상에 대해서는 관심을 갖지 않고, 계약의 이행 여부에 대해서도 엄밀한 감독을 소홀히 한다. 일반 사람들은 이러한 육해군 시설을 두고 부도덕한 것으로 본다는 사실은 이러한 설명에 설득력을 더해준다. 정부 관료의 금전적 이익은 그러한 시설의 이익과 일치하지 않는다. 거기에는 상당한 '오류의 여지'가 있는데 영리한 기업가는 이를 잘 이용하여 전화위복이 되게 하기도 한다.

거대 기업가들은 군수기업과 군비 확장을 대체로 호의적으로 바라보는 경향이 있다. 왜냐하면, 그로 인한 금전적 이득은 자신들에게 들어오는 반면 금전적 부담은 대체로 사회의 나머지 사람들에게 돌아가기 때문이다. 현대에는 대외정책을 교묘하게 수행하여 기업이 얻는 이득은 그러한 이익을 확보하는 데 드는 비용과 일치하는 경우는 거의 없다. 왜냐하면, 그 비용은 기업 이득에서 지불하는 것이 아니라 나머지 사람들이 근면하게 일해서 지불하기 때문이다. 그런데 사람들은 이러한 이득 중에서 자신이 일부 잔여분을 가지며 또한 그 잔여분이 어느 정도 전체 이득을 초과한다고 무비판적으로 확신을 할 때 활기를 띤다.

18 아래의 제10장을 보라.

지난 반세기 동안 군비증강과 관련하여 유럽대륙이 겪은 경험 그리고 모든 대국이 과거 20년 동안 겪은 경험을 보면 군사력이 어느 정도 동등한 나라들이 군사적 대결을 하면 그것은 누적되는 성질을 띠게 된다는 것을 알 수 있다. 그래서 처음에는 터무니없이 불가능하다고 생각되던 막대한 군비지출의 규모가 조금만 지나면 당연한 것으로 받아들여지게 된다. 지금까지도 전쟁비용과 전쟁기운이 누적적으로 증대하여 그 기운이 수그러들 징후를 보이지 않고 있다. 다소간 평화를 지향하던 나라들도 야심을 품고 자국 기업가들의 기업들을 하나하나씩 국제시장으로 들여보내며 차례로 국제 군비경쟁의 게임에 뛰어들었다. 군비는 비교적 규모가 커야만 유용성을 가진다. 경쟁 정치에서는 그것의 절대적 규모는 특별한 영향을 미치지 않는다. 중요한 것은 그것의 상대적 규모이다. 요컨대 각종 군비 규모가 클수록 군비 확장의 정치적 필요성이 커지고 피해에 대해 더 신속하게 분노하게 되며 공격 및 분노의 필요성을 더욱 절감하게 된다.

　또한 산업현장에서는 점점 더 많은 노동력이 차출되어 군사적 목적에 투입된다. 이처럼 군사적 목적으로 전환하는 노력이 누적되면 다음 같은 문제에 도달하게 된다. 이제는 기업활동을 확장 또는 유지하려면 얼마만큼의 전쟁비용이 필요한가가 아니라 국가가 얼마나 자원을 부담할 수 있는가가 문제가 된다. 그런데 그 지점에서 전진이 멈추지 않는다. 이탈리아, 프랑스, 독일의 경우 전비 유출로 인해 산업 효율성이 심각하게 저하되었지만 전비 지출은 멈추지 않고 계속 늘어나고 있다. 영국, 특히 미국은 전비 지출이 고갈될 정도는 아니다. 이들 나라는 막대한 양을 동원할 수 있는 물자를 가지고 있으며 또한 산업적 노동을 효율적으로 수행할 수 있는 문화와 인구를 가지고 있기 때문이다. 그런데 왜 이 두 나라가 똑같이 소모적인 대결 정치에 뛰어들 수밖에 없었는지 그리하여 '위대한 게임'을 촉진하는 데 자국의 산업적 및 기업적 이익 전체를 희생했는지에 대한 명확한 이유는 없다.

다음 같은 질문을 제기할 수도 있다. 국제정치에서 상당한 결정권을 가지고 있고 또한 과도한 전비 지출로 인해 전체 이득이 감축되고 있는 기업계가 임계점에 도달했을 때 중지를 요청하지 않은 이유는 무엇인가? 기업계가 그렇게 할 수 없는 데는 여러 가지 이유가 있다. 전쟁과 호전적 사업에 몰두하면 사회에는 호전적인 정신이 함양되고 아울러 권력자에게는 전횡과 독재 정치를 부추기며, 민중에게는 무조건 열성적으로 복종을 하는 습관을 길러준다. 민족적 증오심과 민족 자긍심은 점점 더 많은 정규군 병력을 필요로 하며, 공무를 수행하는 계급의 증가는 더 많은 액수의 급료와 이들을 고용, 배치할 더 많은 분야가 필요하게 된다.

전쟁 및 군사 규율의 문화적 효과는 그것이 군주의 목적을 위한 것이든 기업의 목적을 위한 것이든 많은 점에서 동일하다. 어떤 경우든 그러한 규율은 군주제를 지향하며, 군주제 정치체제에 적합한 기질과 이상과 제도적 습관을 함양한다. 그러한 규율이 확대될수록 기업이익은 목표가 아니라 수단으로 이용된다. 현대의 독일, 프랑스, 이탈리아 그리고 16~17세기의 유럽대륙 국가들이 대표적인 사례이다. 그러한 상황에서는 왕권, 왕실, 관료제, 군사시설, 귀족 등 그 명칭이 어떠하든 점차 다시 제자리로 복귀하고, 따라서 이러한 우월한 인구 요소들 유지와 위엄에 대한 문제가 다시 제기된다.19 장기간에 걸친 군사활동의 객관적 목표는 필연적으로 기업 이익에서 군주의 권세와 궁중의 영예로 옮겨간다. 기업 이익은 재정 확보를 위한 방법 및 수단의 지위로 전락하고, 기업활동은 국가의 파산을 통한 궁극적인 소모 또는 붕괴의 공정한 기회와 함께 보다 높은 목표에 예속된다.

기업은 집합적 사안이 아니라 개인적 사안이다. 개별 기업가가 군사정치에 수반되는 궁정 및 관청 시설의 유지를 위해 전쟁 자금과 물자

---

19 Hobson, *Imperialism*, pt. I, ch. VII, pt. II, ch. I, 및 VII. 참조.

수요를 충당할 때 눈앞에 이익이 뻔히 보이는데 거기서 발을 빼는 것은 기업가의 본성이 아니다. 중요한 것은 항상 그의 생계가 아니라 그가 획득하는 이윤이다. 그의 이윤에 영향을 주는 것은 그에게 열려 있는 여러 투자 분야의 상대적 수익성이다. 자금이나 공급물자를 입찰을 할 때 국가가 제공하는 금전적 유인이 다른 공급처에서 제공하는 유인에 비해 더 많은 가치를 가지면, 기업가들은 그에 수반되는 궁극적인 실질적 결과에 상관없이 수요물자를 공급하려 할 것이다. 이제는 자금과 기업이 명백히 국제적 내지 범세계적 성격을 띠고 있어서 기업가들은 그 사실을 충분히 인식하지 않더라도 우호국 또는 본국 정부 뿐 아니라 적대국에도 재정적으로 도와준다. 그리하여 협력관계에 있는 여러 나라들에서 균등하고 포괄적인 고갈이 크게 촉진되고 있다. 각종 재해 그리고 정치, 기업, 종교 밖에서 일어나는 불순한 문화적 작용이 16~17세기에 유럽대륙에서 일어났던 전쟁과 정치의 광란을 종식시켰듯이, 그러한 불순한 문화적 작용이 아니고서는 현대의 상황의 논리 속에는 산업 붕괴와 그에 따른 국가 파산을 수반하는 군비지출의 누적을 중지시킬 방도가 전혀 없다.[20]

---

20 16~17세기의 기업과 군비지출의 관계에 대해서는 다음을 참조하라. Ehrenberg, *Zeitalter der Fugger.*

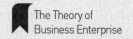
The Theory of
Business Enterprise

09

기계과정의
문화적 결과

제9장

기계과정의
문화적 결과

　종교와 정치, 심지어 기업 같은 비기계적 문화 요인에 관한 한, 현재
는 17세기 유럽 대륙에서 널리 보급되었던 사물 양식과 상당한 정도로
유사한 면이 있다. 이러한 문화적 요인의 작용이 종래에 존재하지 않았
던 세력에 의해 방해를 받지 않는다면 논리적으로 보면 그 요인들은
18세기에 중부유럽이 처한 것과 같은 상황 속에 다시 모습을 드러낼
수밖에 없다. 물론 현대의 상황에서 그것은 훨씬 더 큰 규모로 나타난
다. 그러나 이는 실질적으로 종교관, 정치관, 기업관의 범위가 변화해
서가 아니라 새로운 기술 즉 예전과는 다른 '산업기술의 상태'에 이르
렀기 때문이다. 위대한 정치시대가 끝날 무렵에 더욱 분주해진 대륙 국
가들에서 특징적으로 나타나는 서민 생활의 특징인 비참한 양상이 다
시는 절정에 도달하지 않을 것이다. 그러나 이는 문화의 발달 같은 정
신적 요인 때문이 아니라 산업기술의 상태가 변화했기 때문이다. 현대
의 상황에서 나타나는 요인은 구체제에서는 볼 수 없는 (많은 그리고 폭
넓은 파생물을 가진) 기계 기술이다.

기업 개념과 기업 방법은 중부유럽에서는 16~17세기에 와서 활발하게 발달했는데 남부유럽에서는 좀 더 일찍 발달했다. 그러나 기업이 전반적으로 발전하는 것은 기계 기술에 좌우되기 때문에 이후의 시기에 이를 때까지 기업의 발전이 크게 진전되지 않았다. 기업 방법과 기업활동 기구는 상황이 요구하면 언제나 어디서나 매우 신속하게 발달한다. 이것은 경제사를 통해 얻는 교훈이다.[1] 기술 발달에서 보듯이 수세대에 걸쳐 장기간 경험이 누적되면 획득하지 못하는 것은 거의 없다는 것은 누구나 알고 있다. 근대 초기 유럽대륙에서는 이러한 기업 발달이 기업의 자금에서 나온 축적된 부를 바탕으로 종료 지점까지 질주한 탓에 새로운 출발을 위한 기초를 전혀 남겨두지 않았다. 유럽 및 그 밖의 지역에서는 현재의 상황을 발흥시킨 새로운 출발은 영국인이 이른바 산업혁명이라는 기성품 형태로 대륙에 전해주었다. 대륙의 구체제의 최종적인 붕괴를 초래한 자연권의 형이상학도 역시 영국에서 비롯되었다.[2]

영국 민족은 혈통 면에서나 문화적 계통 면에서나 [도버]해협 또는 북해 건너편의 이웃 민족과 실질적으로 별반 차이가 없다.[3] 그러나 영국은 근대의 문화 시대가 시작하면서부터 물리적으로 고립된 탓에 유럽의 일반적 상황에서 멀어지게 되었다. 그래서 18세기 말까지 근대시대를 거치는 동안 영국사회는 유럽의 정치무대에서 참여자가 아닌 제3

---

1 기업 원리의 완성된 체계는 역사적으로 형성된 자유로운 제도에 기초하고 있으며, 따라서 그러한 제도의 장기간에 걸친 역사적 발달을 전제로 한다. 그러나 비록 완벽하지는 않지만 근대 초기에 남부유럽과 중부유럽 민족들은 성숙하지 않은 권리 체계에 기초하여 고도로 효율적인 기업체계를 비교적 짧은 기간에 완성했다. 다음 저작들을 참조하라. Ehrenberg, *Zeitalter der Fugger*; Sombart, *Kapitalismus*, vol. II. ch. VIII, XIV, XV.

2 위의 제4장을 보라.

3 다음을 참조하라. Keane, *Man, Past and Present*, ch. XIV; W.Z. Ripley, *Races of Europe;* Lapouge, *L'Aryen*; Montelius, *Les temps prehistoriques en Bubde*, etc.; Andreas Hansen, *Menneskesloegtens Aelde*.

자로서 관망하는 위치에 있었다. 이른바 '국가형성'기에 영국은 자국 문제와 관련된 것이 아니면 대체로 [유럽대륙에] 크게 개입하지 않았다. 영국—현재는 대영제국—은 하나의 왕관 아래 법과 질서를 가지고 있으며, 고립되고 (비교적) 평화로운 상태에서 문화가 비교적 평화롭게 발달했다. [영국에서] 일상생활의 지배적인 기조는 군주정치와 전쟁이 아니라 산업과 무역이었다. 이러한 국가적 경험의 결과 입헌정부와 현대의 산업기술이 도입되고 그와 함께 근대 물질과학의 정신이 왕성하게 발달했다. 따라서 최근의 현대 상황을 위한 출발점은 다음 두 가지로 요약된다. (1) 서구 문화의 이러한 영국식의 평화로운 형태가 '산업혁명'의 이름 하에 도입된 기계 기술과 더불어 입헌 제도와 자연권 형성에 기여했다. (2) 애국주의 이상과 적개심이 유럽대륙의 호전적인 정치 풍토의 잔재로 남아있다.

　자연권과 현대의 산업 및 과학 방법에 기초하여 새롭게 출발한 이래로 국가 및 국제관계 결합체는 이중적이 아니라 단일적이다. 정치, 산업, 문화가 전개되는 무대는 더 이상 대륙도 영국도 아니고 모든 문명 공동체와 문명 이익을 아우르는 범세계적 무대이다. 따라서 이제는 16~17세기 때와는 달리 문화 발달의 전반적 흐름을 벗어난 별도의 기술, 과학, 시민권 양성소가 존재하지 않는다. 그리하여 현대의 상황에서는 여러 요인들이 어떻게 작용을 하든 궁극적으로 그 결과는 모든 사회에 동일한 방식으로 그리고 거의 동일한 정도로 영향을 준다. 만약 그 결과가 다시 대중의 타락, 귀족 덕목, 전면적 파산으로 마무리되는 군주제와 군비확장으로 귀결된다면, 새로운 문화적 및 산업적 출발을 위한 기초로 비축해 놓은 평화를 애호하는 평범한 기술자 및 소매상인 공동체는 하나도 남지 않게 된다. 어떤 의미에서 보면, 현대 기술은 그것이 최초로 발달하고 역사의 경로를 재형성하도록 힘을 모아둔 기반을 잘라버렸다. 그리하여 어떤 나라든 거대한 국제기구를 벗어나서는 평화롭게 지내는 것이 불가능해졌다.

그런데 오늘날의 포괄적인 상황에는 새로운 요인, 즉 기계과정이 있다. 기계과정의 기술적 성격에 대해서는 앞의 제2장에서 다소 자세하게 설명한 바 있다. 기계과정은 현대생활 속에 침투하여 (기계적인 방식으로) 지배한다. 즉 기계과정은 정확한 기계적 측정과 조정을 강요하고, 또한 목적과 행동, 필수품, 편의시설, 오락 등 모든 사안을 표준화된 단위로 환원한다. 앞의 장들의 주요 주제의 상당 부분은 이러한 포괄적인 기계적 표준화가 기업활동에 미치는 영향에 관한 것이었다. 이 장의 직접적인 관심사는 기계과정이 문화발달에 미치는 영향, 즉 표준화 및 기계적 등가를 위한 움직임이 인적 자원에 미치는 규율 효과(the disciplinary effect)이다.

이러한 규율은 기계제 산업에 종사하는 노동자들에게는 즉각적으로 적용되지만, 포괄적인 기계과정에 접촉하며 살아가고 있는 사회의 나머지 사람들에게는 간접적으로 적용된다. 기계과정이 확장되는 곳에서는 그러한 규율이 노동자의 작업 속도를 설정한다. 작업속도는 특정 노동자가 직접 종사하고 있는 특정의 세부적인 과정에 의해서가 아니라 포괄적인 전체 과정에 의해 설정되고 세부적인 과정은 포괄적인 과정에 맞추어야 한다. 이제는 일정한 결과를 산출할 때 더 이상 개별 노동자가 여러 기계장치를 이용하지 않는다. 기계사용 초기 단계에서는 노동자가 그런 식으로 일을 했으며, 지금도 노동자가 손노동으로 하는 일은 다분히 그런 성격을 띠고 있다. 그러나 산업에서 노동자의 그러한 특징을 중시하면 현대 상황 특유의 특색을 놓치게 된다. 이제 노동자는 그의 동작을 조절하는 기계과정의 한 요소로 작업을 수행한다. 물론 예전에 항상 그랬던 것처럼 노동자는 기계과정을 다루는 지적 행위자이며 기계, 용광로, 도로, 증류기는 인간이 고안한 생명 없는 구조물로서 노동자의 감독 하에 있다는 것은 지금도 여전히 엄연한 진리로 남아 있다.

그런데 기계과정은 노동자 자신과 그의 지적 동작을 포함하고 있으며, 노동자에게 지대한 영향을 미친다. 왜냐하면, 앞으로는 진행 중인 일 속에는 필히 노동자의 지적 능력이 포함되어 있기 때문이다. 기계과정은 노동자에 의한 기계의 감독과 지도를 표준화한다. 기계적으로 말하자면, 기계는 노동자가 자기 생각대로 처리하는 자기 소유물이 아니다. 그의 역할은 진행 중인 기계과정이 설정한 기준에 따라 기계와 그것의 작동을 고려하는 것이다. 노동자의 생각은 표준적인 단위의 규격과 등급으로 환원된다. 노동자가 정확하게 측정하지 못하면 기계과정이 오류를 점검하고, 규격 일치가 절대적으로 필요하다는 것을 일깨워준다.

그 결과 노동자의 지적 생활은 기계과정에 맞춰서 표준화되고, 이러한 표준화는 노동자가 종사하고 있는 산업과정이 더욱 포괄적이고 완성될수록 한층 더 순수하고 정확해진다. 그렇다고 해서 이러한 사실이 노동자의 지적 수준을 저하시킨다는 의미로 받아들여서는 안 된다. 그 반대가 분명 진실에 더 가깝다. 노동자는 지적 수준이 높을수록 더 유능한 노동자가 된다. 또한 일반적으로 기계과정의 규율은 그러한 규율을 부여해준 분야가 아닌 다른 분야의 작업에서도 노동자의 능률을 증진시킨다. 그러나 기계제 산업이 필요로 하고 주입하는 지식은 특이한 성질을 지닌다. 기계과정은 지식과 관련하여 엄격하고 근면한 조련사이다. 그것은 잠시도 쉬지 않고 면밀하게 사고할 것을 요구하며, 양적 정확성의 표준으로 하여 사고하도록 한다. 노동자에게 필요한 것 이외의 지식은 대체로 쓸모가 없다. 또는 그러한 지식은 쓸모없을 뿐만 아니라 유해하기까지 한다. 왜냐하면 양적 기준에 기초하지 않은 사유습관은 노동자가 처리해야 하는 사실들을 양적 기준으로 이해하지 못하도록 방해하기 때문이다.[4]

---

4 예컨대 만약 노동자가 현재의 동화나 강당 웅변을 본떠서 신화를 지어내고, 기계나 기계과정을 인격화하고, 기계장치에 의미와 자비심을 부여한다면, 그는 분명 잘못하고 있는 것이다.

노동자가 정당하게 재능을 부여받고 또 충분하게 훈련을 받았다면, 그는 일상생활에서 사고를 할 때 기계적 효율성(mechanical efficiency)을 궁극적인 기준으로 삼는다. 이 경우 '기계적'이라는 말은 위에서 사용한 의미로 이해해야 한다. 기계적 효율성은 원인과 결과를 정확하게 조정하는 것이다. 그러므로 기계제 산업의 규율이 노동자의 생활습관과 사유습관에 주입하는 것은 순서의 규칙성과 기계적 정확성이다. 따라서 지적 결과는 언제나 측정가능한 원인과 결과의 기준에 의지하며, 그 외의 방식으로 지적 능력을 행사하는 것에 대해서는 비교적 무시하고 비난을 받는다.

물론 어떤 경우에도 그리고 어떤 계급에도 기계과정의 규율은 생활습관과 사유습관을 완전히 자체의 모습 그대로 주입하지는 않는다. 모든 계급의 인간 본성 속에는 과거부터 전해 내려와 서로 상이한 작용을 하는 성향과 습성의 잔재가 여전히 아주 많이 존재하고 있다. 기계체제는 지속기간이 너무 짧고 그 자체의 규율은 엄격한데다가 과거로부터 물려받은 일단의 습성과 전통이 너무 포괄적이고 일관적이어서 한참 지나야 기계 체제의 완성에 다가갈 수 있었다.

기계과정은 비인격적 성질의 현상이나 인간의 선호도에도 의존하지 않고 습관과 관습에 의해서도 형성되지 않는 인과연쇄와 상호관계에 끊임없이 주의를 기울일 것을 강요한다. 기계는 의인화된 사유습관을 배제한다. 기계는 일을 노동자에 맞추는 것이 아니라 노동자를 일에 맞추도록 강요한다. 기계기술은 노동자의 손재주, 근면, 개인의 힘에 의지하지 않고 비인격적인 물질적 원인과 결과에 관한 지식에 의지하며, 노동자 상사의 습관이나 성향에도 의지하지 않는다. 이처럼 노동이 기계에 의해 인도되면, 현대의 생활 경로는 기계적이고 비인격적으로 설정된다. 그렇게 하여 형성된 규율은 기계적 결과를 위해 비인격적 사실들을 처리하는 규율이다. 그러한 규율은 불투명한 비인격적 원인과 결과를 기준으로 사고하도록 가르치고, 관습과 그 관습에 의해 전해 내려

온 인습적인 표준에 기초한 정당성의 규범을 무시하게 만든다. 관습은 이러한 종류의 노동 과정을 형성하는 데도 또한 이러한 종류의 노동에 의해 생겨난 사유양식을 형성하는 데도 별다른 영향을 미치지 않는다.

기계과정은 물질적 인과관계 외에 선과 악, 장점과 단점 등에 대해서는 아무런 통찰을 제공하지 않는다. 또한 압력, 온도, 속도, 장력 등을 기준으로 진술되는 기계적으로 실행되는 법칙과 질서 이외의 나머지 법과 질서의 기초 또는 구속력에 대해서도 아무런 통찰을 제공하지 않는다.5 기계기술은 관습에 의해 확립된 우선순위 규칙을 인식하지 못한다. 기계기술은 매너도 예의범절도 알지 못하고, 어떤 것이 가치 있는지도 모른다. 기계기술의 지식과 논리 체계는 아득한 옛날부터 전해 내려온 관습, 진정성, 권위 있는 법령에 기초하는 것이 아니라 물질적 인과관계의 법칙에 기초한다. 기계기술의 형이상학적 기초는 인과법칙이며, 달인의 사고 속에 있는 충분한 이성의 법칙까지도 제거해 버렸다.6

기계기술이 거부하는 인습적 진리 또는 제도적 유산의 범위는 매우 광범위하며, 사실상 모든 것을 포함한다. 기계기술은 18세기의 새로운

---

5 '선과 악', '장점과 단점', '법과 질서' 같은 표현은 기술적 사실 또는 물질과학의 결과에 적용할 경우 명백히 종래의 어법에서 빌려온 것으로 비유적 표현으로서만 유용하다.

6 타르드(Tarde)*는 『경제심리학』(*Psychologic Economique*, vol. I. pp. 122~131)에서 근대 노동의 심리적 요건과 결과에 대해 기계 노동자의 노동과 수공업자의 노동을 대비하며 근대 노동의 심리학적 특징을 제시한다. 이러한 대비는 그 주제와 관련한 현재의 상식을 온건하게 성식화한 것으로 볼 수 있으며 논점을 상당히 폭넓게 펼쳐 놓은 것으로 보인다.

* 장 가브리엘 타르드(Jean Gabriel Tarde, 1843~1904)는 프랑스의 사회학자, 범죄학자로 판사를 거쳐 철학 교수로 활동했다. 타르드는 모든 사회현상은 사회를 구성하는 사람과 사람 사이의 심적(心的) 관계라는 궁극의 형태로 환원된다고 심리학적 사회학의 방법을 개척하여 사회심리학의 발전에 지대한 공헌을 했다. 이러한 입장 때문에 그의 이론은 프랑스보다는 미국의 사회학에 많은 영향을 주었다. 『모방의 법칙』(*Les Lois de l'imitation*, 1890)은 타르드의 이론을 보여주는 대표적인 저작이다. ―옮긴이

인습적 진리 즉 자연권, 천부적 자유, 자연법, 자연종교에는 부합하지만 진선미 같은 예전의 규범에는 부합하지 않는다. 의인화는 어떻게 위장을 하더라도 아무런 소용도 없고 어떠한 효력도 가지지 않는다.

당면 문제와 관련하여 기계적 직업이 부여하는 규율은 사유습관의 규율이다. 그러므로 이러한 기계적 직업이 현재의 목적과 관련하여 관심을 가지는 것은 사유 과정과 인식의 방법, 추론 순서이다. 그 때문에 이러한 직업들은 문화적 가치가 있는 것이라면 무엇이든 가지게 된다. 그러한 직업들의 가치는 고용된 사람들의 정신적 능력을 혹사하는 정도에 다소 비례한다. 따라서 최대의 효과는 단순히 기계과정의 기계적 부속물로 일하는 사람들에서 찾을 것이 아니라 기계과정을 이해하고 인도하는 데 필요한 산업계급에서 찾아야 한다. 그렇다고 전자의 사람들이 기계의 규율에서 벗어나 있는 것은 아니다. 오히려 그러한 규율은 맹목적으로 그들에게 부과되고, 또한 기계과정을 구성하는 인과적 연쇄에 대한 통찰보다는 불명확한 결과를 무비판적으로 수용하도록 강요한다. 따라서 높은 수준의 숙련 기계공에게는 그러한 사유습관에 대한 고도의 훈련이 요구되며, 기계과정을 관리하고 감독하는 위치에 있는 사람들에게는 그러한 훈련이 더욱 결정적으로 요구된다. 그러한 훈련은 산업과정을 지도할 때 기계적 결정권을 행사하는 사람, 즉 물질적 현상을 관류하는 인과연쇄의 법칙을 관리하는 사람이 필요하다. 요컨대 기계과정의 작동에 기초하여 사고하는 법을 숙지해야 하는 사람에게 더욱 강력하고 철저하게 요구된다.7 그러한 사고가 의지하는 형이상

---

7 과거 100년 이상 동안에는 노동자의 사유습관이 이와 같이 변화하면 노동자의 지능이 퇴화 또는 위축된다고 보았다. 그러나 그렇게 보면 기계노동의 습관화에 따른 변화의 특징을 지나치게 간과하게 된다. 오히려 그러한 습관화는 노동자의 사고의 방향과 방법과 내용의 변화를 초래하여 어떤 목적에 대해서는 지식이 향상되는 반면 어떤 목적에 대해서는 지식이 저하된다고 말하는 것이 무방하다. 전반적으로 기계 규율은 기계가 출현하기 전에는 지식의 표식을 높이 평가하기 위해 노동자의 지식을 저하시키지만, 기계를 전면에 부각시키기 위해서 노동자의 지식을 향상시킨다. 어떤 노동자가 천성적으

학적 근거는 물질적 현상들의 연쇄에 잘 적용되어야 한다. 그것은 현대의 물질과학의 형이상학적 가정—인과 법칙, 인과관계의 누적, 에너지 보존, 질량 불변 등의 개념을 다루는 데 선택된 모든 항목—이다. 따라서 현대의 물질과학에 종사하는 사람들은 당면 목적에서 보면 기계제 산업에서 높은 지위에 있는 사람과 거의 동일한 부류이다.8

전쟁, 정치, 유행, 종교 등과 관련된 예전부터 존재하던 직업을 별도로 하면, 사람들이 종사하는 직업은 금전적 또는 기업적 업무와 산업적 또는 기계적 업무로 구분된다.9 초기 시대, 실제로는 19세기의 어느 불특정한 시점까지는 그러한 업무의 구분이 직업의 차이와 크게 일치하지 않았다. 그러나 세월이 흘러 시장판매를 위한 생산이 산업의 일상적인 규칙으로 자리 잡게 됨에 따라 점차 직업이 분화되고 분업이 진전되었다. 그 결과 매매 업무와 축적된 가치 저장소를 관리하는 업무를 전담하는 특정 부류의 사람들이 생겨났다. 재산이나 금전적 기질이 부족하여 금전적 업무에 적합하지 않은 그 밖의 사람들은 당연히 기업의 관심에서 배제되었다.

전문화(specialization)가 진전됨에 따라 그들은 시장판매를 위한 생산

로 기계과정을 효과적으로 사고하는 적성이 부족하다면, 즉 그가 어떤 일에 대해서는 지적 능력이 탁월하지만 다른 일에 대해서는 그렇지 않은 경우에는, 기계는 그의 지식을 저하시킨다고 말하는 것이 타당하다. 왜냐하면, 기계는 노동자가 가진 유일한 능력이 완전하게 발달하는 것을 방해하기 때문이다. 지적 훈련의 결과에 따른 차이는 정도의 차이가 아니라 필연적으로 종류와 방향의 차이이다. 다음 글을 참고하라. Schmoller, *Grundriss der Volkswirtschaftslehre*, vol. I. secs. 85~86, 132; Hobson, *Evolution of Modern Capitalism*, ch. IX. secs. 4 및 5; Cooke Taylor, *Modern Factory System*, pp. 434~435; Sidney and Beatrice Webb, *Industrial Democrocy*, e.g. pp. 327 et seq.; K. Th. Reinhold, *Arbeit und Werkzeug*, ch. X. (particularly pp. 190~198) 및 ch. XI (특히 pp. 221~240).

8 다음 글을 참고하라. J. C. Sutherland, "The Engineering Mind" *Popular Science Monthly*, January 1903, pp. 254~256.

9 다음 글을 참고하라. "Industrial and Pecuniary Employments" 특히 pp. 198~218.

과 연관된 기계과정에 주목하게 되었다. 그리하여 금전적 활동 또는 업무와 산업적 활동 또는 업무의 구분이 직업의 차이와 점점 일치하게 되었다. 물론 모든 계급을 모든 금전적 업무에서 배제할 만큼 전문화가 진전되지는 않았다.10 왜냐하면, 일상적으로 기계적 업무를 수행하는 직업을 가진 사람조차도 통상적으로 임금과 관련해서는 고용주와 협상을 하고, 공급물자와 관련해서는 다른 사람들과 협상을 하기 때문이다. 그리하여 현대의 생활 속에서 활동하는 어떤 부류의 계급도 금전적 업무에서 완전히 배제되지 않는다.

그러나 임금 및 지출 문제와 관련해서도 금전적 문제에 대한 관심의 필요성이 점점 더 줄어들고 있다. 예컨대, 임금 수준은 노동자 단체에게도 일련의 기술진에게도 점점 일상적인 사안이 되고 있어서 적어도 이 문제와 관련한 일관되게 세부적으로 교섭하는 기회가 점점 줄어들고 있다. 소비재를 구매할 때도 역시 상황은 마찬가지이다. 특히 도시와 소규모 산업도시에서는 생계수단을 공급하는 것이 대부분 일상적인 일이 되었다. 소매가격은 판매자가 결정하는 비율이 점점 더 늘어나고, 대부분 비인격적으로 결정된다. 백화점 매장에서는 이러한 일이 매우 명확하고 유익하게 실행되고 있다. 거기서는 판매자가 가격을 설정하고, 판매 업무와 관련하여 아무런 결정권도 가지지 않은 점원의 개입을 통해서만 비로소 구매자와 접촉을 하게 된다. 이 점과 관련해서 지금 진행하고 있는 변화는 산업사회의 과거 상태 또는 우리가 흔히 '산업후진국'이라 부르는 나라의 현재 상태와 비교해 보면 확연하게 드러난다.

금전적 직업에 종사하는 사람들—기업가들—에서는 반대의 양상이 나

---

10 이와 관련하여 스테펜(G. F. Steffen)은 다음 같이 기술하고 있다. "자기 노동력이나 자본 또는 토지를 기업에 임대하는 사람들은 기업 입장에서 볼 때 절대로 수동적이 아니다. 그것들은 단순히 기업가 수중에 있는 생명 없는 도구가 아니다. 그것들은 기업가와의 계약에 명기된 것만큼만 자신들의 업무 능력을 양도하는 '기업활동을 위한 도구(företagande verktyg)'이다." *Ekonomisk Tidskrift*, vol. V. p. 256.

타난다. 그들이 기계적 사실 및 과정에 얽매이지 않고 벗어나 있다면 그 역시 상대적일 뿐이다. 이를테면 은행업자, 변호사, 중개인과 같이 도구나 상품을 직접 다루거나 기계과정을 관리하는 일과는 거리가 먼 업무에 종사하는 기업가들도 일상적인 기계적 장치에 대해 어느 정도 알고 있어야 한다. 또한 그들은 소비 역학이라 불리고 있는 것에 대해서는 어느 정도는 알고 있어야 한다. 이와 달리, 산업에 직접 관여하는 기업가들은 대체로 산업과정과 관련한 지식을 가지고 있으며, 어느 정도 이해하고 있다. 그들은 늘 기계적 기준으로 사고한다. 그들의 사고방식은 습관적으로 금전적 결론으로 이어진다. 그들은 자신들의 추론의 효과와 타당성을 검증하는 습관이 있으며 그러한 습관이 그들에게 금전적 성과를 낳게 한다. 그들의 진지한 사고는 처음부터 끝까지 금전적 성격을 띠고 있으며, 시종일관 기계과정의 일반적인 양상을 취하고 있다. 따라서 그들은 사실상 제한적인 경우에서만 기계적 사고, 즉 원인과 결과를 기준으로 한 사고에서 벗어난다.

그러나 많은 단서가 붙긴 하지만, 기업에 종사하는 계급의 생활과 고유한 의미의 산업에 종사하는 계급의 생활 사이에는 현격한 차이가 있다. 이 두 계급은 생활습관에서 현저한 차이가 있으며, 그 차이는 점점 커지고 있다. 또한 이 두 계급은 각자 따라야 하는 규율에서도 차이가 더욱 벌어지고 있다, 그러한 차이가 사유습관의 차이를 낳고, 각 계급이 의지하는 추론의 일상적인 기초와 방법의 차이를 낳는다. 그 결과 관점의 차이가 생겨나고, 그것이 기반하고 있는 사실, 논거의 방법, 타당성에 호소하는 근거 등에서도 차이가 생겨난다. 직업의 분화가 진전됨에 따라 이러한 차이는 점점 확대되고 견고해진다. 그리하여 두 계급은 서로를 이해하고 또 서로 각자의 신념, 이상, 능력, 단점을 평가하기가 점점 어려워진다.

기업가계급의 사고를 정당화하는 궁극적 근거는 재산의 자연권이다. 이것은 물질적 원인과 결과를 기준으로 정식화할 수 있는 사실에 입각한 정당성이 아니라 제도적 정당성에 입각한 의인화된 인습적인 사실이다. 이에 반해 기계제 산업에 종사하는 계급은 습관적으로 인과연쇄에만 몰두한다. 그런데 이러한 인과연쇄는 자연권에 대해 의인화된 용어로 진술하지 않으며, 또한 제도적 옳고 그름 또는 관습적인 이유와 결과에 대한 지침을 제공하지 않는다. 물질적 원인 및 결과에 입각하고 있는 주장은 인습적인 전례나 변증법적으로 충분한 이유에 입각하고 있는 주장에 맞설 수 없으며, 오히려 그 반대는 가능하다.

금전적 직업이 요구하는 사고는 인습적 사실에 입각하고 있다. 이에 반해 산업적 직업에 수반되는 사고는 대체로 인습적인 사실을 무시하고 기계적 연쇄 또는 인과관계에 근거한다. 소유권 또는 재산 제도(사유습관)는 인습적인 사실이다. 금전적 사고의 논리—소유권과 관련된 사고의 논리—는 이러한 가정—소유권 또는 재산 개념—에 기초하여 성립된다. 그러한 직업이 주입하는 특유의 사유습관은 최종성 또는 정당성의 인습적 기반에 의지하고 의인화에 의지하는 습관이다. 또한 그러한 각종 현상을 인간관계, 판단력, 진정성, 선택 등을 기준으로 설명하는 것에 의지하는 습관이다. 이러한 자연권 평면 위에서 탐구를 할 때 확실성의 최종 근거는 항상 진정성, 관례, 승인된 결정이다. 그것은 법률상의 논거이지 사실상의 논거가 아니다. 따라서 주어진 훈련은 비인격적 현상들에 관한 사실상의 지식을 추구하거나 동화하기보다는 법률상의 구별과 일반화를 추구하는 재능과 확신을 제공한다.

그러한 추론의 목표는 새로운 현상을 사실적으로 조명하여 과거의 경험에서 도출된 지식을 교정하는 것이 아니라 승인된 전례들을 기준으로 새로운 사실들을 해석하는 것이다. 또한 법률 또는 일반 규칙을 사실에 맞추는 것이 아니라 사실을 법률에 맞추려고 노력한다. 그렇게 하여 형성된 성향은 일반적이고 추상적인 인습적 규칙을 비인격적, 비인습적인 사실의 현실(reality)보다 우월한 현실을 현실적인(real) 것으로 받아들이기를 좋아한다. 그러한 훈련은 형이상학적 논거에 그리고 '실용적인' 업무 관리라고 알려진 것에 이해력과 통찰력을 제공하며, 또한 기계적 업무와 구별되는 이른바 실무적 또는 행정적 효율성을 제공한다. '실용적인(practical)' 효율성은 사실(facts)을 승인된 협약의 목적에 맞게 설명할 수 있는 능력, 즉 금전적 관습을 기준으로 상황에 큰 영향을 미칠 수 있는 능력을 의미한다.11

법률상의 추론은 금전적 전제에서 시작하여 금전적 결론으로 끝을 맺는다. 이러한 법률상의 추론에 의거한 훈련이 제공하는 정신적 태도는 필연적으로 보수적일 수밖에 없다. 이러한 종류의 추론은 인습적으로 확립된 자명한 원리의 정당성을 전제로 한다. 따라서 그러한 추론은 이러한 자명한 원리들과 그러한 원리들에 입각하고 있는 제도들에 대해 회의적인 태도를 취할 수가 없다. 그러한 추론이 그 자체의 자명한 원리(자연권)와는 모순되는 종래의 여타의 제도들에 어울리는 회의주의로 귀결되는 경우도 있긴 하나 그러한 회의주의는 그 자체가 의지하고 있는 자연권 기반을 건드릴 수 없다. 물론 이와 동일하게 물질적 인과 연쇄에 기초하고 있는 사고는 그것의 근본적인 가정—인과 법칙—에 대해 회의적인 태도를 취할 수가 없다. 그러나 이러한 물질주의에 기반하고 있는 추론은 분명 전통적인 제도들을 지지하지 않으므로 기계기술의 규율이 부여한 태도를 현재로서는 보수적이라 할 수는 없다.

기업가계급은 대체로 보수적이다. 그러나 그러한 보수적 성향은 물론 그들에게만 고유한 것은 아니다. 그러한 직업에 종사하는 자들만이 인습적 기준이 입각하여 추론을 하는 유일한 계급인 것은 아니다. 실제로, 군인, 정치인, 성직자, 사교계 인물들 등 여타의 계급들도 역시 종래의 인습적 기준에 입각하여 지적 활동을 한다. 그러므로 기업 업무에

11 다른 한편으로 다음 글을 참고하라. Reinhold, *Arbeit und Werkzeug*, ch. XII 및 XIV. 이 저작에서는 '감독 임금'에 대해 독자들이 친숙하게 이해하도록 설명하기 위해 이중 거래를 제작능력과 혼동하고 있는데 그것은 통상적인 설명보다 광범위하고 창의력이 풍부하다.

서 제공하는 훈련이 보수적이라고 한다면, 종래의 다른 종류의 업무에서 이루어진 훈련은 반동적이 될 수밖에 없다.12 극단적인 인습추종은 극단적 보수주의를 수반한다. 보수주의는 현재 유포되어 있는 인습을 유지한다. 그래서 이 점과 관련해서는 단순히 현대 기업생활의 규율은 한편으로는 야만문화의 생활을 상징하는 특색의 일부를 간직하고 있다고 말할 수 있으며, 그와 동시에 다른 한편으로는 현대 기업생활의 규율은 방금 거론한 몇몇 여타 직업들만큼 높은 수준으로 야만문화의 규율을 간직하고 있지 않다고 말할 수 있다.

현대 산업적 업무의 규율은 인습적 편견에서 비교적 벗어나 있지만, 이 점에서 보면 기계적 업무와 기업적 업무 사이의 차이는 정도의 차이이다. 요즘 산업계급들 사이에서는 확실성에 대한 인습적 기준을 무시하는 경향이 있는데 이는 단순히 훈련 부족 탓이 아니다. 산업계급의 업무에서 실행되는 적극적 규율은 (인습이 자연권에 기초하든 그 밖의 다른 것에 기초하든) 인습적인 의인화된 기준에 입각한 사유습관과는 많은 부분에서 배치된다. 인습적 규범에서 탈피한 이러한 적극적 훈련은 산

---

12 물론 모든 계급에서 개별적으로 예외가 발견되고 있긴 하지만, 결국 다소 일관되고 보편적인 계급 태도가 존재한다. 잘 알려진 바와 같이, 성직자, 변호사, 군인, 공무원 등은 비록 반동적이지는 않지만 일반적으로 보수적인 성향을 가진 것으로 간주된다. 이러한 통속적인 견해는 세부적인 면에서 많은 결함이 있으며, 특히 일반화하기에는 너무 포괄적이다. 그러나 비록 그러한 평가에는 약간의 단서가 필요함에도 불구하고 이들 계급 가운데서 그 같은 통속적인 평가가 실질적인 근거에 입각하고 있다는 것을 인정하지 않는 사람은 극히 드물다. 그래서 보수주의 정신은 일반적으로 초기 시대 또는 우리 자신의 문화보다 훨씬 오래된 문화수준에서는 모든 계급에 고루 확산되어 있다고 본다. 이와 동시에, 초기 시대에는 그리고 여전히 구습을 간직하고 있는 문화 지역에서는 인습적으로 승인된 진리의 구조와 일단의 승인된 정신적 또는 비물질적 사실들이 훨씬 포괄적이고 엄격하다. 그리하여 모든 주제에 대한 사고는 감각적 지각의 테스트보다는 진정성 테스트에 더욱 일관되게 적용된다. 현대 서구문화의 중심에서 벗어나 과거의 미개문화 또는 멀리 떨어져 있는 현재의 미개문화로 다가갈수록 근본적으로 그리고 영속적으로 참되고 우량한 것의 수와 다양성이 증가한다.

업적 업무 분야에 따라 커다란 차이가 있다. 특정 분야의 업무에서 기계과정의 성질을 더 많고 수공업 성질이 적을수록 그러한 업무가 실행하는 훈련은 더욱 사실에 기초하게 된다. 기계는, 그 용어의 발명가가 인정한 것보다 더 친밀한 의미에서, 자신과 함께 일하는 사람의 주인이 되었으며, 또한 자신과 삶을 같이하는 사회의 문화적 운명을 좌우하는 조정자가 되었다.

그리하여 기계에 의한 지적 및 정신적 훈련은 현대의 생활에 매우 광범위하게 영향을 미친다. 사회에서 그러한 훈련에 전혀 영향을 받지 않는 인구는 거의 없다. 그러한 훈련의 구속력은 전체 인구에 구석구석까지 파고들어 가서 일상생활 전반에 걸쳐 사실상 모든 계급을 구속하며, 특히 기계적 업무에 능숙한 계급에게는 더욱 직접적이고 긴밀하고 순수하게 영향을 미친다. 이들은 일을 할 때도 심지어 휴식을 취할 때도 기계의 지배에서 벗어나지 않는다.

기계가 보편적으로 존재하는 것은 그 정신적 부산물—법정노동시간의 이상과 인습적으로만 타당한 것에 대한 회의—과 더불어 오늘날의 서구문화와 그 외 시대 및 그 외 지역의 문화를 명백하게 구별하는 표식이다. 기계는 계급과 계층에 따라 침투하는 정도가 다양하지만, 평균적으로 과거 어느 시대보다도 침투하는 정도가 훨씬 크며, 특히 선진 산업사회와 기계적 직업에 직접 종사하는 계급에 가장 강렬하게 침투한다.13 삶의 물질적 측면이 기계에 의해 포괄적으로 조직됨에 따라 사회 전반의 문화적 효과도 고양되었다. 동일한 방향으로 더 멀리 더 빠르게 변화가 진행되는 상황에서 일정한 대책을 찾아내지 못한다면 이러한 '현대적' 문화 양상은 더욱 심화될 전망이다. 직업의 분화와 전문화가 진전됨에 따라 한층 더 순수한 규율이 점점 더 많은 계급에게 적용되고, 그 결과 전통적인 제도에 대한 신념과 충성, 경건심이 약화된다.

---

13 위의 제2장을 보라.

현대의 산업인구는 매우 심할 정도로 앞일을 전혀 고려하지 않으며 또한 명백히 삶의 금전적 세부 사항을 관리할 수 있는 능력이 없다는 것은 누구나 알고 있는 사실이다. 이러한 사실은 공장노동자에게는 물론 고숙련 기계공, 발명가, 기술전문가 등 일반 계층에도 해당된다. 이러한 원칙은 엄격하고 견고하지는 않지만, 상당한 일반성을 지니고 있는 것으로 간주된다. 이 점에서 현재의 공장인구는 이들이 밀어낸 수공업자 계급과 비교되고, 또한 현재의 농업인구, 특히 소자영농계급과도 비교된다. 이러한 방면에서 현대의 산업계급이 실패한 것은 초기의 수공업자 또는 현대의 농장주나 소작농에 비해 저축 기회가 부족하거나 일반 지식이 부족해서가 아니다. 오히려 지식 면에서 보면 현대의 산업노동자가 훨씬 양호하다. 이러한 무절제에 대해서는 주로 자기 비하와 관련지어 논의되고 있으며, 따라서 이들이 검약과 꾸준한 습관을 가지도록 많은 설교가 이루어지고 있지만 별 뚜렷한 효과를 보여주지 못하고 있다. 문제는 합리적인 확신이 아니라 습관의 본성에 있는 것 같다. 이러한 무절제에 대해서는 다른 원인들을 가지고도 부분적으로 설명할 수도 있겠지만, 적어도 다음 같은 점에서 탐구하는 것이 적절하다. 즉 적어도 그들의 재산 및 절약 정신의 결여가 얼마나 금전적 훈련의 상대적 부족 그리고 검약 습관과는 배치되는 규율에 기인하는지를 조사하는 것이 적절하다고 본다.

　단순히 금전적 훈련의 부족만으로는 현대의 노동자들에서 명백하게 나타나는 절약 정신의 결여를 충분히 설명하지 못한다. 거기에는 더 많은 원인이 있다. 그러한 훈련의 부족은 부분적이고 상대적인 것에 불과하다. 또한 절약 정신을 결여한 계급은 대체로 금전적 이점을 부러워한다. 이는 오히려 금전적 훈련의 면제와 현대생활의 적극적 요구 사항이 복합적으로 결합된 결과이다. 이러한 적극적인 요구 사항들 중에는 과시적 낭비(conspicuous waste) 규준이라 불리는 것이 있다. 현대의 상황에서는 소비재를 자유롭게 지출하는 것이 좋은 평판을 얻는 데 필수적

인 요건이다.14

이러한 평판은 저축보다는 소비를 조장한다. 노동자들의 절약 정신을 방해하는 더욱 결정적인 요인은 현대의 대규모 산업조직이 피고용자들을 빈번하게 이동하도록 강요한다는 점이다. 실제로 현대의 대규모 산업조직은 기계장치를 이동하고 상호 교환할 수 있듯이 노동력과 노동 단위도 비인격적인 방식으로 이동하고, 상호 교환할 것을 요구한다. 노동인구도 산업 원료나 반가공 재료와 동일하게 비인격적인 방식으로 표준화하고 이동하고, 상호 교환하도록 요구받고 있다. 따라서 현대의 노동자는 유리한 조건에서 집을 소유할 수가 없다. 이러한 사정으로 인해 현대의 노동자는 저축한 금액을 부동산에 투자하거나 모든 생활용품에 투자할 때 좌절하게 된다. 또한 저축은행계좌는 거주지주택 같은 재산을 대신할 만큼 절약의 유인으로서 적절한 대체물을 제공하지 않는다. 주택은 명백하고 유용하게 소유자의 수중에 있으며, 지속적으로 유지 보수와 개량을 요하기 때문이다.

기계제 산업이 노동인구에 부과하는 생활조건 또한 노동인구의 절약 정신을 함양하지 못하도록 방해한다. 그러나 노동계급이 재산 취득을 하지 못하게 이러한 물리적인 제약을 가한한 후에도, 기계기술에 의한 도덕적 효과를 발휘하는 요인이 명백히 남아있다. 산업계급은 점차 소유 본능을 상실한다. 그들에게 재산을 취득하는 것은 더 이상 위안과 용기를 가져다주는 자연적인 자명한 원천으로서 호소력을 갖지 않는다. 그들에게 천부적 재산권은 더 이상 예전만큼의 의미를 가지지 않는다.

그 이외의 점에서도 이들 계급의 현재의 정신구조에서 자연권 정신이 현저하게 약화되고 있다. 노동조합운동과 이른바 노동조합주의 정신의 성장은 기계과정에 의해 조직된 산업의 부수적 결과이다. 역사적으로, 노동조합운동의 성장은 산업혁명과 함께 시작되었으며, 산업혁명

---

14 다음을 참조하라. *Theory of the Leisure Class*, 특히 IV 및 V.

과 마찬가지로 어떤 지정된 날짜가 있는 것이 아니라 산발적으로 느슨하게 시험적으로 전개되고 있다. 영국은 산업혁명의 발상지이자 산업혁명의 '특징이 두드러지게 나타나는 곳'이며, 또한 산업혁명이 가장 완전하고 가장 왕성하게 발달한 곳이다. 또한 영국은 현대의 기계제 산업의 발흥지이며 기계제 산업이 가장 오랫동안 그리고 가장 일관된 생명력을 가지고 발달한 나라이다. 이러한 점에서 다른 나라들은 영국의 지도를 따르고 있으며, 영국의 선례와 노동개념을 차용하고 있다.

그렇더라도 다른 나라들의 노동조합운동의 역사에 대해서는 영국의 노동자계급으로부터 조직의 이상과 방법을 차용하지 않았다고 말할 수 있다. 즉 그들은 동일한 일반적 경향의 요구와 경험에 의해 동일한 일반적 태도와 행동을 추구하지 않았다. 특히 경험에 의하면, 기계제 산업이 기계적 방식에 따라 노동자계급의 작업양식과 생활양식을 광범하게 표준화하기 전까지는 어떤 사회에도 노동조합주의 정신 또는 원칙을 도입할 수가 없다는 것을 보여주고 있다. 현대적 기업방법이 도입되어 노동자계급에게 노동조합 활동을 할 수 있는 유리한 여건이 조성되더라도 노동자들이 곧바로 성숙한 노동조합 이상을 받아들이는 것은 아니다. 하나의 기업 전제로서 기업 여건이 처음으로 노동조합활동을 실현할 수 있게 하는 시간과 노동자 단체가 노동조합주의 정신에 입각하여 행동하고 그리하여 기계적으로 조직된 산업의 종사자들이 노동조합주의 정신을 정상적인 것으로 받아들여서 행동할 준비를 갖추는 시간 사이에는 일정한 시간차가 존재한다. 노동조합활동에 유리한 정서와 여론의 합의에 도달하도록 하기 위해 일선에 투입하는 노동력의 비율을 줄이려면 기계적으로 표준화된 산업의 방식에 의한 다소 장기간에 걸친 엄격한 훈련이 필요하다.

노동조합 정신의 보편적 특징은 현대 산업의 기계적 표준화가 전통적인 자연권과 배치될 때 전통적인 자연권 학설을 거부한다는 것이다. 최근에 미국의 법정에서 내린 판결은, 사회의 발전이 현재의 미국과 거의 동일한 성숙 단계에 있던 초기에 영국의 법정에서 내린 판결과 마찬가지로, 노동조합 활동은 통상적으로 관습법의 기초인 자연권에 저촉된다는 것을 명백하게 입증하고 있다. 노동조합주의는 노동자에 대한 개인의 계약의 자유뿐만 아니라 고용주가 자신의 목적에 맞게 기업을 운영하는 재량권을 거부한다. 노동조합은 인습을 타파하는 목표와 노력을 위장하기 위해 많은 경건한 경구들을 고안해냈다. 그러나 안전하고 친숙한 자연권에 입각하고 있는 법정은 대체로 노동조합 옹호자들이 변론을 하기 위해 제시한 교묘한 궤변을 기각했다. 법정은 노동조합의 규약은 개인의 자유와 행동을 방해하고 거래를 제한한다는 이유로 노동자와 고용주 모두의 자연권에 유해하다고 선언하는 것으로 사건을 종결시켰다. 그러한 규약은 비록 산업과정의 기계적 표준화와 함께 구현된 사실상의 법질서에 의해 실행된 것이라 하더라도 자연권에 입각한 법질서 체계를 위반한다는 것이다.

노동조합운동은 비교적 후대의 산업상황의 소산이지만, 수공업 및 소규모 상업 시절에서 전해내려 온 종래의 방법과 작업양식을 개조하며 점진적으로 나타났다. 노동조합운동은 새로운 필요와 그것에 의해 배양된 사유습관이 허용하는 한도 내에서 기존의 관념을 손상시키지 않고서 이전의 작업양식을 개조하고 개편, 재구성하는 운동이다. 표면적으로 보면, 노동조합운동은 한편의 산업적 기업으로서 '의당' 수용해야 하는 전통적인 관념과 다른 한편의 산업의 새로운 필요가 요구하는 것 및 노동자의 새로운 정신이 요구하는 것 사이의 타협을 모색하는 시도이다. 그러므로 노동조합운동은 산업의 기계적 표준화가 주입하는 것을 다소 순화하여 표현한 것으로 간주할 수 있다. 지금까지 노동조합운동은 조합원 수에서는 물론이고 그 목표의 범위와 규모 면에서도 중단 없이 순조롭게 성장해 왔다. 기존에 승인된 일단의 자연권에 대항하여 인습을 타파하려는 시험적이고 가변적이며 확대일로에 있는 십자군이라는 점에서 아직까지도 중지 지점에 도달하지 않았다. 노동조합운동에 대한 가장 최근의 그리고 가장 성숙한 표현들은 천부적인 재산권과 금전적 계약에 반한다는 점에서 가장 극단적인 표현이라 할 수 있다.

노동조합운동이 제시하는 타협의 성격은 다음 같은 요구사항에서 잘 나타난다. 즉 임금 및 고용에 관한 단체교섭, 소유주와 노동자의 간의 의견대립 조정, 표준 임금수준, 정규 노동일(남성, 여성, 아동의 노동시간에 대한 벌칙 규정 포함), 위생 및 안전장치에 관한 벌칙 규정, 재해·장애·실업에 대비한 노동자 상호보험 등이 그 요구사항이다. 이 모든 것을 볼 때, 노동조합운동의 목표가 자연권 학설의 어느 특정 조항의 공과에 대해 공공연하게 시비를 논하는 데까지 나아가지는 않는다. 노동조합운동은 다만 자연권 학설이 현대의 산업체계가 노동자들에게 부과한 생활조건에 명백히 저촉되는 경우 또는 자연권 학설이 노동자들 사이에 널리 인정되고 있는 정서의 합의에 저촉되는 경우에만 간섭하고자 한다.

노동조합주의가 자연권으로서의 재산권 및 자유계약 제도에 공공연하게 적대적인 태도를 취하게 되면, 그것은 더 이상 노동조합주의이기를 중단하고 다른 형태의 운동으로 전환하게 된다. 이에 대한 마땅한 용어가 없기에 일각에서는 그것을 사회주의라고 부른다. 관습법에 의한 기업의 표준화에 대해 산업의 기계적 표준화를 공공연하게 주장하는 극단적 인습타파주의는 노동조합 정신이 추구하는 그리고 여러 노동조합운동단체들이 나중에 어느 정도 도달하게 되는 논리적 결과로 간주된다. 그러나 실제로 그러한 결과에 도달하더라도 그것은 먼 미래에나 있을 법한 일이다. 나중의 표현들은 대개 이전의 표현들보다 훨씬 더 이러한 방향으로 나아가고 있다. 비교적 선구적인 일단의 노동조합원의 정신뿐만 아니라 지도자의 정신도 공식적인 발언보다 훨씬 더 앞서 나가고 있다.

노동조합이 현대의 기업관계의 기초인 자연권 원리에 대해 취하고 있는 태도를 설명하려면 노동조합의 역사를 상세하게 살펴볼 필요가 있다. 주지하다시피 노동조합은 조합원 또는 임원의 행동에 대한 금전적 책임을 어느 정도 일관되게 회피해 왔다. 노동조합은 합병을 회피한다. 노동조합원이 노동조합과 맺은 계약 조건을 지키지 못해 곤란한 처지에 있을 경우 고용주는 실질적으로 어찌할 도리가 없다.

영국의 관행에서는 이러한 금전적 책임의 면제가 상당 부분 법률의 효력을 획득했는데, 실제로 불과 몇 달 전에 상원의 이른바 태프 베일(Taff Vale)15의 판결이 이 주제와 관련하여 그동안 통용되어 왔던 견해를 뒤집기 전까지는 입법 제정을 통해 승인을 받아야 했다. 매우 보수적인 영국의 법정에서 내려진 이러한 판결은 아주 최근에 이루어진 것이어서 그것이 노동조합운동에 어떤 영향을 미쳤는지는 평가하기 어렵다. 그러나 그러한 판결이 노동조합에게 다음 같은 질문을 던질 것으로 예상된다. 그것은 법정에서 부과한 금전적 책임을 어떻게 지킬 것인가가 아니라 그러한 금전적 책임을 어떻게 회피할 것인가이다. 명백하게,16 관습법의 원칙 하에서는 이러한 판결이 전혀 예외가 아니다. 그러나 또한 명백하게,17 그러한 판결은 대체로 노동조합의 관행에도 저촉되고 노동조합주의자들의 태도에도 부합하지 않는다.18

---

15 태프 베일(Taff Vale)의 판결: 1900년 영국 태프베일철도회사에서 노동자가 일으킨 파업에 대해 회사가 제기한 손해배상청구에서 영국 상원이 회사의 손을 들어줌으로써 노동자의 파업권을 무력화한 판결을 말함. 이를 계기로 영국 노동당이 성장했으며, 이후 테프 베일의 판결을 무효화하는 법률을 제정했다. ─옮긴이
16 이에 대해서는 아담스(W. G. S. Adams)가 다음 글에서 강력하게 지적하고 있다. *The Journal of Political Ecomnomy* 최근호(December 1902).
17 이는 다음 저작에 나타나 있다. Mr. Wcbb. *Industrial Democracy*, 1902, pp. xxiv~xxxvi.
18 이와 같이 노동조합의 행동에 대한 [영국] 상원의 입장 전환에 관한 역사적 설명은 아마도 지난 20~30년간의 제국주의 정책이 영국인의 정서에 부여한 보수주의 또는 반동적 경향에서 찾아볼 수 있다. 이러한 경향은 그러한 정서와 각종 제도의 발달의 전환점이라 할 수 있는 보어전쟁(Boer War)* 경험에 의해 더욱 강화되었다. 1870년대 이후로 영국사회에서 많은 관심사들이 주

이러한 금전적 책임의 회피에 대해 노동조합주의자들이 보여주고 있는 정신은 관습법 원칙에 대해 그들이 취하고 있는 태도를 특징적으로 나타낸다. 노동조합과 그 활동은 본질적으로 법률의 범위 밖에 있다. 노동조합이 법정에 출두하는 데 익숙해진 것은 피고인으로서 마지못해서일 뿐이다. 노동조합이 정규노동이나 위생 및 안전규정의 실행 등과 관련된 입법을 제정하기 위해 행동을 할 때 주목하는 것은 주로 형법이다.

물론 이 모든 것에 대해 노동조합 조합원들이 지정된 경로를 취하게 된 것은 단지 이기심이 그러한 경로를 따르도록 촉구했기 때문이라고 말할 수도 있다. 또한 그들은 그들 자신의 공동의 필요성과 공동의 허약함 때문에 고용주와의 협상에서 단체 행동을 할 수밖에 없었다고 말할 수도 있다. 한편, 그들은 법정에서 자신들의 요구를 들어줄 수단이 없었기 때문에 법률외적인 강압적 수단을 통해서 자신들의 목적을 추구할 수밖에 없었다. 그러나 이러한 반론을 다른 식으로 말하면 다음과 같다.

1) 기계적으로 표준화된 산업체계가 노동자에게 강요하는 요구는 법률외적 요구이다. 그것은 기업 기준에 근거하지 않는 요구, 즉 기업관계의 기초인 재산권 및 계약의 자연권 원리를 따르지 않는 요구이다.

목을 끌었는데 그중에서 제국주의적 관심, 즉 왕조의 관심이 전면에 부각되었다. 이제 그러한 관심이 명백히 최우선적인 관심사의 자리를 차지하며, 조만간 영국 국내외 정책을 지배할 전망이다. 그와 동시에 영국사회의 왕성한 산업적 기운, 기술적 효율성, 과학적 정신의 기반은 비록 무너지지는 않더라도 서서히 약화될 조짐을 보이게 된다. 다음을 참고하라. Hobson, *Imperialism*, part II ch. I 및 III.

* 보어전쟁은 아프리카에서 종단 정책을 추진하던 영국 제국과 당시 남아프리카지역에 정착해 살던 네덜란드계 보어족 사이에 일어난 전쟁. 1차 보어전쟁(1880~1881)에서는 평화조약에 따라 영국은 1852년과 1854년에 세워진 트란스발 공화국과 오렌지 자유국의 독립을 인정하여 보어족이 정착하게 되었다. 2차 보어전쟁(1899~1902)은 트란스발 공화국과 오렌지 자유국의 연합군과 영국 제국 간의 전쟁으로 영국 제국이 승리하여 두 지역의 영토가 영국 제국의 식민지가 되었다. ─옮긴이

2) 그러한 요구는 관습법에 의지해서는 충족될 수가 없다. 3) 그러므로 그러한 요구는 노동자들로 하여금 관습법이 아닌 다른 관점에서 보도록 강요하며, 또 관습법의 입장에서 부여한 원리가 아닌 다른 원리에 호소하게끔 강요한다. 달리 말하면, 노동조합주의자들로 하여금 현행 법률제도가 부여한 기준이 아닌 다른 기준으로 자신의 처지를 사고하도록 강요하는 이러한 요구는 기계제 산업의 규율을 실행하기 위한 수단이자 노동자의 사유습관을 효과적으로 개조하기 위한 수단이다.

이러한 생계 요구의 엄격한 규율은 노동자에게 새로운 관점을 고취시키고, 그러한 관점을 일관되게 유지해준다. 그러나 이것이 산업의 기계적 표준화가 부과하는 전부가 아니다. 그러한 표준화는 또한 개정된 경제생활양식을 형성하는 새로운 기준을 제공한다. 노동조합운동이 경제생활양식의 개정을 목표로 할 때는 천부적 자유와 개인 재산권, 개인 결정권에 기초하는 것이 아니라 표준화된 생활과 기계적 필요성에 기초한다. 그것은 기업의 편의에 기초해서가 아니라 산업적 및 기술적 표준 단위와 표준적 관계에 기초하여 정식화된다.

평범하고 부수적인 논의가 늘 그렇듯이 노동조합운동 사례에 관한 위의 설명은 다소 도식적이다. 위의 설명은 단지 노동조합운동의 특징을 그와 대립적인 관계에 있는 기업양식과 명확하게 구별되는 것만을 고려하고 있다. 물론 노동조합의 현재 요구 사항 중에는 금전적인 것 외에도 다른 많은 과거의 잔존물이 있다. 그래서 노동조합에 관한 많은 논의들은 기업을 기준으로 전개되고 있다. 노동조합운동의 미성숙한 점과 불공정한 점에 대해서는 여기서 다시 논의할 필요가 없을 정도로 익히 알려저 있다. 자연권에 입각하여 노동조합을 비판히는 비평가들은 대개 노동조합의 미성숙한 면과 불공정한 면을 크게 부각시킨다. 사실 그들이 모든 비난의 화살을 그러한 면에 집중하는 것은 어쩌면 당연할 수도 있다. 노동조합운동은 올바르고 정직한 삶의 자연권 체계에는 부합하지 않는다. 그러나 거기에는 아주 많은 문화적 중요성이 들어 있다. 새로운 목표와 새로운 이상, 새로운 방법은 본질적으로 전통적인 제도적 구조와 어울리지 않는다. 또한 노동조합주의자들은 기계과정의 강제 아래서 기계과정이 설정한 새로운 방법이 부과한 선상에서 비록 미숙하고 맹목적이긴 하나 새로운 제도적 질서를 구축하기 위해 노력하고 있다.

노동조합운동의 특징 중에서 가장 부각되는 것은, 기계적으로 표준화된 산업의 규율 하에서는 그러한 규율에 가장 직접적으로 종속되는 계급들에서 특정 종류의 자연권—특히 재산과 자유계약과 관련한 자연권—이 일정 정도 정지된다는 사실이다. 여기에 덧붙일 점은, 그 외의 다른 계급들도 약간 정도가 불확실하긴 하지만 노동조합 활동가에 대해 공감을 하며, (경미하고 불확실하지만) 천부적 자유의 원리에 대한 불신감에 영향을 받고 있다는 점이다. 기업원리에 대한 불신이 모든 금전적 제도를 용납하지 않을 정도로 절정이 달하여 재산권의 제약을 넘어 폐기를 요구하는 경우 사람들을 이를 '사회주의' 또는 '무정부주의'라고 일컫는다. 사회주의적 불만은 선진 산업사회 사이에 널리 확산되어 있다. 다른 어떤 문화적 현상도 그것만큼 기존의 경제구조와 정치구조에 위협적이지 않다. 실무자들에게는 그것만큼 전례가 없거나 당혹스러운 것은 없다.

사회주의적 불만이 초래하는 직접적인 위험은 자연권으로서 사유재산제도에 대한 불충이 점점 증가하는 데 있긴 하지만, 이것은 과거부터 전해내려 온 다른 항목의 제도적 장치에 대한 관심이 그만큼 감퇴함으로써 보강된다. 사회주의에 감염된 계급은 기존의 경제조직에 대해서는 반대하지만, 자신이 선택한 새로운 노선 위에 수립된 경제조직에 대해서는 다소 엄격하더라도 반드시 반대하지는 않는다. 그들은 기업적 노선에 기초한 조직이 아니라 그에 대비되는 산업적 노선에 기초한 조직을 요구한다. 그들의 경제적 연대의식은 전혀 결함이 없는 것처럼 보인다. 실제로 많은 비평가들은 그러한 연대의식은 필요 이상으로 확고하다고 본다. 그러나 그것은 경제적 선악 같은 인습적 원리와 금전적 사정에 기초하지 않고 산업적 결합력과 기계적 구속력에 기초한다.

미래의 전망에 대해서는 사회주의자들 사이에서도 서로 다른 의견을 제시하고 있다. 그들이 제시한 건설적 제안들은 명확하지 않을 뿐만 아니라 일관성을 결여하고 있으며 거의 전부 부정적인 성격을 띠고 있다. 사회주의 선전의 이러한 부정적인 성격은 많은 비판가들의 비난의 대상이 되고 있다. 그러나 그들이 제시한 건설적 제안들의 모호함과 비일관성은 물론 그들이 보여주고 있는 교묘한 인습타파주의에 대한 애착은 현재로서는 현행 기관들이 제시한 긍정적인 용어로는 사회주의자들의 태도를 표현할 수 없는 증거로 볼 수 있다. 그것은 또한 사회주의 이상을 지지할 수 없는 증거이기도 하다. 그런데 사회주의적 주장의 공과를 논하는 것은 당면 연구의 관심사가 아니다. 여기서 다루는 것은 사회주의적 주장의 타당성의 심오함과 미묘함에 관한 것이 아니라 사회주의적 불만의 성격과 원인에 관한 것이다. 현재의 사회주의는 기존의 전통에 반대하는 반항아의 정신이다. 이러한 반항의 정도와 방향은 매우 다양하다. 그러나 사회주의적 사고체계 내에서는 과거의 제도는 미래의 노동에 적합하지 않다는 데는 의견이 일치한다.[19]

---

19 이 모든 것들은 사회주의에는 물론 무정부주의에도 적용되며, 또한 몇몇 소규모 이단의 범주에도 해당된다. 사회주의자와 무정부주의자는 부정적인 제안을 제시하고 있다는 점에서 상당 부분 의견이 일치한다. 그러나 그들은 저항의 형이상학적 가정 및 건설적 목표에서는 서로 의견을 달리한다. 그중에서 사회주의자가 기존의 질서에서 훨씬 멀리 벗어난다. 또한 사회주의자의 이상은 기존 질서의 입장에서 보면 훨씬 부정적이고 파괴적이다. 초기의 사회주의자보다 후대의 사회주의자가 더욱 그러하다. 물론 그러한 점은 이른바 국가사회주의자나 기독교사회주의자가 아니라 하층 계급의 '민주적' 사회주의자들에 적용된다.
무정부주의는 자연권 기반에 입각하고 있으며, 따라서 기존의 재산 배열 원리와 어느 정도 연계되어 있다. 무정부주의는 순전히 자연권과 동일한 원리에 기초하여 성립된다. 무정부주의는 관례적인 소유권조차도 인정하지 않는 '천부적 자유' 체계이다. 무정부주의의 기초는 (신이 설정한) 자연의 질서이며, 그 핵심 기조는 18세기 정신에서 명백하게 나타난 양도할 수 없는 개인

사회주의적 불만은 질투와 계급 증오 그리고 (타인의 운명에 비해) 자신의 운명에 대한 불만, 자신의 이익에 대한 잘못된 견해 등에서 비롯되었다. 이러한 비판은 사회주의적 불만이 계속되는 한 타당하다고 할 수 있다. 그러나 이러한 비판은 사회주의가 이러한 범위의 동기를 포함하는 여타의 운동들과 다르다는 점에서 사회주의를 겨냥하지 않는다. 즉 그러한 비판은 사회주의의 특수한 성격을 겨냥하는 것이 아니라 대중의 불만의 공통적인 특징을 겨냥하고 있다. 역사는 실제 또는 가상의 궁핍과 불평등에 대한 불만이 많은 운동을 촉발시켰음을 보여주고 있다. 역사에 기록된 과거 경험을 보면 다음과 같이 예상할 수 있다. 요컨대 요즘 보수주의 성향의 비판가들이 사회주의자들에게 전가하는 동기와 논거 아래서 불평분자들은 재산의 재분배, 즉 불만을 품은 계급들에게 유리하게 새로운 기준에 입각한 재산권의 재편성을 요구한다. 그러나 사회주의사상은 그러한 재분배에 그치지 않는다. 사회주의가 추구하는 것은 재산권의 재분배가 아니라 폐지이다. 작금의 사회주의사상은 사실상(그리고 성질상) 기존 경제학의 분배이론 학설을 모조리 기

의 자유와 평등이다. 이러한 점에서 무정부주의는 낭만주의사상의 소산이다. 무정부주의는 기계적 요구를 고려하지 않고 의인화된 자연권 원리에 의거하는 법률상의 체계이다. 자연권 입장에서 보면, 무정부주의는 비록 무분별하고 과격하긴 하나 사실상 건전한 것이다. 전형적인 사회주의라 불리는 것, 즉 훨씬 위험하고 훨씬 복잡한 후대의 사회주의는 '자연 질서'의 전통적인 형이상학적 기초에 입각하지 않는다. 사회주의는 사회구조의 재건을 요구하지만, 어떤 방향으로 재건을 할지에 대해서는 알지 못한다. 개인의 자연권이 아직 표준으로 승인되지 않고 있지만(다만 대규모 무리의 신참자들, 특히 미국 농민들의 경우는 예외이다, 이들은 사회주의 계명 아래 한때 인민주의를 형성했던 증오와 선입견의 부담을 짊어지고 있다), 이러한 종래의 낡은 표준의 자리에 아직 명확한 새로운 표준이 들어서지 않고 있다. 이러한 부류의 사회주의자들은 자신들 사이에 의견이 일치하는 한 산업체계의 기계적 요구가 사회구조의 향방을 결정해야 한다고 공언하고 있지만, 이러한 모호한 일반성 외에는 아무것도 제시하지 않는다. 따라서 이러한 기계적 표준화는 명백히 어떠한 시민권을 위한 입법의 기초도 제공할 수 없다. 실제로, 사회주의적 재편이 이루어지는 곳에서는 많든 적든 시민권 체계가 들어설 수 있는 여지가 거의 없다.

각한다.[20]

사회주의에 의한 재산권 폐지가 임박해오면 이에 반대하는 사람들은 다음 같은 당혹감을 느끼게 된다. (1) 재산권이 없어진다는 것은 결코 생각할 수가 없으며, 생활수단의 소유권이 부재한 사회에서 함께 살아간다는 것은 있을 수 없는 일이다. 보수주의 성향의 비판가들의 견해에 따르면, 재화의 존재는 재화의 소유를 의미한다. (2) 생활수단의 소유권은 양도할 수 없는 인간의 권리이며, 윤리적으로 불가피하다. 재산권 폐지는 근본적인 도덕 원리를 침해하는 것으로 간주된다. 물론 이 모든 것은 (소유권은 인간의 본질적인 기능이자 인간이 속해 있는 사물의 질서에 필수적인 요소이므로) 소유권 제도는 폐지할 수 없다는 가정에 기초하고 있다.

현대의 사회주의자에게 이러한 것들은 모두 설득력을 가지지 않는다. 이러한 점에서 공인된 사회주의자들의 태도는 점진적이긴 하지만 분명하게 변화하고 있다. 그들의 입장을 기업의 명제로 정식화하는 것은 점점 불가능하게 된다. 또한 그들의 요구는 금전적 요구 형태로 진술하는 것도 점점 곤란해지고 있다. 완전한 노동 생산물에 대한 요구는 한때 사회주의적 구호에서 많은 부분을 차지했고, 19세기 3분기 초에는 상당한 위력을 발휘했으나 지난 세대 동안 선동가들과 동조자들 모두에서 차츰 자취를 감추었다. 오늘날 이러한 요구는 사회주의 옹호자

---

20 19세기 3분기에 마르크스와 엥겔스가 공표한 '과학적 사회주의(scientific socialism)'는 이러한 부정적인 성격을 띠지 않았다. 과학적 사회주의는 그 핵심 취지가 '완전한 노동 생산물에 대한 요구라는 점에서' 자연권 개념과 헤겔주의가 혼합된 산물이다. 과학적 사회주의는 헤겔주의의 본고장인 독일 이외의 나라들의 노동자계급들에게는 깊이 침투하지 않았다. 독일에서조차도 헤겔주의가 다원주의 사유방법에 자리를 내주기 시작한 이후에야 사회주의 정서가 활발하게 성장했다. 이때부터 성장한 사회주의는 점차 마르크스적 요소에서 긍정적인 면이 퇴색하기 시작했다. 이제 마르크스주의는 형식적인 신앙고백에 불과한 것이 되었다. 공인된 사회주의는 (기회주의자로 변질되거나 자유주의적 민주주의운동 또는 개량주의자들과 결탁하는 경우를 제외하면) 사실상 위와 같은 성격을 띠고 있다.

의 제안에서 논의의 출발점으로 제시되지 않고 자주 후순위로 밀려나고 있다. 또한 그러한 주장은 입장이 확고한 사회주의자들보다는 현재의 기업계의 상식으로부터 그것의 형이상학을 전수받은 전향자들에 의해 제시되고 있다. 총생산물에 대한 요구는 자연권 학설의 한 항목이며, 그것은 사회주의가 바라보는 미래 상황의 양상이 아니라 사회주의가 떠나보낸 제도적 상황에 대한 일종의 회상이다.

아울러 소유권의 형평성에 대한 의식의 위축은 공인된 사회주의 대열 밖에 있는 기계적으로 조직된 대규모 산업의 파업노동자들의 태도에서도 나타난다. 파업노동자들은 갈수록 기득권, 재산권, 소유자 이익 등과 같은 조건에 얽매이지 않는다. "인간은 자신의 소유물을 가지고 자신이 원하는 것을 할 수 있다"는 원칙은 사회의 대다수 계급들에게 구속력을 상실하고 있다. '자기 소유' 개념이 근거하고 있는 정신적 기반이 최근에 이들 계급이 겪은 경험에 의해 제거되었기 때문이다. 재산을 처분하는 재량권의 축소, 즉 재산권의 몰수에 대해 산업대중의 반감은 점차 줄어들고 있다. 또한 궁극적인 손실에 대한 배상 문제에 대한 관심도 점점 멀어지고 있다. 사회주의적 요소가 도입되면, 문제는 재산권의 재조정이 아니라 재산권 폐지의 방법이다.[21]

부의 분배의 형평성 또는 불평등 문제는 어떤 근거에서든 소유권의 타당성을 전제로 한다. 아니면 적어도 그 문제는 소유권을 논의할 때 삼고 있는 몇 가지 근거의 타당성을 전제로 한다. 소유권은 분배의 공정성에 관한 모든 논의에서 주요한 전제이다. 그런데 사회주의적 정서

---

21 부유한 계급 구성원이 사회주의적 정서와 이상을 공언하는 경우에는 대개 부의 '공평한' 분배, 즉 사회의 모든 구성원들의 '적정한' 재산권을 보장하고 소유제를 약간 개선하여 재조정하고자 하는 인도주의적 열망에 의한 것으로 밝혀졌다. 이러한 일단의 부유층이 주장하는 '사회주의적' 개혁은 일반적으로 모든 사람에게 평등한 소유권 제도이다. 이에 반해 일선 사회주의자들에게 평등한 소유권은 자신의 투표권을 팔 수 있는 시민의 평등한 권리만큼이나 헛된 명제이다. 사회주의자는 소유제의 개혁을 넘어 완전한 폐지를 주장한다.

에 고취된 계급은 이러한 주요 전제를 망각하고 있다. 형평성 개념은 사회주의 개념의 목록에 포함되어 있지 않다. 사회주의자들과 보수주의 비판가들 사이에 궁극적인 의견 차이가 생겨나고 또한 서로의 이론이 효과적으로 만나지 못하게 되는 것은 바로 이러한 점 때문이다. 즉 논의의 공통된 기반 때문이다. 보수주의자들이 이 문제를 논의할 때 근거로 삼고 있는 상식적 개념 속에는 기존의 소유권 항목이 가장 주요한 사실로서 포함되어 있다. 사회주의적 사고의 상식적 기초 속에는 이러한 인습적 전제를 위한 안전한 자리가 없다. 그리하여 두 당사자들이 논쟁을 할 때 각자의 지식과 추론이 기초하고 있는 형이상학은 불일치하고, 따라서 둘 사이에 공통된 이해를 기대하는 것은 헛된 일이다. 서로 아무런 공통점이 없는 선입견에 기초하고 있는 사람들이 지식 또는 신념의 실질적인 합의에 도달하는 것은 불가능하다.

그런데 인습타파주의자와 보수주의 성향의 개량주의자 사이에는 많은 공통점이 있다. 이 두 부류의 지배적인 사유습관은 인습적인 원리와 사실에 입각한 통찰력이 혼합되어 있다. 그러나 그 두 대조적인 부류에는 두 개의 대조적인 의견과 열망이 각각 불균등하게 존재한다. 보수주의자들에서는 최종성의 인습적 근거가 사물에 대한 사실에 입각한 지식을 지배하고 억누르는 반면에 인습타파주의자들의 경우는 그 반대이다. 근대 서구문화의 여론―전반적 동향―은 초기 시대 및 여타 문화지역과는 대조적으로 일반적으로 인습타파주의 성격을 띠고 있다. 그런데 여기서 문제가 되는 두 부류의 대조적인 측면은 서구 문화의 공동인식 범위 내에서만 존재한다. 이러한 대조적인 성향―인습적 관습에 기초한 성향과 사실에 입각한 통찰에 기초한 성향―중에서 어느 한 쪽이 우세하여 다른 한 쪽을 압도하게 되면, 문화의 전반적인 흐름이 보수주의적인 (과거의) 인습적 성향으로 기울어지든가 아니면 인습타파주의 및 물질주의 성향으로 기울게 된다. 현대 시대의 문화적 흐름은 후자의 방향으로 기울어지고 있다. 약간의 예외가 있기는 하지만 대다수의 현대인은 점점 사실에 기초하여 사고를 하고 있으며, 낭만주의 성격과 이상주의적인 열망은 퇴조하고, 인간관계에서는 형이상학적 조건에 구속되지 않으며, 예의바르지 못하고 경건함이 약화된다.

보수주의자와 인습타파주의자들 사이에 의견이 다르다고 해서 이 두 대조적인 부류가 서로 반대 방향으로 나아가고 있다거나 서로 전혀 다른 방향으로 나아가는 것으로 간주해서는 안 된다. 어느 부류에 대해서든 반동적이라고 말하는 것은 적절하지 않다.22 일반적으로 말하면, 두 부류 모두 더욱 비인격적이고, 더욱 사실에 입각하며 덜 인습적인 관점을 지향하고 있다. 이처럼 문화가 종합적으로 발달함에 따라 사실에 입각한 사유습관이 인습적인 사유습관을 밀어내고 전반적으로 세력을 얻게 되었다. 그리하여 자연권이 봉건적 또는 신정주의적 법률 원리를 대체했듯이 지금까지 유지되었던 인습적 전제들도 더욱 사실에 입각하게 되었다. 그러므로 현재 보수주의자들이 표방하고 있는 입장은 사실상 실질적인 복고주의 성격을 띠고 있지 않다. 그것은 100년 전의 인습타파주의자들의 입장보다도 훨씬 더 사실에 입각하고 있으며, 진정한 인습에 밀접하게 구속되지 않는다.

현대의 종합적인 문화 전반에 걸쳐서 더욱 사실에 입각한 기반이 가변적이며 산발적으로 변화하고 있다. 대다수 인구에게 정신의 발달 또는 변화의 방향은 동일하다. 그러나 변화의 정도, 즉 사실에 입각한 이상이 인습적 진정성의 이상을 대체하는 정도는 계급마다 다르다. 그러므로 여기서 주목하는 것은 이러한 계급 간 차이이다. 서민층 산업계급에서 변화의 계수가 훨씬 크게 나타남에 따라 이들 산업계급과 보수주의 성향의 계급 사이의 문화적 간격이 점점 더 확대되고 있다. 이에 따른 제도적 목표와 이상 간의 격차는 문화적 추세의 분기에 의한 것이 아니라 상이한 변동률에 의한 것이므로 심각한 결과를 낳게 된다.

---

22 근래의 독일의 군주정치, 영국의 토리당 정책, 미국의 약탈적인 정치적 이상 등에서 나타나고 있는 최근의 극단적 보수주의는 예외이다.

이러한 변동률의 격차 속에서 사회주의적 성향의 평민들은 (특히 경제문제와 관련하여) 실제로 물질적인 사실에 입각한 평면 위에서 사고하기 위해 구식의 표식에서 벗어나려 하고 있다(또는 벗어나고 있는 중이다). 반면에 보수주의 성향의 계급은 (특히 경제와 관련된 사회문제의 경우) 아직까지 전통적인 인습적 진리의 평면에서 벗어날 만큼 변화가 충분히 일어나지 않았다. 전자의 경우에는 사유습관이 상당히 변화하여 질적 변화가 일어났다. 그들의 태도는 있는 그대로의 사실이 지배적인 기조를 이루고 있으며, 인습적인 진정성은 종속적인 지위로 격하되었다. 요컨대 그들에게 변화는 혁명적 성격을 띤다. 보수주의 성향의 계급의 경우는 여기서 논하고 있는 제도에 관한 한 질적 변화를 수반할 만큼 충분히 변화가 일어나지 않았다. 이들의 변화는 혁명적 성격을 띠지 않는다. 이와 관련하여 현재 상층계급의 견해는 여전히 논쟁 중에 있는 금전적 제도가 입각하고 있는 구식의 평면 위에 머물러 있다. 현재로서는 상류계급은 성숙한 혁명적 정신구조를 가질 전망을 보이지 않고 있다. 그들의 일상생활의 규율은 전반적으로 그러한 결과를 지지하지 않는다.

이는 사실상 사회주의 혁명가들, 그중에서도 특히 마르크스 후계자들의 견해이기도 하다. 비록 완전한 논리적 근거는 가지고 있지는 않지만 그들은 사회주의운동은 성격상 프롤레타리아 운동이므로 상류계급, 즉 금전적 위력을 가진 계급은 설사 그런 운동을 시도하더라도 유기적으로 참여할 수 없다고 확신한다. 일반적으로 부유층 계급은 자신들의 경제적 처지 때문에 사실상 사회주의 이념에 동화될 수 없다고 간주된다. 여기서 제시한 논거가 이러한 견해를 보강하는 데 도움이 될 수도 있지만, 약간의 차이가 있다. 사회주의적 선전에 유용한 계급과 그렇지 않은 계급 사이의 경계선은 부유층과 빈곤층 사이에 긋는 것보다는 산업적 직업에 종사하는 계급과 금전적 직업에 종사하는 계급 사이에 긋는 것이 더 나을 수도 있다. 그것은 소유와 관련된 문제도 직업과 관련된 문제도 아니다. 그것은 상대적 재산과 관련된 문제가 아니라 노동과 관련된 문제이다. 왜냐하면 그것은 사유습관의 문제이며, 노동이 사유습관을 형성하기 때문이다. 사회주의자들도 그러한 구별은 사유습관에서 비롯되는 것으로 해석한다. 사유습관은 축적된 재화에 대한 법적 관계에 의해서가 아니라 생활습관에 의해 형성된다. 법적 관계는 일부 경제계급의 정신을 형성하는 데도 중요한 역할을 한다. 그러나 법적 관계는 사회주의적 정서의 확산에서 관찰되는 한계를 설명하는 데는 별로 유용하지 않다.

사회주의적 불만은 신기하게도 어떤 계급에는 급속하게 전염되고 어떤 계급에는 전염되지 않고 비켜가는 경향이 있다. 특히 기계적 업무에 종사하는 숙련 노동자들의 경우 사회주의적 불만에 쉽게 감염된다. 반면에 법률 전문직의 경우에는 사회주의적 불만에 강한 면역력을 보이고 있다. 은행업자와 그와 유사한 기업가계급도 성직자 및 정치인과 더불어 잘 감염되지 않는다. 마찬가지로 시골마을의 주민을 비롯한 대다수의 농촌인구도 어느 정도 면역력을 가지고 있으며, 특히 오지 농촌마을의 소농들의 경우 면역력이 매우 강하다.23 또한 도시의 불량배 집단과 아직 문명이 덜 발달하거나 미개한 나라 사람들의 경우도 강한 면역력을 가지고 있다. 미숙련 노동자 집단, 특히 숙련된 기계적 업무와 관련 없는 일을 하는 사람도 사회주의적 불만에 심한 영향을 받지 않는다. 사회주의적 불만의 중심은 주요 산업도시이며, 사회주의적 불만자의 실질적 핵심은 전문화된 산업에서 종사하는 지적 수준이 높고, 고도로 조직된 노동자들로 구성되어 있다. 그렇다고 이러한 좁은 범위 밖에서는 사회주의가 악의적인 형태로 전파되지 않는다는 것이 아니다. 오히려 사회주의는 분산의 중심에서 멀리 떨어진 곳에서는 산발적이고

---

23 사회주의적 관념은 기계적으로 표준화된 농경방식이 보편화되어 있고, 기계장치를 많이 이용하고 있는 미국 초원지대의 농촌주민들 사이로 침투해가고 있다.

불확실하게 전파되며, 이 영역 안에서는 풍토성이 강하다. 식자층 중에서는 특히 물질과학 종사자들 사이에서 사회주의적 성향이 나타나는 가능성이 높다.

새로운 신조의 옹호자들은 유럽의 농민계급에게는 소농이든 농장노동자든 효과적으로 침투하지 못했다. 그때까지는 사회주의가 농촌프롤레타리아에게 침투하는 것은 사실상 불가능하다고 판명되었다.24 그들의 일상생활의 규율은 그들의 정신을 관습과 의인화의 평면 위에서 방해받지 않게끔 유지한다. 그들이 갈망하는 변화는 그들의 생활환경으로부터 발달해온 그리고 그러한 생활환경에 의해 설정된 사유습관을 표현하는 관습의 범위에 머물러 있다.

이러한 설명이 사회주의와 관련된 모든 사항을 충분히 다루고 있다고 주장할 수는 없지만 다음과 같이 지적할 수는 있다. 1) 사회주의적 편향은 기계과정과 산업의 기계적 표준화가 그 분야에서나 기술적 요건에서나 대략적으로 충분히 발달한 지난 25년 동안만 효과적으로 전파되었다. 2) 사회주의적 편향은 기계기술에 의해 생활이 엄격하게 규제를 받는 사회에서, 특히 그러한 계급들에서 활발하게 성장했다. 3) 기계기술의 규율은 특히 사회주의적 편향이 막바지에 이른 인습타파적인 사유습관을 주입하기 위해 고안되었다. 사회주의가 현대 문화의 경제적 기반을 전복하려는 것이라면, 그것은 기계기술의 규율의 시공간적 범위 밖에서는 간헐적으로 그리고 모호하게 발생할 수밖에 없다. 반면에 일상생활에서 물질적 인과관계를 기준으로 진지하게 사고하도록 배우고 있는 계급들 사이에서는 소유권 관념은 사물을 이해하는 다른 방

---

24 예컨대 독일사회주의자들은 농촌지역을 포섭하려는 시도가 실패하자 심한 충격을 받고 그 후로 전술을 변경하여 농민을 완전한 사회주의 강령으로 전향시키는 대신에 타협 정책으로 방침을 전환했다. 그리하여 사회주의 강령에서 혁명적 성격이 완전히 폐기되지는 않았지만 거의 알아볼 수 없을 정도로 완화되었다. 소작농의 생활습관과 사유습관은 수공업, 금전 관리, 개인의 결과, 관례적 관습 같은 구식의 수준에서 작동한다.

법에 의한 [소유권 관념을] 폐기 또는 교체를 통해 명백하게 진부한 것이 되고 있다.[25]

---

[25] 사회주의적 편향이 특정 계급에 제한된다는 이러한 설명을 수용하게 되면, 그 설명은 근래에 사회주의 옹호자들이 관심을 가지고 있는 문제에 직접 영향을 미치게 된다. 요즘 문제가 되는 것은 재산이 없는 사무원 그리고 근래에 진행되고 있는 기업합병으로 인해 봉급을 받는 위치로 전락한 경영자 및 감독관의 역할에 관한 것이다. 사회주의 옹호자들은 관찰된 사실이나 사건의 논리에 의해서가 아니라 자신들이 원하는 신념을 가지고 이러한 '기업 프롤레타리아(business proletariat)'는 경제가 발달하면 사회주의 진영의 한 부류에 참여하게 된다고 강력하게 주장한다. 그런데 실제 상황은 그러한 기대와는 아주 어긋난다. 기업에 고용된 무산자계급은 사회주의 옹호자들에게 확실한 희망을 불어넣어주거나 법과 질서를 옹호하는 사람들이 심각하게 염려를 할 만큼 민첩하게 사회주의적 편향을 받아들이지는 않는다. 금전적 권리를 박탈당한 이러한 기업가들은 동화되지 않은 사실들에 혐오감을 느껴 다음 같은 실용적인 문화운동의 길로 전환한다. 이를테면, 인보사업(Social Settlements),[1] 금주운동(Prohibition),[2] 청렴 정치(Clean Politics), 단일세운동(Single Tax),[3] 미술공예운동(Arts and Crafts),[4] 선린조합(Neighborhood Guilds), 제도파 교회(Institutional Church),[5] 크리스천 사이언스(Christian Science),[6] 신사상운동(New Thought)[7] 또는 각종 문화활동 등이 그러한 예이다. 산업 우두머리가 개인의 결정권의 범위를 축소하고 하급 기업인들을 사무원과 하위 직원의 지위로 격하시키더라도 반드시 이들에게 사회주의적 경향이 급속도로 전파될 것이라고 예상해서는 안 된다(다만 이러한 변화로 인해 영향을 받은 사람들이 금전적 또는 사업상의 업무에서 완전히 배제되거나 기계제 산업의 규율에 종속되는 경우에는 예외이다). 그들은 비록 독립적인 기업생활이 종속적인 기업생활로 변화하더라도 기껏해야 재산 문제에 대한 관심이 약화될 뿐이다. 요컨대 그러한 변화에도 불구하고 그들은 심한 불만을 품거나 인습타파 성향을 가지지 않는다. 이러한 특수한 제도에 대한 그들의 관심이 설사 금전적 노력이 기초하는 경쟁적 동기의 상실로 인해 약화되더라도, 그들은 그러한 제도의 적합성에 대한 기본적인 신념이 흔들리지 않고 또한 만성적인 불만자 대열에 뛰어들지도 않는다. 그들의 삶이 부여한 훈련은 법률적 관계, 지불능력 등 관습적 기반에 기초한다. 회계사나 회사원은 성직자나 변호사만큼이나 보수적이다. 그들의 경험은 대개 동일한 관습적인 최종성에 입각하고 있기 때문이다.

[1] 인보사업: 지역사회 주민의 복지를 증진하고 개선을 목적으로 한 사회사업으로 1884년 런던에 토인비 홀을 개관하면서부터 시작되었다. 이 운동은 당시 그곳을 방문한 스탠턴 코잇이 1886년 뉴욕에 지역사회협회(지금의 대학교 인보관)를 세우면서 미국에 확산되었다. 1889년 시카고에서 사회사업가 제인 애덤스가 개관한 헐 하우스가 대표적인 인보관이다. 그 후로

그러나 기계기술은 노동자들을 물질주의적 인습타파주의로 단련할
뿐만 아니라 일종의 선별 효과(a selective effect)도 가진다. 물질주의적
이며 사실에 기초한 성향 및 습성을 부여받은 사람들은 기계적 업무에

인보관 운동은 서유럽, 아시아, 일본 등지로 확산되었다. 미국, 영국 등에
서는 전국 인보관협회가 존재하며, 1926년에는 국제인보관 및 지역사회
센터 연합이 발족되었다. ─옮긴이

2 금주운동: 19세기 들어 미국은 급격한 도시 성장과 함께 음주가 성행하며,
불법적인 주류 생산과 판매가 증대하고, 주류 밀매가 발전하는 등 도시 주
민의 타락하고 노동자의 효율성이 약화되는 사회문제가 비등해졌다. 이에
경건주의를 강조하는 복음주의 프로테스탄트 중간계급을 중심으로 한 금
주 캠페인이 일어나고 1893년에는 금주동맹(Anti-Saloon League)이 창
설되었으며 이에 자극 받아 1846년 메인 주에서 금주법이 통과되고, 1920
년에는 33개 주에서 금주법이 발효되었다. ─옮긴이

3 단일세운동: 오로지 토지에만 조세를 부과하는 세제를 의미하며, 단일세라
는 용어와 단일세운동은 1879년 헨리 조지가 쓴 『진보와 빈곤』(Progress
and Poverty)에서 비롯되었다. 이에 따르면 토지는 불변자원이므로 경제
성장의 산물이지 노력의 대가가 아니므로 지대는 불로소득일 따름이다. 따
라서 이에 대해서만 조세를 부과하고 다른 조세는 폐지해야 경제성장을
촉진한다는 것이다. 이 주장은 수십년 동안 지지를 받았으나 점차 대중의
호소력을 상실했다. ─옮긴이

4 미술공예운동: 19세기 후반에 영국을 중심으로 일어난 심미운동. 산업혁명
으로 대량생산이 이루어지면서 장식예술이 진부해지고 대중의 기호 수준
의 저하에 불만을 품은 사람들이 1860년대 이르러 중세의 장인정신의 부
활을 추구하기 시작하며 확산되었다.

5 제도파 교회: 지정된 교회 건물에서 만나 매주 예배 및 교육을 위해 정해
진 일정을 따르는 조직된 기독교인 단체를 말한다. ─옮긴이

6 크리스천 사이언스: 1866년 미국 종교가 메리 베이크 애디 부인이 창설한
신흥 종교로 인간정신─신─그리스도는 일체이며, 이것이 존재하면 인간
은 건강하고 도덕적인 생활을 보낼 수가 있으며, 질병은 주관적인 오류에
서 비롯된 것이므로, 이를 제거하면 치유된다고 주장한다. 오늘날의 심리
요법 같은 방법을 통해 세를 확장하여 1892년에는 국제적인 조직으로 발
전하고, 1908년에는 기관지 「크리스찬 사이언스 모니터」를 발행하기도 했
다. ─옮긴이

7 신사상운동: 19세기 미국에서 시작된 종교철학이자 치료 운동으로 인간의
신성을 강조하면 올바른 사고로 질병과 과실을 억제할 수 있다고 여긴다
고 주장했다. 이러한 주장은 최면술사 피니어스 P. 큄비가 주창한 것으로
알려져 있는데 이후 데일 카네기에 의해 인기를 끌었다. ─옮긴이

선발되며, 또한 유용한 사회주의적 요소가 되기도 한다. 사실에 기초한 기계기술의 업무에 적합한 습성은 일반적으로 제도적 진실을 무비판적으로 수용하는 데는 부적합하다. 그러므로 기계적 업무(및 물질과학)가 사회주의 또는 인습타파주의 편향을 용이하게 유도하기 위해서는 부분적으로 이러한 규율에 특별히 잘 순응하는 사람을 선별하여 그러한 업무에 배치해야 한다. 이렇게 노동계급을 선별하여 사회주의 성향의 그리고 기계적으로 유능한 사람들을 나머지 사람들로부터 분리하고, 이들은 기계적 업무와 사실에 입각한 사고에 기초한 인습타파 훈련을 받게 된다. 반면에 혁명적 사회주의 성향이 비교적 약한 사람들로 구성된 나머지 사람들은 사회주의운동에 적합한 훈련을 받지 않는다. 물론 이러한 선별은 대략적으로 이루어지며, 두 가지 방법 모두 많은 예외를 남겨 둔다.

이러한 점을 고려하면 다음 같은 점에 주목해야 한다. (1) 기계과정이 현대 산업을 지배한다고 해서 사회주의적 관념을 강력하게 주입하는 것은 아니다. 즉 그러한 지배가 불가피하게 사람들의 사유습관에 사회주의적 관념을 주입시키는 것은 아니다. (2) 현대의 산업적 방법이 수반하는 직업의 분화는 사회주의적 요소들을 선별하여 이들을 함께 결속시킨다. 그리하여 그들 사이에 계급연대의식이 고양되고, 그들의 이상은 견고해진다. 또한 그러한 분화는 조밀하게 결속된 사람들에서만 볼 수 있는 확신과 대담한 행동을 유도한다.

그러나 가시적인 결과가 선별 효과에 의한 것이든 규율 효과에 의한 것이든 산업적 직업과 사회주의의 성장에 밀접한 영향을 미친다는 점은 부정할 수가 없다. 이 두 양식의 영향은 위에서 지적한 결과로 수렴된다. 당면 연구의 목적상 그 양식의 결과를 자세하게 추적하는 것은 불가능할 뿐만 아니라 굳이 그렇게 할 필요도 없다.[26]

---

[26] 현대의 직업 전문화에 의한 이러한 명백한 선별 작용과 관련하여 사회주의자와 보수주의자 사이에는 아주 뚜렷한 견해차가 있다. 또한 이러한 차이는

이러한 종류의 진술에서 일반적으로 통용되는 일반성을 가지고 다음과 같이 말할 수 있다. 즉 현대의 사회주의적 불만은 기계제 산업과 느슨하게 결부되어 있으며, 이러한 산업이 널리 보급되어 삶을 지배하는 곳에서 확산되고 번성한다. 이 두 현상 사이의 상호관계는 어떤 의혹도 남기지 않을 만큼 긴밀하게 인과적으로 연계되어 있다. 즉 기계제 산업은 직접 또는 간접적으로 사회주의를 유발하며, 그 둘은 동일한 원인의 복합체를 표현하고 있다. 전자의 진술이 어쩌면 진실을 내포하고 있는 듯하지만 그렇다고 후자의 진술을 거짓으로 간주해서는 안 된다. 지식의 증대와 보급에 의해 기계과정과 기계기술이 인간의 사유양식의 기본적인 요인이 되면 현대의 사회주의적 인습타파운동이 쉽게 출현한다.

사회주의는 주로 경제제도와 관련된다. 그러나 그것이 전부가 아니다. 사회주의라는 용어를 문구를 수정하지 않고 그대로 사용하면 그것은 기본적으로 경제문제 이외의 다른 문제와 관련된다는 것을 함의한다. 이러한 순수한 의미의 사회주의는 정치적으로는 군주제, 귀족정치

신기하게도 기계제 산업의 분포와도 상관관계가 있다. 다소 불확실하지만 오해할 여지가 거의 없을 만큼 사회주의자와 보수주의자는 서로의 인종적 계보가 다소 다르다. 위에서 지적했듯이 [사회주의적] 선전은 농촌마을에 비해 산업도시에서 더 활기차고 널리 보급되었다. 그런데 아몬(Ammon), 리플리(Ripley), 라푸지(Lapouge), 클로슨(Closson) 등 저명한 학자들과 그 외에 알만한 연구자들의 연구를 액면 그대로 받아들이면, 도시와 광활한 농촌지역 사이에는 인종 면에서 현저한 차이가 있다. 또한 그들에 따르면, 농촌에서 산업도시로 이주할 때 특정 인종이 다른 인종에 비해 더 많은 인구가 도시로 이주하여 일종의 선별 효과를 가진다. 자료 입수가 가능한 나라들을 보면, 광활한 농촌보다 도시에 긴 금발의 혼혈 인종이 더 많은 것으로 나타난다. 이러한 현상은 다음 같은 사실을 입증한다. 즉 긴 금발의 인종 또는 긴 금빌의 혼혈 인종이 비교적 많은 도시에서 기계제 산업에 훨씬 더 효율적이고, 더욱 신속하게 물질주의적으로 사고하며, 급격한 혁신에 훨씬 더 잘 적응하며 또 인습과 관습에 별로 구속되지 않는다. 이러한 일반화는 긴 금발의 인종이 많은 지역이 그렇지 않은 지역에 비해 전반적으로 사회주의 성향이 더 강하다는 사실에 의해 한층 강화된다. 그와 동시에 그런 지역은 기계제 산업이 덜 보급된 지역보다 산업적으로 앞선다. 또한 그런 지역은 가톨릭보다 개신교(또는 무교) 성향이 강하다.

및 어타의 관례적인 정부를 절대로 용납하지 않을 정도로 근본적으로 민주적이다. 사회주의 이념에 따르면, 이제 국가는 운명을 다한다.27 국가에 대한 사회주의의 적개심은 그 형태가 다양하고 대항 정도도 다양하지만, 국가를 부정하는 입장은 일치한다. 사회주의자들은 현존하는 정치기구에 대해 극도로 적대적 태도를 취하고 있음에도 불구하고, 그들이 정치제도에 대해 제시한 제안은 일관성을 결여하고 있다(실제로 선전의 초창기보다 후기에 일관성이 더욱 약하다). 이 문제에 대해서는 의견의 변화가 점점 더 심해지고 있다. 사회주의적 불만분자들은 (여기서 이 단어를 사용하는 것을 허용한다면) 사회는 정치제도가 없어야 잘 작동한다고 생각하고 있는 듯한 느낌을 주고 있다.

종래의 가족관계와 관련된 규범에서도 비슷한 이탈 현상이 나타나고 있다. 이러한 현상은 대체로 사회주의적 편향이 우세한 계급들 사이에서 현저하게 나타나고 있긴 하지만, 사회주의적 편향에 명백하게 영향을 받은 일부 계급에만 국한된 것은 아니다. 대부분의 계급에서 가족유대가 현저하게 약화되고 있으며 가정생활의 관습이 무너지고 있다. 예민하고 성실한 사람은 이러한 이탈을 가정생활과 도덕성의 기반을 위협하는 중대한 문제로 간주하기도 한다. 가족유대의 해체가 사회주의 성향의 계급 사이에서 우려할 정도로 심하게 나타나고 있음에도 불구하고 그들은 이에 대해는 어찌할 도리가 없다는 듯 무관심한 태도를 보이고 있다. 이들에게 전통적인 형태의 가족은 더 이상 신성한 것으로서의 호소력을 갖지 않는다. 그들에게 가족은 더 이상 확고한 정신적 자산이 아니다.

이러한 사회주의적 이탈의 가속화로 인해 위태로워지는 것은 남성이

---

27 물론 이것은 선의의 다양한 정치인과 성직자들이 사회주의적 불만의 치유책으로 제시한 선량한 의미의 의사(疑似) 사회주의 우회로에는 적용되지 않는다. 사회주의 앞에 다양한 제한적인 단서를 붙인 이른바 '국가사회주의', '기독교사회주의'. '가톨릭사회주의' 등이 그러한 것들이다.

가계경제에서 가지고 있는 지도적인 위치이다. 적어도 이론상으로는 과거 중세부터 전해내려 온 가족은 교회의 보호를 받는 가부장제 조직이다. 남성은 가정 일을 통제하는 재량권을 부여받았다. 초창기에는 이러한 재량권은 신체적 억압을 포함할 정도로 매우 직접적이고 광범위했다. 지배-예속 관계가 완전히 사라지고 자연권이 지배적인 위치를 차지한 후부터 그러한 직접적인 강제력이 금전적 결정권으로 대체되었다. 그리하여 가장으로서 남성은 가계의 재산을 관리하는 재량권만 가지게 되었다. 이제 대다수 남성이 가지고 있는 전통적인 지도적 지위에 대한 존경심은 사라지기 시작했다. 사회주의 사상에 물들고 있는 산업계급들 사이에서 가부장제 전통 더욱 빠르게 해체되고 있다.

제도적 구조는 물론이고 그 밖의 다른 점에서도 산업계급은 정신적 기반을 상실하는 징후가 나타나고 있다. 그런데 이같이 존재의 위협을 받고 있는 제도의 자리를 대신하는 새로운 질서를 건설하려는 움직임은 나타나지 않고 있다. 전통적인 가족의 유대가 이완되고, 또한 전통적인 가족제도에 대한 완전한 진리와 미에 대한 확신이 약화되고 있는데도 무엇을 할 것인지에 대해서는 거의 합의가 이루어지지 않고 있다. 이 문제는 물론이고 이와 유사한 종류의 다른 문제에서도 사실에 입각한 사유습관으로 훈련받고 기계적 업무에 종사하는 계급은 낡은 것을 재건하는 데는 물론이고 새로운 신화나 신념을 구축하는 데 전혀 자발적으로 참여하지 않고 있다.

우리나라[미국]에서 나타나고 있는 가족제도의 정신적 기반의 분해는 산업도시 주민들에서 가장 현저하게 확산되고 있다. 기계 규율의 영향을 가장 심하게 받은 계층은 산업계급이다. 하지만 기계기술이 주입하는 생활습관과 사유습관의 영향은 산업계급에만 국한되지 않으며, 따라서 산업계급 이외의 계급에도 그러한 분해 현상이 확산되고 있다. 그러한 분해는 비록 정도는 약간 다르긴 하지만 현대의 모든 산업사회에서 나타나며, 분해 정도는 그 사회의 근대화 및 산업화 정도에 다소 비례한다. 기계는 모든 것을 평준화하고 속류화하며, 인간의 교류와 인간의 이상에서 존중받는 것, 고결한 것, 품위 있는 것을 모두 제거하는 것이 그 목표이다.

좁은 범위의 가정생활 제도에서 일어나는 일들이 보다 넓은 국민의 생활과 이상에서도 반복해서 일어나고 있다. 형식적인 요건인 인습적인 정당성의 기반에 의해 인도되지 않는 생활 규율 아래에서는 법률과 관습이 주입한 윗사람에 대한 충성심이 타격을 받게 된다. 애국심이라 불리는 변형된 형태의 충성심 역시 불안정해진다. 산업체제의 극단적인 대변자가 표방하는 계급연대와 계급적대의 새로운 기반은 종교, 군주제, 영토, 언어 등에 기초하지 않는다. 그것의 기반은 산업적 및 물질주의적이다. 그러나 사회주의자는 군주제 및 민족 같은 인습에 무관심한 태도를 취하고 있다는 점에서 현대 산업사회 시대정신의 극단적 대변자에 지나지 않는다.

종교생활에서도 동일한 현상이 나타나고 있다. 기계적 직업에 의해 물질주의적 및 산업적 사유습관의 훈련을 받은 사람들은 구식의 형이상학적 정당성 기반에 입각한 종교적 호소력의 의미를 평가 또는 심지어 이해하는 능력을 점점 상실하게 된다. 초자연적 주인과의 인격적 관계(복종)가 주는 위안은, 생활습관이 개인의 지배와 충성의 관계에 의해 형성되지 않고 비인격적인 인과관계에 숙달된 사람에게는 호소력을 갖지 않는다. 그런 사람들은 "인간의 주된 목표는 무엇인가"라는 질문에 대한 교리문답식의 답변을 더 이상 자명한 것으로 받아들이지 않는다.

또한 그들은 자신이 선천적인 유전적 요인에 의해 본능적으로 죄인이 된다고 생각하지 않는다. 실제로 그들 스스로가 죄인이라는 것을 납득시키는 것은 어려운 일이다. 그들은 죄 관념을 망각할 위험에 처해 있다. 죄 관념이 수반하는 지위 또는 충성 관계도 그들의 사유습관에서 점점 멀어지고 있다. 이윽고 그들은 자신들의 과거 삶이 그러한 충성

관계를 위반했으며, 따라서 구원 또는 복원 사업을 통해 그러한 관계를 재수립하는 일이 매우 중요하다는 것을 서서히 깨닫게 된다. 교회와 성직자가 베푸는 친절한 봉사는 별로 하는 일 없이 소란만 피워서 그런 식의 훈련을 받은 사람들은 불쾌하게 여긴다. 그들의 주인인 기계는 인간을 존중하지 않으며, 신과 인간에 대한 도덕성, 존엄성, 규범적 권리를 알지 못한다. 기계는 이러한 직무가 기초하고 있는 개념 전체에 무감각해지도록 훈련시킨다.[28]

사실에 입각한 기계기술의 규율은 통속적인 정서와 사실에 대한 통속적인 통찰력의 주어진 발달방향뿐만 아니라 기계제 산업이 도래한 이래로 유행한 과학적 지식의 범위 및 방법에서도 명백하게 나타난다. 현대 산업사회에서 과학적 탐구는 초기 시대 또는 기계의 지배 밖에 있는 문화중심과는 다른 목표로 진행되며, 또 그와는 다른 원리 또는 다른 관념의 범위의 지도 아래서 수행되고 있다. 근대 과학은 오로지 탐구하는 현상의 비인격적 인과연쇄 관계를 찾는 데 전념한다.

영국은 기계기술과 근대 특유의 민간 및 정치제도의 발상지이며 사실에 입각한 근대과학의 발상지이다. 근대과학운동은 르네상스시대에 이탈리아에서 시작되었고, 중부유럽에서는 계몽운동시대에 와서 그 대열에 참여했다. 그런데 남부유럽에서는 과학적 정신이 근대 초기에 부흥했는데 얼마 안 있어 전쟁, 정치, 종교가 다시 준동하면서 교착상태에 빠졌다. 스페인과 프랑스에서는 국가가 형성되기 전에 그리고 국가 형성기 동안에 사실에 입각한 사고가 시험적으로 나타나기 시작했다. 그러나 여기서도 역시 전쟁과 정치로 인해 그러한 시도가 무산되었다. 그래서 거기서는 지적 산물이 과학에 의해서가 아니라 추측에 의해 이

---

28 자연권, 천부적 자유, 자연종교가 발흥하던 문화시대가 이르면서 하느님은 '위대한 발명가(Great Artificer)' 신분으로 격하되었고, 이어서 기계기술은 그를 영세기업이나 쫓겨난 수공업자들이 몰려든 외곽 산업지대로 밀어내고 있다.

루어졌다. 저지대국가29의 경우에는 비록 많은 단서가 필요하지만 마찬가지 양상을 보이고 있다. 영국사회는 뒤늦게 심각한 물리적 장애를 안은 상태로 야만상태를 벗어나서 비교적 늦게 그리고 서서히 출발했다. 그러나 영국인은 상대적으로 전쟁과 정치의 영향으로부터 보호를 받았기에 노동일의 통찰력을 가진 남부유럽인들이 획득한 과학적 이점의 자산을 유리하게 이용하여 국가형성기 때까지 고스란히 간직하여 근대 과학기술시대를 열 수가 있었다.

물론 여기서는 이 문제에 대해 간결하고 대략적으로 개관하고, 약 100년 전에 있었던 영국의 기계제 산업에 관해서만 설명할 수밖에 없다. 위에서 영국이 근대과학의 선도적 위치에 있었다고 설명했는데 이에 대해서는 의문의 여지가 있을 수도 있고, 그것이 진실이라고 주장하는 것은 당면의 목적에 필요하지도 않다. 그러나 기계시대 초기에는 영국이 물질과학을 선도했으며, 오늘날 현대 과학적 연구의 기원은 기계제 산업 지대 밖에 있는 나라로는 뚜렷하게 확장되지 않는다고 말하는 것이 무방하다.

현대 물질과학의 확산 범위는 시간적으로나 공간적으로나 대략적으로 기계과정의 확산 범위에 상응한다. 물질과학과 기계과정은 원인과 결과 모두 서로 연계되어 있다. 그러나 현대의 물질과학과 현대 산업의 관계가 원인보다 결과에서 더 밀접하게 된 것은 남부유럽인들이 근래에 물질적인 것에서 정신적 및 정치적인 것으로 관심을 돌리고 과학적 연구를 소홀히 한 데 연유한다.30

여기서 직접적인 관심은 기계과정이 지배한 이래로 기계시대가 도래

---

29 북해로 흘러가는 스헬데 강, 라인 강, 뫼즈 강의 낮은 삼각주 지대 주변에 위치한 지역 일대에 위치한 벨기에, 네덜란드, 룩셈부르크를 말하며, 이 지역에는 프랑스 북부 및 독일 서부 지역 일부가 포함된다. ─옮긴이
30 영국사회가 산업적 문제보다 제국주의적 용맹의 공적에 더 많은 관심과 열망을 집중함에 때라 영국에서도 마찬가지로 과학적 정신이 (미미하지만 감지할 수 있을 만큼) 쇠퇴하는 조짐이 나타나고 있다.

하기 전보다 과학적 연구의 범위와 방법이 크게 변화했다는 점이다. 근대과학의 기원은 산업혁명보다 훨씬 오래 되었다. 과학적 연구의 원리—인과적 설명과 정확한 측정—는 기계과정 체제보다 앞선다. 그런데 근대과학이 시작된 이래로 과학적 연구의 가정과 정신이 변화하기 시작했다. 과학적 지식의 가정에서 나타난 이러한 변화는 기계기술의 발달과 연계되어 있다.

여기서는 굳이 중세시대의 교회문화와 정치문화를 지적으로 표현하는 현학적인 과학이나 철학을 상기할 필요까지는 없다. 후대의 과학과는 대조적인 그것들의 특징은 너무나 잘 알려져 있다. 중세의 스콜라철학이 근대과학으로 변화하는 정도만큼 충분한 원인의 원리(사유습관)는 충분한 이유의 원리로 대체되었다. 18세기와 19세기 초에 성숙한 과학의서 인과법칙은 서로 구별되는 두 개의 가정으로 구성되어 있다. 하나는 원인과 결과의 동등성(양적 등가성)이고, 다른 하나는 원인과 결과의 유사성(질적 등가성)이다. 평범하게 말하면, 전자의 예로 실제생활에서는 상업적 회계를 그 유사물로 볼 수 있으며, 또 위반할 수 없는 양적 등가성을 일관되게 강조하는 습관을 부여하는 문화적 기반으로 볼 수 있다. 후자가 우세한 경우에는 수공업의 보급을 그 유사물로서 문화적 기반으로 볼 수 있다. 부정적으로 말하면, 수공업의 생산물 속에는 기술공의 솜씨 외에는 아무것도 들어있지 않다는 원리처럼 결과 속에는 원인에 의한 것 외에는 아무것도 들어있지 않다고 주장할 수 있다.

근대과학 중기에 높이 평가를 받고 있는 '자연적 원인(natural causes)'은 '자연법칙(natural laws)'에 따라 작동하는 것으로 간주된다. 자연법칙—사물의 '정상적인 경로'의 법칙—은 합리적 목표를 추구하고, 강제력을 가진 것으로 간주된다. 그래서 자연은 실수를 하지 않고, 헛된 일을 하지 않으며, 가장 경제적인 경로로 목표를 성취하고, 도약을 하지 않는다. 이러한 인과적 자연법칙 하에서 모든 결과는 그 결과와 유사한 원인을 가지고 있어야 한다. 연구자는 이러한 점에 대해 각별히 주의를 기울여야 한다. 이러한 견해와는 다른 결과가 나올 수도 있다. 즉 우주의 물질은 전체는 물론이고 세부적인 부분까지도 예상한 목표에 들어맞는 것으로 해석되기 때문에, 사물의 '자연 질서'는 '최초의 원인' 안에 상존하는 기존 설계의 결과여야 한다.

또한 '조물주'라 불리는 '최초의 원인'은 미리 설정된 설계에 의해 전제되어 있어야 한다. 원인과 결과에 대한 이러한 최초의 근대적 가정속에는 욕구(conation) 요소가 들어 있다. 자연법칙 개념의 배경에는 조물주의 지능과 손재주의 그림자가 영원히 드리워져 있다. 특정 경우에는 '원인'으로 취급되는 것이 결과로 간주되지 않는다. 이 경우 결과는 인과 연쇄의 복합적인 단계가 아니라 최종적인 것으로 취급된다. 그러한 연쇄를 연구할 때는, 다윈(Darwin) 이전의 예전의 진화이론에서처럼 우량한 성질에서 열등한 성질로 또는 그 반대의 방향으로 맹목적으로 변화하는 누진적인 연쇄로서 취급하지 말고 곧바로 명시적인 형태로 나타나는 모든 것을 암묵적으로 포함하고 있는 특정의 주요한 원인들이 전개되는 것으로 취급해야 한다.

100년 전의 인과관계 개념에서는 원인과 결과는 서로 대립하고, 또한 원인은 자체의 성질을 결과에 전달함으로써 결과를 조절하고 결정한다고 생각했다. 즉 원인은 생산자로 간주하고 결과는 생산물로 간주했다. 생산물이 생성되는 과정에 대해서는 상대적으로 강조하지 않았고 별로 관심을 기울이지 않았다. 반면에 생산물과 그것을 생성하는 유효한 원인과의 관계에 관심을 집중했다. 이러한 관념의 지도 아래 구성된 이론들은 생산의 원인과 그 결과—생산물—의 등가관계를 일반화한 것이다. 원인이 결과를 '만든다'는 말은 장인이 자기 스스로 물품을 만들어낸다는 것과 같은 의미이다. 노동자와 그가 사용하는 도구 및 연장이 구분되듯이 원인과 그 주위 환경도 뚜렷하게 구분된다. 노동자의 작업은 제품의 시작과 완료 사이의 간격에서 노동자가 행사하는 작용인 것과 마찬가지로 중간의 과정은 단지 유효한 원인이 작용하는 방식이다. 노동자의 생산물은 그의 생산능력을 투입한 후 그 결과로 생겨나듯이 결과는 원인 다음에 발생한다. 원인과 결과는 전후 관계이며, 과정은 시간 간격을 포함하고 설명한다는 점에 주목을 받는다. 시간 간격은 노동자의 노력이 그렇듯이 유력한 원인의 작동에 필요하다.31

그러나 시간이 경과하여 기계기술의 필요성에 대한 일상화의 범위와 일관성이 증대함에 따라 인과관계에 대한 준(準)인격적 수공예 개념이 쇠퇴하기 시작한다. 그러한 쇠퇴는 기계기술과 밀접하게 관련된 무기 재료과학에서 가장 먼저 그리고 가장 현저하게 나타났는데, 지금은 유기과학은 물론 심지어 도덕과학에서도 그러한 조짐이 나타나고 있다. 기계기술은 기계적 또는 물질적 과정으로 그 과정과 그것의 필요성에 주의를 집중할 것을 요구한다. 그러한 과정에서는 어떤 요인도 절대적으로 유력한 원인으로 작용하지 않는다. 그 요인의 인격적 성질은 생산물 속으로 이전되고, 나머지 원인들은 모두 보조적인 또는 제약적인 환

---

31 그렇지만 다음 저작과 비교해 보라. Sombart, *Kapitalismus*, 특히 vol. I. ch. VIII 및 XV. 좀바르트는 현대 과학의 인과관계 개념을 사실상 기업거래에서 실행되고 있는 회계 업무의 규율의 산물로 본다. 그래서 그는 기계제 산업이 아니라 기업을 근대 과학의 발흥과 이 과학의 주요한 특징인 사실에 입각한 주요한 원인으로 간주한다. 이러한 견해에는 분명 막대하고 귀중한 진리의 요소가 들어있다. 인과 현상을 수학적으로 정식화하고 양적 등가성 원리를 확고하게 하기 위해 상업거래와 초기 근대시대의 소규모 상업에서 시행한 회계가 매우 효과적인 훈련을 제공했다. 양적 등가성이 과학의 발달을 주도한 결과 그것의 가장 완전한 산물인 실증주의(Positivism)가 배태되었다. 실증주의는 근대 경제문화가 아직 기계적이지 않고 상업적이었던 프랑스에서 최고로 그리고 가장 자유롭게 번성했다. 기계 규율이 프랑스에 깊숙이 침투함에 따라 실증주의는 위력을 잃고 사멸했다. 그런데 근대과학은 단순히 계산법이 아니다. 근대과학은 양적 등가성 계산에만 의지하지 않고, 유력한 원인, 적극적 관계, 창조력에 의지한다. 유력한 원인 개념은 회계의 파생물도 아니고 회계의 모습을 본떠 형성된 것도 아니다. 그러나 일반적인 유력한 원인 개념, 즉 활동적인 개념은 실증주의보다 시대적으로 앞서며, 더 오래 지속되었다. 이 개념은 초기(18세기)에는 제작능력 개념과 밀접하게 연계되었으나 이후(19세기)에는 기계적 효율성 개념과 많은 공통점을 가지고 사용되었다.

경으로서만 작용한다. 기술자는 그 과정을 단순히 최초의 유력한 원인이 작동하는 간격으로 고려해서는 안 되고, 반드시 실질적인 사실로 고려하여 주의를 집중해야 한다. 그는 생산하는 원인과 [생산된] 생산물[결과]이 아니라 (원인과 생산물 사이에 개입하여 전자를 후자로 전환시키는) 과정을 기준으로 생각하는 법을 배운다. 과정은 항상 복합적이다. 과정은 맹목적이고 무감각하고 무분별하게 작동하는 요인들을 항상 섬세하게 균형을 이루게 하는 상호작용이다. 그 안에서는 현저하게 누적적으로 일탈이 발생하여, 최종 결과는 애초에 설정한 목표와는 전혀 유기적인 연관이 없게 된다. 가장 유력한 원인은 상대적으로 배후로 밀려나고, 과정이 우선적으로 기술적 관심을 끌게 된다.

기계기술은 기계적 적응과 실물교육이 수반하는 규율과 함께 18세기 말과 19세기 동안에 점차 모습을 드러내며 문화적 환경 속에서 지배적인 위치에 올라서게 되었다. 사람들이 기계과정을 기준으로 사고하는 법을 빠르게 습득하게 되고 그에 상응하여 기계과정의 발명 속도도 가속화되었다. 그때부터 [기계] 발명이 누적적으로 진행되었고, 기계과정의 규율 효과도 누적적으로 증대되었다. 기술이 가장 먼저 발달한 곳은 물론 영국이었다. 그리하여 영국에서 기계과정이 가장 먼저 발전했으며, 이에 따라 영국에서는 기계제 산업의 규율이 널리 보급되어 기계과정을 기준으로 사고하도록 가르쳤다. 그래서 근대과학을 기술적 사고에 복속시키고, 주요한 원인이 아니라 과정을 기준으로 이론을 정식화하기 시작한 것도 영국사회였다.

이러한 일은 초기에는 지리학 같은 무기과학 분야에서 두드러지게 나타났지만, 19세기 중엽에 이르러 이러한 방향으로의 이동에 결정적인 역할을 한 것은 다윈과 동시대의 학자들이었다.[32] 다윈은 종(種)들이 구별되는 근원을 주요한 원인에서가 아니라 종의 발생 과정을 기준

32 물론 다윈은 홀로 서 있지 않다. 그는 과학적 연구 및 고찰에서 관점과 관심의 변화를 일으키는 대중운동의 위대한 대변자이다.

으로 설명하려고 노력했다. 하지만 예비적 설명도 별로 하지 않았을 뿐만 아니라 동시대 사람들로부터 고립되어 연구했다고 생각하지 않았다.33 그는 종의 발달에서 조물주의 지대한 공헌을 조금도 부정하지 않았지만, 자신의 설계에서 조물주를 단순히 그리고 소박하게 제외했다. 왜냐하면, 조물주는 인격적 요인이므로 과정을 기준으로 진술하거나 취급할 수 없기 때문이다. 그래서 다윈은 신 또는 인간의 노력에 의지하지 않고서 또한 인간은 궁극적으로 어디서 나왔는지, 왜 나왔는지 또는 인간은 결국 어떤 운명을 맞이할 것인지 등에 대해서는 탐구하지 않고서 인간의 계보를 시험적으로 설명했다. 그의 연구는 오직 누적적인 변화 과정에 국한되었다. 그의 연구결과와 누적적인 변화 과정에서 작동하는 요인들과 관련하여 그가 도출한 특수한 결론에 대해 의문이 제기되어 왔다.

이 모든 것은 물론이고 아직 고려되지 않은 몇 가지 사항에 대해서도 온갖 비판이 쏟아지고 있다. 하지만 다윈이 과학적 연구에 제공한 범위 및 방법과 그 자신이 대변하는 세대에 대해서는 사실상 의문이 제기되지 않았다(다만 특수한 훈련이나 원주민의 재능으로는 기계과정의 규율에 순응시킬 수 없는 신도들은 예외인데 그 수는 점점 줄어들고 있다). 근대 과학은 주요한 원인, 자연의 설계, 결과의 타당성, 궁극적 결과, 종말론적 귀결 등에 대해서는 탐구하지 않는다.

초기 근대과학의 두 전제—원인과 결과의 양적 등가성과 질적 등가성—중에서 전자는 실질적으로 누적적인 변화 과정들은 균형을 이루며 서

---

33 이것은 라마르크(Lamarck)*보다 다윈이 앞선다는 것을 보여주는 실례이다.
  * 라마르크(Jean-Baptiste Lamarck; 1744~1829)는 프랑스의 박물학자이자 생물학자로 기관은 계속 쓰면 더 나아지고 쓰지 않으면 약해진다는 용불용설을 주창했다. 20여년 걸친 하등동물의 분류 연구 끝에 『무척추동물의 자연사』(1822)에서 척추 유무에 의해 동물을 구분하는 척추동물-무척추동물 분류를 개념을 완성했다. 프랑스 과학아카데미 회원으로서 『프랑스 식물상』, 『동물철학』 등 많은 저작을 남겼다. - 옮긴이

로 연계되어 있다. 실증주의자들은 이러한 양적 등가성을 과학적 진리의 유일한 규준으로 설정하고 그리하여 과학적 이론을 일종의 회계업무 체계로 환원시키려고 노력했으나 결국은 실패하고 말았다. 후자—동일한 원인은 동일한 결과를 낳는다거나 또는 결과는 어떤 의미에서는 원인과 성격이 동일하다는 명제—도 특별한 효력을 발휘하지 못하고 사라지는 빈약한 일반적인 기준에서만 효력을 가진 탓에 결국 쇠퇴하고 말았다. 과학자들은 갈수록 철저하게 긴장도, 기계구조, 치환 등 투명하고 비인격적 기준—기술자의 작업설계도와 설명서로 전환할 수 있는 기준—으로 사고하는 법을 배우고 있다.

물론 과학적 연구와 일반화의 지적 장치에서 종래의 관념이 완전히 제거된 것은 아니다. 그 규율이 결과를 배태하는 문화적 상황은 적어도 기계과정에 의해 생겨난 관념만큼이나 예로부터 전해내려 온 많은 전통적 관념들로 구성되어 있다. 과학 전문가들조차도 과거와 완전하게 단절되지 않았다. 그들도 역시 그 자신들 세대의 피조물이기 때문에 필연적으로 과거와 완전히 결별할 수가 없다. 그들 중 다수, 특히 과학적 연구의 진정한 결과를 유지하는 일에 종사하는 사람들은 이러한 결과를 잠정적 작업 도구로 사용하는 연구과정보다는 성취된 최종결과를 높이 평가하는 경향이 있다. 이들 중 많은 이들이 성직자나 자연주의 신화 작가들처럼 교화를 목적으로 과학을 이용하는 선의의 사람들과 함께 원인과 결과의 과정을 인격화하고 그것을 잘 정비하여 개선하는 방안을 찾아낸다. 그러나 과학적 지식의 경계를 효과적으로 확장하는 연구 작업은 거의 모두가 비인격적이고 기계적이며, 도덕적으로도 심미적으로도 무미건조한 인과연쇄 개념의 지도 아래서 이루어지고 있다. 이러한 과학적 작업은 기계적으로 조직된 근대의 산업체계와 적절하게 접촉하는 사회에서만, 즉 기계기술의 그늘 아래서만 수행된다.

기계제 산업이 문화의 발달을 지배하게 되면 그 문화는 필연적으로 회의주의적이며, 무미건조한 색채를 띠게 되고, 물질주의적이고 비도덕적이며, 애국심을 결여하고 신앙심을 상실하게 된다. 특히 산업지대와 산업중심지에서는 이러한 방향으로 사유습관이 전개되고 있다. 그러나 아직까지 서구의 기독교국가에서는 기계제 산업의 효소에 의한 끊임없는 문화조직의 타락에 강력하게 대항하는 많은 전통적인 규범들이 고스란히 남아 있다. 그러나 기계 규율이 더욱더 많은 인구에 친밀하게 때로는 강압적으로 영향을 미치고 있다. 그러므로 기계 규율이 부여한 이러한 문화적 추세에 대해 전통적인 인습에 기초하여 대항하는 저항은 필연적으로 약화될 수밖에 없다. 사실에 입각한 물질주의적 관념의 확산은, 기계 규율과는 무관한 다른 문화적 요인이 그러한 확산을 억제하거나 그러한 분해의 힘을 일정한 한도로 묶어두지 않는 한, 필연적으로 점점 누적적으로 가속화된다.

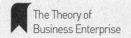

10

기업의
필연적인 쇠퇴

제10장

기업의
필연적인 쇠퇴

    일반적으로 기계규율은 역사가 오래되고 진정성을 가진 제도적 유산이라면 그것이 천부적 자유를 구체화한 제도이건 문명생활 속에 여전히 잔존하는 구식 행동원리의 잔재를 포함하고 있는 제도이건 모두 분해하는 작용을 한다. 그렇게 함으로써 기계규율은 기업이 기초하고 있는 법과 질서의 근거를 잘라 버린다. 이러한 전통적인 질서의 해체가 문화에 미치는 영향은 분명 매우 심대하고 광범위하지만 이는 당면 연구와는 직접적인 관련이 없다. 여기서는 문화조직의 전반적인 쇠퇴가 기업의 활력을 지속적으로 감퇴시키는 경우에만 문제가 된다. 그런데 기업의 장래는 문명의 장래와 결부되어 있다. 왜냐하면 결국 문화구조는 상호 연결된 많은 요소들로 이루어진 단일 구조여서 나머지 모든 요소들에서 큰 혼란을 일어나지 않으면 어느 하나의 요소도 큰 혼란이 일어나지 않기 때문이다.

    당면 문제와 관련해서 보면, '사회문제'가 주로 이러한 특이한 상황을 노정한다. 기업은 기계기술을 물질적 기반으로 하여 발달한다. 기계제 산업은 기업의 발달에 필수불가결하다. 기계제 산업은 기계과정이 없으면 존속할 수 없다. 그런데 기계과정의 규율은 기업의 정신적 및 제도적 기반을 잘라 버린다. 기계제 산업과 기업의 지속적인 발달은 양립할 수 없다. 기업은 장기적으로 기계과정과 양립할 수 없다. 따라서 기업원리는 기계과정의 문화적 영향에 대항하는 싸움에서 결국 승리할 수가 없다. 왜냐하면, 기계체계의 효과적인 제거 또는 억제는 기업을 점차 궁지로 몰아내기 때문이다. 한편 기계체계가 활발하게 성장하면 기업원리는 곧바로 효력을 상실하게 된다.

기업의 제도적 기초—자연권 체계—는 매우 불안정하다. 상황이 변화하고 있는 동안에는 그것을 안정시킬 수 있는 방도가 없다. 또한 상황이 변화하고 난 후에는 그것을 복귀시킬 방법이 없다. 자연권은 여러 요소들이 한편으로는 개인의 자유와 평등이 혼합되고, 다른 한편으로는 여러 관례적인 권리들이 혼합되어 발달한다. 자연권 체계 하에서 제도와 법률은 본질적으로 잠정적인 성질을 띠고 있다. 자연권은 비교적 매우 신축적이며, 발달과 변화 가능성이 매우 크다. 자연권은 상황이 변화할 때는 매우 심하게 불안정하다. "영원한 경계심은 (천부적) 자유의 대가(代價)이다"라는 격언은 실제로 충분히 입증되고 있다.

지금처럼 체제가 사회주의적 또는 무정부주의적 불만에 의해 위협을 받고 있는 상황에서는 제도적 장치를 안전한 자연권 기초로 되돌릴 방법이 없다. 천부적 자유 체계는 평화로운 수공업 및 소규모 상업 체제의 산물이다. 그러나 평화와 산업이 지속되어 기계과정과 대규모 기업이 발생함에 따라 문화는 자연권 단계를 건너뛰어 발달했다. 이것들[기계과정과 대규모 기업]은 한편으로는 일단의 자연권을 무가치하게 만들고 또 한편으로는 그 권리들의 정신적 기초를 제거함으로써 자연권 구조를 무너뜨리고 있다. 자연권은 평화로운 산업의 소산이므로 호전적인 습관과 억압적인 정부에 의지해서는 복원할 수가 없다. 호전적인 습관과 억압적인 정치는 자연권 정신과 배치되기 때문이다. 또한 고정된 평화와 자유에 의지해서도 자연권은 복원할 수가 없다. 고정된 평화와 자유의 시대는 한편으로는 기계과정의 지배와 대규모 기업의 발달을 촉진시키지만, 다른 한편으로는 천부적 자유 체계를 무너뜨리기 때문이다.

제도적 요인들 사이에 이러한 갈등이 전개되면—이른바 사회문제가 제기되면—그에 대한 치유책 문제, 요컨대 기계제 산업이 초래한 속류화와 해체로부터 인류 문명을 구출하기 위해 무엇을 할 것인가 하는 문제가 발생한다.

지금 현대 문화에서 주요한 두 원동력은 기업과 기계과정이다. 약속을 효과적으로 이행하는 유일한 방법은 기업을 원활하게 활동하게 하는 것이다. 문제는 선택된 문화적 결과를 위해 기업계가 조언을 얻고 협력을 하여 상상적으로 생각을 하고 이상적으로 그리고 목가적으로 행동하여 어떤 일을 할 수 있는가가 아니라 문화적 목적이 아닌 기업 목적을 위해서 기업 활동이 성취할 수 있는 가능한 문화적 결과가 무엇인가이다. 즉 어떤 일을 해야 하는가가 아니라 지금 무슨 일을 하고 있는가가 문제이다.

문화의 미래를 간절히 바라는 사람들은 대개 우량한 문화유산을 잘 보존하고 또한 우리 세대에 맡겨진 재능을 한층 더 개발하기 위해 유익한 조언을 구하고자 한다. 많은 실천적인 치유책이 제시되고 있는데, 그중에서 어떤 것은 일시적 완화를 위한 조치이고, 어떤 것은 박애주의 또는 심미적, 종교적 정서에 호소하는 것이며, 또 어떤 것은 현대문화의 갖가지 명칭을 마법을 써서 불러내려고 노력하는 것이다. 모든 사람이 뭔가를 해야 한다고 생각하고 있다. 이러한 것들은 사회'정화', 취약계층의 오락·교육·상호훈련, 빈곤층을 위한 식민지 건설, 교회의 대중화, 청렴정치, 인보사업에 의한 문화적 선교사업 등을 위한 자선단체, 클럽, 협회 등과 같은 형태를 취하고 있다.

이러한 치유책들은 나름대로 칭찬할 만한 가치가 있으나 시대에 뒤

떨어진 생활습관과 사유습관을 구제 또는 부활하기 위해 제안된 것으로 당면 문제와는 거리가 먼 것들이다. 그렇지만 이러한 치유책으로 증상을 치료하여 인류를 구하고자 하는 기특한 노력에 대해 비방할 의도는 조금도 없다. 치유를 필요로 하는 증상은 분명 유해하다. 설사 그러한 증상이 유해하지 않더라도, 그러한 특별한 문제의 공과를 논하는 것은 당면 연구의 관심사가 아니다. 위에서 거론한 노력들이 우리의 논점에서 벗어나는 이유는 그것들은 기업의 이윤추구와 관련이 없기 때문이다. 그것들은 전반적으로 현대의 기업에 개방된 여타의 확실한 투자사업에 비해 수익성이 높은 투자 분야가 아니다. 그래서 그러한 노력들이 기업의 경로와 산업적 요구와 배치된다면, 시시포스의 노동[1]처럼 무익한 일이 되고 만다. 반면에 그러한 노력이 기업의 요구 및 산업적 요구의 방향과 일치한다면, 그러한 노력은 쓸데없는 여분의 사업이 된다 (다만 이미 진행되고 있는 변화를 촉진하기 위해 고안된 경우는 그렇지 않다). 그 어떤 것도 기업 자체 또는 기업이 작동하기 위해 이용되는 산업적 수단의 부산물이 아니고서는 기업의 영향권에서 벗어날 수 없다.

기업의 이윤추구를 위한 형태로 제시된 것이 아니면 그 어떤 것도 기계규율이 설정한 문화적 경향을 바로잡을 수가 없다. 기계규율에 의한 불순한 결과를 중화하는 문제는 (기업원리가 인간의 노력을 기업 고유영역을 벗어나 인도하는 한) 기업의 문화적 사업 및 결과 또는 기업원리의 문화적 가치에 관한 문제로 귀착된다. 문제는 무엇을 해야 하느냐가 아니라 기업원리가 설정한 경로가 어떤 것인가이다. 모든 결정권은 도덕주의자의 손이 아니라 기업가의 손에 있으며, 기업가의 결정권은 기업의 요구에 속박되어 있다. 기업가조차도 인도주의적 동기의 요청에 따르기 때문에 기업원리대로 기업을 자유자재로 운영할 수가 없다. 그

---

1 시시포스는 신을 속인 죄로 하데스 언덕 정상에서 굴러 떨어지는 무거운 돌을 다시 정상까지 계속 반보개서 밀어 올리는 벌을 받은 인간으로 시시포스의 노동이란 아무런 성과 없이 같은 일을 반복하는 것을 가리킨다. ─옮긴이

리하여 문제는 기업가가 이윤의 동기를 가지고 문화 발달을 위해 어떤 일을 할 수 있을까이다.

기업가들도 다른 사람들과 마찬가지로 자비심의 동기에 의해 과거의 문화유산을 유지하고 미래의 인류의 생활방식을 원활하게 하기 위해 심혈을 기울여 노력한다. 그러나 이러한 방면에서 추구하는 확실하고 실질적인 결과는 기업의 부산물로서 부수적으로 얻어지는 것들이다. 왜냐하면 이러한 결과는 개인의 선호도, 취향, 편견의 변덕에 의한 것이 아니라 광범위한 제도적 기초에 의한 것이기 때문이다.

기업이 사람들의 습관과 기질에 미치는 영향과 제도의 성장에 미치는 영향은 대체로 후유증의 성질을 띠고 있다. 앞서 지적한 바처럼, 기업의 규율은 보수적인 성질을 띠며, 자연권 교리에 입각하고 있는 인습을 보존하는 경향이 있다. 왜냐하면, 기업은 거기에 종사하는 사람들에게 자연권을 기준으로 사고하도록 훈련하기 때문이다. 여기서 이 주제로 되돌아갈 필요는 없다. 다만 이러한 금전적 사유습관의 규율을 엄격하고 순수한 형태로 간직하고 있는 인구의 비율은 점점 줄어들고 있다는 점에 대해서는 지적해둘 필요가 있다. 물론 상층 기업가와 하층 기업가를 합하면 기업가의 절대수가 감소하고 있는 것은 아니다. 전체 인구 중에서 기업에 종사하는 사람의 비율도 명백히 감소하지 않고 있다. 그러나 기업 종사자들은 대부분 틀에 박힌 일상적 업무에 종사하고 있으며, 기업경영에 필요한 훈련을 효과적으로 받지 못하고 있다. 어느 나라에서나 그러한 감소가 발생하지만 미국보다 더 감소하는 나라는 거의 발견되지 않는다.

이러한 기업 규율은 규모와 범위 모두 다소 엄밀하게 제한되어 있다. (1) 기업 규율은 제도적 사유습관—예를 들면, 재산 관련 자연권 관념—같은 특정의 제한된 분야를 보존 또는 복원하는 작용을 한다. 그리하여 기업 규율은 지불능력, 절약, 위선 같은 부르주아 덕목을 보존한다. 고귀하고 호화로운 귀족주의 덕목은 그와 연관된 제도적 장치와 함께 기업의 생활습관에 의해 현저하게 강화되지 않는다. 기업생활은 예의범절, 신분 과시, '명예'의 격식, 심지어 종교적 열정 등을 장려하지 않는다. (2) 기업생활의 규율 중에서 유익한 규율은 대다수 인구—노동자계급—에게 점차 덜 친밀하고 덜 엄격하게 영향을 미친다. 따라서 기업규율은 기계과정의 규율이 노동자계급에게 부여한 사실에 입각한 사고방식을 교정하거나 대폭 완화하는 데 도움이 되지 않는다.

규율의 직접적인 요인으로서 기계과정은 사회의 더욱 많은 사회계급에 영향을 미치고 또한 그 특유의 사유습관을 지속적으로 주입함으로써 기업의 업무를 계속 유지한다. 때때로 예술적 기반에서 옹호하는 구식의 산업 방법으로 복귀하는 것은 허망한 일이다. 기업가는 기계 방법의 중단을 허용하지 않기 때문이다. 기계 방법은 노동자의 정신과 매너를 망가뜨리지만 기업가에게는 이윤의 원천이며, 그러한 사실이 [기업가에게는] 가장 결정적인 점이다. 비록 기업 운영과정의 원격 또는 간접 결과로서 보다 원시적인 산업 방법으로 부분적으로 복귀하는 것이 실제로 실행불가능하지는 않지만, 의도적으로 직접 수공업으로 복귀하거나 기계제 산업을 중단하는 것은 불가능하다.

기업원리와 기업관행은 문화에 광범위하고 강력하게 간접적으로 또는 부수적으로 영향을 미친다. 기업원리는 본질적으로 옳고 좋은 것으로 사람들로부터 각별히 애정을 받고 있다. 그리하여 기본적으로 기업 업무와 관련이 없는 회사조차도 지침과 확신을 얻기 위해 기업원리를 도입하고 있다. 예를 들어, 교육기관에도 기업원리가 철저하게 그리고 깊숙이 침투하고 있다. 기업원리는 '교육자'의 지침에서 하나의 상식적 요소로서 존재하며, 교육체계에 대한 조언이 필요할 때마다 순진하게도 기업 원리가 '실용적'이라고 강조하고 있다. '실용적(practical)'이란 사적 이익에 유용하다는 것을 의미한다. 공립학교든 사립학교든 공교육을 새로 출범할 때는 이 점에 대해 면밀히 검토한다. 그 결과 지식을 체계적으로 조직화하기보다는 결과들을 쉽게 응용하도록 설계된 학습 방법으로 (비록 완전히 일관적이지는 않지만) 교육의 범위를 점차 좁혀나간다. 가장 먼저 검증하는 것은 수익을 획득하는 데 유용한지 여부이다. 그 다음으로 해당 교육이 학습자가 수입을 예의바르게 지출하도록 적절하게 가르치고 있는지를 검증한다(실제로 이러한 검증은 '문화'연구의 자유가 허용되는 곳에 적용된다). 이러한 검증을 마치면 준(準)학문적 업적이 나온다. 현재 중등학교와 고등학교에서 어떤 교과를 포함하고 어떤 교과를 제외할 것인가를 두고 논쟁이 벌어지고 있는데 그 논쟁의 대다수는 제시된 논지를 위반하지도 않으며, 또한 간결하고 투명하게 두 가지 목적 중 어느 하나의 기준으로 귀착된다.

학교를 운영할 때도 기업 방법에 크게 의지한다. 교사들의 업무와 학생들의 학업성취도를 평가할 때 회계시스템을 적용하고 있다. 그리하여 모든 방면에서 기계적으로 능력을 검사하고, 기계적으로 일상 업무를 수행한다. 그 결과 지적 창의성과 이성적인 주제 파악 능력을 목표로 하는 교육의 고유한 가치가 저하된다. 이러한 종류의 지식은 사유 습관에 도움을 주기는커녕 오히려 방해한다. 그러한 지식은 탐구 정신보다는 고정된 신념을 심어주며, 그런 점에서 그것은 일종의 보수적인 요소가 된다.

또한 사립학교의 경우에도 교직원 관리와 행정업무를 하는 데 기업가와 기업방법을 점점 더 많이 도입하고 있다. 사립학교들은 학생과 기부금을 유치하기 위해 경쟁을 하기 때문에 필연적으로 그렇게 될 수밖에 없다. 이들 사립학교의 방침은 필연적으로 경쟁적 기업의 성격을 띠게 된다. 그리하여 이들 학교는 학생과 기부자를 최대한으로 유치하는 데 중점을 둔다. 이들 학교에서 가장 기능적이라고 고려되는 것과 공식적인 목표에 기장 효과적이라고 고려되는 것은 같지 않다. 생활에서 필수적인 표준이 학문 활동에서 최고의 표준이 되는 것은 아니다. 편의시설과 예의범절도 이들 학교를 부유층의 마음에 드는 외모와 의견을 함양하도록 몰고 간다. 부유층은 기업가들로서 대부분 노년층이며, 주지하다시피 모든 문화 문제에 있어서 주로 보수주의 성향을 띠며, 특히 기업 관련 기관에 자주 드나든다.

기술적인 면에서는 교육체계로 고려되지는 않지만 광범위한 교육체계의 한 부문을 이루는 것이 신문과 잡지를 포함한 정기간행물이다. 정기간행물은 기업의 한 분야이다. 따라서 이 분야에서는 기업원리가 부수적으로 도입되는 학교시스템보다도 훨씬 일관되게 철저하게 적용된다.

현재 간행되고 있는 정기간행물은 단명한 것이든 그렇지 않은 것이든 광고를 전달하는 수단이다. 바로 이 점이 기업으로서 존재이유이며, 그 점이 아무런 제약을 받지 않고 경영 방침을 결정한다. 다만 공식적인 소형 홍보물과 다소 불확실하지만 과학 학술지는 이러한 원칙에서 벗어난다. 발행 수익은 광고 지면의 판매에서 나온다. 판매와 구독을 통해 직접 나오는 수익은 전적으로 부차적인 수입이다. 모든 등급의 일시적으로 발행되는 모든 종류의 정기간행물의 발행인은 광고란이 가능한 한 많은 독자들의 눈에 띄도록 최대한 많은 부수를 판매하는 것을 목표로 한다. 다른 조건이 동일하다면, 발행량이 많을수록 광고란의 시장가치는 더욱 커진다. 이 방면에서 최고의 성과를 거둔 것은 '독립지(獨立紙)'라 불리는 미국 신문들이다. 이 독립지들은 어떤 것을 특히 뉴스거리로 삼아야 하는지 그리고 현재의 사건들에 대해 어떤 의견을 표현해야 하는지를 고려하여 모든 항목의 뉴스, 논평, 가십을 편집한다(요즘은 나머지 신문들도 이 독립지를 따라한다).[2]

편집자의 첫 번째 의무는 독자들의 정서를 잘 간파하고, 그들이 믿고 싶어 하는 것을 전달하는 것이다. 이렇게 함으로써 편집자는 발행부수를 유지하거나 늘려나간다. 편집자의 두 번째 의무는 광고주의 요구나 발언을 비난하거나 광고주의 입장 또는 신의를 깎아내린다거나 귀중한

---

2 물론 여기서 '해야 한다'는 도덕적 제약을 의미하기보다는 기업의 필요를 의미하는 것으로 사용한다.

광고주가 될 기업의 약점 또는 허점을 폭로하는 뉴스나 논설을 일절 싣지 않는 것이다. 이러한 방법을 통해서 편집자는 발행부수의 광고 가치를 증대시킨다.3 그 결과 뉴스도 논설도 대체로 매우 저속해진다.

정보 전달자와 여론 지도층이 보여주고 있는 철저하게 불성실한 태도는 정확한 정보를 전달하여 진리를 추구하고 사회를 구제하려는 사람이 볼 때 개탄할 일이다. 그러나 이러한 식으로 기업상황이 요구하는 불성실한 태도가 문화에 미치는 이면적인 효과는 역으로 유익할 수도 있다. '유익하다는' 것을 기존 질서 유지에 유리하다는 뜻으로 해석하게 되면 실제로 그 효과는 매우 유익할 수도 있다. 왜냐하면, 그러한 불성실한 태도는 전통적인 선입견과 편견의 훼손을 피하려는 욕구에서 비롯된 것이기 때문이다. 신문과 잡지의 불성실한 태도는 대체로 보수주의 성향이다.

정기간행물은 뉴스, 여론, 권고사항을 전달하는 역할만 하는 것이 아니다. 정기간행물은 또한 요즘 사람들이 읽고 있는 문학의 상당 부분을 제공한다. 이 부분에서도 동일한 기업원리가 적용된다. 광고란의 판매량이 늘어나야 순수익이 증가하기 때문에 무슨 수를 써서라도 발행부수를 늘리려고 노력한다. 잡지의 문학작품은 광고 지면을 전달하는 데 사용되며, 기업가는 기업의 이익을 위해서만 그것을 이용한다.

정기간행물 문학작품의 우수성을 결정하는 기준은 다음과 같이 정식화할 수 있다. (1) 정기간행물 문학작품은 어떤 경우라도 이를 접하는 사회계층의 취향에 부합해야 하며, 이들이 쉽게 이해할 수 있어야 한다. (2) 또한 광고란에 제시된 각종 제품과 서비스는 신속하게 독자들의 관심을 끌어내야 하며, 특히 거대 광고주에게 유리한 투자 및 지출 분야에 독자들의 시선을 향하게 해야 한다. 적어도 광고주의 목적에 방

---

3 직원의 창의적인 재능을 발휘할 수 있는 부업으로서, 광고주의 이익에 무해하고 그와 동시에 감각적인 것이라면 무엇이든 신문 속어로 "과장 보도"해야 한다.

해가 되어서는 안 된다. 대중잡지는 지금 광고를 내고 있거나 유치할 예정인 기업에 불리한 기사를 실어서는 안 된다.4

전체적으로, 문학작품은 이를 자유롭게 구매하는 일단의 사람들의 취향을 충족해야 한다. 성공한 잡지 작가들은 일탈(변덕, 매너리즘, 오해)을 하거나 통찰력과 이해력이 부족하더라도 자신들과 대화하는 계층의 취향을 따른다. 그들은 또한 자신들이 표방하는 이상(예술적, 도덕적, 종교적, 사회적 이상)을 독자층의 공상과 편견에 맞추어야 한다. 성공한 정기간행물에 관심을 가진 계층과 정기간행물 문학작품에 품격을 부여하는 계층은 평온하고 쾌적한 환경 속에 살고 있는 사람들이다. 문화적으로 이들은 보수주의, 허영, 속물근성이 혼합된 다양한 색조를 지닌 비교적 지위가 높은 중간계급(주로 고용된 기업가계급)이다.5

전반적으로, 이러한 목적을 위해 제시된 문학작품은 평균적인 독자들의 정서보다 좀 더 뚜렷한 보수주의와 허세의 선을 따라 움직인다. 그 이유는 다음과 같다. 보통사람들에 비해 덜 보수적이고 허세, 속물근성, 편협함에 대해 참을성이 약한 독자들은 의혹을 품거나 반대하는 입장에 있다. 그들은 만사에 옳고 좋은지에 대해 자신감 있게 확신하지 못하며, 또한 그들은 덜 '선진적인' 사람 또는 더 나은 것을 알지 못하기 때문에 만족할 수밖에 없는 사람들에게 겸손하게 배려하는 것을 마다하지 않는다. 이에 반해 보수주의적 견해가 확고하고 점잖게 외모를 장식하는 것을 전혀 용납하지 않는 사람들은 매우 순진하기 때문에 자신들의 사유습관에 부합하지 않는 것은 무엇이든지 거부할

---

4 주목할 만한 광고주가 아닌 기업들에 대해서는 심하게 비난하는 기사가 실리기도 한다. 스탠더드석유회사, 아메리카제당회사 등이 그런 예다. 이러한 회사들을 비난하는 것이 실제로 현명한 경영 방법일 수도 있다. 왜냐하면, 그러한 비난이 대중으로부터 동정심과 독립심을 불러일으켜 해당 정기간행물의 명성을 높여주기 때문이다.
5 여기서 '속물근성'은 경멸적인 의미로서가 아니라 획득한 사회적 지위가 자신들이 바라던 것보다 높지 않거나 인정을 받지 않아 더 고상한 지위를 추구할 때 수반되는 긴장 요소를 뜻하는 편의적인 용어로 사용한다.

태세에 있다.

그래서 정기간행물 문학작품은 그것을 읽는 평균적인 독자들보다 대체로 다소 엄격하게 경건한 어조로 이루어져 있으며, 상층 유한계급의 행동을 찬미하고 이를 상세하게 설명하는 데 많은 지면을 할애한다. 또한 그 계급 특유의 용어와 화법으로 논의를 전개해 나가며, 근대문화의 저속한 발명품에 대해서는 경멸조로 표현하는 경향이 있다. 그리하여 그것의 집필 방향은 전반적으로 보수적이고 타협적이다. 또한 정기간행물 문학작품은 평균보다 적당히 낮은 수준의 지식과 정보에 맞출 필요가 있다. 왜냐하면, 이 점에서도 최우선적으로 배려해야 하는 독자는 지식과 정보를 어느 정도 소지한 사람이기 때문이다. 이들은 그렇게 할 수 있는 유일한 사람일 뿐만 아니라 실제로 그렇게 하는 것을 좋아한다. 가장 중요한 요건은 많은 독자들의 환심을 사는 것이다.

이러한 후자의 특성은 정기간행물 문학작품의 교훈적인 부분에서 특히 크게 부각된다. 준예술적인 성격과 준과학적인 성격에 입각하고 있는 이러한 교훈적인 문학 작품은 기업의 필요에 의해 독자들 중에서 비교적 감수성이 약한 사람들의 구미에 영합하기 위해 기획된 것이다(독자들은 가르칠 내용을 이미 잘 알고 있기 때문에 일반적인 결과를 가지고 교묘하게 보강만 해주면 된다고 제시한다). 거기에는 유사기술적 용어와 기발한 착상들이 넘쳐난다. 정교하게 꾸며낸 동물이야기와 현재 유행하고 있는 산업과정에 대한 반(半)신화적 설화는 이러한 방향에서 성취된 대표적인 결과이다.

광고사무실의 감독 하에서 발행되는 이러한 문학작품들은 글 솜씨는 탁월하나 지능과 독창성은 부족하다. 거기서는 교묘한 문체와 일상사에 대한 신랄한 표현을 장려하고 배양한다. 그것들은 무의함은 말할 것도 없고, 무해함과 교훈적이며, 가십풍의 낙관주의가 본질적인 특성을 이루고 있으며, 그러한 특성들은 문체, 기법, 소재를 순간순간 변형하며 지속된다.

이 때문에 사람들은 기업이 정기간행물 문학작품에 건전한 성질을 부여한다고 믿게 된다. 정기간행물 문학작품은 낡은 이상과 속물적인 허세를 유지하는 데 이바지하며, 또한 애국심, 스포츠맨십, 낭비 같은 우둔한 열망을 심어준다.

문화적 규율의 요인 중에서 기업 원리가 지배하는 최대의 그리고 가장 유망한—인습타파 망상을 교정하는 데 가장 유망한—요인은 국가정책(national politics)이다. 기업정치의 목적과 실질적 효과에 대해서는 위에서 언급한 바 있는데, 현재의 맥락에서는 그것의 부수적인 규율 효과도 그 못지않게 중요하다. 기업이익은 국가정책을 공격적으로 촉구하고, 기업가는 그것을 지휘한다. 그러한 정책은 애국주의적이며 동시에 호전적이다. 호전적인 기업정책이 직접 가져다주는 문화적 가치는 명료하다. 그러한 정책은 일반 민중에게 보수주의 정신을 조장한다. 전시(戰時)에 군 조직에서는 계엄령에 의해 시민권이 전면 중지된다. 전쟁과 군비확장이 증가할수록 더 많은 권리가 중지된다. 군사훈련은 의례 서열, 독단적인 명령, 무조건 복종을 가르친다. 군사조직은 기본적으로 상명하복 조직이다. 불복종은 죽을 대죄이다. 군사훈련이 철저하고 포괄적일수록 사회 구성원들에게 복종 습관을 효과적으로 주입하고, 또한 민주주의의 주요한 약점인 개인의 권위를 더욱 경시하게 된다. 물론 이것은 일반 시민보다는 군인에게 가장 확실하게 적용된다. 군인은 계급, 권위, 복종 등 호전적으로 사고하도록 배우고, 그리하여 시민권의 침해를 점차 용인하게 된다. 최근 독일국민의 성격의 변화를 살펴보라.6

현대의 호전적인 정책은 기업이 순조롭게 이윤을 추구할 수 있도록 평화를 유지하기 위해 실행되었다. 현대의 호전적인 정책은 초기의 동

---

6 다음을 참조하라. Maurice Lair, *l'Imperialism allemand*, 특히 ch. II 및 III. 영국사회도 이와 유사하게 정서가 변화하고 있다. 다음을 참조하라. Hobson, *Imperialism*, 특히 pt II, ch. I과 ch. III.

기 면에서 16세기와 17~18세기의 호전적인 왕조 정책과 다르다. 그러나 호전적인 책략 및 호전적인 관념의 규율 효과는 그 초기의 동기와 궁극적인 목표가 어떠하든 많은 점에서 동일하다. 전자의 경우 추구하는 목표는 군사적으로 지배하고 의례 서열에서 높은 평판을 받는 것이었다. 현대에 추구하는 목표는 금전적으로 지배하고 상업적 지불능력에서 높은 평판을 받는 것이다. 그러나 두 경우 모두 전쟁과 군비의 성대함과 과시 그리고 승전과 패배 또는 육해군 군사력 비교에 의해 조장된 애국적 자긍심과 적개심을 선동적으로 호소하여 맹목적 애국주의, 잃어버린 이상, 군주제 질서에 대해 약화된 확신의 부활을 도모한다. 그와 함께 이러한 것들은 대중의 관심을 재화나 육체적 안락의 불균등한 분배 문제보다는 고귀하고 제도적으로 덜 위험한 문제로 향하게 한다. 호전적인 애국주의는 야만인의 미덕인 복종과 관례적인 권위를 강화한다. 호전적이고 약탈적 생활양식의 습관화는 평화로운 산업과 기계과정이 초래한 현대생활의 저속화에 대항하고, 나아가 쇠퇴하는 지위 의식과 차별적인 존엄성을 부활시키는 강력한 규율 요인이다. 복종과 지배를 강조하고 또한 군대조직에서 비롯된 품위와 명예의 계층화를 강조하는 전쟁은 야만적 사고방법을 효과적으로 가르치는 학교임을 항상 입증해 왔다.

이러한 경향에는 분명 '사회불안'과 이와 유사한 문명생활의 무질서를 바로잡을 수 있다는 희망이 서려 있다. 충성, 경건, 예속, 품위 차등화, 계급 특권, 관례적인 권위 같은 구식 덕목으로 일관되게 복귀하는 것이 대중의 만족과 쉬운 업무 관리에 기여한다는 것 외에는 사실 심각한 문제가 없다. 이것이 강력한 국가정책이 내세우는 약속이다.

호전적 경험과 호전적 관념이 초래한 복고적인 경향은 천부적 자유 체제로 되돌려놓지 않는다. 현대의 기업원리와 현대의 시민권 및 입헌정부 체제는 자연권에 입각하고 있다. 그러나 자연권 체계는 도중에 잠시 머무는 숙소가 아니다. 호전적 문화는 자연권 체계 이전에 존재한 과거의 상황―절대정부체제, 군주정치, 권리와 명예 세습, 교회의 권위, 대중의 복종과 예속―으로 후퇴한다. 호전적 문화는 '인간의 자연권'으로 복귀하는 것이 아니라 '신의 은총'으로 복귀한다.

국가 또는 군주제의 개척과 확대에 기초하고 있는 충성심과 애국주의 같은 야만시대의 덕목은 결코 사멸하지 않는다. 세계시장의 맥동이 가슴에 울리는 현대의 많은 사회들에서 그러한 덕목은 자국 기업가들의 상업적 확장을 위한 열의 속에서 표출되고 있다. 그러나 기업 목적을 위해 호전적인 기업 정책이 실행되면, 독일과 영국의 제국주의 역사가 보여주듯이 충성심의 열정이 기업 이익에서 차츰 호전적인 군주제 이익으로 이동하게 된다. 그리하여 결국 예전의 애국적 증오심과 군주에 대한 충성심이 부활하여 기업 이익이 상대적으로 소홀해진다. 기업가의 이익을 보다 높은 정치의 요구에 복속시키는 한 이러한 일은 자주 일어난다.7

전쟁 및 군비확장 그리고 제국주의 정책의 규율 효과는 선별 효과와 복잡하게 얽혀 있다. 전쟁은 유익한 훈련을 제공하는 한편 인구의 일정한 요소를 제거하는 기능도 한다. 영국과 미국 및 여타 문명국 열강들이 수행하는 작전과 군사행동은 대개 저위도 지대8에서 이루어진다. 그런데 유럽인들은 그곳에서 쾌적한 거주지를 찾지 못했다. 저위도 지대는 기계제 산업의 주요 담지자인 긴 금발의 인종이 생활하기에는 매우 부적합하다. 때문에 그곳의 군인 수명과 자연증가율은 매우 낮았다. 저위도 지대에서의 군복무는 유럽지역에 비해 매우 위험한 직업이다. 실제로 그곳은 사망률이 출생률보다 높다. 그러나 선진산업국가에서 군복무는 모병제이다(영국과 미국이 대표적인 경우다). 이들 나라에서는 전

---

7 다음 글을 참조하라. Hobson, *Imperialism*, p. II, chap. VII.
8 영국, 프랑스, 독일, 네덜란드, 벨기에 등 특히 유럽 중서부 국가들이 식민지 개척 등 군사활동을 벌이는 곳은 아프리카, 동남아시아, 남미 등 위도가 낮은 지대로 유럽의 기후와는 정반대여서 유럽인이 거주하기에는 부적합하다. ─옮긴이

쟁에 나가는 사람들은 스스로 일자리를 선택하여 찾는 것이다. 즉 이렇게 하여 선발된 인적자원은 약탈적 일자리에 각별히 정신적으로 적합한지 여부에 기초하여 자동적으로 선발된다. 그들은 전반적으로 가정 공동체의 일을 수행하고 가정 인구를 증식하기 위해 남아 있는 사람들보다 성격이 포악하고 방랑벽이 심하며, 고대 야만인의 정신을 더 많이 가지고 있다. 군대와 군함은 보수적인 유한계급의 자녀나 직업정치인 계급의 자손들이 통솔하고 있기 때문에 장교를 선발할 때도 동일한 선별 효과를 발휘한다. 그 결과 신분 및 노예 제도 같은 종래의 제도에 가장 적합한 기질에 의해 구식의 요소가 인구 내에서 점차 선별되어 제거된다.9

　이렇게 하여 보수적인 요소가 선별되어 제거되면, 결국 그 사회의 후속 세대는 약탈적이고 경쟁적인 기질이 약화되고 또한 호전적 체제 고유의 상명하복 제도 하에서 생활하지 않아도 된다. 그러나 현재와 가까운 미래에는 이러한 선별 방법에 의해 한 나라의 정신을 형성하는

---

9 고대와 현대의 전쟁의 선별 효과에 대해서는 여러 논자들에 의해 논의되어 왔다. 장기간의 전쟁이나 호전적 정책은 항상 그러한 효과를 가지며, 과거에는 중요한 문화적 요인으로 나타났다. 일반적으로 그러한 선별은 '최상의' 인적 자원을 제거하는 결과를 낳는 것으로 간주된다. 아마도 조던(D. S. Jordan)이 이러한 견해에 대해 가장 유력한 대변자일 것이다. 다음 글을 참조하라. D. S. Jordan, *The Blood of the Nation*. The Blood of the Nation. 이 경우 '최상'은 특정 목적과 관련해서 최상이라는 뜻이지 다른 목적에 대해서도 반드시 최상이라고 간주해서는 안 된다. 예를 들어 중국인이나 유태인의 경우, (비록 두 경우 모두가 그런 것은 아니지만) 평화를 교란하는 요소를 장기간에 걸쳐서 선별적으로 제거함으로써 (전쟁 물자에서는 아니지만) 특정 방면에서는 매우 효율적인('양호한') 잔재를 남겼다. 그렇지만 북유럽 민족의 경우 현재의 양상이 그와 다소 다르다. 인종적으로 볼 때, 가장 유용한 전쟁 물자는 상당히 많은 긴 금발 종족의 혼혈족을 함유하고 있는 요소인 것 같다. 아울러서 이러한 요소들은 전체적으로 명백히 산업적 창의성과 기계기술 및 과학적 연구에 적합한 적성을 부여받은 요소이다. 그리하여 이들 민족의 경우 전쟁과 군복무에 의한 선별적 제거는 그들의 전투 능력과 산업적 및 지적 능력 모두 저하한다. 따라서 이러한 이중의 누적 효과로 인해 국력이 전면적이고 비교적 빠르게 약화될 수밖에 없다.

것이 호전적인 규율에 의해 설정된 반대의 경향에 의해 크게 압도된다는 데는 의문의 여지가 없다. 복고적 추세에 유리하도록 균형을 유지하는 데는 퇴역군인들이 본국으로 가져온 문화적 효소가 큰 기여를 한다. 구식의 덕목의 거장으로 여겨지는 사람들이 여전히 공중의 시선을 끌고 있으며, 이들은 사회에서 감수성이 예민한 사람들, 특히 덜 성숙한 사람들에게 모범이 되고 있다.10

현재 진행되고 있는 호전적 기업으로의 복귀 경향은 분명 국가적 이상을 상명하복의 신분 체제와 전제군주제의 성격을 띤 제도로의 회귀를 촉진하는 결과를 낳는다고 평가될 것이다. 전반적으로 그러한 추세는 현재로서는 보수주의를 조장하고, 궁극적으로 과거로의 회귀를 촉진한다.

이윤 추구는 약탈적 국가정책으로 이어진다. 그로 인해 생겨닌 막대한 부는 한편으로는 부의 축적을 확실하게 보장해주는 거대한 정부기구를 요구하고, 다른 한편으로는 그러한 부를 소비하기 위한 가시적인 기회를 요구한다. 즉 그러한 부는 호전적이고 강압적인 국내 행정과 황제의 궁정생활 시설—군주의 명예의 전당과 궁정 의전 전담 부서—을 수반한다. 그러한 이상은 단지 도덕주의자들의 백일몽이 아니다. 그러한 이상은 기업 이익을 대신하여 움직이는 정책 노선과 궤를 같이한다는 점에서 기업에게는 하나의 건전한 사업이다. 만약 국가(즉 군주)의 야망과

10 이러한 거장들을 투입하여 낡은 덕목을 보완하게 되면 그와 함께 평화로운 문명사회에서 점점 쓸모가 없어지는 기본적인 악덕들도 상당 정도 보완된다. 일상생활에서는 이름도 없고 도저히 일어나지 않는 방탕한 행동, 극도의 잔인함, 심한 장난 등이 군대에서는 비난받지 않고 당연한 일로 간주된다. 실제로 그러한 행위들은 군대생활에서 떼어놓을 수가 없다. (연금공단의 기록이 입증하듯이) 군대생활은 대체로 퇴역군인에게 신체적, 지적, 도덕적 장애를 남긴다. 그러나 군복무에 의한 이러한 불순한 부산물이 있다고 해서 국기(國旗)와 기업이익에 헌신하느라 질병과 타락의 길에 빠진 이 용감한 사람을 비난해서는 안 된다. 또한 그렇게 하여 누적된 악덕의 중심도 보수주의로 기울기 때문에 그것에 대해 경솔하게 비난해서도 안 된다. 그것의 문화적 가치는 고풍스럽고 믿을 만한 것이기에 전반적으로 건전하다.

군사적 목표, 업적, 장엄함, 규율이 그로 인해 수반되는 강압적인 경찰 감시와 더불어 사회의 삶에서 많은 부분을 차지하게 되면, 기계 규율에 따른 해체 경향을 어느 정도 바로잡을 수 있을 것으로 기대된다. 신분, 충성, 특권, 전제정치 등 구식 체제는 제도적 성장을 예전의 인습적 방식으로 후퇴시키며 또한 사회주의적 증기 시대 이전뿐만 아니라 자연권 시대 이전에 가졌던 안전한 위엄과 안정성을 문화 구조에 부여하게 된다. 그렇게 되면, 구체제의 나머지 정신 구조도 부활하게 된다. 또한 물질주의적 회의주의는 낭만주의철학에 기반을 내주게 되고, 대중과 과학자 모두 최근에 힘을 잃어가고 있는 초자연적 존재에 대한 신앙심과 믿음이 회복될 것이다. 용맹의 규율이 다시 왕성해짐에 따라 진정성에 대한 확신과 만족이 산만한 기독교왕국으로 복귀하고, 또한 현재와 미래에 대한 전망에 다시 신성한 기운을 불어넣어 주게 된다.

그러나 그러한 진정성과 신성한 위엄은 기계기술에도 현대과학에도 속하지 않고 기업활동에도 속하지 않는다. 공격적 정치와 현재 기업계가 추구하는 귀족주의 이상이 활발하게 지속되면, 그 논리적 결과는 기업 자체의 쇠퇴와 아울러 (과거와 구별되는) 현대의 문화적 특색의 감퇴로 이어진다.11

그러한 완성이 얼마나 임박하고 있는가는 공격적 정치가 초래한 비기업적, 비과학적 규율이 기계제 산업의 규율을 얼마나 압도할 것인가 하는 문제이다. 기계기술과 물질과학 추구가 완전히 폐지될 것이라고 생각하기는 어렵다. 왜냐하면, 그렇게 하여 문화적 요소를 상실한 사회는 경쟁상대와 맞서 싸울 수 있도록 그 사회가 부여해준 무자비한 물질적 힘을 상실하기 때문이다. 또한 기독교왕국 중 어느 하나라도 기업 및 군주 정치로 유입되는 통로로 들어가는 것을 피할 수 있을 거라고 생각하기도 어려울 뿐만 아니라 그렇게 하여 물질주의 정신을 제거하

---

11 제9장, 257~259쪽을 보라.

는 과정을 통과하는 것을 피할 수 있을 거라고 생각하는 것도 역시 어렵다. 서로 대립되는 두 요소들 중 어느 것이 종국적으로 더 우세하게 될지는 어림짐작으로만 추측할 수 있다. 가까운 미래는 둘 중 어느 하나에 속하게 된다. 기업이 완전하게 지배하는 것은 필연적으로 일시적이라고 말하는 것이 타당하다. 서로 대립하는 문화적 경향 중 어느 한쪽이 승리하더라고 결국에는 패배하게 된다. 왜냐하면, 어느 한쪽이 우위에 있으면 다른 한쪽과 양립할 수 없기 때문이다.

해 제

소스타인 베블런-그는 누구인가

소스타인 베블런(Thorstein Veblen: 1857~1929)은 당시 주류경제학인 고전파 경제학의 문제점을 날카롭게 지적하고 제도주의 경제학을 창시한 경제학자로 잘 알려져 있다. 베블런은 비주류 경제학자이긴 하지만 경제사상사 관련 저서에서 거의 빠지지 않고 한 장(章)을 차지할 정도로 경제학 발전에 큰 족적을 남겼으며, 고전파 경제학과 달리 경제문제를 경제 현상에 국한하지 않고, 여러 사회·정치제도와 관련하여 설명함으로써 사회학자로서도 명성을 남겼다.

베블런은 비주류 경제학자임에도 불구하고 많은 대학에서 초빙되기도 하고 심지어 고전파 경제학자들의 온상인 미국 경제학회 회장으로 추대될 정도로 한 시대를 풍미하였다. 뿐만 아니라 현대에는 신제도주의라는 이름으로 베블런이 창시한 제도주의 경제학이 다시 주목을 받고 있으며, 사회학, 특히 소비사회학 분야에서는 '베블런 효과', '과시적 소비', '밴드 왜건' 등 베블런의 영향을 받은 용어들이 일상화되고, 심지어 대중 매체에서도 유행하고 있다.

이렇게 베블런은 학문 분야 뿐 아니라 일상생활 속 곳곳에 파고들고 있음에도 정작 베블런에 대한 연구나 저서는 주변에서 찾아보기 힘든 실정이다. 베블런이 제도주의 경제학에 대한 소개나 연구는 학술지와 경제학사상 저서에 어느 정도 실려 있지만 베블런의 저서는 『유한계급론』만 여러 출판사에서 번역되어 있을 뿐(모 출판사에서는『한가한 무리들』이라는 이름으로 출간되었음) 다른 저작들은 전혀 번역되지 않고 있다.

1899년에 나온『유한계급론』(*The Theory of Leisure Class*)은 베블런의 첫 저작이면서 비주류 경제학자 베블런을 일약 스타 경제학자 반열에 오르게 한 대표작이며 제도주의 경제학의 단초가 된 저작임은 분명한 사실이다. 하지만『유한계급론』은 베블런의 첫 저작으로서 베블런사상의 출발점이다. 따라서 베블런의 사고체계, 특히 제도주의 경제학이 성립과 발전은 이후의 저작들에서 더욱 분명하게 나타난다고 할 수있다. 특히『유한계급론』을 출간한 지 5년 후에 발표한『기업이론』(*The Theory of Business Enterprise*)은 베블런의 제도학파 경제학에 대한입장을 더욱 선명하게 나타내고 있다. 이 외에도『제작능력의 본능과 산업기술의 상태』(*The Instinct of Workmanship and the State of the Industrial Arts*, 1914),『독일제국과 산업혁명』(*Imperial Germany and the Industrial Revolution*, 1915),『기득권익과 산업기술의 현황』(*The Vested Interests and the State of the Industrial Arts*, 1919), 마지막 저작『소유권 부재와근대의 기업: 미국의 사례』(*Absentee Ownership and Business Enterprise in Recent Times: The Case of America*, 1923) 그리고 많은 단편 등을 남겼다. 물론 베블런의 모든 저작을 탐구하는 것이 우리의 목적은 아니지만 베블런의 두 번째 저작『기업이론』은 베블런 사상, 제도주의 경제학의 면모를 가장 분명하게 드러낸다고 할 수 있다.

베블런의 일생

베블런이 비주류 경제학자임에도 미국 경제학계에서 주목을 받게 된것은 역설적이게도 태생부터 비주류였기 때문인지도 모른다. 베블런은노르웨이 이민가족으로 1857년 위스콘신의 작은 마을에서 12형제 중6째 아들로 태어났다. 베블런 가족은 넓은 농장을 경영하여 비교적 부유한 생활을 하였다. 숙련된 목수이자 진취적인 농부인 아버지는 여러 자녀들을 노스필드에 있는 칼튼 대학에 보냈다. 베블런이 1874년에 입학한 칼튼 대학은 스칸디나비아 풍습과 종교, 언어에 맞는 루터교 계통의 학교가 아니라 앵글로색슨 계통의 학교였다(노르웨이를 비롯한 북유럽 국가는 거의 루터교 계통이다). 때문에 영어에 능숙하지 못한 베블런은 강의에 잘 적응하지 못했다. 뿐만 아니라 엄격한 교회규율을 따르는 열렬한 복음주의를 지향하는 칼튼 대학의 교과과정에 대해 흥미를 느끼지 못하여 주로 혼자서 많은 책을 읽었다. 그런데 칼튼 대학에서 미국 한계효용학파의 거장 클라크 교수로부터 경제학 강의를 수강한 것이 경제학에 접근하는 계기가 되었다.

졸업 후 베블런은 철학을 배우기 위해 1881년 존스 홉킨스 대학 대학원에 진학하여 논리학과 경제학을 공부했다. 하지만 당시에는 보수적인 학풍이 만연하여 베블런은 학계 주변을 배회하며, 남동부 도시의 유한적인 분위기에 환멸을 느꼈다. 이후 예일대학으로 옮겼다. 당시 예일대학은 다윈과 스펜서의 진화론 과학사상을 교과과정에 편입하려는 움직임과 이에 반대하는 기존의 신학적 학풍을 고수하는 세력의 대립으로 혼란을 겪고 있었다. 결국 과학이 승리하여 예일대학의 교과과정이 전면 개편되었다. 베블런은 비록 보수적이긴 하지만 다윈과 스펜서의 진화론을 적극 수용한 윌리엄 섬너(William Graham Sumner)의 정신에 매료되었다. 베블런은 칸트와 신칸트학파를 연구하여 「인과응보론의 윤리적 근거」라는 논문으로 박사학위를 받았다. 하지만 당시에는 거의 모든 대학의 철학 교수직이 신학교 출신자들이 독점하고 있어서 종교적 권위를 거부하는 무신론자인 베블런에게 교수직을 허용하지 않았다.

실의에 빠진 베블런은 낙향을 하여 7년 동안 많은 책을 읽으며 시간을 보냈다. 고향에 머무는 동안 당시 중서부에는 급진 농민운동이 몰아쳤고, 노동운동이 점점 과격한 양상을 띠고 있었다. 이런 현실을 목도

한 베블런은 경제학이 해답을 제시해줄 것이라고 생각했다. 그 동안 베블런은 막 출간된 에드워드 벨러미(Edward Bellamy)의 사회주의 유토피아 소설 『과거를 돌아보다』(*Looking Backward*, 1888)를 읽고 많은 감흥을 받고, 이후 학문 인생의 전환점이 되었다.

1891년 베블런은 경제학 연구를 위해 코넬대학 대학원 경제학과에 등록했고, 거기서 특별연구생으로 자리를 잡았다. 여기서 경제학 첫 논문「사회주의이론이 간과한 측면들」을 비롯해 여러 편의 논문을 발표했다. 이 논문들의 우수성을 인정받아 베블런은 1892년 35세라는 늦은 나이에 미국 최초의 대규모 트러스트 스탠더드석유회사 창립자 록펠러재단이 설립한 시카고대학에 자리를 잡게 되었다. 안정된 자리를 잡은 베블런은 철학자 존 듀이(John Dewey), 인류학자 프란츠 보아스(Franz Boas), 심리학자 자크 뢥(Jacques Loeb) 등과 교류를 하며 학문적 폭을 넓혀갔다. 14년 동안 시카고대학에 재작하면서 베블런의 대표작 『유한계급론』(*Leisure Class*, 1899)을 발표했다. 베블런은 혈통적으로도 앵글로색슨계가 아니며, 종교적으로 루터교 출신인데다가 무신론자이며, 학문적으로도 고전파 경제학, 특히 한계효용이론을 거부하는 비정통파임에도 『유한계급론』으로 그는 보수적인 학계에서 뿐만 아니라 대중 사이에서도 유명해졌다.

그러나 베블런은 학문적으로도 파격적이었지만 행동에서도 엉뚱한 면을 보였으며, 여성에게 많은 인기가 있어서 그런 건지 많은 여성들이 그를 따랐고, 결국 여성 관련 추문으로 학교를 떠나게 되었다. 1906년에 더 좋은 조건으로 스탠포드대학에서 부교수로 초빙되었으나 결혼 생활 파탄과 혼외자 등 사생활 문제로 부임 후 3년만인 1909년 사임했다. 1911년 미주리대학에 다시 자리를 잡았으나 강의에 열의를 느끼지 못한 탓인지 학생들에게 강의 인기가 없었다. 교단을 떠난 베블런은 1918년 워싱턴 D. C.의 식량국에 관료로 부임했지만 그의 이론과 접근방식은 행정에 도움이 되지 않는다는 이유로 5개월도 채 안 되어 물러났다.

이후 베블런은 뉴욕의 문예·정치 잡지 『다이얼』(*The Dial*)의 기고가가 되어 '현대적 사고와 새 질서'에 대한 논문을 연재했는데 여기에 실린 글은 이후 『기득권익과 산업기술의 상태』(*The Vested Interests and the State of the Industrial Arts*, 1919)라는 제목의 책으로 발행되었다. 1924년 베블런은 미국경제학회 회장으로 선출되었으나 거절하고 1926년 강의활동을 그만두고 캘리포니아로 돌아가 의붓딸과 함께 지내면서 여생을 보냈다.

베블런과 제도주의 경제학

시대적 상황

베블런이 살았던 19세기 후반에서 20세기 초까지 미국은 변혁과 격동의 시기였다. 베블런이 태어나 성장할 즈음인 1850년대부터 미국은 증기기관의 보급으로 일대 산업혁명을 맞이했다. 베블런이 태어나고 4년 후 남북전쟁(1861~1865)이 일어났다. 북군의 승리로 미국 산업은 고도로 발전하는 기틀을 마련했다. 하지만 전쟁의 후유증으로 남부 경제가 심하게 침체되면서 큰 혼란이 초래되었다.

1869년에는 1800년대 초부터 추진하던 대륙횡단철도가 완공되면서 본격적인 서부개척의 시대를 맞이하며 미국 산업은 급격하게 팽창했다. 한편 미국은 건국 초부터 자유방임체제를 고수한 탓에 자본의 경쟁이 격심해졌고, 정부의 무관심 하에 심화되어 대규모 자본의 공세에 의해 많은 중소기업이 도산했다. 도산한 중소기업을 흡수 합병하여 거대자본이 탄생하면서 1870년대부터 독점의 시대에 돌입했다. 이 시기에 J. P. 모건, 키네기, 록펠리 등에 의해 많은 독점 기업들이 설립되어 시장을 독점하고 그 피해는 노동자, 농민에게 돌아갔다.

베블런이 대학이 입학할 즈음인 1873년 극심한 불황으로 공황이 일어나 많은 노동자들이 일자리를 잃었다. 노동자와 농민들의 불만이 고조되었고 그 사이로 사회주의사상이 파고들어 노동운동, 농민운동의 바람이 거세게 몰아쳤다. 베블런은 예일대학을 졸업 후 낙향한 7년 동안 이러한 모습을 목도했다. 그 동안에 베블런이 직접 현장에 있지 않았지만 1886년 5월 1일 시카고 헤이마켓 광장에서 불만을 품은 노동자들의 폭동이 일어나 많은 사람이 희생되기도 했다.

그럼에도 독점 자본의 약탈적 행위는 그치지 않았다. 결국 베블런이 시카고대학에 자리잡기 2년 전인 1890년 셔먼 반독점법이 제정되어 스탠다드오일 트러스트가 해체되기도 했지만 그 여파는 여전했다. 『유한계급론』이 나오기 1년 전 1898년 미국은 쿠바를 침공하여 스페인과 일전을 벌였다. 이미 종이호랑이가 된 스페인은 단기간에 필리핀까지 내주었다.

미국의 호전적 정책 뿐 아니라 세계적으로 전쟁과 혼란의 시대였다. 19세기 후반부터 제국주의 열강들의 충돌이 곳곳에서 일어났고, 유럽 각국은 군사적 이해에 따라 이합집산했다. 결국 베블런은 만년에 1차 대전을 멀리서 보았다.

제도주의 경제학의 성립

전쟁과 혼란으로 일관된 시대에 살아온 베블런은 그 동기와 해소 방법에 주목했다. 남북전쟁(1861~1865) 이후 미국은 산업이 본격적으로 발전하기 시작했으며, 특히 1873년 공황을 맞이한 이래로 기업결합이나 합동을 통해서 미국자본주의는 급속하게 독점단계로 이행했다. 남북전쟁이 끝나고 1800년대 초부터 추진하던 대륙횡단철도의 완공(1869년)과 함께 산업화가 가속되었다.

이에 따라 신흥 자본가들의 과시소비가 극심해졌고 따라서 대중의 혐오감이 가중되어 노동자, 농민의 불만이 곳곳에서 터져 나왔다. 이에 따라 농업문제, 독점문제. 노동문제 등이 경제학의 주요 관심사가 되었다. 20세기에 접어들면서 미국 경제가 고도로 발전함에 따라 경기순환이나 실업문제가 경제학의 중요한 과제가 되었다.

자본축적이 진행됨에 따라 대기업의 시장지배도가 높아지고 횡포가 심화되었으며, 경기변동에 따른 불경기로 중소기업이 도산하고 대기업이 이를 흡수합병하여 미국 경제는 소수의 대기업이 지배하게 되었다. 대기업들은 생산비 증가를 소비자에게 전가함으로써 소비자 대중의 불만이 고조되었다.

한편에서는 자본의 축적과 집중이 진행되는 반면 그럴수록 농민의 몰락, 임금 노동자의 대량 창출과 빈곤화, 실업이 급속하게 진전되었다. 이에 따라 미국 자본주의 현실과 한계이론에 대한 비판이 다각도로 진행되었다. 미국의 경제는 전통적으로 자유방임주의에 기초했고 미국의 경제정책도 자유방임정책을 고수해 왔다. 따라서 미국의 경제학 역시 자유방임주의의 본산인 영국에서 수입된 아담 스미스의 고전파 경제학이 주류 경제학으로 자리를 잡았고 이를 이어받은 한계효용아론이 지배적인 경제학의 위치에 있었다.

하지만 1800년 이후로 당시 선진국이던 영국에서 발전한 고전파 경제학의 이론과 자유무역주의는 아직 후진국에 머물러 있던 미국의 실정에는 적합하지 않다는 비판이 제기되었다. 이에 따라 그 대안으로 한편에서는 후진국 경제에서는 자유무역주의보다는 보호무역주의의 필요성을 강조한 프리드리히 리스트(Friedrich List)를 중심으로 한 국민경제학이 도입되고, 한편으로는 자본주의의 모순을 지적한 마르크스주의 경제학이 도입되었다. 하지만 미국 경제학계에서 이 두 경제학은 주류 경제학에 압도되어 크게 영향을 미치지 못했다.

그 사이에 제3의 경제학, 이른바 제도주의 경제학이 탄생했다. 남북전쟁 이후 거대기업가들이 부를 축적하는 과정은 금융조작, 불황기에 파산한 중소기업의 합병, 트러스트 설립으로 독점 가격 형성, 과도한 노동착취 등 사실상 사기와 약탈에 의한 것이었다. 고전파 경제학은 물론이고 국민경제학, 마르크스주의 경제학 모두 외국에서 도입된 것으로 19세기 미국의 독특한 경제 현실에 부응하지 못했다. 반면에 제도주의 경제학은 미국에서 자생적으로 탄생한 것으로 철저하게 당시 미국의 사회경제 현실을 그대로 반영한 것이라 할 수 있다.

보이지 않는 손에 의한 시장 균형을 주장하는 고전파 경제학도 당시 미국의 경제 현실에서 멀어져갔고, 자본주의 진전에 따른 사회양극화 심화로 인해 자본주의 붕괴론을 주장하는 마르크스주의 경제학도 용광로 같은 미국의 사회역사 특성에는 부합하지 못했다. 두 경제학 사이의 중간적인 입장을 취하는 제3의 경제학이 출현했는데 그중에서 가장 대표적인 것이 베블런을 중심으로 한 제도주의 경제학이다.

고전파 경제학 비판

남북전쟁 이후 북부의 산업자본가들에 의해 철강업을 중심으로 근대적 산업이 고도로 발전되고 경제학 또한 독립과학으로 발전하기 시작했다. 이때를 즈음하여 유럽에 유학한 젊은 경제학자들이 귀국하여 유럽의 선진 경제학이론을 미국에 전파했다. 이들 유럽 유학파 경제학자들에 의해 자유경쟁 원리를 기초로 한 미국의 자유기업체제를 옹호하는 한계경제이론이 미국경제학의 주류 이론이 되었다.

고전파 경제학은 쾌락주의적 심리학에 근거하여 인간의 행위가 쾌락을 극대화하고 고통을 극소화하려는 욕구에 지배된다고 가정한다. 따라서 고전파 경제학은 인간 본성을 협소하게 해석하고 있으며, 고립된 개인에 초점을 맞춤으로써 전체로서의 사회를 무시했다. 이에 고전파 경제학에 따르면, 사회는 보이지 않은 손(시장)에 의해 항상 정태적인 균형 상태에 있다. 때문에 제도의 중요성과 제도의 변화과정을 배제하여, 어떠한 발전과 진화도 거부한다. 결국은 기존 질서를 정당화하는 결과를 낳게 된다.

고전파 경제학이 강조하는 균형 개념은 규범적이며, 목적론적이며, 따라서 전 다원적이다. 고전학파 경제학도 경제가 끊임없이 변화하지 않고 대신 정태적 측면을 강조한다는 점에서 전 다원적이다. 때문에 자본주의 발전 과정에서 나타난 혼란과 발전, 진화에 관한 다원주의적인 동태적인 분석을 결여하고 있다.

경제제도의 발전을 문화적 발전이라는 보다 광범위한 과정의 일부로 본 제도주의 경제학은 우선 고전파 경제학의 가정을 비판한다. 제도주의 경제학에 따르면, 시장이란 하나의 제도로서 수많은 다른 세부적인 제도들로 구성될 뿐만 아니라 사회의 다른 제도들과 상호작용하는 것이다. 자원을 효율적으로 배분하는 것은 시장(보이지 않는 손)이 아니라 경제의 조직적인 구조이다. 또한 가격과 자원 배분을 수요와 공급의 함수로 보지 않고 권력구조와 관련시켜 설명한다. 따라서 가격과 자원 배분 문제보다도 경제조직과 경제의 통제 문제에 더 관심을 가진다. 그리하여 제도의 수립과 역할을 강조하며 경제와 법률체계의 상호관계 그리고 권력과 신념의 상호관계 등을 분석한다.

베블런은 고전파 경제학의 이론 구조 전체를 붕괴하고 경제학, 인류학, 사회학, 심리학, 역사학으로부터 통일된 사회과학을 다시 세우려 했다. 베블런은 기업가가 주도하는 경제가 사회적 선(善)을 증진시킨다는 고전파 경제학의 주장을 비판하고, 기업가가 야기하는 폐해를 지적한다. 즉 독점 기업은 더 많은 이윤 획득하기 위해 '생산을 고의로 축소하기도' 하는데 이러한 생산의 축소는 '생산의 비효율성'을 초래하며, 그 결과 사회의 복지가 축소하여 노동자, 농민의 궁핍을 초래한다는 것이다. 이는 베블런의 다음 같은 주장에서 단적으로 나타난다. "기업은 인간에게 별로 도움이 되시 않는 재화를 생산하거나 광고에 많은 투자를 한다. 기업가는 사회에 공헌하는 사람이 아니라 해를 입히는 사람이다. 요컨대 "산업은 기업을 위해 운영되지 그 반대가 아니다."(『기업이

론』 중에서)

제도주의 경제학의 내용

제도주의 경제학은 미국에서 주로 19세기 말엽부터 1930년대에 걸
쳐서 베블런, 미첼(W. S. Mitchell), 코먼스(T. R. Commons) 등에 의해
발달했다. 19세기 초부터 미국에는 영국 고전파 경제학이 수입되었다.
남북전쟁 이후의 급속한 독점기업의 발전과 농민·노동자의 빈곤화에
따라 고전파 경제학의 이론이 설득력을 잃게 되자 이에 대한 대안으로
독일역사학파의 국민경제학이 유입되었다. 하지만 역사학파는 극단적
으로 이론을 경시한 탓에 이론을 중시하는 학계 풍토로 인해 저변이
확대되지 못했다. 이러한 사정 하에 제도주의 경제학은 당시 미국 기업
가의 행태를 날카롭게 분석·비판함으로써 대중적인 인기는 물론 학계
에서 인정을 받았다. 제도주의 경제학은 행동심리학·프래그머티즘·진
화론·사회개량주의 등 당시 새롭게 영향력을 발휘하던 학문적 조류에
기초하여 고전파 경제학을 비판하고 새로운 대안 경제학으로 떠올랐
다. 제도주의 경제학은 이론적 연구와 더불어 귀납적·역사적 연구를
중요시하며, 인간과 사회를 이기심, 형제애, 호기심, 윤리적 가치, 사회
경제적 지위 등에 의해 유발되는 개인으로 구성된 하나의 상호 연관된
단위로 보고자 했다.

제도주의 경제학의 기본적인 성격은 주로 다음 네 가지로 압축된다.
첫째, 고전파 경제학의 기계적 사회관에 대응하여 집단심리학 또는 행
동주의철학에 기초한 유기적 사회관을 주장한다. 둘째, 경제현상을 인
간 본능에 따른 개인적·사회적 행동의 누적 결과인 제도로 보고 진화
론적 방법으로 해명하고자 한다. 셋째, 단순한 연역적·이론적 분석 대
신에 귀납적·역사적 방법을 사용한다. 넷째, 사회복지의 증대를 추구
하는 사회개량주의 이념에 기반을 둔다.

전통적인 정태경제학에 대한 비판을 통해 제도주의 경제학의 기초를 구축한 베블런은 경제적인 결정주체로서의 인간 개념을 지속적으로 변화하는 관습과 제도들에 의해 영향을 받는 현실적인 인간상으로 대체하려고 했다. 베블런은 미국의 경제체제의 근본적인 동기를 기술 진보에 의한 것이 아니라 금전적 동기에 의한 것으로 보며, 기업활동은 재화의 생산보다는 재산의 축적을 위해 이루어지는 것으로 보았다. 또한 경제순환의 모든 과정은 자연적인 경제 법칙에 의해 결정되는 것이 아니라 사회적 · 인위적으로 창조된 제도들, 즉 사유재산 제도, 상속제도, 조세제도, 독점제도, 신용제도 등에 의해 규제되는 것으로 파악한다.

베블런의 눈에는 모건, 록펠러, 카네기, 굴드 같은 기업가들이 부를 축적하는 과정은 사기와 약탈로밖에 보이지 않았다. 이론과 현실이 괴리된 고전파 경제학이 설득력을 갖지 못하던 시대적 배경 속에서 베블런의 날카로운 통찰력과 괴팍한 질타는 당시 지성인들뿐 아니라 대중에게 큰 자극을 주었다. 제도주의 경제학은 한 시대를 풍미했지만 경제사에서 주요한 위치를 차지하지는 못했다. 그렇지만 지속적으로, 특히 경제적인 문제를 적어도 부분적으로나마 광범위한 사회문화적 현상으로 설명하고자 하는 경제학자들의 작업에 영향을 미쳤다. 이러한 접근 방법은 종종 사회제도의 근대화가 산업화의 전제조건이 되는 개발도상국 문제를 분석할 때 유용하다.

마르크스주의와 베블런

베블런이 평가를 받은 것은 (미국) 자본가의 횡포를 고발하고 그 근원을 논리정연하게 밝혀주고 있기 때문이다. 이런 점에서 베블런은 마르크스와 일맥상통하고, 또 마르크스의 영향을 어느 정도 받았다고 할 수 있다. 실제로 『기업이론』에서는 곳곳에서 『자본론』(*Das Kapital*)을 인용한 것을 보면, 마르크스주의의 영향을 받았다고 할 수 있다.

미국은 베블런이 태어난 후 남북전쟁이 종료되면서 산업이 고도로 발전한 반면 일찍 산업혁명을 겪은 유럽은 당시 그보다 훨씬 산업이 고도로 발전하여 자본주의 모순이 심화된 상태였다. 자본이 발전이 고도화될수록 직접생산자인 노동자의 궁핍은 심화되었다. 노동자의 궁핍과 억압은 결국 혁명을 일으키는 도화선이 되었고, 유럽은 혁명의 소용돌이 속으로 빨려들었다. 베블런 가족이 미국으로 이민한 바로 다음해인 1848년에 프랑스, 독일에서 노동자 봉기가 일어났고, 베블런이 대학에 들어가기 3년 전 1871년에 파리 코뮌이 일어났다. 자본의 집적과 집중이 심화됨에 따라 노동자 저항의 열기는 식을 줄 몰랐다.

미국도 예외가 아니었다. 유럽보다 시기는 좀 늦었지만 자원이 풍부하고 영토가 넓은 미국은 식민지 개척 비용을 들이지 않은 탓에 산업 발전 속도가 빨랐다. 19세기 들어서면서 미국의 산업은 더욱 고도화되었다. 미국 자본 역시 노동착취에 기반 했고, 노동자의 저항도 심화되었다. 베블런이 생존한 시기는 미국 산업이 가장 고도화된 시기였고, 다른 한편으로는 노동착취와 억압이 가장 심하던 시기였다. 베블런이 박사논문을 쓰고 고향에 머무는 동안 노동절의 기원이 된 헤이마켓 사태는 그 시대의 자본의 횡포와 노동자 저항을 단면으로 보여주고 있다.

그런데 베블런이 첫 저작 『유한계급론』을 저술할 당시(1899)는 유럽에서 수정주의의 대두로 마르크스주의에 입각하여 성립된 제2인터내셔널이 분열하고 있었다. 베블런이 수정주의를 적극적으로 옹호한 점은 부각되지 않고 있지만 『기업이론』 곳곳에서 카우츠키(Kautsky), 투간-바라노브스키(Tugan-Baranowsky) 등을 언급한 점을 볼 때 베블런이 정통 마르크스주의보다는 수정주의로 기울었다고 볼 수 있다.

베블런은 자본주의를 비판하는 점에서는 마르크스와 동일하지만 기본 가정과 미래 전망에서는 많은 차이가 있다. 주요한 몇 가지 점만 살펴보면, 우선 마르크스는 노동착취에 의한 자본축적은 사회 양극화를 초래하여 사회갈등을 증폭시키는 등 모순이 심화되고 결국에는 붕괴할 수밖에 없다고 한다. 반면 베블런은 산업의 발전은 직업의 분화를 가져오고, 노동능력에 따른 수입의 차이로 계층 분화가 일어난다고 보았다. 이는 유럽의 수정주의의 논리와 궤를 같이한다. 실제로 『기업이론』만 보더라도 베블런은 마르크스주의자는 물론이고 일반적으로도 흔히 사용하는 자본가나 자본가계급(capitalist class) 그리고 노동자(worker 또는 laborer)나 노동자계급(working class)이라는 표현을 쓰지 않고 기업가(business man)와 직공(workman: 번역할 때는 편의상 노동자로 표기했다)이라는 표현을 쓰고 있다(아마도 자본-노동의 양극화를 피하기 위한 의도인지도 모른다).

또한 마르크스는 자본주의의 모순의 근원을 재산의 사유화, 즉 사유재산제도에서 찾았다. 따라서 사유재산제도의 폐지만이 자본주의의 모순을 타파하는 유일한 방법은 혁명뿐이라고 보았다. 반면 베블런은 재산소유권은 자본주의 이전부터 존재한 자연권으로서 폐지할 수 없는 것이며, 따라서 베블런에 따르면, 혁명이 일어난다 해도 소유권은 폐지할 수 없는 것이다.

당시 자본주의에 대한 저항 세력 사이에 유포된 사회주의와 노동운동에 대해서도 부정하지는 않았지만 대안으로서의 전망에 대해서는 적극적으로 찬성하지 않았다. 사회주의는 자연권으로서 사유재산제도 폐지를 지향한다는 점에서 불가능하고 허망한 것에 지나지 않는다고 보고 있다. 반면에 무정부주의에 대해서는 자연권에 입각하고 있다는 점에서 건전한 것으로 평가하고 있다.

이러한 점은 유럽과 미국의 역사와 사회구성의 차이에서 비롯되는 것으로 판단된다. 유럽과 달리 미국은 자유를 찾아온 이민자들로 구성되어 있다. 때문에 사회집단마다 이주 시기가 다르고 이주하게 된 동기도 다양하다. 또한 세계 곳곳에 온 이민자들로 구성되어 있어서 인종적으로 다양하다. 백인, 원주민, 흑인, 히스패닉, 동양계 이주민 그리고 혼혈족 등 복잡한 인종구성의 나라이다. 노동운동의 중요한 성공조건은 결집력, 조직화이다. 한마디로 미국은 결집력과 조직화가 가장 어려운 나라이다.

하나의 추측이지만 복잡한 인구로 구성된 사회에서 질서를 유지하기 위해서는 협상이 아니라 강력한 물리력이 필요하다. 미국이 그 어느 나라보다도 공권력의 힘이 강한 이유인지도 모른다.

특히 베블런 당시의 자본가들은 이윤을 추구하는 합리적 존재가 아니라 온갖 사기, 협잡 등을 서슴지 않고 노동자, 농민뿐만 아니라 중소자본을 탈취하는 야만적인 약탈 본능에 의해 움직이는 비합리적인 존재로 보였다, 베블런이 보기에 이러한 약탈 본능은 혁명으로도 사라지지 않는 것이었다.

베블런이 마르크스와 다른 길을 걷게 된 또 하나의 이유는 마르크스의 『자본론』은 유럽, 특히 영국을 모델로 한 것인 반면 베블런의 『기업이론』은 미국을 모델로 한 데서 비롯된다. 둘 간의 차이는 역사적 배경과 사회경제적 배경 등 여러 면에서 차이가 있다. 유럽의 자본주의 발달과 미국의 자본주의 발달은 노동착취라는 면에서는 동일하지만 중요한 점 하나만 들자면, 유럽은 폐쇄된 공간이고 미국은 열린 공간이라는 점이다. 때문에 유럽 노동자는 이동이 불가하므로 자본가 타도 나아가서는 자본주의 타도 아니면 착취에서 벗어날 방법이 없다. 반면 미국 노동자는 이동할 탈출구가 좁긴 하지만 열려 있다. 따라서 유럽은 사회주의의 전파력이 강하지만 미국에서는 전파력이 일부 계층, 일부 지역에 제한적이다. 그래서 급진적 혁명보다는 개량주의가 발달할 수밖에 없다. 일례로 자본주의 비판 사회학자는 아니지만 베블런과 생몰 연연도가 동일한 찰스 호튼 쿨리의 『사회조직의 이해』에서도 그런 점이 분명하게 나타나고 있다.

『기업이론』에 대하여

『기업이론』은 베블런의 첫 저작 『유한계급론』이 출간된 지 5년 후에 나온 두 번째 저작이다. 따라서 『유한계급론』 다음에 나온 저작이 일반적으로 이전 저작보다 이론적으로 더 진전된 것으로 평가를 받아야 하는 데도 사실 『기업이론』이라는 저작은 대부분의 사람들에게 생소하게 느껴지고 있다. 물론 그 후로 나온 저작에 대해서도 알고 있는 사람은 극소수이다. 물론 『유한계급론』은 베블런을 무명 학자에서 일약 학계는 물론 대중적으로도 인기를 끄는 인물로 만든 베블런의 대표작임은 부인할 수 없는 사실이다.

하지만 『유한계급론』 하나로 베블런이 학계에서 인기를 얻고 미국경제학회 회장으로 추대되기까지 한 것은 아니다. 야구에 비유하자면 첫 타석에서 홈런을 치면 관중들은 열광을 하고 야구계에서 관심을 가진다. 하지만 후속타가 단타에 그치면 그 열광과 관심은 잠시뿐이고 이내 사람들의 뇌리 속에서 사라진다. 『유한계급론』은 베블런을 학계와 대중의 관심과 열광을 끄는 물꼬 역할을 했다면 그 관심과 열광을 유지시킨 것은 바로 연이은 후속작 덕분이다.

그런 점에서 베블런의 두 번째 저작 『기업이론』은 『유한계급론』 이후 베블런의 사상을 체계화하는 가교 역할을 한 것으로 평가된다. 베블런은 사생활 문제 등 여러 이유로 시카고대학에 14년을 재직한 것 말고는 한 곳에 오래 머문 적이 없어 이 두 저작 외의 글들은 주로 정치경제 평론지에 실린 단편들이다. 그런 만큼 『기업이론』은 『유한계급론』과 더불어 베블런 사상 체계를 연구하는 데 중요한 자료가 될 것이다.

『기업이론』은 베블런이 시카고대학에 있을 때 많은 경제학 관련 저작을 읽으면서 정치경제학평론에 다수의 서평을 실있는데 이를 종합한 결과이다. 『기업이론』은 처음에는 「산업계 우두머리」(Captain of Industry)라는 제목으로 기획했다가 나중에 현재 제목으로 수정했다. 『유한계급론』이 철학적 내지 사회학적 고찰이라면 『기업이론』은 베블런을 경제학자로서의 면모를 보여주고 있다. 다른 사회현상도 언급하고 있지만 모두 경제적 동기 또는 경제적 결과와 결부시켜 논하고 있다. 베블런은 자신의 독특한 논리와 시각으로 자본주의의 동학을 정립하고자 했다. 베블런의 의도는 자신의 독특한 이원론적 관점에서 기계제 산업과 현대 기업의 복합적인 관계를 해명하는 것이었다.

물론 『기업이론』은 당시 자본가 행태 나아가서는 자본주의에 대한 비판을 주요 내용으로 하고 있다 '과시적 소비' 개념으로 우리에게 잘 알려진 『유한계급론』은 제목이 시사하듯이 소비를 중심으로 자본가 행태와 자본주의를 비판하는 데 주안점을 두고 있다면 『기업이론』은 생산적 측면을 중심으로 자본주의의 비효율성을 다루고 있다. 그래서 『기업이론』은 상당부분을 경제와 관련된 내용으로 채워져 있다. 때문에 곳곳에 비경제학도들에게 생소한 수식들도 군데군데 나타고 있다. 하지만 『기업이론』은 수요와 공급 논리 등 오로지 경제현상으로만 모든 것을 설명하는 고전학파 경제학과 한계효용이론과는 달리 경제 현상을 관습과 문화, 정치와 법률, 사회복지 나아가서는 사회주의 및 무정부주의와 같은 사회사상과 노동조합운동 등과 관련해서도 논의하고 있다. 따라서 『기업이론』은 제도주의 경제학자로서의 베블런의 사상체계를 분명하게 제시하고 있다고 할 수 있다.

참고문헌

김대래 · 조준현 · 최성일, 『경제사상사』, 신지서원, 2004.

김영용, "맑스-베블렌 커넥션: 정치경제학과 제도경제학의 읽어버린 고리에 관한 연구", 『경제학연구』, 제51집 제4호, 2002.

도로시 로스, 『미국사회과학의 기원 I』(백창재 · 정병기 역), 나남, 2008.

루이스 A. 코저, 『사회사상사』(신용하 · 박명규 옮김), 일지사, 1984.

송태수, "쏘스타인 베블렌(Thorstein Veblen)의 『유한(有閑) 계급론』", 『진보평론』 겨울호, 2006.

이해주 · 조준현, 『근대경제사상사의 이해』, 신지서원, 2000.

조나단 터너 · 레오나드 비글리 · 찰스 파워스, 『사회학이론의 형성』(김문조 · 정헌주 외 옮김), 일신사, 1997.

주명건, 『경제학사-경제혁명의 구조적 분석』, 박영사, 1991.

찾아보기

지은이 소개

소스타인 베블런(Thorstein Veblen, 1857~1929)
제도주의 경제학의 창시자이자 미국 사회학자
노르웨이 이민가족 2세로 1857년 미국 위스콘신 작은 마을에서 태어남. 1874년 칼튼 대학에 입학하여 경제학을 수학함. 1881년 존스 홉킨스 대학 대학원에 진학, 예일대학을 거쳐 「인과응보론의 윤리적 근거」라는 논문으로 박사학위를 받음. 1892년에 시카고대학에 임용되고 1989년 『유한계급론』으로 유명해짐. 이후 1906년 스탠포드대학, 1911년 미주리대학 등을 거쳤으나 파격적인 학문 성향과 사생활 문제로 교단을 떠나 저술 활동에 전념함. 1924년 미국경제학회 회장으로 선출되었으나 거절함. 『유한계급론』 외에 『기업이론』(1906), 『기득권익과 산업기술의 상태』(1919) 등 많은 저술을 통해 제도주의 경제학을 창시, 발전하는 데 기여함.

옮긴이 정헌주
고려대학교 사회학과를 졸업하고 박사학위를 받음. 고려대학교 노동문제연구소 연구교수를 지내고 있으며 동 대학에서 강의를 하고 있음. 『정보사회의 빛과 그늘』, 『현대사회와 소비문화』(이상 공저), 『지구시대』(마틴 앨브로우), 『사회조직』(찰스 호튼 쿨리), 『갈등론』(게오르크 짐멜), 『엘리트 순환론』(빌프레도 파레토), 『진보의 환상』(조르주 소렐) 등 다수의 저역서가 있음.

한국연구재단 학술명저번역총서 서양편 796

기업이론

초판발행	2021년 12월 15일
지은이	Thorstein Veblen
옮긴이	정헌주
펴낸이	안종만 · 안상준
편 집	김윤정
기획/마케팅	노 현
표지디자인	이수빈
제 작	고철민 · 조영환
펴낸곳	(주) **박영사**
	서울특별시 금천구 가산디지털2로 53, 210호(가산동, 한라시그마밸리)
	등록 1959. 3. 11. 제300-1959-1호(倫)
전 화	02)733-6771
f a x	02)736-4818
e-mail	pys@pybook.co.kr
homepage	www.pybook.co.kr
I S B N	979-11-303-1439-6 93320
	979-11-303-1007-7 94080 (세트)

정 가   19,000원

이 책은 2019년 대한민국 교육부와 한국연구재단의 지원을 받아 수행된 연구임
(NRF-2019S1A5A7068591)